U0113407

云南文化史丛书

编辑委员会

云 南 文 化 史 丛 书

范建华　主编

近代云南文化史

吴宝璋　著

GUANGXI NORMAL UNIVERSITY PRESS
广西师范大学出版社
·桂林·

JINDAI YUNNAN WENHUASHI

图书在版编目（CIP）数据

近代云南文化史 / 吴宝璋著. 一桂林：广西师范
大学出版社，2020.4
（云南文化史丛书 / 范建华主编）
ISBN 978-7-5598-2720-3

Ⅰ．①近… Ⅱ．①吴… Ⅲ．①文化史－云南－近代
Ⅳ．①K297.4

中国版本图书馆 CIP 数据核字（2020）第 047528 号

广西师范大学出版社出版发行

（广西桂林市五里店路 9 号　邮政编码：541004）
网址：http://www.bbtpress.com
出版人：黄轩庄
全国新华书店经销
广西广大印务有限责任公司印刷
（桂林市临桂区秧塘工业园西城大道北侧广西师范大学出版社
集团有限公司创意产业园内　邮政编码：541199）
开本：787 mm × 1 092 mm　1/16
印张：28　　字数：411 千字
2020 年 4 月第 1 版　　2020 年 4 月第 1 次印刷
定价：128.00 元

如发现印装质量问题，影响阅读，请与出版社发行部门联系调换。

目 录

第二章　云南教育：新旧交替，人才辈出

下篇：民国时期　滇云文化的辉煌（1912~1949）

第四章　内忧外患：近代云南在政治军事上的贡献

第七章　全面抗战时期的文学艺术

第八章　全面抗战时期的学术发展

第九章　全面抗战时期的广电和出版

第十章　抗战时期的文化名人

绪　论

云南近代文化史，时间起于 1840 年，终于 1949 年，共 110 年；分为两个时期：晚清（1840~1911）72 年，民国（1912~1949）38 年。据此，本书分为上下两篇：上篇，三迤文化的星光；下篇，滇云文化的辉煌。"星光"和"辉煌"，分别从宏观上概括了这两个时期文化的总体情况和特点。

总的来看，近代云南，西方列强入侵，社会转型，西方文化传入，传统文化受到极大冲击，中西文化经过碰撞而交汇，云南文化呈现出突变性、多元性、多样性的特征。

上篇包括社会文化的嬗变、教育、民族文化与宗教信仰三章。

社会的嬗变最突出的是，西方列强入侵对传统社会文化造成的冲击下，救亡图存的文化呐喊；其次是滇越铁路及与之相连的屈辱和荣耀，客观上促进了云南的近代化。

教育方面，在传统教育行将走到尽头时，袁嘉谷高中"经济特科"第一名，最终圆了"云南人的状元梦"。废科举、兴学堂，在一系列兴办的学堂之中，最突出的是云南陆军讲武堂，它不仅培养了清王朝在云南的统治者的掘墓人，还以其教学质量和办学水平跻身清末"三大军校"的行列，是在近代中国历史上有重要地位的云南"一文一武"两名校之一。

1906 年，赵式铭创办《丽江白话报》，比新文化运动中胡适提倡白话文还早 12 年，这是传统文学方面的突破。

传统艺术方面，晚清云南在书法、绘画、雕塑等方面都产生了一批名家名作。滇剧和花灯是产生于近代云南的地方剧种；外来戏剧，特别是京剧和话剧，则是在这一时期进入云南的。一个值得注意的现象是，在 20 世纪之初，电影这个新的文化形式传入了云南，而且云南还诞生了中国第一家电影院。

少数民族众多是云南的一大特点，虽然近代云南少数民族的划分、社会形态等情况都比较复杂，云南少数民族文化艺术也独具特色。除了传统少数民族的戏剧、音乐舞蹈、节日之外，西方宗教和文化的传入对云南少数民族也产生了重要影响。

科技要籍方面，值得一提的是云贵总督吴其濬的作品，颇有价值，而且对后世产生了影响。

下篇包括近代云南在政治军事上的贡献、民国前期（1912~1931）的云南文化、抗战时期（1931~1945）的自然科学和医药学。

护国反袁和"一二·一"运动，云南都是发起之地，体现了云南人民敢为天下先和勇于担当的精神。而从文化层面来介绍这两大运动，是本书的重要特点。

民国前期的教育，突出的是东陆大学的创建，这是云南近代第一所大学。此外史志、图书、报刊等方面都有丰富的成果。

抗日战争时期的云南不仅是抗战的大后方，也是抗战的最前线，还是中国抗日战场和世界反法西斯战争东方战场接合部（中缅印战场）。昆明则是抗日战争时期中国三大文化中心之一，涌现出聂耳、艾思奇、桂涛声等一批文化名人。可以说，抗战时期是近代云南文化最辉煌的时期。本书从教育、文学艺术、学术、广电报刊和出版以及文化名人等方面对这一时期的云南文化进行介绍。其中，抗战时期教育方面最重要的就是北大、清华、南开大学联合组建的西南联合大学，它创造了中国教育史上的奇迹，与云南陆军讲武堂并称近代云南"一文一武"两名校。

抗战之后的云南文化，是辉煌之后的"退潮期"，当然也有若干闪光点。如在植物学、气象学和医药学等领域，均有不少值得称道之处。

上 篇

晚清时期：三迤文化的星光

（1840~1911）

第一章

世纪之交：晚清云南社会的嬗变

YUEN NAN JOURNEL

雲南

第一號

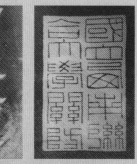

第一节　鸦片战争前的云南

一、地理资源

云南是祖国西南边疆的内陆省份，地处东亚与东南亚、南亚次大陆的接合部。

今云南省面积为 39.4 万平方千米，而在鸦片战争之前，云南的面积要大得多。清朝末年，中国国力衰微，腐败的清政府对边疆地区的治理鞭长莫及，与此同时，英国在占领印度、缅甸之后，不断地对我国领土进行蚕食。他们以中缅未定界为借口，步步进逼，分别在北段（尖高山以北片马等地区）、中段（猛卯三角地区）、南段（阿佤山地区）制造各种事端，先后侵占了我国一片又一片领土。抗战时期，更有大片领土沦陷。二战后，与我国接壤的缅甸、越南、老挝等纷纷独立，我国分别与其确定边界线，亦对云南省面积有所影响。具体情况比较复杂，这里仅从以下两点略画豹斑，以供管窥。

第一，片马地区[①]自古以来就是我国领土的一部分。清光绪二十六年（1900），英国武装侵占片马附近的茨竹、派赖等寨。宣统二年（1910）至 1927 年间，英军不断侵入片马、古浪、岗房地区，强设军政机构。在当地各族人民的抵抗和全国人民的声援下，英国不得不承认片马属于中国，但仍恃强霸占。[②]

第二，1942 年 5 月 10 日，"腾冲沦陷，延至 1943 年初，日军控制滇西地区

---

① 在云南省西部，面积十多万平方千米，与浙江省相当。
② 参见谢本书：《片马问题研究》，载云南省社科院历史研究所《研究集刊》，1985（2），第6~7页。

83000平方公里土地①，艰苦的滇西抗战从此开始"②。"此系按当时所绘中缅未定界边界计算之土地面积，若按今之中缅边界计算，滇西沦陷区也不下于3万平方公里土地。"③

今天的云南，西面与缅甸接壤，南面与越南、老挝相连，西北隅靠西藏，北接四川，东邻贵州、广西。

云南总的地势是北高南低，呈阶梯状下降；高山峡谷相间排列，相对高差大；地形以高原山地为主（山地占全省面积的84%，高原占10%），山间盆地（坝子）只占6%。

北回归线从云南南部穿过。云南全省大部分地区位于北回归线以北，气候总的属亚热带高原季风气候，但类型多样，是全国拥有气候类型最多的省份：滇西北属寒带型气候，长冬无夏，春秋较短；滇东、滇中属温带型气候，四季如春，遇雨成冬；滇南、滇西南属低热河谷区，有一部分在北回归线以南，进入热带范围，长夏无冬，一雨成秋。因为高原山地海拔的垂直变化，云南还呈现立体气候的特点，所谓"十里不同天，一山有四季"。

云南山川地形的特殊性以及气候多样性，孕育了极其丰富的自然资源，使云南享有"有色金属王国""植物王国""动物王国"的盛名。

有色金属方面，云南的银、铜、锡的开发生产都很早，且享有盛名。明代云南的银、铜产量居全国首位。宋应星《天工开物·五金》说，当时全国产银的省份除云南之外，还有浙江、福建、江西、湖广（湖北、湖南）、河南、甘肃、贵州、四川八省，"然合八省所产，不敌云南之半"。清乾隆年间，铸造钱币刺激了云南铜的生产，滇铜最高年产达到1400多万斤，居全国之冠。与此同时，云南铸青铜钱需锡甚巨，云南锡的产量扶摇直上。当时的个旧已成为云南

① 参见台湾"国防部"史政编译局：《抗日战史·西南及滇缅作战》，第373页，1990。
② 谢本书：《以一隅而荷全国之重任——抗日战争中的"云南战场"》，载《云南文史》，2015（3），第8页。
③ 谢本书：《以一隅而荷全国之重任——抗日战争中的"云南战场"》，载《云南文史》，2015（3），第11页。

最大的锡产地。至清代后期，个旧锡矿产量已居全国之最，而且跃居世界锡产量的第四位。[①] 个旧为此获"锡都"之誉。

此外，云南植物种类繁多。明朝兰茂在其《滇南本草》中就详细记载了云南的药用植物458种，并翔实地绘出植物形态图。清道光二十年（1840），云贵总督吴其濬编著《植物名实图考》，收录植物1715种，其中云南植物390多种，并征引了兰茂《滇南本草》等收录的药物70余种，每种植物皆摹绘图形，精致逼真，表述准确。该书曾被翻译为日、英、法文等出版，外国植物学家十分重视，称它是《本草纲目》的发展。当法国传教士及英、美、德、奥等国家的植物学家、园艺学家将云南丰富的植物资源公之于各种刊物，向世人进行介绍之后，云南就不断获得"植物王国""世界花园"的称号。

云南还拥有许多热带型兽类，比如南部热带雨林中的野象、野牛，以及长臂猿、懒猴、叶猴等多种猴类，这些热带动物在国内绝大部分分布在云南。滇西北高寒山区与"世界屋脊"青藏高原相连，北方耐寒动物和青藏高原特有的动物旱獭、岩羊、棕熊、石貂等沿山脊南下。这就形成云南既有众多的热带动物，又有寒带动物的特殊动物区系。

二、人口和民族

（一）人口

鸦片战争前，云南人口增长呈上升趋势。清道光元年（1821），全省人口有631万人左右；至道光十九年（1839），即鸦片战争的头一年，发展到1697万人。[②]

从人口的民族结构来看，自明代实行移民屯垦之后，人口大量迁入云南，汉族成为云南的主体民族；而云南世居民族人口比重下降，成为少数民族。

（二）民族

云南民族众多，是中国民族种类最多的省份，可以说是祖国多民族大家庭

---

① 参见黄勋：《中国矿产》，上海：商务印书馆，1930。

② 《云南辞典》编辑委员会：《云南辞典》，昆明：云南人民出版社，1993，第728页。

的缩影。其中，人口在 5000 人以上的民族有 26 个；除汉族外，少数民族有 25 个。人们也常表述为：云南世居少数民族有 25 个。其实，鸦片战争前云南的民族情况远远不是这样的，甚至鸦片战争之后 110 年，直至中华人民共和国成立时，云南的民族状况也十分复杂。

1950 年，主政西南地区的邓小平在 7 月 21 日欢迎赴西南地区的中央民族访问团大会上讲话："西南的少数民族究竟有多少，现在还说不清楚。据云南近年的报告，全省上报的民族名称有七十多种。"他还说："我们对少数民族问题，不仅没有入门，连皮毛都没有摸着。当然经过三两年工作之后，对各个民族有可能摸清楚。历史上弄不清楚的问题，我们可能弄清楚。"[1]

邓小平这里说云南"全省上报的民族名称有七十多种"，是因为当时云南各少数民族大都分为若干支系，各支系又有自己的称谓，这里的数字包括了同一个民族的不同支系。

《中国人民政治协商会议共同纲领》第六章"民族政策"，第五十条规定实行，"各民族一律平等，民族团结"。这就要对中国的民族状况进行调查识别从而加以确定。这项工作可以说是前所未有的。

中国的民族识别确定工作前后长达 40 年，分为四个阶段。[2]

第一阶段，中华人民共和国成立至 1954 年。

这一阶段之初，首先是确定了满、蒙古、回、藏、维吾尔、苗、瑶、彝、朝鲜、黎、高山族。其中与云南关系最密切的是彝族。彝族虽然不是云南的特有民族，但彝族是云南少数民族中人口最多的民族，同时云南也是全国彝族人口最多的省份。

关于彝族名称的确定还有这样一段佳话。彝族过去被称为夷族、倮倮（罗罗）。1956 年，彝族代表进京，受到毛泽东主席的接见，毛主席了解情况、听取意见后给出建议，将"夷"改为"彝"。他说，鼎彝之"彝"是古代祭祀的器

① 邓小平：《邓小平文选》第一卷，北京：人民出版社，1994，第161页。
② 黄光学、施联朱主编：《中国的民族识别——56个民族的来历》第三章，北京：民族出版社，2005。

具，有庄重美好之意，字形就像一座房子，里面有米、有丝，有吃有穿。这一族称得到彝族人民的接受和拥护。

1953 年，全国进行第一次人口普查，全国自报登记的民族名称有 400 多个，其中云南一省就有 260 多个。因此，除了公认的 11 个民族之外，又对其余民族称谓着重进行识别和归并，从而确定了 27 个民族：壮、布依、侗、白、哈萨克、哈尼、傣、傈僳、佤、东乡、纳西、拉祜、水、景颇、柯尔克孜、土、塔吉克、乌孜别克、塔塔尔、鄂温克、保安、羌、撒拉、俄罗斯、锡伯、裕固、鄂伦春族。其中云南特有的民族有 8 个：白、哈尼、傣、傈僳、佤、纳西、拉祜、景颇族。

这一阶段，全国共确认了 38 个民族，其中云南特有民族 8 个。

第二阶段，1954～1964 年。

这一阶段是中国民族识别的高潮。至 1964 年全国第二次人口普查，经过调查识别、确认了 15 个少数民族：土家、畲、达斡尔、仫佬、布朗、仡佬、阿昌、普米、怒、崩龙（后改为德昂）、京、独龙、赫哲、门巴、毛难（后改为毛南）族。其中，云南特有民族有 6 个：布朗、阿昌、普米、怒、德昂、独龙族。

这一阶段云南要对 260 个民族名称进行识别归并，工作量是比较大的。其中，操彝语并拥有各种不同他称和自称的族群约有 300 万人，分为数十种支系：土家、倮、水田、支里、子彝、黎明、莨莪、他谷、纳查、六得、他鲁、水彝、咪哩、密岔、罗武、阿车、册苏、车苏、阿细、撒尼、撒梅、子君、香堂等，被确立为彝族的支系；文山地区的侬人、沙人、天保、黑衣、隆安、土佬等归属于壮族支系；傻尼、碧约、拉乌、糯比、梭比、卡都等归属于哈尼族支系；居住在洱源的自称白勷的"土家"人归属于白族支系；黑浦（"摆夷"）归入傣族支系。

至此，全国共有 53 个少数民族，其中云南特有民族 14 个。

第三阶段，1965～1978 年。

这一阶段只在 1965 年确认了一个少数民族：珞巴族。这个民族居住在西藏的东南部。

第四阶段，1978~1990 年。

这一阶段仅在 1979 年确认了基诺族。基诺族居住在云南西双版纳景洪基诺山（古称攸乐山）。

经过第三、第四阶段的识别确定后，全国共有 55 个少数民族，其中云南特有民族 15 个，加上汉族，中国共有 56 个民族。基诺族是最后确定的，也被称为中国的第 56 个民族。

了解了我国民族识别的情况后，对云南在中华人民共和国成立前，或者说对近代云南民族的复杂情况就有了基本的了解。

三、社会发展状况

云南少数民族不仅数量众多，其社会性质也多种多样，各民族的经济发展极不平衡。20 世纪中期，云南边疆地区的少数民族中仍然存在着原始公社制、奴隶制、封建领主经济等，呈现出一部"活的社会发展史"。这可大体分为四个类型：

1. 分布在国境线各县山区的独龙族、傈僳族、怒族、景颇族、德昂族、佤族、布朗族、基诺族及纳西族的一部分等，约占云南省少数民族人口的 10%，处在原始社会向阶级社会过渡阶段，其中以丽江泸沽湖畔宁蒗永宁摩梭人的母系氏族社会和西双版纳景洪基诺族的父系大家庭最有代表性。

永宁摩梭人的母系氏族社会，到现在还有遗存。妇女是社会和家庭的核心成员，婚姻形式为男不娶，女不嫁；男方征得女方同意，晚上可以到女方家共宿，男女双方各居母家。这种配偶关系即所谓的"阿夏走婚制"。男女双方都不受约束，每个家庭都由年长的妇女担任家长，因此世系以母系计算。

基诺族有父子连名制，世系以父系计算，父系大家庭的形态表现十分典型。一个父系家庭的全体成员都集中住在一幢竹楼里，在一个火塘边吃饭。家长由年长的男性担任，主持集体劳动、安排生活及负责家庭事务的处理。

2. 宁蒗县境内的小凉山及其邻县华坪、永胜山区的彝族，到 20 世纪中叶还处在奴隶社会阶段。奴隶主占有奴隶人身，可自由买卖，任意生杀予夺。社会内部等级森严，按照血缘关系划分"诺伙"（黑彝）、"曲诺"（百姓）、"阿加"（居奴）、"呷西"（家奴）四个等级。诺伙是世袭贵族，是奴隶主，他们不仅占有大量的耕地和生产生活资料，而且还不同程度地占有其他三个等级的人身。曲诺占小凉山彝族总人口的 50% 以上，他们有个体的家庭经济，有个人的婚权和对子女的亲权，但曲诺的人身权仍属于诺伙。阿加没有个人的婚权和对子女的亲权，是由奴隶主指命配婚的分居奴，他们在奴隶主分给的土地上自耕自食，但其绝大部分时间须为奴隶主从事劳役。呷西是居住在奴隶主家的单身奴隶，是等级最低的奴隶，长年累月无休止地从事种种繁重劳务。这个等级的成员，多数是阿加的子女，还有一部分是掠夺来的人。

3. 分布在边疆地区的傣族、藏族、哈尼族、拉祜族、阿昌族、普米族和白族、彝族、纳西族中的一部分，已处于封建领主经济阶段，其中以西双版纳傣族的封建领主经济最有特点。

西双版纳从元代起开始任命世袭的土官，傣语称为"召片领"。在 20 世纪中期以前，西双版纳的一切山林土地都属于召片领所有，由召片领分封宗室贵族世袭领有境内的土地和人民。宗室贵族集团把农奴分为两个等级进行统治，一种叫"傣勐"，意为本地人，另一种叫"滚很召"，意为官家的人。他们除担负沉重的官租和无偿耕种领主的田地外，还要服各种劳役。还有一种处于贵族与农奴之间的等级，称为"召庄"，是由贵族中分化出来的自由农民，他们过着自耕而食的生活。

4. 分布在云南腹地的白族、纳西族、回族、彝族、壮族、傣族、蒙古族、布依族、苗族等民族，基本上都进入了封建社会的地主经济阶段，与汉族没有多大差别。

需要说明的是，上述情况是 1949 年之后，在党和政府的领导下，云南省乃至全国民族工作者、民族学理论研究人员共同努力取得的成果。其中特别值得指出的是，1950 年代初期，云南省民族事务委员会副秘书长、著名的民族学专家马曜率领调查组到西双版纳对傣族社会进行深入调查，并起草了《西双版纳傣族社会经济调查总结报告》。这一系列系统、深入的调查研究，逐渐描绘出云南少数民族地区社会发展史的图景。

第二节　英法入侵

1840年，英帝国主义用坚船利炮轰开了中国的大门。由于看中云南极其重要的战略地位，垂涎云南丰富的资源，英法两国对云南一直抱有强烈的侵略野心。1870年代，英国伦敦出版《最新世界地图》，其中中国云南在地图上所着的颜色竟然与英国当时所占领的缅甸一样。差不多同时，法国出版的《属地报》也竟然将云南列为法国的"属地"。①

在英、法侵占亚洲的战略中，他们计划先分别对印度、缅甸以及越南发动战争，进而吞并印、缅和越南；然后以缅甸和越南为跳板，入侵中国。1757年至1849年，英国通过一系列侵略战争将印度变为其殖民地，并于1824年、1852年、1885年三次发动侵略战争，最终吞并缅甸，也将其变为殖民地。法国则从1872年开始入侵我国云南，1885年又通过中法战争迫使清政府承认法国是越南的保护国。在完成侵占缅、越之后，英、法两国就开始直接入侵我国云南。

一、英国对云南的入侵

英国入侵云南，主要有三个目的：一是探路，二是掠地，三是掠夺矿产资源。

（一）马嘉理事件②

鸦片战争之后，英国曾多次派武装探险队、冒险家深入云南，企图打开中国边疆的"后门"。1874年，英国派遣陆军上校柏郎（Horace Albert Browne,

---

① 《云南》杂志第6号，"来函"。
② 亦称"云南事件""滇案"。

1832~1914）率 200 人的武装"探路队"入侵云南，英国驻华使馆派翻译马嘉理（Augustus Raymond Margary，1846~1875）前往缅甸接应。马嘉理入滇至边境腾越（今腾冲），对城郊关隘进行绘图、摄影，当地人民将其团团围住，令其交出照片并离开当地。

马嘉理于 1875 年 1 月在缅甸八莫与柏郎会合。2 月，"探路队"悍然闯进中国境内腾越厅蛮允街（今盈江县芒允镇），被当地民众发现并阻止。侵略者强行前进，马嘉理骄横至极，首先开枪射杀边民多人。在场的汉、回、傣、景颇各族民众忍无可忍，奋力反击，打死了马嘉理等 6 人。

事件发生后，腐败的清政府在英国的胁迫下，于 1876 年 9 月签订了丧权辱国的《中英烟台条约》[①]，除"抚恤""赔款""惩凶""道歉"之外，英国人还获得了可以派员到云南调查游历等许多权益。

（二）片马事件

1885 年，英国发动第三次侵缅战争，占领全缅甸。同年英国强迫清政府订立《中英缅甸条款》，取得了"会同勘定"中缅边界的权利，企图以缅甸为基地入侵中国。1891 年，英军侵入野人山、江心坡南端，占领麻阳、垒弄两寨。1892 年，中英双方正式举行边界谈判。1894 年，英国胁迫清政府签订《续议滇缅界务、商务条款》，公然将西至印度东北角阿萨姆、东至高黎贡山等本属中国的广阔领土规定为"未定界"。1894 年，英国政府照会中国，要以高黎贡山来划分中缅北段边界，以后又不断对片马地区进行武力侵占。片马人民发动了一次又一次的反侵略斗争。

1911 年 1 月，英国派上校军官郝滋率 1000 多名士兵侵占片马、岗房、鱼洞等地。当地傈僳族、景颇族人民在傈僳族头人勒墨夺帕的率领下，以弓弩英勇反击。消息传到内地，全国人民纷纷表示支援。在此情况下，英国不得不承认片马属于中国，但仍恃强侵占。

---

① 亦称《滇案条约》。

（三）班洪事件

我国云南临沧地区与缅甸接壤的沧源阿佤山区（今沧源佤族自治县），矿产资源丰富。明清时期，班洪等地就建起了著名的茂隆银厂和波龙银厂。1891年，英国人组织了一个缅甸有限公司，侵入阿佤山采掘波龙银矿，进而企图夺取班洪地区。1897年，中英勘定滇缅边界时，英方官员擅自在地图上绘制了一条线，把班洪等地所属大片领土划入英属缅甸境内，并长期对清政府纠缠这段所谓未定界的问题。

英国侵略者掠夺开采波龙矿20年后，这里矿老山空，于是他们又将魔爪伸向茂隆银厂。1934年，英国派2000人武装，侵占班洪和班佬地区。班洪王胡玉山召集阿佤山10余个部落头人，集合佤族民众近千人抗英保厂，在省内各方面力量的武装支持和全国舆论的声援下，击退了英国侵略者的多次进攻。

二、法国对云南的入侵

法国入侵云南，最重要的表现是两个方面，一是修筑滇越铁路，二是强迫清政府在滇开埠通商。

（一）修筑滇越铁路

1885年中法战争之后，法国通过《中法会订越南条约十款》[1]和《中法会订商务专条》等，取得在中国修筑铁路的权利，从此法国侵略势力伸入云南和广西。1898年，法国以"干涉还辽"之"功"将两广、云南纳入其势力范围，并取得越南通往云南的铁路修筑权。

接着法国组织了滇越铁路公司，筹集股款，选线勘测。为方便日后掠夺，铁路云南段选定在云南特产富庶、人口稠密的地区，还专门绕行"锡都"个旧。由此，铁路沿线人民掀起了保路斗争。1902年和1903年，先后爆发了杨自元和周云祥领导的两次起义，火烧蒙自洋关，起义以"拒修洋路、阻洋占厂"为口

---

[1]　亦称《中法新约》《越南条款》《李巴条款》。

号，攻克一些县城。

由于清政府的腐败，起义最终未能阻止滇越铁路的修筑。但是，云南人民的斗争还是迫使法国人改变了路线，主要是蒙自至昆明段的西线改东线，即由原来经建水、通海、玉溪到昆明，改走开远、小龙潭、巡检司、宜良到昆明。

（二）开埠通商

法国于 1887 年强迫清政府签订《中法续议商务专条》，其中规定开云南蒙自为商埠。蒙自于 1889 年开关设埠，后又在河口设立蒙自海关的分关。1895 年，法国强迫清政府签订《中法续议界、商务专条附章》，其中规定云南思茅为通商处所。思茅于 1897 年开关设埠。

就在 1897 年法国在思茅开关设埠时，英国强迫清政府签订《续议缅甸条约附款》，其中规定英国在思茅设立领事官，并开埠通商。从此，思茅就成为法越、英缅共同的通商口岸。该《附款》还规定，1899 年英国选定腾越（今腾冲）为通商口岸。腾越关于 1902 年设立开埠。

1905 年，云贵总督丁振铎根据云南绅商"保护本地工商业，阻止法英等对昆明的觊觎"的要求，奏请朝廷批准云南府（今昆明）自辟为商埠。云南府于 1910 年在昆明南门外开关设埠。

这样，清末的云南就有"五口通商"：蒙自、河口、思茅、腾越、昆明。其中，前四个为"约开"，即按条约开设；后一个为"自开"，即自行开设。

三、英法勾结侵略云南

英法入侵云南，有竞争也有勾结。在修筑铁路的问题上，就有竞争。英国早就策划修筑从仰光经腊戌进入云南的铁路，然而最终未能实现，败给了法国。

当然，在开埠通商的问题上，英法也有勾结。最为突出的就是双方把掠夺云南丰富的矿产资源作为共同的目标，攫取在云南的开矿权。

（一）攫取七府矿权

1902 年 6 月，在英法威胁下，清政府批准英法《云南隆兴公司承办云南矿务章程》（以下简称《矿务章程》）。这是一个出卖云南矿权的章程，时云南府（今昆明及附近地区）、澄江府、临安府（今建水等地）、开化府（今文山等地）、楚雄府和元江直隶州、永北厅（今永胜等地），统称"七府矿产区"。值得注意的是，章程规定七府开矿地，如无矿可开，可另选他处"互抵"。也就是说，当时云南省 20 多个府州厅皆可开矿。章程规定，可开采的矿种齐全，期限 60 年，如"矿务兴旺"，还可延长 25 年。这样一来，英法可以无所顾忌地掠夺云南矿产。

面对英法帝国主义的掠夺，云南人民展开了大规模的维护矿权的斗争，要求废除《矿务章程》。面对来自中国人民的强大压力，侵略者改变了策略。1911年 8 月，英法与清政府议定，以赔偿 150 万两银子换取《矿务章程》作废，赔款分 6 期，由云南 10 年还清。云南人民维护矿权的斗争最后以用巨款收回矿权告终。

（二）"洋教"入滇

近代中国，教会是帝国主义侵华势力的组成部分。鸦片战争以后，法国天主教传教士在盐津建盖教堂，设立主教公署。中法战争后，天主教全面进入云南，1843 年主教公署迁到昆明。1877 年，耶稣教传入云南，并向全省扩张。耶稣教、天主教配合英法帝国主义侵略云南，搜集情报。对此，云南人民进行了英勇的斗争。

1883 年，洱源、巍山、永平、永胜、华坪等地发生捣毁天主教教堂、驱逐传教士的斗争。

1900 年，法国驻昆领事方苏雅组织洋枪队镇压云南人民，于是愤怒的昆明民众捣毁了平政街天主堂、主教公署、修道院，方苏雅连夜逃走。城郊农民继而捣毁了金马山下的天主教会若瑟堂。

1905 年，德钦藏、汉民众奋起围攻教堂，驱逐了胡作非为的英、法传教士，烧毁教堂，形成大规模反洋教斗争。贡山县怒、藏、傈僳族 200 多人围攻并火烧白哈罗教堂，驱逐法国教士。不久，昭通彝、汉人民捣毁教堂，驱逐了所有传教士。1910 年，反洋教斗争发展成反清武装斗争。

第三节　滇越铁路与云南的近代化

一、滇越铁路的历史意义与价值

法国攫取了滇越铁路的修筑权后，1899 年 9 月，以法国东方汇理银行为首的几家机构成立了滇越铁路公司，承包了铁路的集资修建业务。

滇越铁路从云南省昆明至越南海防。其中，越南段 1901 年动工，1903 年完成；云南段 1904 年动工，1910 年竣工通车。铁路全长 854 千米，其中越南段长 389 千米，云南段长 465 千米。云南段修筑的 7 年间，清政府每年从当地及川、粤、桂、闽、浙、鲁、冀等省招募民工数万人，还有越南民工 2 万人，总计约 30 万人。民工不得温饱，劳动条件极其艰苦，常遭监工鞭笞，加上疟疾等病害，毙命者六七万人。可以说，滇越铁路是中越人民用血肉铺筑的。

滇越铁路通车后，法国统治者开始对云南进行疯狂的掠夺。"该铁路就像一根吸管，几十年如一日，吮走云南的资源，吮走云南的财富。"据统计，法国滇越铁路公司"1915~1920 年，滇段年均盈利近 100 万法郎，1921~1930 年年均盈利增至 660 余万法郎。1915~1930 年中，该公司共盈利 7100 万法郎。"[①]

因此，我们说从法国攫取滇越铁路修筑权，到开工筑路，以及铁路通车后云南被掠夺的历史，就是一部屈辱史。

但是，即使当年在人民反对帝国主义侵略、争路权、保矿权的浪潮中，也有人开始深入思考并提出一些新的看法。如袁嘉谷深感滇越铁路带来的交通便捷，还写过一首诗："新生事物多折难，说三道四两极反。云滇谁说无前路，列车尽头尽曙光。"首先，他把滇越铁路的修建看作新生事物，同时指出滇越铁路还将带来社会发展的新曙光。应该说，这些观点在当时是难能可贵的。

今天，我们对滇越铁路的评价已经比较客观和全面，并具有新的高度："滇

---

① 段锡编著：《滇越铁路——跨越百年的小火车》，昆明：云南美术出版社，2007，第170页。

越铁路的修建，即使在科技高度发达的今天，也是一件让人惊叹的壮举。中国的劳工，法国的资金和技术，在云岭高原上贯通了一条不通国内通国外的国际铁路"；"滇越铁路是云南近现代一个重要的历史符号和文化标志，是西方文明与东方文明、工业文明与农耕文明、科学技术与民族文化等在特定的历史条件下的相互碰撞、相互作用、相互交融的历史产物，是历史留给我们的一笔富贵文化遗产"。[①]

历史表明，滇越铁路的工程技术水平是当时世界最先进的。

滇越铁路云南段跨越元江、珠江、金沙江三大水系，跨越三大水系的两大分水岭（在芷村一带越过元江水系与珠江水系的分水岭，在水塘一带越过珠江水系与金沙江水系的分水岭），跨越热带山地季风雨林湿润气候、南亚热带半湿润气候、高原季风气候三大气候带。

铁路从海拔89米的河口车站由南向北攀升，至全线最高点海拔2036米的水塘站（在昆明三家村与阳宗海之间），高差竟达1947米。也有人说如果从海防算起，高差则在2000米以上。

滇越铁路云南段长465千米，80%的路段是在险恶的崇山峻岭和悬崖峭壁上盘绕，在峡谷和深箐间穿行；弯道极多，一个接着一个，而且许多是大弯和急弯；直线路段极少，最长的直线路段（在草坝）仅有8876米，只占全线总长的1.9%。

全线穿山越岭，渡河跨箐，桥隧密集。云南段计有桥涵425座[②]（其中桥梁175座），平均约1.1千米1座；隧道155座，平均3千米1座。也有人算过，云南段桥隧总长30.6千米多，占全线的6.6%；其中桥梁总长7.5千米，隧道总长约23千米。

恶劣而艰险的工程需要并确实体现了滇越铁路的高科技水平，这在当时是处于世界领先地位的。铁路通车以后，因其"卓绝设计、奇险施工、浩大工程"

① 范冕：《滇越铁路——百年沧桑与荣辱》，载《中国文化遗产》，2008（6）（云南专辑），第95、102页。
② 最新统计有3422座，见王耕捷主编：《滇越铁路百年史（1910—2010）》，昆明：云南美术出版社，2010，第367页。如此，则平均每千米有桥涵约7.4座。

图 1-1：滇越铁路

三大特点，英国《泰晤士报》将其与苏伊士运河、巴拿马运河并称为"世界三大奇迹"。滇越铁路还与印度大吉岭铁路、秘鲁安第斯山中央铁路并称为 20 世纪世界三大高原铁路。

　　法国修滇越铁路是在与英国修滇缅铁路展开竞争的情况下进行的，最终"英国从这场通往云南的铁路比赛中退出，英国人与其说是被法国人击败，倒不如说是被自然地貌击败"，"英国铁路从未到达云南"，只"在一个叫腊戌的缅甸高原城市戛然而止"。[①] 应该说，英国当时技不如法，未有能征服自然地貌所需要的工程技术。

　　法国学者说，对滇越铁路最恰如其分的描述就是"壮举和创新"。美国人曾说，"要修这样一条铁路，法国人一定是疯了"，"当时毕业于法国最优秀工程师学院勇敢的工程师探险家们，则把滇越铁路作为可行性的预备研究对象"，然

---

① ［奥］Robert Lee：《通向中国西南的铁路竞争》，载《云南铁道》2010（1）。

图 1-2：人字桥

而直到修建路线最终定下来，"由于地形和气候的困难，有些土木工程学方面的
问题仍未完全解决"，其中最突出的例子是"83 千米处的白寨大桥和 111 千米
处的人字桥"。这两座大桥后来是通过设计招标才解决的。人字桥"现在仍在使
用，其创新的设计对于今天的土木工程专家仍是借鉴的榜样"①。中国历史上曾
有两座桥被载入《世界名桥史》，一座是位于河北赵县的隋代工匠李春设计的赵
州桥，另一座即位于云南崇山峻岭之中的"人字桥"。

　　"人字桥"为"人"字形巨型钢架桥，全用钢板、槽钢、角钢、铆钉连接
而成，重 174 吨。"人字桥"在两山峭壁之间的跨度为 67 米，距谷底 100 米，
谷底是南溪河源头之一的四岔河。1907 年 3 月 10 日动工，1908 年 12 月 6 日竣
工，历时 21 个月。工程极为艰险，有 800 多名劳工牺牲于此，所以说"人字桥"

---

① ［法］裴逸风：《滇越铁路：2010 年已百年，未来又如何？》，"滇越铁路通车百年论坛"论文（2010
　蒙自）。

是以中国劳工以生命建造的，也是中国工人的创举。

二、滇越铁路对近代云南交通变革的影响

滇越铁路是帝国主义侵略的产物和掠夺的工具，但在客观上，它给云南带来了极大的变化，使云南这样一个封闭落后的省份，开始与西方资本主义世界直接发生联系。

19 世纪后半期，随着英法入侵，从 1889 年至 1902 年，云南的蒙自、河口、思茅、腾越和昆明以"约开"和"自开"，实行了"五口通商"，云南开始了近代化的起步。滇越铁路的通车，促进了云南的对外联系，从而加快了云南近代化的步伐。

（一）"二月行程一旬度"

李白有诗云："蜀道难，难于上青天。"其实滇道更比蜀道难。滇道之难难在云南是山的王国，高原和山地占全省面积的 94%，高山峡谷相间，山路崎岖，人背肩扛，溜索渡江，山间铃响走马帮，绘出了千百年云南交通的基本画卷。省内交通不畅，省际交通更为艰难。因此，云南是极为封闭和落后的。

滇越铁路作为中国第一条国际铁路[①]，它的通车极大地改变了云南交通的落后状况。当然，云南人也挪揄滇越铁路"火车不通国内通国外"。后来有了汽车，相比之下，"火车没有汽车快"。这也成了"云南十八怪"中的两怪。

"火车不通国内通国外"，讲的是滇越铁路的实际情况，但这只是表面现象。

---

① 关于这个问题还有一种观点，认为滇越铁路是"中国第二条国际铁路"（李开义、殷晓俊著：《彼岸的目光·晚清法国外交官方苏雅在云南》，云南教育出版社，2002，第260页）。有人认为，中国第一条国际铁路是东北地区的东清铁路（又称中东铁路、东省铁路）。东清铁路以哈尔滨为中心，西起满洲里，东至绥芬河，南至大连，呈"T"形；满洲里往西和绥芬河往东均可进入俄国。这条铁路开工于1897年，竣工于1903年，为俄国所修筑。然而，笔者认为：东清铁路竣工通车时间虽早于滇越铁路7年，但是第一，其名称没有涉及国外，不具有国际铁路名称的特征，不像"滇越"铁路；第二，东清铁路不能直通国外（俄国），它是标准轨距（1.435米），要进入俄国（宽轨轨距1.525米），必须换装，不像滇越铁路同轨同辙，畅通往还。（详见吴宝璋：《滇越铁路之谜》，《昆明文史资料选辑》第51辑，第23~24页）

实际上，滇越铁路通车，对云南通往其他省，或者说通往内地，也提供了极大的便捷。但滇越铁路的通车真正引出了一个新的奇怪现象：从云南到内地，或者从内地到云南，要先出国，后回国，要办护照、签证。

滇越铁路改变了云南千百年来的封闭落后状况。对于这种改变，体会最早最为深切的莫过于袁嘉谷。袁嘉谷 1898 年第一次进京参加会试，1903 年进京参加经济特科考试，均行程漫漫，备尝艰辛。到了 1910 年 10 月，任职浙江提学使的袁嘉谷特奏假 3 个月回乡省亲，看望母亲并办理少弟的后事。此时滇越铁路通车已半年，他从海防乘火车，经河口到碧色寨，然后乘轿子回石屏，前后不过十余天。回顾参加科举会试十余年来，每次出省、回乡，或骑马乘轿，或坐船步行，旅途劳顿，曲折艰行，费时均不少于两个月。而此次前后仅十来天即归乡里，袁嘉谷不禁感慨万千，遂赋诗言志："山川依旧物已非，云岭横贯大动脉。二月行程一旬度，万里雄关亟相随。"

"二月行程"，应该说只是一个概数。事实上，云南举子进京赶考，时间要多于两个月。清道光年间，云南举子何桂清等人从昆明出发赴京应会试，由平彝（今富源）入贵州，再经湖南、湖北、河北，到北京，历五省，行程 6540 里，历时 83 天。[1]

经滇越铁路从昆明到内地，其行程大致是这样的：由河口到海防只需一天多的时间，从昆明六七天就可以到香港，9 天就到上海（或者从海防坐轮船一星期就到上海）。再改走京沪铁路，一天半就到北京，全程仅用 11 天。[2]

（二）催生了云南第一条公路

"滇越铁路通车之前，云南不但没有其他铁路，就连公路也没有。"[3] 这句话的言外之意，一般都是先有公路[4] 才有铁路，但是云南倒过来了，在滇越铁路之前，云南还没有公路。其实，这是认识上的一个误区。人类历史上，本来就

---

[1] 张佐：《两江总督何桂清》，昆明：云南人民出版社，2015，第50页。

[2] 李开义、殷晓俊：《彼岸的目光·晚清法国外交官方苏雅在云南》，昆明：云南教育出版社，2002，第267页。

[3] 杨晓林主编：《云南百年故事》，昆明：云南人民出版社，2001，第2页。

[4] 此处所说的公路，主要指区别于铁路（专供火车行驶），可以行驶汽车的公用之路。

是先有火车，后有汽车的。当然也就是先有铁路，后有公路——1825 年英国建成了世界第一条铁路斯托克顿—达灵顿铁路。

云南的情况也是如此：先有铁路（1910 年滇越铁路通车），15 年之后，即 1925 年，云南的第一条公路——昆明小西门外大观街西安马路口至碧鸡关 16.4 千米长的公路才竣工并行驶汽车。①

这里要强调的是，云南第一条公路是滇越铁路催生出来的。当时由滇越铁路从越南运入的四辆美制福特 1.5 吨货车底盘（自行装配车厢）、两辆雷诺轿车，以及两台蒸汽压路机，就是云南第一批汽车。② 如果没有这些汽车，就没有云南的第一条公路，更没有此后云南公路建设的迅速发展。

（三）催生了中国第二个飞机场

第一次世界大战后期，许多国家纷纷发展空军。云南督军唐继尧也决定建立空军，以"振兴云南"。为此，他建航校，建机场。

1922 年，唐继尧建云南航空部队，同时设立云南航空学校（设于云南陆军讲武堂内），先后毕业学生两期，共 60 余人，"开中国空军之先声"。③1925 年，唐继尧为《云南航空队第一班毕业同学录》作序，序云："云南之有航空部队，自民国十一年始"，"云南航空队为全国航空事业之先进前驱"。④

1922 年，唐继尧在昆明巫家坝修建飞机场，由清末兵营大操场改建而成。这是仅次于杭州笕桥机场的中国第二个机场。

这里要强调的是，当时云南航空队的飞机和飞行器材均由滇越铁路运到昆明。后来，云南航空运输在军事航空的基础上发展起来，在全国来说是起步比较早的。

---

① 张汝汉：《记云南第一条公路》，《云南文史资料选辑》第18辑，第104页。

② 云南省交通厅云南公路交通史志编写委员会、云南公路史编写组编：《云南公路史》（第一册），北京：国际文化出版公司，1989，第62页。

③ 乐铭新：《云南军事学校教育史略》，见谢本书主编：《清代云南稿本史料》（上册），上海：上海辞书出版社，2011，第255页。

④ 唐继尧：《云南航空队第一班毕业同学录·序》，见谢本书主编：《清代云南稿本史料》（上册），上海：上海辞书出版社，2011，第273页。

三、滇越铁路与近代云南工业化的起步

近代化的一个突出特点是大机器生产。在这方面，云南最重要的就是诞生了中国第一座水电站并开始了自来水的使用。

1908 年，滇越铁路竣工在望。法国为了进一步获取云南丰富的资源，操控云南的经济命脉，以滇越铁路通车需要用电为由，向云南当局提出要在滇池海口的螳螂川上游修建电站。消息传出，云南各界人士群情激愤，要求自己办电站。

具有"实业救国"思想的云南劝业道（主管全省实业）官员刘岑舫上书新上任的云贵总督李经羲，表达民意，建议云南自己办电站。李经羲对此表示坚决支持，明确批复："从今起，25 年内不许外人来滇办电"，并决定云南自己建石龙坝电站，同时令刘岑舫筹划实施。

修建电站，首当其冲的是资金问题。刘岑舫找到云南商会经理王鸿图（字筱斋）商议。王鸿图是全国著名"钱王"王炽之子，他慨然应允并联络了 19 位商界同仁，于 1909 年 2 月成立云南商办耀龙电灯股份有限公司。王鸿图任董事长，左益轩任总（经）理。"耀龙"的命名表达了云南人民"实业救国"的愿望。很快，公司筹集到修电站所需的 25 万银元。其中，刘岑舫代表官方认股 11 万元，其余的由其他股东认购。

回顾当年这段历史，有两点值得肯定：一是李经羲、刘岑舫、王鸿图、左益轩等人，官商同心，以民族大义为重，自办水电，可谓"挺起民族脊梁"之举；二是筹集民间资本进行重要的基础建设，不仅是可行的，也是先进的。

1910 年 1 月，耀龙公司与德国礼和洋行签订购置德国西门子电器公司水力发电机一套（两台各 240 千瓦水轮发电机组）的合同；还从德国聘请水电工程师毛士地亚和麦华德。1914 年，德国在云南开设领事馆，原德国驻四川领事官魏斯（F. Weiss）调任德国驻滇正领事官。①

西门子公司制造的数十吨重的发电机设备由海轮运到越南海防，经滇越铁

① 吴宝璋：《寻觅德国驻昆领事馆：震庄乾楼》，见昆明市政协文史委员会、昆明市旅游局编：《昆明旅游文史》，昆明：云南人民出版社，2004，第247~250页。

图1-3：石龙坝水电站

图1-4：工作了100多年的西门子发电机

路到昆明，在距火车站不远的盘龙江得胜桥装上船筏，经滇池、海口、螳螂川，在平地哨上岸，最终抵达石龙坝。

电站从开工到发电，历时 21 个月。为将所发之电送到昆明，专门架设了 23 千伏高压输电线，线路长 24 千米，沿途有 900 多根木质电杆。这是中国第一条高压电线。1912 年 4 月 12 日，石龙坝水电站成功发电，昆明首批 3000 多盏电灯放出了光明。

电力的使用给昆明带来了许多变化，最突出的是促进了云南的邮政和电报、电话的发展，催生了昆明自来水的使用，使其成为中国使用自来水较早的城市。

1910 年，云南最早的邮政局设于蒙自海关内。滇越铁路通车后，1911 年邮政与海关分家，邮政总局迁到昆明。电报、电话等也随着电力的使用而发展起来。

1915 年，黄毓成、王筱斋等人创办了自来水公司。自来水工程由越南海防法商戴阿尔负责承建，于 1916 年 9 月动工。水泵、阀门、输水管等设备全部通过滇越铁路运来。泵站房建在昆明翠湖九龙池，过滤池建在华山西路"逼死坡"头。1918 年 5 月 2 日开始供水。

中国第一座水电站石龙坝水电站的建立和昆明自来水的使用，是云南近代化的突出表现。"当内地还用牛马代替脚力，用香油灯照明时，云南却在崇山峻岭中奔驰着火车，点上了电灯，用上了'自来水'——这是云南人引以为自豪的事。"①

四、滇越铁路对近代云南社会、经济、生活的影响

（一）影响沿线城市建筑风格

滇越铁路通车，钢筋水泥、窗户玻璃、花瓷地砖等新型建筑材料以及法式建筑的形式传入昆明。首先是铁路沿线大小 34 个车站，清一色法式建筑，十分醒目：黄墙红瓦百叶窗，屋顶露着壁炉的烟囱。进而，法式建筑又影响了铁路

---

① 段锡编著：《滇越铁路——跨越百年的小火车》，第 3 页。

沿线城市的建设，蒙自、开远、昆明等地较为突出，如蒙自的哥胪士洋行、海关署，开远的洋酒店、医院等。昆明的法式建筑较为集中，火车站附近出现了连街成片的洋房，金碧路两旁多为黄墙红瓦的二层楼，巡津街多为青砖红瓦的小洋楼。最具代表性的是云南大学会泽院的法式大楼，以及甘美医院（昆明市第一人民医院）的老式洋楼。[①]

（二）促进工商业的发展

除了建筑样式的变化，滇越铁路还促进云南近代工商业的发展。金碧路洋行林立，尽显异国风情。先是法国人在金碧路旁的祥云街设立了东方汇理银行办事处，随后在金碧路上设立了沙泼里、徐璧雅、沙厘耶宝多、普利、安兴、英仕的和帮沙为利等多家洋行，开了法国大药房、商务酒店。希腊人开了哥胪士、若利玛、玛地亚多士等洋行，日本人开了保田洋行，俄罗斯人开了面包店，英国人开设颐中烟草公司和惠滇医院，基督教会还建起了锡安圣堂。[②]

洋行里充斥着大量通过铁路输入的洋货，有罐头、炼乳、饼干、香槟、咖啡等食品，香烟、钟表等日用品，以及香水等化妆品，还有生产建筑方面的各种先进机械和设备器具。于是，各种带"洋"字的货物随之进入云南人的生活之中：洋火（柴）、洋油、洋碱、洋酒、洋纱、洋布、洋皮鞋、洋袜子、洋毡帽、洋烟、洋药、洋娃娃（玩具）……在这些洋货面前，本土手工业生产的"土"货相形见绌，受到了极大的冲击。

除了交通便利、电力供应等，外来工业品的充斥，给民族工业者以极大的刺激。因此，商办、官办、官商合办的工厂在全省各主要城市相继建立，涉及印刷、造纸、食品、日用化工、矿产、五金、机械等业务。从滇越铁路通车至1923年，全省各类工厂共有55家，与1909年相比，增加了3.7倍。[③]在民族工业的基础上，云南近代商业也得到了发展。当然，近代云南民族工商业的出现和发展，从一开始就和外来的工商业存在竞争，"土货"和"洋货"也有矛盾和

① 王耕捷主编：《滇越铁路百年史（1910—2010）》，昆明：云南美术出版社，2010，第80页。

② 林泉编著：《重返老昆明》（上），丁学仁校补，昆明：云南美术出版社，2002，第122页。

③ 王耕捷主编：《滇越铁路百年史（1910—2010）》，第73页。

图 1-5：甘美医院大楼

竞争。1920 年，昆明 7 家火柴厂生产的安全火柴已把"洋火"赶出昆明市场。

与此同时，在外国金融业的刺激下，伴随着民族工商业的发展，1912 年，云南金融业开始出现——富滇银行成立。这是云南第一家省立银行。

（三）西医传入云南

1910 年滇越铁路通车，两年后，法国人在云南府（昆明）火车站附近开设了一座铁路医院。铁路医院起初主要是为铁路员工服务，规模不大，但全新的医疗方式很快引起轰动，患者不断增多。于是随着发展，医院租用了巡街 35 号（地址在今昆明市第一人民医院）的地块，并建了新的大楼，取名"甘美"。甘美医院设有内、外、耳鼻喉、皮肤、花柳、妇产等科，成为当时达官贵人看病的首选，时称"贵族医院"。后来，"大法医院"的主要部分并入了甘美医院。大法医院 1901 年由法国人建立，是昆明第一家西医医院，地址在华山西路（今昆明妇幼保健院）。

1915 年，英国中华圣公会在万钟街的圣约翰教堂内开设了一家诊所。几年后，诊所扩建为医院（时在金碧路，地址在今昆明市儿童医院），取名"惠滇"。惠滇医院设内、外、妇产等科，求诊病人众多。

（四）电影院在昆明的诞生和发展

电影于 1895 年 12 月在法国诞生，1896 年传入中国上海。1896 年 8 月 11 日，上海徐园"又一村"首次上映"西洋影戏"。[①] 此后，北京、天津等地也时常有电影放映，但地点均在茶楼、茶园和酒观里，片子也都为法、美、英等外国人带来的。在云南，因为滇越铁路的修建，法国人也在蒙自、昆明等地放过电影。

电影传入中国 12 年后，即 1908 年，西班牙人雷玛斯在上海海宁路乍浦口用铁皮搭建了一座专门的电影院，有 250 个座位。一般认为这是我国正式修建的第一座电影院。[②] 其实不然。昆明翠湖水月轩电影院建于 1907 年，比上海虹口大戏院早一年，是中国第一座电影院。

翠湖水月轩电影院的创办者蒋楦为云南曲溪（今属建水县）人。科举废除后改儒从商，光绪三十年（1904）到昆明谋求发展，通过劝业道买下翠湖莲花寺东南的空地，开设相馆，取名水月轩。他到上海购货时看过电影，遂买了一部放映机和几卷影片，回到云南放映。最初只是自己和朋友欣赏，后来他接受好友建议，对外界收费放映。

确切地说，水月轩专设电影院是在 1907 年。光绪三十二年（1906）十二月初，蒋楦在昆明《滇南钞报》连续登了半个月的广告，广告说："本轩现放之新奇活动电影，今又由上洋（海）添办更奇数十场……本轩不惜重金，购运来滇。拟待明年新春，在要轩对门起盖场院开演，每位收银三角。凡欲赏识，请先期购票入场，幸勿自误，特此告白。"广告中说的"明年新春"，指光绪三十三年农历正月初一（1907 年 2 月 13 日）。从规定座价和"先期购票入场"之话，可

---

① 孙立峰：《电影史话》，北京：社会科学文献出版社，2000，第4页。

② 孙立峰：《电影史话》，第4页。

以看出，水月轩已具有正规电影院的性质了。[1] 因此，水月轩早于上海虹口大戏院，是中国第一家电影院。

当然，这时水月轩电影院放映用的是手摇发电机，因为石龙坝水电站发电是五年以后的事。

1912年石龙坝水电站建成发电，使昆明成为全国较早用电的城市，电影放映因摆脱了手摇发电机发电而时髦起来，电影院纷纷建立。昆明上演京剧、滇剧的三大戏园——云华、大观、群舞台，也开始放映电影。

1917年，法国人在龙井街两粤会馆开设百代公司电影场。这是昆明第一家外资电影院。

1933年10月，昆明出现有声电影。当时，几家富户联手将金碧游艺园改建为"大中华有声电影院"，首场放映京剧片《四郎探母》，之后是《啼笑姻缘》。[2] 电影有声，观众拥挤，盛况空前。随着外国影片放映的增加，影院聘请讲解人的情况流行起来。讲解人不一定懂外语，按别人翻译好的大意，结合自己的理解来讲，可以发挥，用昆明方言讲解。有时会闹出笑话：电影放到后面，讲解员还在讲前面的事，常常惹得哄堂大笑。这种情况一直延续到40年代初。

随着外语片增加，一些影院翻译水平有所提高。它们争相招聘精通英、法文的柏希文[3]担任翻译，称誉一时。[4]

滇越铁路带给云南的影响是多方面的。在疯狂掠夺云南资源的同时，英法侵略者借此将势力扩展到云南，进而伸入内地。但滇越铁路的通车客观地改变了云南封闭落后的状况，近代云南的政治、经济、社会都因此发生了巨大的改变，是云南近代化的开端。

---

[1] 石矸：《昆明早期电影史话》，见中国人民政治协商会议昆明市委员会、文史资料研究委员会编：《昆明文史资料选辑》第19辑，昆明：云南民族出版社，1992，第156~157页。

[2] 石阡：《昆明早期电影史话》，见《昆明文史资料选辑》第19辑，1992。

[3] 柏希文，父为法国人，母为广东人；曾创英语学会，还办过法文学校，为昆明外语教育的发展做出过贡献。

[4] 赵宗朴：《昆明电影放映事业四十年史话》，见《云南文史资料选辑》第二十一辑，1984，第1~24页。

第二章

云南教育：新旧交替，人才辈出

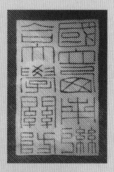

第一节　清末两大书院

书院是中国古代特有的教育机构，云南书院建立始于明代，比内地晚得多。据统计，有明一代，云南共建书院 70 所；有清一代，全省新建书院 226 所。[①]

与私塾不同的是，书院多为官办。云南众多的书院中，大多数的县一级书院属于初等教育，府一级书院属于中等教育，高等教育的书院在省城，不过一二所。清朝末年，省城最有名的五华书院、经正书院即属高等教育。

一、五华书院

五华书院创建于明嘉靖三年（1524），因位于昆明五华山而得名，为第一所全省性的书院，也是云南高等教育的发端。至 1840 年，五华书院已有 316 年的历史。

清代中后期，五华书院俊彦辈出，每届乡试，"中试者率三十人，少亦二十人"[②]，其中著名的有昆明人钱沣（南园）、广南人方润玉等。

将至近代，颇值一提的是"五华五子"。嘉庆二十四年（1819），林则徐到云南做乡试主考官，"五华五子"有四子应试皆中举人：戴䌹孙、李于阳、池生春、杨国翰。其中，杨、池、戴又先后考中进士，进入官场，均为官尽职，颇有善政。包括此次未能与试的戴淳在内，"五华五子"后来都与林则徐保持着很

---

① 蔡寿福主编：《云南教育史》，昆明：云南教育出版社，2001，第268、270页。
② 师范：《滇系·五华书院山长志》，见李春龙、王珏点校：《新纂云南通志·学制考四·五华书院》，昆明：云南人民出版社，2007，第520~521页。

好的师生之谊和个人关系。其中，尤以戴纲孙为最。

戴纲孙于道光九年（1829）会试考中进士，入京为官，先后任工部主事、御史等，与林则徐交谊最为密切。鸦片战争之后，林则徐谪戍伊犁，戴一直与其保持书信联系，凡京师大事无不一一禀告。林深知戴文采甚佳，还请其撰写应人请求的文章。戴纲孙道光二十七年（1847）在京城所修《昆明县志》（10卷），名重一时，是云南第一部私人编修的志书，是史志界推重的善本，省内外均有藏书。后来，戴称病回滇，主讲五华书院，以诗文名世。

二、经正书院

经正书院创办于光绪十七年（1891），结束于光绪二十九年（1903），仅存12年。然而经正书院独具特色，成绩斐然，是后期的五华书院难以企及的。

在社会发展的大变革背景下，崇尚实学之风渐起，老的书院已萎败难振，旧学积弊日显，光绪十七年（1891），云贵总督王文韶和云南巡抚谭钧培联名上奏朝廷：云南"经古课试已有年余，三迤人士渐知崇尚实习，人数亦渐加多，自应建经古书院，俾肄业诸生得以住院，朝夕讲诵，蔚为通经致用之才"[1]。光绪皇帝批准了云南督抚的请求，还应请御书颁赐了"滇池植秀"匾额。

书院专课"经古"，因取"传经、拜经、守正"之义而取名"经正"。书院选址在昆明翠湖西北隅九龙池畔的玉龙堆。

由于督抚对经正书院的成立寄予厚望，给予高度重视，其培养拔尖人才的目标十分明确。总的来看，经正书院办学有如下显著特点：

第一，山长出众

经正书院山长（院长兼主讲）由督抚选聘。12年共历两任山长：许印芳、陈荣昌，每人任期恰好6年。两人皆为云南近代文化史上著名的硕学大儒。

许印芳（1832~1901），字苣山，云南石屏人。38岁中云南乡试第二，赴京

---

① 王文韶、谭钧培：《奏为筹建经正书院》，见《新纂云南通志·学制考四·经正书院》，第520~521页。

会试落第，由于科场不顺，遂绝意功名，一心致力教育，历任昆阳学正、永善教谕、昭通大理教授、五华书院监院。因才华出众，经正书院成立时，虽年逾花甲亦被延聘为山长。其著述甚丰，尤好诗歌创作及诗论研究，以《诗法萃编》为代表之作。其高徒袁嘉谷说："吾师许苭山先生，近古诗人之雄也。生平论诗，导源三百，兼采众长，不囿一格。"

陈荣昌（1860~1935），字小圃，号虚斋，云南昆明人。袁嘉谷称其学识渊博，其文"兼杜诗韩笔而一之，以余力为六朝骈文，两宋词曲，赅徐庚苏辛之长"；还说其"门生才俊盈天下"。①

第二，生员优秀

"经正书院条规"规定，书院"考兼贡举"："每督学院按临，则合举贡生监局试取文行兼备、学有根柢者为高才生，再合三迣试卷会同两院复核，选补如额。其实到院肄业者，调入为内课生。"② 也就是说，书院诸生从全省选拔，而且兼及官学（庙学）中的举贡生员，每当学臣到任，便连同举贡生员一起封闭考试，取文章品行兼优、学有根底者为高才生，再与全省官学生员试卷一起会同督抚复核，按内课生名额选补入院食宿肄业。因此，经正书院诸生入学水平远高于其他书院。

第三，严格考核

"经正书院条规"规定：书院生员分内课与外课两种。内课生设24个名额，以高才生充当，住院肄业，每人每月得膏火银（津贴）6两。外课生设80个名额，又分正额和副额两类。正额20名，每人每月得银2两；副额60名，每人每月得银1两。书院经常考试，并设有一套严格的考试奖罚制度，以别其升降。内课生考试优秀者，给予奖励，达不到要求的要扣除津贴，甚至失去内课生资格；外课生可自备伙食住院学习，考试优秀者，达到相关要求，可以递补高才生空缺。严格的考核和明确的奖罚制度，极大地激励着生员努力奋进。

---

① 袁嘉谷：《清山东提学使小圃陈文贞公神道碑铭》。
②《经正书院条规》，见《新纂云南通志·学制考四·经正书院》，第520~521页。

第四，经费优厚

与五华书院相比，经正书院办学经费优厚。山长及员役薪酬、诸生学习津贴等各方面的开支都大大高于五华书院，并得到充分保证。

经正书院办学时间虽然不长，却培养了大批杰出人才，仅住院高才生前后共有 91 人。[①] 其中袁嘉谷、李燮曦、李坤、席聘臣、钱用中、秦光玉、熊廷权等，都是云南近代历史上的有为人物。

第二节　新式学堂的兴起

1895 年，清政府在甲午战争中被日本打败。康有为在京发动了"公车上书"，反对签订《马关条约》，提出"拒和、迁都、变法"的主张。后来，康有为和梁启超等形成"维新派"，进一步提出变法的方案。1898 年（戊戌）6 月 11 日，光绪皇帝接受维新派变法方案，颁布维新法令，实行变法。在文化教育方面，实行废科举、兴学堂、派留学。慈禧太后发动"戊戌政变"后，变法仅存一项成果：京师大学堂（北京大学前身）。

1901 年，逃亡到西安的慈禧太后为挽救岌岌可危的清朝统治，发布上谕，宣布要实行"新政"。"新政"涉及政治、军事、经济等各个方面。文化教育方面的废科举、兴学堂、派留学成为新政的一个重点。

1905 年，张之洞等奏请立停科举，推广学堂。清廷诏准，自 1906 年始，所有乡试及各省岁科考试一律停止。这样，从隋开始延续了 1300 年的科举制度被废除，代之以新学教育。

兴学堂，即兴办新式学堂，开启新式教育。具体来说就是把各省府州县的大小书院一律改为学堂，省会的大书院改为高等学堂，府城的书院改为中等

---

① 刘宝镜：《昆明书院》，见龙东林主编：《昆明历史文化寻踪》，昆明：云南科技出版社，2008。

学堂，州县的书院改为小学堂。1902 年 8 月，朝廷颁布《钦定学堂章程》（又称"壬寅学制"）。1904 年 1 月，又公布《奏定学堂章程》（又称"癸卯学制"），这是中国近代教育史上第一个以法令形式公布并在全国推行过的新式教育体制，影响深远。新式教育最重要的是在学堂中开设自然科学和社会科学方面的课程。

派留学，即派留学生到海外学习。清政府面对外来侵略屡战屡败，"天朝大国"和"四夷宾服"心态开始动摇进而崩溃，"以夷为师"虽属无奈，但必须为之。

一、云南新式学堂的建立

清政府实行新式教育从颁布《钦定学堂章程》和《奏定学堂章程》开始。此前，为解决新式教育的师资问题，云南教育当局派遣了 100 多名留学生。在当时，留学分为国内、海外两个方面。关于海外留学，后面将专门介绍。这里只讲"国内留学"，主要是向京师大学堂选送优秀学生。1901 年首次派遣，主要成员有袁嘉谷、施汝钦、李泽、孙文达、席聘臣、张耀曾、由云龙等。之后多次选派，其中有张崇仁（1903）、李华（1904）、李曰垓（1905）、布青阳（1906）等二三十人。除京师大学堂之外，也有一些学生被选送到京师法政学堂和经科大学堂等处。

从 1902 年至 1911 年，云南的新式教育分为高等、中等、初等，下面分别择要介绍。

（一）高等教育

云南新式高等学堂主要有云南高等学堂、云南法政学堂等，简要介绍如下。

云南高等学堂　1903 年，云南遵上谕将五华书院改为云南高等学堂。这是云南第一所新式大学堂。学生由全省各地旧式科举的举贡生员中选文理畅通、年富力强者入学；初设理财、兵学、交涉三科，共 180 多人。总的来说，生源素质不高。1906 年设师范部另行招生，添聘日本教习 3 人，分授文学、数理化、博物三科。1907 年，学堂改称云南两级师范学堂，设优级师范、初级师范，分别培养中、小学堂师资。优级师范开设史地、理化、博物、文学四科，至 1911 年，培养学生 400 多人。这一时期云南中等学堂师资大多出于该校。

1912 年，两级师范学堂改为省会师范学校，校址由五华山迁到旧督署（今昆明胜利堂），只办初级师范。学校最后更名为省立第一师范学校。

云南法政学堂　光绪三十二年（1906）创设，是云南第一所政法类学校。设速成科，分为员、绅两部。员部收纳候补官吏，绅部收纳举贡生员，办学目的在于培养候补官吏，课程主要是程度较浅的政治、法律，开云南近代政法教育之先河。1912 年改称云南法政学校。

云南高等方言学堂　当时的方言学堂其实就是专授外语的学堂，因此这是云南第一所外语高等学堂。其前身是 1899 年创办的方言学堂，附设在云南武备学堂，分日、英、法文三科。当时的方言学堂和英语、法语学堂讲授外语，为留学生出国在语言上作准备。[①] 后来，出国留学生回滇后仍无法满足新学教育对师资的需求，于是云南教育当局于 1904 年在三迤会馆创办了"东文学堂"，学制三年，旨在培养日语教师，或为留日学生作语言准备。不久，该校并入方言学堂。

1902 年，方言学堂从武备学堂分出独立设置，开设日、英、法文三科。1909 年，校名为云南高等方言学堂，至 1912 年停办。未毕业的优秀学生转入两级师范学堂（省会师范学校）的日、英、法文专修科学习，一年后派送日本及欧美留学。其余学生并入优级师范选科继续学习。

云南高等方言学堂为云南培养外语人才，特别是为云南学生的海外留学做出了贡献。

云南高等工矿学堂　创办于 1910 年，初设高等生和中等生两类。高等生招生对象为云、贵两省优级师范选科的理化、博物两类的优秀毕业生。1912 年改

---

① 同年，昆明还创办了两所外语学堂，一是昆明第一所英语学堂，地址在电报局内，电报局总管赞诚担任教师；一是云南第一所法语学堂，由法国人吉里默创办，地点在圆通寺内。

为"省会工业学校"，只办高等生班，后又改名为省立甲种工业学校。该校为云南第一所工科高等学校，对于云南这个矿藏资源丰富的省份来说，该校的创办意义不言而喻的。

此外，还有云南陆军讲武堂，这是云南第一所高等军事学堂，本书后文专立一节，此处从略。

（二）中等教育

1. 普通中学

1902 年，普洱府中学堂创办，这是云南省第一所"新学"学堂。

1905 年，云南府在昆明创办省会中学堂。这是云南办新学后最早建立的有影响的普通中学。1908 年与省会师范传习所合并改为云南两级师范学堂附属中学堂。后来，省立第一模范中学堂等并入，1912 年后改称省立第一中学。1932 年，省立五中并入，改名为省立昆华中学。1950 年，私立龙渊中学、南菁中学并入，定名为云南省昆明第一中学。

1910 年，云南教育当局集中人力、物力、财力将全省划为五个学区，每学区设模范中学及初级师范各一所。五学区的中心分别在昆明、大理、蒙自、东川、普洱。其中，东川、普洱因经费和生源的制约未能实现计划。到 1911 年，全省共有六所中学，昆明、大理、蒙自的模范第一、二、三中学，以及昆明的两级师范附中、实科中学、普洱师范附中。

2. 实业教育

1904 年，昆明成立云南蚕桑学堂，这是云南近代实业教育的开端。1907 年，在并入撤销的体操专修科及拟办森林学堂后，云南蚕桑学堂创建成省会中等农业学堂，设蚕业、农业、林业三科，还附设染织科。直到 1910 年，全省中等农业学堂仅此一所。此外还有初等农业学堂五所。

3. 师范教育

1905 年，昆明创办初级师范学堂，招收高小毕业生。省会高等学堂附设三个优级师范班。1906 年，昆明设立省会师范传习所（由省会初级学堂改设），招收学生 120 名；全省各地中学堂（除省会中学堂外）均改为师范传习所，共计 18 所，每校招生 60 名。这一年，全省共有师范生 1140 名。传习所主要培养小学堂教师。1908 年，云南还创办了第一所女子师范学堂。1909 年，弥勒县在十八寨地方建云南第一所县级师范学堂。至 1910 年，全省有优级师范学堂 11 所，初级师范学堂 6 所，简易师范 3 所。

总的来看，1905~1911 年是云南近代师范教育的萌芽时期，共培养师范生 2500 多名，缓解了云南新学教育师资的紧缺问题，为全省新式教育的起步做出了积极的贡献。

4.军事教育

1899 年，云南武备学堂成立，1909 年并入云南陆军讲武堂。1906 年，成立陆军小学堂和陆军速成学堂，1909 年又成立军医学堂。这些军事学堂大多乏善可陈，其中较好的陆军小学堂为中等军事学堂，与全国各省陆军小学堂同时成立，由留日士官生罗佩金担任总办，1911 年结束，共收训 4 期学生，培养了一批军事人才。

（三）初等教育

1903~1911 年是云南初等教育的萌芽时期。经过几年的努力，"至 1910 年时，全省的高等小学发展至 19 所，高、初两等小学发展至 47 所，初等小学则达 749 所。这些学校中有 128 所是专为发展少数民族文化而开设的"[1]。

值得一提的是，一些地方出现了家庭、绅商捐资办私学之事。有据可查的私立小学虽然只有 7 所，分布在石屏、建水、云龙、鹤庆等地，多为变相的私塾，但是办学者的精神是难能可贵的。[2]

二、土民学塾：边疆民族教育之先河

在清末新式教育初等学堂中，最具重要意义的是专为发展少数民族文化而在边疆地区开设的 128 所学校。这与李曰垓有紧密的关系。

---

① 蔡寿福主编：《云南教育史》，昆明：云南教育出版社，2001，第353页。
② 蔡寿福主编：《云南教育史》，第356~357页。

图 2-1：办土民学塾的李曰垓

李曰垓（1881~1943），字子畅（又作子邕、梓畅），云南腾冲人，幼时"聪敏，异于常儿"。1903 年考入云南高等学堂，深受学堂总教习（校长）陈荣昌的赏识，1905 年推荐考入京师大学堂，学习经济特科及外语，包括政治、法律和哲学，力攻英文。1908 年毕业，授举人，中书科中书。1909 年奉委为总理永（昌）顺（宁）普（洱）镇（边）沿边学务中书科中书。他取道香港，经缅甸回滇，在缅遇到黄兴、吕志伊等人，遂加入同盟会。归滇后，先在保山筹设土民学塾，兼永昌中学教习，次年春设土塾办事处于家乡和顺水碓村。"以边陲外患孔亟，于边务夙所究心。上书当路，深蒙采纳，遂委任全省沿边土民学堂总办，于腾、龙、永、顺、思、普沿边，创立土塾一百二十八所，为滇省边教之权舆，继改任蒙自中学监督。"①

各地土塾分布情况是："永昌府属设塾 77 堂，顺宁府属 13 堂，普洱府属 17 堂，镇边厅属 21 堂，共有学生 3974 人，入学学生包括 26 个民族及其支系（当时称为'人种'）：流寓汉人、傣、缅、客钦、僳僳、南甸土人、阿昌、崩龙、芒市土人、佧佤、耿马土人、回族、水傣、蒲蛮、裸黑、镇康土人、本人、爱伲、卜龙、苦聪、香檀、黄裸黑、大裸黑、阿卡、蒙化流寓夷人、朋子等……沿边学堂就这样兴办了起来，一时红红火火，实为西南少数民族教育开了先河。"②

李曰垓后参与反清起义，辛亥革命后任云南军政府军政部次长，护国战争

① 方树梅：《李子邕先生传》，见《续滇南碑传集校补》，昆明：云南民族出版社，1993，第106页。
② 谢本书：《战士学者艾思奇》，贵阳：贵州人民出版社，2000，第22~23页。

中任护国第一军总司令蔡锷的秘书长，被章太炎誉为"滇南一支笔"。

三、教会教育及其影响

近代以来，在帝国主义武力后盾的支持下，基督教（包括新教、天主教）传入中国。在云南，天主教比新教更早传入。除汉族外，云南少数民族中的苗、傈僳、拉祜、佤、怒、景颇、彝、白、独龙等民族中，也有部分人信奉天主教或新教。

据统计，1908 年底，云南全省共有天主教堂 59 所。[①]1901 年，云南省共有天主教教徒 11207 人。[②] 至 1920 年，云南省共有基督教（新教）教徒 29714 人[③]，教堂 128 座，总教堂 28 座。28 座总教堂中，有 10 座是建于 1910 年之前的。[④]

为了传教的需要，基督教传教士先后为云南没有文字的少数民族创制了拉丁文字，如苗文、傈僳文、景颇文、载瓦文、拉祜文、佤文、独龙文、纳西文、傈雅文和卡多文 10 种文字。这些文字主要在信教群众中使用。应当说，这些文字对于相应民族的信众学习知识、扫除文盲，有着积极意义。

与此同时，基督教在传教的过程中，还把传教与创办医疗机构和创办教会学校结合起来。

据统计，初期，天主教在云南开办的初级小学至少有 35 所，如陆良县小堡子教堂小学（仅有学生 4 人）、德钦县茨中村教堂小学（有学生 252 人）；开办完全小学的有 6 所：镇雄县八区三山公信学校、盐津县教会完小、彝良县教会完小、大理育成小学、路南县西崇正高小、昆明上智学校小学部。另据《中华归主》1920 年统计，当时云南全省共有基督教（新教）教会开办的小学 67 所，学生 2006 人，其中初级小学 61 所，高级小学 6 所，在校男生 1819 人，

---

① 《新纂云南通志·宗教考八》，又见《云南省志·宗教志》，昆明：云南人民出版社，1995，第280页。
② 张力、刘鉴唐：《中国教案史》，成都：四川省社会科学院出版社，1987，第708页。
③ 云南省地方志编纂委员会总纂，云南省文化厅编撰：《云南省志·宗教志》，昆明：云南人民出版社，1995，第253、255页。
④ 云南省地方志编纂委员会总纂，云南省文化厅编撰：《云南省志·宗教志》，第253、255页。

女生 187 人。[①]

正是基于上述情况，《云南教育史》对当时的教会教育给予了肯定，并说"教会教育是云南新式教育的源头之一"。[②]

第三节　留学教育

清末，云南海外留学的目的地主要是日本。此外，也有派赴欧美的，其中包括留学越南（当时法国在越办学，因此留越可视为留法）。

一、云南近代第一个留学生

《敢为天下先的云南人》一书介绍了"滇东北第一个留学生刘盛堂"[③]。实际上，刘盛堂不仅是滇东北第一个留学生，也是云南的第一个留学生，云南第一个自费留学日本的留学生。

刘盛堂（1860~1923），字克升，云南会泽人，出身书香世家。光绪二十二年（1896），年已 36 岁的刘盛堂自费赴日本留学，决心学习外国的先进科学技术文化，以改变家乡贫困落后的面貌。然而，他的行动在会泽掀起了轩然大波，成了石破天惊的新闻，甚至有人说这是"去送死"。这也难怪，因为他赴日留学比后来云南官费派人留日还早 6 年。

对于刘盛堂敢闯敢试的精神，云南当局是首肯的。1904 年，云南当局派已学成归来的他再次赴日留学，学习师范，考察学务。第二次赴日，他加入了同

① 蔡寿福主编：《云南教育史》，昆明：云南教育出版社，2001，第385~386页。
② 蔡寿福主编：《云南教育史》，第396页。
③《滇东北第一个留学生刘盛堂》，见云南日报社编：《敢为天下先的云南人》，昆明：云南人民出版社，2002。

盟会，眼界更为开阔。回国后，他在家乡移风易俗，提倡天足，带头剪去发辫；开办"爱国小学堂、与人集资办楚黔小学、楚黔中学；倡导种桑养蚕、发展纺织业、兴办实业；编撰《云南地志》，向云南督军署写出《联合少数民族开发金沙江航道计划》的报告。此外，他还曾担任迤东矿务公司临时总办，主管矿山铅锌生产，为矿业的生产、发展，以及铜锌运输到昆明做出了贡献。1923年，刘盛堂逝世，时年63岁。会泽民众为纪念他的功绩，特立功德碑。此碑后来被毁，但是刘盛堂的名字和事迹却长留人民的心中。

二、留日热潮中的云南学生

1895年，中国在甲午战争中战败。

1898年，洋务派著名人物张之洞发表《劝学篇》，其中的"游学"篇专论留学的重要性，张之洞指出："出洋一年，胜于读西书五年……入外国学堂一年，胜于中国学堂三年。"他还以日本向西方学习的成功为例："日本小国耳，何兴之暴也？伊藤（博文）、山县（有朋）、榎本（武扬）、陆奥（光宗）诸人皆二十年前出洋之学生也。愤其国为西洋所胁，率其徒百余人，分诣德、法、英诸国。或学政治工商，或学水陆兵法。学成而归，用为将相，政事一变，雄视东方。"至于游学之国，张之洞说："西洋不如东洋。一路近省费，可多遣；一去华近，易考察；一东文近于中文，易通晓；一西书甚繁，凡西学不切要者，东人已删节而酌改之。中、东情势风俗相近，易仿行，事半功倍，无过于此。"[1] 张之洞还专门派人到日本调查学习设施，组织编写留学指南，大力推动留学日本之事。

不光洋务派推动，维新派代表也热情提倡留学日本。戊戌变法失败后流亡日本的梁启超总结了日文的几个优点：发音少，所有发音在中文中都有；语法不复杂，大部分词语与中文有关；百分之六七十的语言都用汉字书写。

在各方面的提倡和推动下，加上清廷推行"废科举，兴新学，派游学"的

---

[1]《张文襄公全集》卷203，《劝学篇·游学二》。

政策导向，留日学生从无到有，迅速发展。1896年中国第一批学生13人赴日留学。以后逐年增加，且增势迅猛，掀起热潮：1900年逾百人，1903年在千人以上，1905年突破万人，1906年、1907年每年均在万人以上。费正清认为："在二十世纪的最初十年中，中国学生前往日本留学的活动很可能是到此时为止的世界史上最大规模的学生出洋行动。它产生了民国时期中国的第一代领袖。在规模深度和影响方面，中国学生留日远远超过了中国学生留学其他国家。"①

但官费留学之事，地处祖国西南边陲的云南起步较晚，有人说："1903年云南首批官费留日学生抵达日本，其中学军事的有两人，他们是昆明县人杨振鸿和陆良县人殷承瓛。"②此说将云南首批官费留日时间推迟，且没有总的人数。实际上，云南官费留日始于清光绪二十八年（1902），这一年，"云南首次选派官费生钱良骏等十人到日本留学"③。第二年（1903）又派杨振鸿等10人赴日留学。④

根据相关资料，1902年云南派遣的10名官费留日学生是：吴锡忠、向鸿翼、刘昌明、李培元、钱良俊、李莘芬、由云龙、邹光年、陈贻恭、李燮元，还有张贵祚（兼护送）；1903年派出的10人是：郭有俊、袁丕镛、殷承瓛、李厚本、杨振鸿、谌范模、董恩禄、朱学曾、郝嘉福、熊朝鼎。⑤

1904年，云南当局加大了留学教育的选派力度，这一年留日学生人数达到高峰，为144人，其中132人为公费生，这些人中学习军事的有48人⑥。其中30人入振武学校学习军事：赵复祥、顾品珍、王廷治、叶成林、叶荃、孙永

---

① ［美］费正清、刘文京编：《剑桥中国晚清史（1800~1911）》下卷，中国社会科学出版社，1985，第404页。

② 云南省历史学会、云南省中国近代史研究会编：《云南辛亥革命史》，昆明：云南大学出版社，1991，第26页。

③ 云南省教育志编纂委员会办公室编：《云南教育大事记》（公元前121年~公元1988），昆明：云南大学出版社，1989，第26页。

④ 蔡寿福主编：《云南教育史》，第336页。

⑤ 周立英：《晚清留日学生与近代云南社会》附录一《晚清云南留日学生概况一览表》，昆明：云南大学出版社，2011，第232页。

⑥ 云南省留学人员联谊会编：《云南百年留学简史》（1896~2013）第一辑，北京：中国社会科学出版社，2016，第60页。

安、刘祖武、唐继尧、谢汝翼、李鸿祥、欧阳沂、李万祥、李敏、刘法坤、庚恩旸、张开儒、杨集祥、郑开文、黄毓成、李伯庚、李沛、赵鏊、李钟本、冯家聪、潘耀珠、杨发源、杨文斌、周永锦、谢光宗和李根源。[①] 其余分别攻读政法、法律、师范、工商等科目，其中需要提及的有 3 人：吕志伊，先读速成师范，后读早稻田大学政治经济科；张华（儒）澜，学习师范；赵伸，入成城学校。

云南留日学生学习军事者居多，是因为云南地处祖国西南边陲，同缅甸、越南接壤，英、法帝国主义侵占缅、越并将其作为殖民地后，又入侵云南。据李根源《雪生年录》记载，日本陆军士官学校第六期的中国留学生有 198 人，其中云南籍的有 22 人，占 11%。

从 1902 年至 1911 年辛亥革命前，据有关记载，"滇人士逼于外患，渡海求学者先后达千人。或习师范，或习政法，或习陆军，多以救国自任"[②]。这是云南历史上第一次留学热潮。近年来，据相关学者的研究，已将这一时期云南留学日本的有名有姓的人推进到 354 人。[③] 这是云南留学教育研究的重要进展。

三、留学越南及欧美的云南学生

（一）留越的学生

据《云南教育大事记》记载，光绪三十年（1904），云南巡抚林绍年上奏朝廷："滇、越毗邻，需用法文居多。法政府现在越南河内设立学堂，课程美备，亟宜选派学生，给予学费，前往肄习，既可广开风气，尤足裨益学业。"之后，云南两次选送越南巴维学校学生数十名。[④]

《云南教育大事记》又说，清末云南留学越南者有文宝奎等 26 人。[⑤]《新纂

① 谢本书、李成森：《民国元老李根源》，云南教育出版社，1999，第43页。
② 周钟岳总纂，蔡锷审订：《云南光复纪要》，昆明：云南人民出版社，2011，第12页。
③ 周立英：《晚清留日学生与近代云南社会》附录一《晚清云南留日学生概况一览表》，第232~266页。
④ 云南省教育志编纂委员会办公室编：《云南教育大事记》，第26页。
⑤ 云南省教育志编纂委员会办公室编：《云南教育大事记》，第31页。

云南通志》明确记载了清末云南留学越南 26 人名字：徐之琛、李文藻、向孝先、徐濂、文宝奎、赵文龙、钟廷梅、李余芳、杨友堂、吴传声、束於德、赵凤韶、周光鉴、姜汝碧、张翼枢、赵申、张邦翰、方宜、卢仲琳、赵荣先、邓鸿逵、夏绍曾、陈作霖、赵莲元、许鸿举、黄蓁。①

26 人中，杨友堂、夏绍曾回滇后，在云南陆军讲武堂丙班担任教官，分别讲授地理课和历史课。杨友堂还赴日留学，参与辛亥"重九"起义，任蔡锷副官，授陆军少将，护国战争中任第三军旅长，1924 年由孙中山指派出席国民党一大代表，会后留任大元帅府参谋。②徐之琛，1909 年回国，辛亥革命后任开远、个旧县长，河口海关督办，外交部特派交涉员，后任云南财政司长兼外交司长、交通司长，殖边银行行长。③

（二）留学欧美的云南学生

清末留学欧美的云南学生很少。其中留欧 3 人，留美仅 1 人。

留学越南 26 人中的张邦翰，1909 年又赴比利时留学，在布鲁塞尔学习建筑，1924 年回国，曾任云南无线电局局长，航空学校教官，东陆大学（云南大学）筹备委员、教授，还曾任云南外交厅长、省府委员、省民政厅长等职。④东陆大学会泽院主教学楼为其所设计。

留学比利时的云南青年还有杨宝堃（坤）、柳灿坤。

留学美国的有李燮阳。他 1903 年官费赴日本留学，考入大阪高等工业学校电气科。1908 年又考入美国俄亥俄大学铁路工程科，曾与美国总统罗斯福在白宫长谈；辛亥革命后回国，任云南实业公司参事、省模范工艺厂监督、滇蜀铁路局局长，1914 年出任美国巴拿马赛会云南出口协会总理；支持护国战争，后任总统府外交顾问、云南省政府顾问等职。⑤

---

① 龙云、卢汉、周钟岳等纂，李春龙等点校：《新纂云南通志》（二），第431页。
② 云南省留学人员联谊会编：《云南百年留学简史》（1896~2013）第一辑，第47页。
③ 云南省留学人员联谊会编：《云南百年留学简史》（1896~2013）第一辑，第48页。
④ 云南省留学人员联谊会编：《云南百年留学简史》（1896~2013）第一辑，第49页。
⑤ 云南省留学人员联谊会编：《云南百年留学简史》（1896~2013）第一辑，第33页。

第四节　云南陆军讲武堂

云南陆军讲武堂是云南近代历史上最重要的学校之一，也是云南近代文化史上的亮点。作为中国西南边疆省份的地方军事学校，它与保定陆军军官学校（简称"保定学校"）、东北奉天讲武堂（亦称"东北陆军讲武堂"）并称为"清末三大军校"，加上黄埔军校，又被称为"中国近代四大军校"。因为培养了大批革命家和军事家，朱德称云南陆军讲武堂为"革命熔炉"。云南陆军讲武堂培养出来的众多人才在中国乃至亚洲近代历史上产生了极其重要的影响，因此人们又说它是世界军事教育史上的奇迹，称它为"将帅摇篮"。

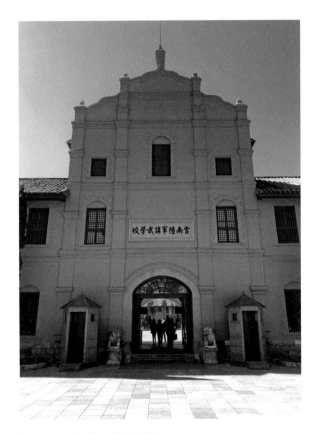

图2-2：云南陆军讲武学校旧址

云南陆军讲武堂创办于 1909 年，至 1935 年结束，共存在了 26 年。讲武堂的历史分为三个时期：1909~1911 年的云南陆军讲武堂时期；1912~1928 年的云南陆军讲武学校时期；1929~1935 年的"教导团"和"军官团"办学时期。①

---

① 编者按：为方便叙述，本章将云南讲武堂单列此节。同时，考虑到讲武堂历史的完整性和连贯性，本节将民国时期的讲武堂也一并叙述。另，除特别说明外，本书将三个时期统称为"云南陆军讲武堂"。

讲武堂 26 年间共开办 22 期，培养学生 9000 余人，其中辛亥革命前 600 多人。讲武堂还招收海外华侨学生、朝鲜和越南等国的留学生。其中，华侨学生约 500 人，朝鲜籍学生约 50 人，越南籍学生 70 余人。

1918 年，李根源驻守韶关，又直接举办韶州讲武堂，招收 2 期学生，共 859 人。韶州讲武堂从"入学训词"和"坚忍刻苦"的校训、课程设置等，皆与云南陆军讲武堂一脉相承，因此被视为云南陆军讲武堂的分校。

一、讲武堂的创建

（一）讲武堂的创建过程

甲午中日战争之后，面对日益尖锐的民族危机和阶级矛盾，为加紧镇压人民革命，挽救行将灭亡的命运，清政府开始编练新式陆军。1895 年至 1898 年，袁世凯奉命在天津小站训练"新建陆军"，首开其端。1901 年清政府实行"新政"，决定在全国编练新军三十六镇（师）。其中，地处西南边疆的云南要编练两镇。为此，清政府还要求各省设立讲武堂，以为新军培养合格的军官。

1907 年，云贵总督锡良将步队改为陆军混成协（旅），次年又将混成协扩充为镇。1909 年 2 月，云南编成新军一镇，按清政府全国统一建制，番号为第十九镇。十九镇下辖三十七、三十八两协，每协又各辖两标（团）。其中三十七协部机关及其所辖七十三、七十四标分别驻昆明巫家坝和北校场，三十八协部机关及其所辖七十六标驻大理、七十五标驻临安（今建水）。十九镇还有炮兵、骑兵各一标，工程兵、辎重兵、重机枪各一营，宪兵一队、军乐一部。十九镇官兵总数为 1.0977 万人。此外，全省还有巡防营 62 个营，共 2.4442 万人。这样，当时云南的总兵力为 3.5419 万人。[1]但如此庞大的军队，却没有足够的军官，已有的军官素质也不高。1909 年 12 月，新任云贵总督李经羲在给朝廷的奏章中说："滇军成镇过速，现任军佐新旧参杂，党派纷争，瑕瑜互见，将领多

---

[1] 见李春龙、牛洪斌点校：《新纂云南通志·军制考》卷一三〇。

不得人，中下级军官学庸品卑，临、榆两标尤甚。"[1] 至于巡防营军官，则多为目不识丁者。官佐的这种状况，决定了开办讲武堂已成为当务之急。

1909 年夏秋，护理云贵总督沈秉堃筹办云南陆军讲武堂。由胡文澜担任总办（校长），不久又由高尔登继任；由李根源担任监督（教务长）实际负责筹备工作和主持校务。李根源 8 月下旬到任，首先选址于昆明承华圃，随后渐次开展各项筹组工作，并

图 2-3：李根源

招收学生，至 9 月 28 日（农历八月十五中秋节）就开学上课。新任云贵总督李经羲对李根源办事干练甚为赞赏。1910 年 5 月，高尔登去职，李根源接任总办。

李根源（1879~1965），云南腾冲人。1904 年东渡日本学习军事。1905 年，加入孙中山在东京成立的中国同盟会，是同盟会最早的成员之一。而后积极参与同盟会云南支部的筹建和《云南》杂志的创办。1908 年 12 月毕业于日本陆军士官学校第 6 期，接着在日军中任见习士官 5 个月。后由护理云贵总督沈秉堃任命，回滇筹建云南陆军讲武堂。他于 1909 年 8 月下旬到任，至 1911 年 8 月下旬被调离，在讲武堂任监督、总办整整两年。其间，他组建机构，制订章程，完善制度，编写教材，创立规模。之后历任校长大抵沿其所创之制。因此，李根源任职的这两年，不仅是讲武堂的开创时期，也是最重要的时期。

讲武堂是以轮训新军及巡防营在职军官为主，同时又招考中等学校学生以培养为下级军官的新式军校，开设甲、乙、丙三班。甲、乙班学制为 1 年，丙班为 3 年。其中甲班培训云南新军的管带（营长）、督队官（副营长）、队官（连长）、排长中未经军校训练者，第 1 期有学生 120 人。乙班培训巡防营的管

① 中国第二历史档案馆藏《陆军部档》48-15-2，第912、1342页。

带、帮带（副营长）、哨官（连
长）、哨长（排长）中年龄在
30岁以下有一定文化者，第1
期有学生100人。丙班则是通
过考试招收具有中等文化程度、
年龄在16~22岁、品行端正、
身体健康的青年，第1期招了
200人。后来，从丙班中挑选
了100名成绩优秀的学生，缩
短学制（两年半），特授学术，
加速培训，称为特别班。1910

图2-4：甲班毕业生给发执照

年5月，还从两级师范学堂毕业生中招考了27人，设立"附班"。朱德是1909
年考入丙班（亦称第3期）的，他曾说："这是我寻找多年的地方！"

（二）讲武堂的师资与教学

师资问题是办好讲武堂的首要因素。正值讲武堂筹办之际，大批日本陆
军士官学校学生毕业回国，为讲武堂提供了极好的军事教官人选。他们中许多
人是李根源的同窗，经李的推荐，为云南当局所延聘。据统计，日本士官学校
第6期毕业生中滇籍学生共22名，被云南讲武堂所聘用的有15名，即李根源、
罗佩金、张开儒、李伯庚、李鸿祥、庾恩旸、谢汝翼、顾品珍、刘祖武、刘法
坤、唐继尧、孙永安、叶成林、王廷治、李万祥。第6期毕业生中外省籍的李
烈钧（江西）、韩凤楼（河南）、刘存厚（四川）、余鹤松（江西），还有第6期
以前的毕业生方声涛（第4期，福建）、沈汪度（第5期，湖南）等也被聘用。
此外，讲武堂还聘用了留日的李沛、李文治、张含英，在越南巴维学校学习的
杨友棠（堂）、夏绍曾，以及毕业于京师大学堂的张鸿翼、施汝钦、陈兴廉等担
任普通学教员。

另据李根源《曲石文录》记载，讲武堂初期47名军事教官、普通学教官以
及职员中，有40人为军事教官（教员）。据笔者统计，这40人中留学生有32

人（留日 29 人，留英、法 3 人），占 80%。[1]

以留学生特别是日本士官学校毕业生担任讲武堂领导和军事教官，决定了初期（辛亥革命前）讲武堂的两大特点：

第一，学习引进日本先进的军事教育体系，课程设置完备，教育质量高。

李根源曾说："余始以宣统己酉归任讲武堂事，而同学诸君子任教授者，皆一时豪哲。"[2]

由于有这些"豪哲"任教，讲武堂从军事教育思想体系到科目和课程设置、教学内容的确定和教材编选，都仿照了日本陆军士官学校。这在当时是比较先进的。

1909 年 7 月，李鸿祥等拟订了《云南讲武堂试办章程》（以下简称"《试办章程》"）。李根源任总办后，1910 年 4 月又修订了《修订云南陆军讲武堂章程》（以下简称"《修订章程》"）。于是讲武堂制度初定，并渐趋正规，有章可循。

图 2-5：步兵科学生毕业证书

图 2-6：骑兵科学生毕业证书

① 吴宝璋：《云南辛亥革命与留日学生》，见欧美同学会·中国留学人员联谊会编：《留学人员与辛亥革命》，北京：华文出版社，2012，第158页。
② 李根源：《新编曲石文录》，李希泌编校，昆明：云南人民出版社，1988，第144页。

讲武堂学习分两个阶段。第一阶段先学习军事学基本教程和普通学。军事学基本教程又分基本军事学科和应用军事学科，其课程分别为：战术学、军制学、兵器学、地形学、卫生学、马学、各种典范令、图上战术、筑城实施、战术实施、实地测绘、兵棋对策等。普通学课程有几何、三角、代数、算术、器械画、国文、伦理、历史、地理、英文、法文等，适用于所有学科第二阶段分不同兵科进行学习。当时讲武堂分为步兵、炮兵、骑兵、工程兵四种兵科（后又增设辎重兵科）。各兵科学习内容又按学科（军事理论教育）和术科（实际技能训练）分别设置课程。

讲武堂每天上 6 小时课，下 2 小时操，早晨有体操和跑步，晚上有自习，夜间还常有紧急集合练习，学生生活十分紧张，管理制度亦非常严格。《试办章程》和《修订章程》中规定：讲武生"在堂如有惰学犯规等事，则分别停升或降革及记过罚薪"，"如紊乱军纪，品行不正，屡悖堂规者即由堂开革"。据此，讲武堂制订有讲堂、操场、寝室、食堂、卫生、会客等各方面的具体条例，以及检查、值星、考试等制度。比如《考试规则》规定：除临时命令应带之物件外，不得另带其他之物件。又各学生依指定之座次，不得自相更换及夹带、抢替、窃视、耳语等。如有以上弊端，按照情节轻重核议惩罚。据记载，当时丙班就曾因违纪开除过 19 名学生。总的来说，讲武堂规章制度比较完备，执行严格，行之有效。当年先在丙班后又被选拔入特别班学习的朱德曾回忆道："学校的制度和作风是仿效日本士官学校，纪律非常严格。"

以上情况，从各个方面保证了讲武堂较高的教学水平和教学质量，在辛亥革命前培养出的数百名毕业生，军事素质较其他军事学堂高出一筹。可以说，云南讲武堂是清末各省所举办的军事学堂中成绩最为突出的一个。后人曾称道："讲武堂学校为滇省中下级军官之出产地……滇军今日之所以炫耀中外，滇武校之声昭著，不亚于日本之士官、保定之军官学校。"[①]曾是云南讲武学校学员的龙绳武将军则说："云南讲武堂和保定军校、东北讲武堂并称中国三大军校，是

---

① 东南编译社述：《唐继尧》，上海：震亚图书局，1925，第4页。

清末为了训练新军而成立的新式军校。"[1]

二、"革命熔炉"

革命党人掌握学校大权，使讲武堂成为云南革命的重要据点，并且培养了大批革命人才。这是讲武堂的第二大特点。

据李根源《曲石文录》记载，讲武堂初期47名军事教官、普通学教官以及职员中，17人为同盟会成员，11人为革命派分子，10人倾向革命，9人政治态度不明朗，没有发现反动分子。这样，讲武堂教职员中的同盟会成员、革命分子、倾向革命者共有38人，占80.9%。[2]特别是1910年5月李根源任讲武堂总办后，监督一职由沈汪度接任，执掌人事、校风校纪管理大权及内外联络的提调一职由张开儒担任。李根源、沈汪度、张开儒皆为同盟会成员，李根源还是同盟会云南支部负责人，可以说讲武堂基本由革命党人所掌握。

图 2-7：讲武堂 1~3 期教官中的部分同盟会成员

---

① 张明园访问，郑丽榕记录：《"云南王"龙云之子口述历史》，北京：九州出版社，2011，第14页。

② 吴宝璋：《云南辛亥革命与留日学生》，欧美同学会·中国留学人员联谊会编：《留学人员与辛亥革命》，第159页。

革命党人利用一切机会向学生灌输革命思想和爱国精神。每天清晨，学生们出操都要高唱讲武堂堂歌。充满爱国激情的歌词，深深地激励着每一个人：

> 风云滚滚，感觉他黄狮一梦醒。同胞四万万，互相奋起作长城。神州大陆奇男子，携手去从军。但凭团结力，旋转新乾坤。哪怕它欧风美雨，来势颇凶狠！练成铁臂担重任，壮哉中国民！壮哉中国民！
>
> 中国男儿！中国男儿！要凭双手撑住苍穹。睡狮昨天，醒狮今日，一夫振臂万夫雄。长江大河，亚洲之东，翘首昆仑，风虎云龙，泱泱大国，取多用宏。黄帝之裔神明胄，天骄子，红日正当中。

课堂内外，教官们如唐继尧常向学生讲岳飞精忠报国的事迹，庾恩旸"力阐民族主义"，杨友棠宣传孙中山革命主张。国文课所授文选都是激发革命思想的文章。

李根源曾说："我办讲武堂，专意鼓吹革命。"他常向学生讲述明朝大将沐英征滇的故事，还建"思沐小墅"于讲武堂西南隅，并解释说"思沐，志在匡复"[1]。他将讲武堂校址选在沐英练兵故地，也是为了让学生"追念前人远迹"，"朝夕警惕，景行仰止"。一次，他与李烈钧、顾品珍率领学生到黑龙潭演习后，又带学生拜谒薛尔望墓——薛尔望因清军入关而全家投潭殉节。李根源用薛尔望的故事启发学生的反清革命思想。他对学生们说："我们为什么参拜薛尔望先生墓呢？！可惜他是一个文弱书生，不然，我们中国就不会像这样。"[2]1910年，法国修建的滇越铁路通车，李根源召集全校学生讲话："法国今天将滇越铁路修抵昆明，我们国家不惟修不起铁路，甚至将国家主权拱手送给外国人。我辈军人，有守土卫国之责，大家在校应该努力学习，将来誓必雪此耻辱。"[3]他的讲

---

① 李根源：《思沐园跋》，《曲石文续录》卷一，苏州铅印（1940），第12页。

② 祝鸿基：《陆军第十九滇与云南讲武堂》，见中国人民政治协商会议全国委员会文史资料研究委员会编：《辛亥革命回忆录》（三），北京：中国文史出版社，2012，第341页。

③ 素庵、适生：《云南陆军讲武堂的概况》，见《云南贵州辛亥革命资料》，北京：科学出版社，1959，第16页。

图 2-8：革命书刊《民报》　　图 2-9：革命书刊《天讨》　　图 2-10：革命书刊《警世钟》《猛回头》

话慷慨激昂，讲到痛心处，不禁痛哭流涕。讲话后，宣布放假一天，让大家到火车站参观。这一天，600 多名讲武堂学生目睹插着法国三色旗的火车驶入车站，法国人耀武扬威，无不悲愤交集。回校后，国文课又以"看滇越铁路通车后的感想"为题作文。这件事使学生们受到深刻的爱国主义教育。①

当时，许多革命书刊也在讲武堂学生中秘密传看，《云南》《民报》《天讨》《汉声》《猛回头》《警世钟》等，都对学生们产生了极大影响。

革命党人在对学生进行革命教育的基础上积极发展同盟会会员，建立同盟会组织。有的学生入学前就已是同盟会会员，如董鸿勋、邓泰中、范石生、杨蓁、彭蓂等。一些具有思想基础的学生很快被发展加入同盟会。朱德就是在进入讲武堂几星期后加入同盟会的，他回忆说，同盟会"讲武堂内分做两支，教官自成一组，学员则有一个相应的组织，分成七八个人组成的小组。每个小组只有一个人能与中央（上级）联系，各小组之间则无联络，以免被任何一个小组出卖，会员只能知道本小组的人"②。同盟会的革命工作使广大学生受到熏陶和锻炼，政治态度很快发生变化，许多人憎恨清王朝，倾向革命。一些人公开

① 素庵、适生：《云南陆军讲武堂的概况》，见《云南贵州辛亥革命资料》，第16页。
② ［美］艾格妮丝·史沫特莱：《伟大的道路——朱德的生平和时代》，北京：生活·读书·新知三联书店，1979，第101页。

剪去发辫，激进的学生经常谈论怎样发动起义。丙班学生李伏龙甚至每星期放假外出都要到军械局和总督署大门前察看一次，以便将来进攻。因此，朱德说："云南讲武堂就成为云南革命力量的重要据点。"

清政府对革命力量和讲武堂进行了严厉的打击，十九镇统制（师长）钟麟同、总参议（参谋长）靳云鹏对新军中的革命党人"倾陷不遗余力"，云贵总督李经羲、提学使叶尔恺对讲武堂学生言行也侦察甚严，甚至要解散讲武堂。幸而李根源多所维护，起了很大作用。朱德说，李根源"凭着他的革命热忱与灵活手腕，任劳任怨的精神，这个革命力量的熔炉，才得以保存下来"[1]。1911 年 8 月，李经羲最终还是把李根源调离讲武堂，任督练处副参议官。然而正如李根源说的，"生徒受教已深，岂以余去而易其志哉！"[2] 三个月以后，以讲武堂师生为骨干力量的云南辛亥革命推翻清王朝在云南的统治。与清朝统治者的愿望相反，他们创办讲武堂本来是为了镇压人民，巩固其统治，结果却为自己准备了掘墓人，为民主革命培养了大批军事人才。

三、"将帅摇篮"

云南陆军讲武堂究竟走出多少将军，长期以来众说纷纭，莫衷一是。《名将辈出的云南陆军讲武堂》一文说："云南讲武堂走出了三位元帅，二十几位上将"；"从这里先后走出数百名将军，中将以上的高级将领有数十人"。[3] 经过多方查寻，云南讲武堂走出元帅 2 人，上将（含省长）44 人，中将 134 人，少将145 人，一共 325 人。其中，国家领导人级别（含他国领导人）6 人。

国家领导人级别：朱德、叶剑英、崔庸健（朝鲜）、李范奭（韩国）、武海秋（越南）、张冲。

上将（含省长）级别：蔡锷、唐继尧、龙云、卢汉、王甲本、方声涛、卢

① 朱德:《辛亥回忆》,载《解放日报》,1942-10-10。
② 李根源:《雪生年录》卷一,上海铅印（1930）,第20页。
③ 徐平、张志军:《名将辈出的云南陆军讲武堂》,载《炎黄春秋》,2003（6）。

焘、叶荃、江映枢、刘存厚、刘祖武、刘震寰、孙渡、邓泰中、朱培德、朱鼎卿、何海清、李根源、李伯庚、李烈钧、肖毅肃、杨杰、金汉鼎、范石生、罗佩金、杨希闵、杨森、胡若愚、胡瑛、张开儒、唐继虞、唐淮源、顾品珍、庾恩旸、盛世才、曾万钟、谢汝翼、赖心辉、李明、陈奇涵、张汝骥、张定璠、赵又新、何应钦。

应该说，上述统计数字尚不是最后的结果，但说云南讲武堂走出了三百多位将帅是毫无疑义的了。[①]

此外，云南讲武堂培养了四个国家的五位重要领导人，他们是朱德、叶剑英、崔庸健、李范奭、武海秋。

朱德于 1911 年从云南陆军讲武堂毕业，中华人民共和国成立后，任中央人民政府副主席、中国人民解放军总司令、中共中央纪委书记、中华人民共和国副主席、中共中央军委副主席、全国人大常委会委员长等职。叶剑英 1917 年入云南陆军讲武堂学习，1977 年后任中共中央军委副主席、第五届全国人大常委会委员长、中华人民共和国中央军委副主席等职。

崔庸健（1900~1976），1923 年春入云南陆军讲武堂学习，同期同学中有周保中。早年参加中国革命，后到中国东北开展抗日游击斗争，曾任抗日联军指挥员。1945 年朝鲜半岛解放后历任朝鲜民主党委员长、朝鲜人民委员会常任委员会副委员长、朝鲜人民军总司令。1972 年当选朝鲜民主主义人民共和国副主席。

李范奭（1900~1971），1916 年秋化名李国根入云南陆军讲武堂学习。1948 年大韩民国政府成立后，出任国务总理兼国防部长。

武海秋（1882~1946），原名阮海臣，越南义静人，韶州讲武堂[②]第 1 期毕业。1924 年到广州组织越南青年同盟，1926 年初任黄埔军校政治部事务股长、政治教官。北伐开始后，随军到武汉。1927 年返越领导抗法及抗日斗争，组织越南革命同盟会，任主席。1945 年 3 月任越南临时政府主席，是越南革命元老。

---

① 吴宝璋：《百年军校　将帅摇篮》，见田云翔主编：《百年军校　将帅摇篮》，昆明：云南人民出版社，2010，第27~28页。
② 云南陆军讲武堂韶州分校。

可以说，像云南陆军讲武堂这样培养了四个国家的五位重要领导人的情况，在中国近代的各个军校中是绝无仅有的。

四、云南陆军讲武堂与黄埔军校

由于黄埔军校在中国近代历史上的巨大影响，有人赞誉云南陆军讲武堂是"云南的黄埔军校"。[①] 对此，谢本书指出："从历史发展角度考察，不是黄埔军校影响云南讲武堂，而是云南讲武堂在多方面影响了黄埔军校。黄埔军校后来之成名，云南陆军讲武堂有着很大的功劳。从这个意义我们可以说，黄埔军校是'广州之云南讲武堂'。"[②]

关于上述结论，我们可以从以下几方面来进行解读：

第一，云南陆军讲武堂的重要教官及许多师生，是黄埔军校创办时的骨干和建设的重要力量。

"民国十三年（1924）总理创办黄埔军校，校长蒋公电调原任武校科长王柏龄、林振雄、帅崇兴、刘耀扬等先后入粤勷助，其他干部亦多为讲武学校毕业同学。"[③]

"1924年1月24日，孙中山决定成立黄埔军校筹备委员会，任命蒋介石为委员长，26日又任命王柏龄、李济深、沈应时、林振雄、俞飞鹏、宋荣昌、张家瑞为筹备委员。"[④] 王柏龄、林振雄在七委员中位列第一和第四。黄埔军校建校后，王柏龄、林振雄均为军校领导班子成员，王柏龄还兼教授部主任，林振雄兼管理部主任。帅崇兴、刘耀扬亦在军校担任要职。何应钦于1921年至1922年在云南陆军讲武堂担任教官，后还任教育长，1924年经王柏龄介绍到黄埔军

---

① 杨晓林主编：《云南百年故事》，昆明：云南人民出版社，2001，第16页。

② 谢本书：《百年讲武堂的文化品位》，见《谢本书学术文选》，昆明：云南大学出版社，2014，第254页。

③ 乐铭新：《云南军事学校教育史略》，见谢本书主编：《清代云南稿本史料》上册，上海：上海辞书出版社，2011，第255页。

④ 李明：《黄埔军校》，广州：广东人民出版社，2005，第9页。

校，被孙中山任命为总教官。①

此外，云南陆军讲武堂的许多优秀毕业生也在黄埔军校担任要职。其中，叶剑英（讲武堂12期）应黄埔军校党代表廖仲恺邀请，参加黄埔军校筹备工作，建校后任教官兼教授部副主任。其余的如徐成章（讲武堂12期）、严凤仪（讲武堂11期）、杨宁（又名杨林、金勋，讲武堂16期）、崔庸健（讲武堂17期）、曹石泉（讲武堂15期）、陈奇涵（讲武堂韶州分校）、武海秋（讲武堂韶州分校）等先后到黄埔军校担任特别官佐、学生队长、教官和主任教官。王柏龄曾经回忆："保定毕业生在黄埔军校中占据中等水平职务的人数，约占全体工作人员的20%。黄埔的更低一层的人员大部分由云南军校的毕业生组成，人数占全体工作人员的60%"②。

正因为如此，民国时期的乐铭新就说："及至黄埔建军，创设党军学校，亦多以吾滇武校原任教职员及毕业同学为中坚干部，以武校精神训练黄埔健儿，造成光荣战史。"③

第二，云南讲武堂使用过的辅导教材成为黄埔军校人手一册的教材和读本。

图2-11：《曾胡治兵语录》

这指的是蔡锷编纂的《曾胡治兵语录》。蔡锷（1882~1916），湖南邵阳人，字松坡，留学日本士官学校，与蒋百里、张孝准并称为中国留日"士官三杰"，曾任广西陆军小学堂总办、广西混成协协统等职，时为云南新军三十七协协统，云南陆军讲武堂兼职教官。该书在云南新军中作为"精神讲话"材料使用，在讲武堂则作为辅导教材，内容是辑录湘军名将曾国藩、胡林翼的治兵语录，加上蔡锷自己的按语点评，阐述自己的治

① 见李仲明：《何应钦大传》，北京：团结出版社，2008，第18~19页。

② ［美］齐锡生：《中国的军阀政治（1916~1928）》，北京：中国人民大学出版社，2010，第37页。

③ 乐铭新：《云南军事学校教育史略》，谢本书主编：《清代云南稿本史料》上册，第251页。

军思想，是中国近代军事史上一部著名的语录体兵书，也被称为"中国十大兵书"①之一。全书分为 12 章。黄埔军校建立，该书作为教材印发学员，1924 年 10 月蒋介石看到后十分赞赏，为之作序，并增补"治心"一章。序中说："松坡先得吾心"，"愿本校同志，人各一编，则将来治军治国均有所本矣"。

第三，黄埔军校校长人选也是云南陆军讲武堂重要教官李烈钧极力推荐的。

李烈钧（1882~1946），江西武宁人，1904 年留学日本士官学校，曾加入孙中山的同盟会。1908 年毕业回国，1909 年春到云南陆军讲武堂任教官，协助同盟会云南支部长李根源，深为李根源所倚重。二次革命中，敢于响应孙中山号召，兴兵举义反袁者，除黄兴在南京有所作为外，只有江西李烈钧。当时，李作为江西都督，领导了著名的"湖口起义"。护国战争中，担任第二军总司令，与蔡锷、唐继尧并称"护国三杰"。后来到广州参加孙中山领导的护法斗争，数度担任孙中山大元帅（非常大总统）的参谋总长和北伐军总司令，深得孙中山的信任和倚重。

1924 年 1 月，李烈钧参加国民党在广州召开的第一次全国代表大会，被选为中央执行委员。时值国共合作，中共党员毛泽东、林祖涵等当选候补中央执委。此时的蒋介石虽已为孙中山所信用，但孙中山只任命他为中央执委下的军事委员会的一名委员。会议期间，孙中山下令筹办黄埔军校，李烈钧竭力推荐蒋介石任该校校长，向孙中山说："校长一职，非蒋莫属。"②蒋介石从此开始了他的黄埔建军之路。

五、云南陆军讲武堂的历史贡献

云南陆军讲武堂师生在中国民主革命的每个历史阶段都做出了贡献，下面

---

① 中国历史上兵书存世与存目的约有3300部。其中最著名的有10部：《孙子兵法》《司马法》《吴子兵法》《孙膑兵法》《尉缭子兵法》《六韬》《黄石公三略》《诸葛亮兵法》《唐太宗李卫公问对》《曾胡治兵语录》。（见《曾胡治兵语录（增补本）》导读，桂林：广西师范大学出版社，2007。

② 宗志文：《李烈钧》，李新、孙思白主编：《民国人物传·第二卷》，北京：中华书局，1980，第105页。

仅述其突出的几个方面。

（一）辛亥革命，光复云南

辛亥革命前，讲武堂教官大多在新军中兼职，掌握了一部分军权；毕业生被分配到十九镇各标任下级军官或见习军官，掌握了基层指挥权。这种情况，大大加强了云南新军中的革命力量，为云南辛亥革命的三次起义创造了有利条件。

在云南最早响应武昌首义的腾越起义中，革命党人张文光在讲武堂乙班1、2期毕业生彭蓂、李学诗、和朝选、方涵、刘得胜等的支持下，杀清总兵，使新军七十六标第三营与巡防营反正，腾越、保山光复。

昆明"重九"起义是云南辛亥革命最重要的起义，规模仅次于辛亥首义的武昌起义，其领导核心大多是讲武堂的教官。据统计，起义组织者和领导者共21人，其中三分之二如李根源、沈汪度、罗佩金、李鸿祥、谢汝翼、唐继尧、顾品珍、张子贞、刘祖武、刘存厚、韩凤楼、庾恩旸、张开儒等，均为讲武堂教官。他们参与起义前的策划和起义战斗的指挥，进入新军的讲武堂毕业生则

图2-12：朱德与参加"重九"起义的部分同事合影

是起义骨干力量：文鸿揆进攻军械局，身中百余弹，壮烈牺牲；董鸿勋、包建顺、徐时云、姚小由、刘增祜等顽强作战，重伤也不下火线；范石生、杨蓁随卫蔡锷，机智果断；朱德追逃兵，保存队伍，被晋升连长，率队攻打总督府身先士卒，英勇善战，生擒总督李经羲。

临安起义中，讲武堂甲班毕业生及队官何海清、盛荣超等，与特别班到七十五标见习的赵逢源、张绍楷等 18 名毕业生商议，推举七十五标教练官、革命党人赵又新为临时统领，并联络临安大姓朱朝瑛为副统领，光复临安，光复滇南。

辛亥革命之后，讲武堂师生在云南军都督府及各地方政权中担任要职，为新兴的革命政权的巩固、建设做出了贡献，后来在支援四川、促进光复过程中也起到了积极的作用。

（二）护国首义，再造共和

1915 年，当袁世凯复辟称帝时，云南首举义旗，武装讨袁，进行护国战争，紧接着全国掀起了护国运动。以孙中山为代表的中国资产阶级革命党人，把护国运动称作继辛亥革命、"二次革命"之后的"第三次革命"。护国战争和护国运动，最终让袁世凯于 1916 年 3 月 22 日宣布取消帝制，仍称大总统，在中国民主革命史上写下了光辉的篇章。护国首义主要策划者为滇军中的中下级军官罗佩金、赵又新、邓泰中、杨蓁、董鸿勋等人，他们都是讲武堂的师生。护国军三个军的总司令均为讲武堂教官：蔡锷、李烈钧、唐继尧。据统计，总司令以下，三个军中的总参谋长、梯团长、支队长、营长共 69 人，讲武堂师生有59 人，占 85.5%。护国军的下级军官也多为讲武堂毕业生。

（三）北伐战争，功不可没

1927 年，在中国共产党的推动下，广东国民政府出动国民革命军八个军十余万人，进行了以推翻北洋军阀统治为目标的北伐战争。北伐开始时，叶剑英任国民革命军第一军总预备队指挥部参谋长，后又任国民革命军第四军参谋长，参与指挥上蔡、漯河等战斗，连获大捷。云南陆军讲武堂师生表现突出，功不可没。

由驻粤滇军改编的国民革命军第三军是北伐中的一支劲旅，一直打到江西，屡立战功，讲武堂学生朱培德、王均先后任军长。此外，讲武堂学生金汉鼎、范石生，以及杨杰（讲武堂教官）分别率领第九、十六、十八军，也奋战在北伐前线。其中朱培德、杨杰还先后担任北伐军总参谋长，运筹策划，勋劳卓著。1935年，朱培德被授予一级上将，是讲武堂中唯一一位获得国民党一级上将勋章的人。

（四）南昌起义，军旗飘扬

1927年，蒋介石、汪精卫先后在上海和武汉发动"四一二""七一五"反革命政变，国共合作的大革命失败。8月1日，朱德与周恩来、贺龙、叶挺等领导了南昌起义，打响武装反抗国民党反动派的第一枪。起义前夕，担任国民革命军第四军参谋长的叶剑英，获知汪精卫企图以开会名义扣押贺龙、叶挺，立即冒险将这一消息告诉贺龙、叶挺，粉碎了汪精卫的阴谋，保证了南昌起义按计划举行。

南昌起义后，起义部队南下潮汕受挫，一部加入海陆丰地区的革命斗争，一部由朱德、陈毅率领，艰苦转战湘南等地，10月来到湘粤赣边境的大庾。11月底，驻广东韶关的国民革命军第十六军军长范石生出于与朱德在讲武堂的同窗之谊，更出于对中共及中国革命的理解和同情，以该军四十七师一四〇团的名义收容掩护了朱德所部。1928年初，蒋介石知道此事后，范石生送现洋和子弹为朱德送行，朱德率部发动湘南起义，然后奔向井冈山，与毛泽东领导的工农革命军会师。朱德率部在范石生十六军中隐蔽休整前后共3个月。范石生收容掩护南昌起义保存下来的余部，帮助他们渡过难关，为中国革命做出了重要贡献，也为云南讲武堂的历史写下了一段动人的佳话。

（五）民族抗战，功垂青史

抗战全面爆发后，中国工农红军主力改编为国民革命军陆军第八路军，朱德任总指挥（总司令），叶剑英任参谋长。八路军和新四军开辟敌后战场，为中华民族的独立和解放做出了伟大贡献。

此外，卢沟桥事变不久，中共代表周恩来、朱德、叶剑英搭乘云南省主席龙云专机赴南京参加国防会议。朱、叶、龙为讲武堂同学，同住汤山。在朱、叶的帮助和鼓励下，龙云坚定了抗日决心。回省后，龙云仅用 28 天即组建起第六十军。军长卢汉及各级主要军官大多为讲武堂师生。徐州会战中，滇军在陈瓦房、邢家楼、台儿庄等处与日寇血战，伤亡 1.8 万多人，超过六十军总兵员的半数，一八三师五四二旅旅长陈钟书（讲武堂第 7 期）阵亡。1938 年，云南又新编建五十八军和新三军，分别以孙渡、张冲为军长。于是滇军改编为第三十军团，卢汉任军团司令，下辖六十军、五十八军、新三军，安恩溥为六十军军长。至此，抗战初期，滇军奔赴抗日前线三个军，总兵力达 22 万。这些部队的各级军官多为讲武堂师生，给养大半为云南筹供。1938 年 8 月 21 日，朱德致函龙云："抗战军兴，滇省输送 20 万军队于前线，输助物资，贡献于国家民族者尤多。"抗战胜利后，中国陆军第一方面军总司令卢汉率滇军开赴越南接受日军投降，这是中国唯一的境外受降。

此外，老三军（军官骨干亦多为讲武堂学生）在 1941 年 5 月晋南中条山与日军激战，军长唐淮源、十二师师长寸性奇（讲武堂特别班）壮烈牺牲。1944 年 6 月的豫湘桂战役中，第七十九军与日军激战衡阳，军长王甲本率余部与敌在东安县山口铺肉搏，壮烈牺牲。

整个抗日战争中，云南讲武堂学生出身的高级将领牺牲了 6 人，除了上述 4 人外，还有尉迟毓鸣，老三军少将副旅长（1937 年在河北满城牺牲）；严家训，六十军少将团长（1938 年台儿庄战役中牺牲）。

（六）顺应历史，投向人民

解放战争时期，在中国共产党政策的感召下，一些执掌国民党地方军政大权的云南讲武堂学生认清形势，顺应历史潮流，领导了一系列重大起义，为建立中华人民共和国做出了重大贡献。1946 年 5 月，第六十军一八四师师长潘朔端（曾任讲武堂教官）率部在辽宁海城起义。1948 年 10 月，第六十军军长曾泽生（讲武堂第 18 期）率部在长春起义。1949 年 8 月，第四十二军军长赵锡光（讲武堂韶州分校）与包尔汉、陶峙岳共同领导新疆起义。1949 年 12 月 9 日，云南省主席、云南绥靖公署主任卢汉领导昆明起义。起义中，原国民党北平警备司令部中将司令周体仁（讲武堂韶州分校）受周恩来、朱德、叶剑英派遣回滇做卢汉工作，起到了重要作用。与卢汉一起起义的云南绥靖公署副主任马锳（讲武堂第14期）、绥靖公署参谋长谢崇文（讲武堂第10期）、九十三军军长龙泽汇（讲武堂第15期）、九十四军军长余建新（讲武堂第18期）、宪兵司令警察局局长曾恕怀（讲武堂第14期）等也功不可没。

第五节　《云南》杂志：英法侵略下的民族自觉

云南从1902年开始官费派遣留日学生，至辛亥革命前，留日学生已达千人。其中1904年留日生最多，有144多人。留日学生中许多人投身了以孙中山为首的资产阶级革命。

19世纪末，以孙中山为代表的资产阶级革命派登上了中国政治舞台。1894年，孙中山在美国檀香山成立了中国最早的资产阶级革命团体兴中会。1905年7月30日，孙中山在东京召开同盟会筹备会，云南代表杨振鸿、吕志伊、李根源、赵伸、张华澜五人出席并宣誓入会，同所有与会者一道，作为同盟会的发起人。[①] 8月20日，中国同盟会正式成立，吕志伊当选为评议部评议和云南省的主盟人。1906年初，同盟会云南支部正式宣告成立，推举吕志伊为支部长。云南支部成立后，组织发展迅速，据《吕志伊传》，"自丙午至戊申，由其介绍入党者先后达百余人"[②]。也就是说，"自丙午至戊申"（1906~1908）这两三年间，仅吕志伊介绍加入同盟会的就"达百余人"，如果加上别人介绍的，数字肯定不小。考虑到云南留日学生的总人数，笔者以为这个数字当在200人上下。

而《云南》杂志的创办，既是云南留日学生的革命活动，也是他们的文化活动。

① 张天放、于乃仁：《回忆辛亥革命时期云南的杨振鸿》，载《云南文史资料选辑》第15辑，第17页。
② 佚名：《吕志伊传》，见方树梅纂辑：《续滇南碑传集校补》，第96页。

一、《云南》杂志的创办

1905 年年底，同盟会机关报《民报》发刊。为扩大革命宣传，孙中山、黄兴号召各省留学生筹办地方刊物。在《民报》发刊前后，各省留学生创办的杂志有《浙江潮》《江苏》《江西》《四川》《河南》等。

1906 年 1 月，孙中山、黄兴约见杨振鸿、罗佩金、赵伸、吕志伊和李根源等五名留日学生，提出创办《云南》杂志的要求。孙中山、黄兴说："云南最近有两个导致革命之因素：一件是官吏贪污，如丁振铎、兴禄之贪污行为，已引起全省人民之愤慨；另一件是外侮日亟，英占缅甸，法占

图 2-13：《云南》杂志封面

安南，皆以云南为侵略之目标。滇省人民在官吏压榨与外侮侵凌之下，易于鼓动奋起。故筹备云南地方刊物为刻不容缓之任务。"[1] 李根源等人完全同意。因为同盟会云南支部成立后，他们就深感"云南之危，危及全国；云南之急，急于各省"[2]，打算创办一个刊物开展宣传和交流。于是他们立即进行筹备工作。

同年 4 月，《云南》杂志社成立。由李根源与赵伸负责全面工作，张镕西担任总编辑，席上珍、孙志曾为副编辑。10 月 15 日，《云南》杂志创刊号出版，至 1911 年辛亥武昌起义爆发时停刊，共发行了 23 期及纪念特刊《滇粹》1 期，刊行时间长达五年，是辛亥革命前各省革命刊物中坚持时间最长的一种。

《云南》杂志以宣传民主革命思想，反对英、法侵略为宗旨，内容涉及政治、经济、文化、教育、军事等各个方面，其中以三个方面的内容最为突出：

1. 揭露英、法的侵略罪行。

云南地处祖国西南边陲，战略地位十分重要。英国远东情报局长 H.R. 戴维

---

① 李根源：《辛亥革命前后十年杂忆》，《新编曲石文录》，昆明：云南民族出版社，1988，第383页。
② 中国科学院历史研究所第三所编：《云南杂志选辑》，北京：科学出版社，1958，第348页。

斯于1894~1900年先后四次进入云南活动，返回后写了《云南：联结印度和扬子江的锁链——19世纪一个英国人眼中的云南社会状况及民族风情》(*Yunnan：The Link between The India and Yangtze River*)。加上云南资源极其丰富，凡此种种，英、法早就对云南垂涎三尺，不断以各种借口和手段入侵云南。到20世纪初，法国已将铁路由越南修进云南；英法更是合伙掠夺云南七府矿产，并签订了《矿务章程》。

针对上述情况，《云南》杂志不断发表文章，大声疾呼："今狼贪虎暴如英法"[1]，"足以致死云南人之生命，召中国之瓜分者，即此铁路、矿产的两大宗"[2]。

杂志痛陈铁路的重要性："亡我云南者，必此滇越铁路也；瓜分我中国者，亦必此滇越铁路也。"[3]"夫滇越铁路虽不过千里之遥，而直接则关系全省之存亡，间接则关系中国各省之存亡。"[4]

对于七府矿产，杂志阐述其重要性：云南"矿产富于全国，七府矿产甲于全省"[5]。对于七府矿权，杂志发文提出"废约自办"，号召民众"勿因循，勿苟安，勿惧险阻，勿吝资财，各尽其力之所至，以达废约之目的"。[6]

杂志号召云南和全国民众：对英法侵略云南"勿徘徊观望，勿坐视弃利，勿引首就戮，勿皆沉待毙，勿分省界而不前，勿俟临渴而掘井"，要"千人同志，万人同心，共此善事，集此大成，早将越滇赎回，七府矿约废弃，则云南安全，中国无恙"。[7]杂志还以誓死的决心表示："云南者，云南人之云南也。头可断，身可灭，家可毁，而地不可失，种不可奴，国不可亡。"[8]

在云南人民掀起的收回路矿权益的斗争中，《云南》杂志发挥了巨大的宣

① 中国科学院历史研究所第三所编：《云南杂志选辑》，北京：科学出版社，1958，第12页。

② 中国科学院历史研究所第三所编：《云南杂志选辑》，第572页。

③《云南》杂志第15号。

④《云南》杂志第19号。

⑤ 中国科学院历史研究所第三所编：《云南杂志选辑》，第599页。

⑥《云南》杂志32号。

⑦ 中国科学院历史研究所第三所编：《云南杂志选辑》，第572页。

⑧ 中国科学院历史研究所第三所编：《云南杂志选辑》，第78页。

传作用。最终英法不得不放弃《矿务章程》。在路权方面，也迫使法国侵略者更改了部分线路，极大地唤起了云南人民的反帝爱国热情。

2. 揭露贪官污吏的腐败和卖国罪行。

《云南》杂志创办后，立即勇敢地担负起领导云南人民反对清政府腐败统治及其代表丁振铎和兴禄贪污的斗争。

当时，丁振铎任云贵总督，兴禄任按察使兼洋务局总办。丁、兴一伙统治云南多年，欺压人民，为非作歹，贪污腐化，崇洋媚外，出卖主权。1900年，丁振铎等包庇法国驻云南领事方苏雅偷运军火，将爱国志士"枭首示众"，"以谢友邦"，并将侵略分子护送出境。兴禄则在修筑滇越铁路、出卖七府矿权方面绞尽脑汁为英、法侵略者出主意，极尽讨好之能事。云南人民恨之入骨，决心把这伙卖国贼赶出云南。

杨振鸿曾回滇搜集材料，之后撰写《滇官吏媚外之丑状》，在《云南》杂志上发表。文章指出："今吾之受外人凌辱杀戮，被外人分攘割据，非外人敢为之能为之，乃滇官吏之欺我卖我以致之也。"文章举例说，"滇省洋务局某某（即兴禄），矿务局某某（即唐炯）常以媚外为目的，以援外为护符。此也结法人为兰友，彼也约英人为义兄，甘吞其洋饼洋酒，乐受其洋货洋钱……其即以我滇最宝贵最丰饶之七府矿产为其回偿英法人之洋饼洋酒洋货洋钱之代价"；法国领事过生日，云贵总督即"敬之寿屏寿帐"，"凡称呼抬头，至无极而太极，犹未足表其恭敬之忱焉"。①

接着，《云南》杂志社和同盟会云南支部发动并组织驱赶丁振铎、兴禄的运动。6月下旬，留日云南同乡会以李根源等为代表，回北京向清政府状告丁振铎、兴禄的罪行。为此，李根源写了《记丁振铎》和《记兴禄》两篇文章，刊于《中华报》等报刊上。文章指出，云南近十余年官场腐败，"亡省之厄，在于旦危"，历任各督抚"丁振铎辈，宜尸其咎，而祸患导线，实由兴禄。兴禄久宦滇中，目不识丁，贪谄卑污，莫之与京"。文章还指出，兴禄"办洋务局也，

---

① 杨振鸿：《滇官吏媚外之丑状》，《云南》杂志第9号。

不谙外交为何物"，却"与驻滇法领事方苏雅结姻亲，以驻滇英领事通兰谱，此则各省官员中所仅见者也"；"凡法人所欲图云南者，兴禄无不力为引援。其最著者，莫如滇越铁路约、七府矿产约、路工约、材料约，及云南之陆军教习除法国人外不得聘他国人约，凡此种种，无一不足以致云南之死命"。①

8月，云南留日学生接连三次致电清政府，要求审查撤换丁振铎和兴禄。9月，云南留越学生也致电清政府，提出同样的要求。在不断兴起的驱赶丁、兴的舆论浪潮面前，清政府迫于压力，不得不将丁振铎调任闽浙总督，将兴禄调往贵州。消息传出，福建人民表示拒绝，甚至直接致电丁振铎本人，要其"自裁"。清政府无可奈何，只好以"年迈智昏"为由将丁振铎罢官回籍。

这次驱逐丁振铎、兴禄的斗争取得胜利，极大地鼓舞了云南人民的斗志。

3. 宣传关于国家、人民、主权、民主等方面的理论和主张。

吕志伊在《论国民保存国土之法》一文中通俗地讲述人民是国家的主人的道理："中国之土地，我中国四万万人民之所有也；云南之土地，我云南一千数百万人民之所有也，非他人所得而有之，即非他人所得而盗卖之，更非他人所得而估买之、强借之也。盖我之土地所有权，固神圣不可侵犯，非我中国国民被杀尽死尽，我中国全土沉于太平洋底之一日，则中国之一沙一石一草一木，皆我中国国民为之主人翁"，"他人有盗卖之者，是民贼也，有估买及强租之者，是国仇也，是皆足以害我国民之全体者也，我国民宜竭全体之力以抵抗之、除去之"。②

在《国民的国家》一文中，吕志伊进一步开宗明义地说："国家者，国民全体之国家，非少数贵族之国家，更非君主一人之国家"；绝不能"任彼一人、少数人，据我国民之公有物为一家一族之私产，对于内则把持之，对于外则放弃之，扰乱国政，丧失国权，割弃国土，剥蚀国基，盗卖国路矿，耗损国元气"。③

《云南》杂志大量刊登这方面的文章，探讨国家与国民的关系，"国民者，

① 李根源：《记兴禄事》，《曲石文续录》卷一，1940年昆明铅印，第10～12页。
② 中国科学院历史研究所第三所编：《云南杂志选辑》，第76～77页。
③ 中国科学院历史研究所第三所编：《云南杂志选辑》，第120～122页。

于法律上皆平等且自由者也"。① 关于国家和人民的关系，一方面，"国民之于国家，如木之有根，水之有源，灯之有膏，人身之有血肉，农夫之有田畴，商贾之有财产"，"国家而无国民则渐灭沦亡，无复能生存特立于土壤"；另一方面，"无国家，则国民亦不能独存"。②

4.介绍宣传云南，把爱家乡与爱国家结合起来。

《云南》杂志明确提出："国家之观念重，故爱国之心以生。"③ 杂志还提出："自古豪杰之士，未有不知爱国者，又未有不知爱乡而能爱国者。"④ 在《云南》杂志创刊周年时，李根源还强调，今后"本报论文所当注意者两事"，其一是"竭力发挥我国故有之文化，如典章法制文学历史等，使国民爱国心愈增进不已，庶不致偏重欧化而遗忘国粹"。⑤

二、《云南》杂志的影响

《云南》杂志是云南第一种宣传革命的刊物，其问世是清朝末年云南的一件政治文化大事。一经创刊，《云南》杂志就赢得了众多的读者，发行量由开始时的3000份，不久就超过10000份。这在20世纪初是一个很大的数字。日本友人宫崎滔天说："当时《民报》非常畅销，与此同时，一伙云南革命党人出了一个名叫《云南》的杂志，《云南》也非常畅销。"⑥

由于《云南》杂志办刊宗旨明确，特色鲜明，语言生动，说理清楚，富有战斗力，因此在海内外引起了强烈的反响。其中，《上海来电》说："顷读贵杂志毕，觉有一种刺戟之物，震荡于余之脑海，绕室傍徨，不宁累日"，"得贵杂

---

① 中国科学院历史研究所第三所编：《云南杂志选辑》，第129页。
② 中国科学院历史研究所第三所编：《云南杂志选辑》，第120~122页。
③ 中国科学院历史研究所第三所编：《云南杂志选辑》，第15页。
④ 中国科学院历史研究所第三所编：《云南杂志选辑》，第271页。
⑤《在〈云南〉杂志创刊周年纪念庆祝会上的讲话辞》(1980)，《新编曲石文录》，昆明：云南人民出版社，1988，第33页。
⑥ 叶祖荫：《同盟会云南支部创始人吕志伊先生》，见《云南文史资料选辑》第15辑，第41页。

志无形之警钟棒喝，悱恻缠绵，海内咸晓然于今日之云南之危机一发"。① 《越南来函》说："贵报所说，一切出于至诚，仆等异邦人读之，犹拔剑击地，慷慨吁唏，况贵国人乎！"② 《巴黎来函》说："拜读之下，钦佩无已，有血有肉，如火如荼。中国之不亡，云南之不亡，我同志组织会社，挽救祖国之功也。"③ 由此可见《云南》杂志影响之巨大。

后来，创办人之一的李根源回顾总结说："云南辛亥光复，《云南》杂志宣传革命之功不可没焉。"为此，他赋诗两首④：

其一

实行革命有同盟，莽荡风云萃众英。

《民报》挺生谁拱卫，《云南》杂志是尖兵。

其二

斗争不懈历有年，此中艰苦只自怜。

哪得卿云重九现？留将文采照南滇。

《云南》杂志在欧洲也很受关注，英国、法国甚至还逐期用本国文字译出，以至伦敦、巴黎的报纸纷纷哀叹："云南人醒矣，云南人醒矣。"⑤

为什么《云南》杂志会有如此大的影响呢？主要原因有三：

首先，牢记办刊宗旨，宣传鼓动人民。

《云南》杂志创刊时就牢记孙中山的嘱咐和要求，明确宣布，它"是云南前此未有之创举，而今日之救亡策也，是故乡父老引颈翘足朝夕期待者也，是留东同人枯脑焦心日夜经营者也"⑥。它"启人智识，惊醒国魂，激起爱国思想，

---

① 《云南》杂志第4号。

② 《云南》杂志第6号。

③ 《云南》杂志第7号。

④ 《云南杂志选辑》序（1958），《新编曲石文录》，第353页。

⑤ 李复：《纪戊申元日本报周年纪念庆祝会事》，见《云南杂志选辑》，第11页。

⑥ 中国科学院历史研究所第三所编：《云南杂志选辑》，第1页。

提倡尚武精神，唤国人之睡梦，提国运之进步，推倒专制政体，鼓吹民族主义，大声疾呼，警醒睡魔，挽狂澜于既倒，扬国旗于将来"[1]。为此，刊物语言犀利，铿锵有力，有很强的感染力和号召力，能够催人奋起。

其次，立足云南，面向全国，放眼世界。

《云南》杂志虽然以"云南"命名，主要宣传对象是云南读者，但是它的内容并不限于云南一省，而是涉及救亡图存的大事，因而成为中国资产阶级革命派重要的舆论阵地。

杂志总社设在东京，但在昆明、北京、贵阳和缅甸曼德勒[2]设有分社；还在川、苏（沪）、浙、辽、桂、粤、陕、鄂等10多个省和香港及云南各重要府、州、厅、县设立代办所；缅甸、越南、新加坡、日本等地也设有代办所。其发行覆盖面之广，在各省革命刊物中是很突出的。

再次，革命者办刊，胸怀高度责任心和使命感。

办刊者在东京时，为刊物无不以巨大精力和心血，"枯脑焦心"；毕业后回到云南，也念念不忘为刊物出力。如杂志发行员、革命党人刘九畴，为杂志呕心沥血，积劳成疾，吐血病逝。正是因为拥有这样一批办刊者，《云南》杂志很快就在众多的革命刊物中脱颖而出。在《云南》杂志出版发行一周年之际，杂志刊文总结说："东京各省杂志如《江苏》《湖北学生界》《游学译编》《浙江潮》等，或因经济不足停办，或因办理人归国停办，殊为恨事。当时建纛于东京杂志界者不过二三。我《云南》杂志，以铸造独立自治之国民，以对内对外为救亡唯一无二之绝大目的，自始至今，无稍纷歧，无或变更，……蓬蓬焉、勃勃焉，开留学界杂志之花。"[3]

除了《云南》杂志，这一时期，云南还先后涌现出不少进步或革命的报刊、书籍。

报刊中著名的有《云南警告》《星期报》《云南旬报》《云南日报》《滇话报》

---

[1] 中国科学院历史研究所第三所编：《云南杂志选辑》，第14页。
[2] 缅甸第二大城，曼德勒省首府，华人一般称"瓦城"。
[3] 中国科学院历史研究所第三所编：《云南杂志选辑》，第8页。

等。其中，《云南警告》杂志是云南留越学生在河内创刊的，和《云南》杂志一样，这份杂志针对法国侵略云南发出警告，呼吁云南人民提高警惕。

书籍方面突出的有《暮鼓晨钟》和《滇事危言》。

《暮鼓晨钟》一书是由杨振鸿的文章汇集而成的。书名即发人深省，很有吸引力。杨振鸿是云南辛亥英烈，曾两次留学日本，回国后不仅进行革命组织活动，策划和领导永昌起义，还进行了广泛的革命宣传工作，撰写了大量颇有影响的文章。如杨振鸿1905年写的《敬告滇中父老兄弟书》散发全省，以英、法侵占缅、越为云南的镜鉴，号召云南人民救亡图存，疾呼"云南为云南人之云南，不能坐待他人安南我，缅甸我！"后来，革命党人将他的这些文章汇编成此书。热血青年"读杨书，发指眦裂，痛恨满清断送滇省"[1]。

《滇事危言》是留日学生杨觐东回国后于宣统三年（1911）3月编印的。编者说，"编意在警惕滇人，哀吁政府及贤士大夫筹谋施政"；"滇省逼于外患，而外患之所由逼，则以路、矿、界务为主要"。根据这一主旨，本书收录文章101篇，其中有关界务者32篇，路事者37篇，矿事者10篇，杂著22篇。

第六节　云南图书馆的创建

甲午战败，维新派公车上书，变法主张的一个重要方面是开启民智，提高人民大众的教育文化水平。除改良教育、开办新学之外，还要出版报纸，开办图书馆，成立官书局，出版翻译西方文化科学著作。在这样的舆论环境下，以启迪民智、促进文化知识传播教育为重要功能的图书馆受到积极宣传和推崇。

光绪三十年（1904），湖南巡抚庞鸿书率先创立了全国第一个省级图书馆。此后，全国各省的官办公共图书馆也纷纷建立起来。

---

[1] 杨毅廷：《滇事危言初集》，北京：毓华印书局，宣统三年（1911）。

当时，云南一些留日返乡青年才俊、曾经在书院执教的教师，充分认识到图书馆的重要性，积极向云南当局呼吁建立图书馆以大力培养文化人才。此间，1904 年留日的秦光玉、周钟岳等发挥了重要作用。

1908 年，在各方面人士的推动下，云南提学使叶尔恺报请护理云贵总督沈秉堃，由沈奏请朝廷建立云南图书馆。奏章说：

> 国家富强之原，系乎教育，而教育普及之要，端赖图书。环球各国，咸以图书之存亡，为文化之消长。泰西近世文明发生始于讲明希腊古学，而埃及人民愚且弱者，则因回回教徒将其亚历山大港之藏书付诸焚如之故。然则图书之关乎民智，讵不大哉！我国古昔为维持世道，造就人才计，无论官私，均以广储图籍为要务……滇省为古梁州地，数百年来，其间人文蔚起，著述亦多。各书院所藏图籍，尚与腹省相埒。泊乎咸同兵燹以后，抱残守缺，学风衰歇，几难复其旧观。若不及早设立（图书馆），则转瞬轨道交通，恐致言论庞杂，益启离经叛道之渐，将何以保国粹而开民智？现经规划数月，渐有端倪，特饬学务公所图书科员绅，筹办图书馆一所。①

此时的秦光玉在提学使司学务公所普通课（后改为科）任副课长兼图书课副课长，后任图书科科长，负责掌管编译教科书、参考书以及管理图书馆、博物馆事宜。②

经过批准，云南图书馆于 1909 年成立，地点在昆明翠湖西北角的玉龙堆。这里原来是经正书院所在地，此时空闲，旧有房舍可资利用。原经正书院藏书楼作为图书馆书库藏书，楼下的堂屋、斋舍则开辟为阅览室。周围环境优美，风景宜人。图书馆于 1909 年 11 月 14 日正式免费对外开放。

---

① 《政治官报》，清光绪三十四年七月十五日第284号，第十册，第251页。
② 张一鸣：《秦光玉传略》，见《云南文史资料选辑》第36辑，昆明：云南人民出版社，1989，第130~141页。

图书馆创建之初，图书来源于清末昆明的五华书院、经正书院和育才书院。五华、经正两书院是省级书院，前文已述。育才书院原名昆明书院，为昆明县辖书院，规格低于五华和经正书院。育才书院始建于康熙二十四年（1685），为云贵总督蔡毓荣、云南巡抚王继文创办，地址在昆明城南门外的慧光寺（又称西寺）旁。

当时三个书院的藏书已极为丰富，归并两级师范学堂。这时周钟岳在两级师范学堂任教务长之职，经提学使同意，他将三个书院藏书的"重复之书拨出，成立图书馆，此即今日云南省图书馆之前身，所藏典籍名列全国第七"①。此外，提学使司学务公所图书科所存图书亦悉数提出，与上述图书一起作为图书馆的基本藏书。当时，云南图书馆藏书总数大约 5 万卷。后来，提学使司又陆续为图书馆购置书报，亦请各省官书局寄送。1915 年，云南图书馆藏书总量约 14 万卷（其中经部书 1.7 万卷，史部书 5.1 万卷，子部书 3.5 万卷，集部书 1.4 万卷，丛书 1.6 万卷，自然科学书 6698 卷）。②

云南图书馆成立时馆长由提学使司学务公所图书科科长叶瀚兼任，员工只有 7 人。到 1911 年 10 月辛亥革命，馆长为施汝钦，员工 14 人。图书馆从成立开始，就在云南文化发展进程中发挥重要作用。

第七节　史志与科技要籍

近代前期，即从清末至民国初年，云南传统史志编纂有长足发展，取得不少令人瞩目的成果。这里仅择要介绍。

---

① 王光闾：《周钟岳传》，见《云南文史资料选辑》第36辑，第65~88页。
② 见李友仁主编：《百年变迁·云南省图书馆1909~2009纪实》，昆明：云南人民出版社，2009。

一、省志

（一）光绪《云南通志》

此书为岑毓英等修，陈灿、罗瑞图纂。陈灿，字焜山，贵州贵阳人，光绪三年（1877）进士，光绪年间历任云南按察使、署布政使等。罗瑞图，字星垣，云南澄江人，光绪年间进士，选庶吉士，任五华书院山长。

该书共二百四十二卷，卷首四卷。卷首为修志者名录，有总裁、参阅、监修、督办、协修、核对，而无总纂。另载王文韶等六人序，凡例十八则。体例、门类、子目多与阮元道光《云南通志稿》同，仅细目略增补为六十六条。全书分天文、地理、建置、食货、学校、祠祀、武备、秩官、选举、人物、南蛮、艺文和杂志。附忠义录三十二卷，忠义备考一卷，烈女录八卷。该志详记道光十五年（1835）至光绪初年事，道光以前事迹一仍上述阮志之旧。该书记道光后史事较详，尤以咸丰和同治年间用兵事叙述特详，戎事、职官、人物诸门，则多有采访失实、文字讹误之处。

该书光绪九年（1883）议修，十七年成书，至二十年刊毕，共220册。北京、南京、昆明等省市图书馆均有藏本。

（二）光绪《续云南通志稿》

此书为王文韶等修，唐炯、汤寿铭、陈灿等纂。唐炯，贵州遵义人，举人出身，曾任云南布政使、云南巡抚。

全书共一百九十四卷，卷首六卷；载有序、跋、凡例，前列纂修职名、引用书目及总目；内容分天文、地理、食货、学校、祠祀、武备、洋务、秩官、选举、人物、南蛮诸志和杂志。其中"洋务"为以前诸志所无。

光绪二十五年（1899），巡抚衔督办云南矿务唐炯，以岑毓英等修《云南通志》事迹多据传闻及洋务、盐矿、裁兵诸大政竟付之阙如而议续修。光绪二十七年刊印毕，计100册。北京、南京和云南省图书馆均有藏本。

二、私著史志

清末云南有一批私人撰著的地方文献，颇具史料价值。其中突出的有两部：《滇云历年传》《昆明县志》。

（一）《滇云历年传》

作者倪蜕（1667~1748），本名羽，号振九，江苏松江（今上海）人，文士之家出身，无意仕途，遍游全国。康熙中期，倪蜕随调任云南巡抚的甘国璧入滇，为其幕宾，受甘之托，广泛搜集云南地方史料，遍游三迤。后甘离滇，倪蜕仍定居昆明西郊（今马街中街）。

倪蜕有感于过去的云南史充满荒诞不经的传说附会，"考古者每失于后先，证事者时迷于亥豕"，遂著此书。此书仿宋代朱熹《通鉴纲目》体例，共十二卷。方国瑜说："此书，史料繁重，编撰专书，为前所未有之作"，"编年纪事始自洪荒而止于乾隆元年，所载史事多注出处，前后事迹之安置，颇具匠心，中多考证，亦见其不苟之作"。李埏称其为"初学滇史的入门之书"。

道光二十六年（1846），倪氏后人将书稿刊刻问世。李埏点校本1992年由云南大学出版社出版。

（二）《昆明县志》

著者戴絅孙（1795~1857），字袭孟，号筠帆，昆明人。清嘉庆二十四年（1819）中举，时年林则徐为云南乡试主考官，两人遂有师生情谊。戴絅孙道光九年（1829）中进士，任工部主事，长达15年。后由六品主事升五品员外郎，在京为官共18年。道光二十六年（1846），任贵州道监察御史。

明天启《滇志》记载，曾有《昆明县志》二卷，但早已失传。此后昆明一直未有县志。戴絅孙早有为家乡修志之愿，但困难重重。道光十五年（1835），云南总督阮元修《云南通志稿》完成，并传至京城。书中多有关于昆明的记载，为修昆明志提供了有用可靠的资料。戴絅孙遂下定决心，动手编纂《昆明县志》，从此全力以赴，殚精竭虑，旁征博引，坚持简而不速，赅不伤冗。历五个寒暑，于道光二十一年（1841）夏，志稿终于编竣，分为十卷十八志。之后戴絅孙上书以病乞归，返昆明后，定居小梅园巷，掌教育才书院，直至病逝。

光绪二十七年（1901），经邑绅捐资襄助，《昆明县志》始得刻印问世，称为"道光《昆明县志》"，或"戴志"。此时距志稿完成已 60 年。此志当时被评为"去取合宜，繁简得中"，论者推为"地志善本"。

三、科技要籍

晚清云南出现了一些重要的科技名家和令人瞩目的著作，其中最有影响的是吴其濬及其撰著的《滇南矿厂图略》《植物名实图考》。

吴其濬（1789~1847），字瀹斋，河南固始人。嘉庆二十二年（1817）状元，授翰林院修撰，后在十余省为官，"官迹半天下"，历任湖北、江西学政，兵部、户部侍郎，湖南、浙江巡抚。道光二十三年（1843）调任云南巡抚，次年又兼署云贵总督。二十五年调任福建巡抚、山西巡抚。二十六年卒，赠太子太保衔。

吴其濬是一位"具稀世才"的学者，常留意各地物产丰瘠与民生关系，除《滇南矿厂图略》《植物名实图考》外，另著有《滇行纪程集》等。

（一）《滇南矿厂图略》

此书为吴其濬撰文、徐金生绘图。吴其濬在云南巡抚任内与东川知府徐金生（浙江龙游人）合作，实地调查云南矿产的分布、开采及技术状况，遂成此书。该书刻于道光年间，分为两卷。

上卷名为《云南矿厂工器图略》，有文 16 篇，图 15 幅。首篇略述本书结构，详记采矿之通风、运矿、排水、选矿和冶炼铅、铜、银等的工艺过程、技术及设施、工器等。附录宋应星《天工开物》、王崧《矿厂采炼篇》、倪慎枢《采铜炼铜记》、王昶《铜政全书·咨询各厂对》等。

下卷名为《滇南矿厂舆程图略》，有文 13 篇，图 23 幅，记载全省各府州矿分布及运输途程、采运费用等。

该书是研究云南冶金史和科学技术的重要资料，民国初年即有外国传教士译为拉丁文，后又被译为法文、英文，在欧美颇受重视。

（二）《植物名实图考》

吴其濬作为清朝重要官员，如果说他在云南巡抚并署理云南总督任上调查矿产和工矿情况，与其为政之道有密切联系，那么在政务之余，他还热心研究自然科学，并有大的建树，这在当时的官场之中恐怕是极其罕见的。

他在许多地方为官，所到之处，采集植物标本，仔细观察，摹绘成图，汇集成《植物实名图考》。该书收录植物 1714 种，大半根据他亲自观察和访问所得，每种植物所绘图形，精致逼真，文字准确，并引征古籍考证，择要记载形色、性味、产地、用途等，对植物的药用价值以及同物异名或同名异物的考订尤详，为研究中国植物的重要参考资料。其中有云南植物 300 余种，是吴氏在云南采访所得。

吴其濬在山西巡抚任内病逝，书稿尚未完成而留在山西。其继任者陆应谷是云南蒙自人，发现此书稿，替他整理刻印出来。该书刊订后受到中国植物学家的高度重视，民国年间多次印行，还被翻译为日、法、英、德等国文字出版，被视为《本草纲目》的发展。

第八节　文化名人

晚清，由于社会激变，云南人才辈出。其中，表现突出的是留学生，尤其是 1904 年云南留日学生中涌现出各方面大批人才。这里仅挑选 7 位文化教育事业方面的重要人物作简要介绍。

一、赵式铭：白话运动的先驱

"光绪三十一年（1906）至宣统元年（1909），赵式铭主编《丽江白话报》和《永昌白话报》，开展白话运动，比 1917 年 1 月胡适在《新青年》杂志上发表《文学改良刍议》提倡白话文还要早 12 年，堪称我国白话文运动的先驱。"[①]

赵式铭（1873~1941），字星海，号弢义，白族，云南剑川人。5 岁后即随父和段野史学习，后师从赵藩学诗词古文，与周钟岳同学。1890 年，赴大理应州试，名列第一。1894 年赴省应甲午乡试，放言时务，得阅卷考官毛鹤畦赏识，拟以第一；但主考官张建勋却斥其文章"驳而未醇，实得磨勘"，后经监试朱毓嵩维护，乃置"副榜"。

乡试受挫，赵式铭赴乡村教书，益加奋发。甲午战败，康有为等"公车上书"。赵式铭深受维新变法思想影响，立志"教育救国"，和学友举办读书会、演讲会、体育会，宣传妇女放足和维新改革。

（一）创办《丽江白话报》

光绪三十一年（1906），赵式铭被丽江知府彭友兰聘为《丽江白话报》主编，兼师范、中学堂两校的国文教员。

彭友兰，湖南巴陵人，是一位深受维新思想影响的爱国开明官吏。为了创办新式学堂和白话报，他以重金置备大型印刷机器，从成都请来工匠刻铸铅字，成立"丽江活字板制造局"（后改为丽江印书馆）。除印刷《丽江白话报》外，还印刷学校所需的各种教科书，并推销到附近的民族地区。

《丽江白话报》为月刊，铅印本，每月中旬发行 1 册，每册 10~20 版，系 24 厘米 ×14.5 厘米的白棉纸印成。

赵式铭之所以积极创办白话报，是与他提倡白话文写作分不开的。他认为言文应当一致，"文章一道，贵俗不贵雅，贵浅不贵深"，不可"言语是言语，文字是文字，截然分为两道"，要"能把言语文字两者合而为一"，才能促进文明的大进步。

他怀着救国救民的信念，以办报的方式唤醒民众。他以感人肺腑的语言在《丽江白话报》发刊词写道：

[①] 马继孔、陆复初：《云南文化史》，昆明：云南民族出版社，1992，第509页。

莽乾坤是一大舞台，是强的生杀予夺随安排，是劣的奴隶牛马也应该。看，茫茫大陆，莫只有强种常在。叹，此意有几人得解？愿身化恒河沙，苦把同胞戒，问晨钟暮鼓，可醒过南柯来！

昔人有诗云："子规夜半犹啼血，不信东风唤不回！"列位试想，东风已去，岂是一个小小的雀鸟之力，就能把二十四番花信风唤得转来！无奈这个扁毛，凭着他的几点热血，一个痴心，只管在那落花流水中间，啼个不住，究竟今年的东风虽去，明年的东风又来，又焉知不得力那子规的力呢？如今中国的现象，也与那绿暗红稀的残春一般，但得痴心热肠的呼号奔走，何尝不可能转危为安呢！

赵式铭把自己比作夜半啼血的子规，还以"精愚"为笔名（取自"精卫填海"和"愚公移山"），意在竭尽绵薄以拯救风雨飘摇中的灾难深重的祖国。其情其意深深地打动着读者。

他以"精愚"的笔名，还写下了大量的文章：《论看报之益》《论鸦片之害》《劝注重工商业》《劝立女子学堂》《国民须具有军人的资格》《劝筑滇蜀腾越铁路》《劝青年宜自费求学》《论迷信风水之害》《说冒险》《论小说界之价值》《论文学与各科之关系》等。他这些白话写成的文章通俗流畅，观点鲜明，说理充分，深刻尖锐，对落后封建、反动愚昧的思想，丑恶的现实痛加谴责，宣传了爱国主义、变革发展的思想，具有很强的战斗力。当时，钱用中用八个字评论他的文章："文有电气，读之手颤。"①

这份用白话文进行宣传的刊物不仅在云南独有，在全国也是罕见的。它对广大民众起到启蒙作用，对社会进步起到推动作用，因此深受读者的欢迎。云南提学使叶伯皋说其"足以开展民智"，"谕令月送 2000 册由学院颁发各府州县"。于是它的发行范围从原来丽江府属五县学校扩展到全省。

赵式铭提倡"醒世"文学，主张以文学补"教育所不及"。为了建立起"文

---

① 潓川：《赵式铭先生传》，见《云南文史资料选辑》第36辑，昆明：云南人民出版社，1989，第92页。

学界中占最优胜的势力"，他主张写小说应继承《三国演义》《封神演义》《水浒传》《红楼梦》等古典小说的优良传统，借鉴西洋冒险、言情、科学等各类小说的"异样精彩"的"摹写"，使创造出的作品"能鼓舞人的进取精神，铸造人的尚武魄力，唤起人的任侠心肠，培养人的坚强意志，增强人的高尚理想，诱起人的审美感情，鼓吹人的民族主义，团结人的爱国摄力"。

为了实践自己的主张，赵式铭还努力创作不同形式的文艺作品。比如他编写新剧唱本《苦越南》，内容是谴责法国侵略越南的暴行，表达了对越南人民的同情和支持，并以越南作为警醒国人的殷鉴。唱本在《丽江白话报》发表后，又在知府彭友兰的支持下，延请滇西戏剧有名演员，在府署内排练两月，然后在丽江公演。公演深受观众欢迎，获得巨大成功。

（二）创办《永昌白话报》

宣统元年（1909），彭友兰调任永昌（保山）知府，赵式铭跟随到永昌，又创办了滇西第二个民众读物《永昌白话报》。李曰垓也参加了刊物的创办。

一如《丽江白话报》创办时一样，赵式铭热情洋溢，以饱满的爱国主义思想撰写了发刊词。针对英国侵略者在虎踞关、天马关两关之外虎视眈眈，随时企图入侵云南，文章发出"可爱者此永昌，可亡者此永昌"的警号，呼吁同胞们觉醒，"抵抗彼狼贪虎视的强邻"，"以长保我花团锦簇之永昌！"

他反对"愚民政策"，主张发动"最大多数"以"谋最大幸福"，国家才有光明前途。他反对历史只写帝王不写人民，在他写的连载《历史小说》的引子《鹧鸪天》词中明确写道："史席千年孰主张？但凭数姓谱兴亡。一枝绝好董狐笔，不写人民写帝王！美雨骤，欧风狂，年来两眼阅沧桑，试将物竞争存理，付与盲词说短长！"

（三）参与创办《云南日报》

1909 年，陈荣昌领创自治筹备局，委任赵式铭为局中编纂员，并"数以书招之"。赵式铭遂来到昆明。

当时，陈荣昌还兼云南教育总会长。他召集云南教育总会、自治总局、自治公所、商务总会等团体官绅，联合主办《云南日报》。这是云南的第一份日报。1909 年 10 月 5 日创刊，负责人为钱用中，办报宗旨是"开通民智，指导社会"。报纸日出一大张，日销售量 1800 份。

1911 年，《云南日报》因"重九"起义停刊，辛亥革命后由云南省都督府接办，改名为《大汉滇报》，后又改名为《义声报》。[①]

赵式铭和由云龙为《云南日报》编辑。赵负责写社论、时评、杂俎、市井新闻等小品，由于他还兼任教员，社论只能间日撰一篇。其间，赵式铭常常构思达旦，彻夜写作。

不久，宣统皇帝继位。赵式铭被推荐入京参加全国"举贡会试"，录取后分发四川，做督修都江堰河工的通判，并创办《成都报》。辛亥革命后赵式铭回滇，蔡锷任其为都督府秘书，参加周钟岳主持的《云南光复纪要》编纂。后又出任嶍峨县知事，广州护法军政府交通部司长，云南都督府秘书，白盐井盐场知事，云南通志馆副馆长、馆长，主持《新纂云南通志》的总纂工作，直至1941 年去世。

二、陈荣昌

陈荣昌，字小圃，1882 年应乡试中解元，次年应会试中进士，授翰林院庶吉士，1886 年授编修，供职国史馆。1888 年、1906 年两任贵州省学政，1910 年任山东提学使。数度返滇，历任经正书院山长、云南高等学堂总教习、云南学务处总参议、学务公所议长、云南教育总会会长、云南国学专修馆馆长。作为近代著名教育家，其突出的教育实践和业绩，在云南近代史上具有重大影响。

1895 年，甲午战败、公车上书发生。陈荣昌时任会试考官，校阅第十八房（广东籍）考生试卷，其间阅得一卷，极为赞赏，三次力荐强保，终未录取，拆卷后知考生为梁启超。因此，其慧眼识人、犯讳荐才之事传为佳话。

1897 年至 1903 年，陈荣昌任云南经正书院主讲、山长，前后七年，培养

---

① 《云南日报》于1935年5月再次由省政府主席龙云创办，龚自知任主编。1950年3月4日，第三次创刊，为中共云南省委员会机关报。

了大批人才。其中有袁嘉谷、秦光玉、钱用中、李坤、席聘臣、张学智、陈度、熊廷权、蒋谷、吕志伊等。

1902 年，朝廷要广纳人才，于次年举行经济特科考试，下令各省举荐人才以应试。云贵总督魏光焘首先考虑推荐的是陈荣昌。此时陈荣昌已淡泊名利，无意科场竞逐，转而郑重举荐弟子袁嘉谷，为此还赋诗《辞经济特科之荐遂推毂袁树五孝廉二首》。魏督遂改荐袁氏。袁嘉谷不负众望，获经济特科第一名。

1902 年，陈荣昌建议选送云南学子出国留学，得到督抚采纳。经认真遴选，当年云南政府即派送钱良俊等 10 人赴日留学。这是云南官费留学的开端。之后，1903 年又选送袁丕铺、殷承瓛等 10 人赴日；1904 年更加大选派力度，赴日留学者达 144 人。

1903 年，五华书院改建为云南高等学堂，陈荣昌任总教习。许多青年才俊成为他的学生：李根源、罗佩金、李曰垓、顾视高、顾品珍、赵又新、唐继尧、李鸿祥、殷承瓛、陈一得等。其中，不少人于 1904 年被选派日本留学。

1905 年，陈荣昌带着 12 名留学生赴日，在弟子袁嘉谷的陪同下，他考察了日本的实业、文部省，东京教育会、弘文学院、早稻田大学等，大中小学、幼儿园等各类学校数十所，写有《乙巳东游日记》。这次考察使陈荣昌眼界大开，回国后更加注重倡导教育和改革。

在计划云南教育转型和改革方面，以及此后云南建立师范学堂、法政学堂、农业学堂、方言（外语）学堂、矿业学堂等新学，陈荣昌均做出了积极的贡献。1922 年，陈荣昌任云南国学专修馆馆长，先后培养学生近 500 人。后两度出任贵州学政和山东提学使，为黔、鲁两省教育文化发展做出了贡献。

陈荣昌一生著书数十种，1914 年与赵藩、李坤、袁嘉谷发起辑刻《云南丛书》，并担任名誉总纂，1927 年担任总纂，为云南地方文献和文化事业做出贡献。

除了教育和文化事业方面的成就外，陈荣昌在仕宦生涯中还有以下贡献。

其一，勇斗方苏雅。1900 年，在反洋教斗争中，法国驻云南领事方苏雅私运军火到昆明，企图镇压人民抗争。此时任经正书院山长兼云南团练总局总办的陈荣昌在总督巡抚的支持下起草传单，将方苏雅的恶行公之于众，昆明民众群情激愤，包围法国领事馆，火烧平政街和法国教堂，方苏雅被迫离开云南。

其二，弹劾兴禄。兴禄原在云南任按察使、洋务局总办，任上贪污腐化，丧权辱国。1906 年，云南留日学生发动驱赶运动，朝廷被迫将兴禄调到贵州，升任署理布政使、贵州巡抚。1906 年陈荣昌二任贵州学政，属兴禄下官。他直言敢谏，上书弹劾，朝廷派岑春煊调查，最后将兴禄革职。陈因此名震中外。

其三，维护国家民族利益，积极应对英法入侵势力。近代以来，英法势力不断入侵，在滇攫取了许多权益：修筑滇越铁路，强迫开放云南口岸通商，攫取云南七府矿权……针对这些情况，陈荣昌以在籍翰林院编修身份做了不少事情。其中突出的有三件：自办铁路、自开商埠、自办矿务。1905 年，他倡议自行修筑铁路，筹办滇蜀腾铁路（从滇东北到四川宜宾，以及进入缅甸的铁路），并出任滇蜀腾铁路公司总办。同年，针对英法帝国主义强迫中国开放云南蒙自、河口、思茅、腾越为商埠，他领衔上书云贵总督，建议将昆明也开辟为商埠，后得到朝廷批准，昆明自辟为商埠，推动了昆明的对外开放和发展。1908 年，在云南人民反对英法攫取云南七府矿权的斗争中，他和弟子顾视高提出"开矿救矿"，自办矿务，成立宝华锑矿公司，开采广南、文山、开远一带的锑矿。

三、袁嘉谷

袁嘉谷（1872~1937），字树五，晚号树圃，云南石屏人。1892 年 21 岁，乡试第一，调送五华书院，为优生。次年，科试第一，调为经正书院高才生。23 岁乡试中举。32 岁会试中进士，钦点翰林院庶吉士。

光绪二十九年（1903），袁嘉谷考中经济特科第一名，授翰林院编修。1904 年 8 月，奉命赴日本考察学务政务，同时被聘为云南留日学生监督。当年，云南留日学生有 100 多人，"每当假日，袁会召集讲训，涉及国家危亡、民生憔悴，外侮凭陵，直至声泪俱下，期励学生勉力求学，为国建树"[①]。后来，云南留日

---

① 袁丁：《袁嘉谷年谱》，见《云南文史资料选辑》第36辑。

学生筹办《云南》杂志，袁给予大力支持。

1905 年 9 月，袁嘉谷归国回京，任学部编译图书局局长。四年间，主持编辑中小学教科书、大学参考书数十种，在全国被广泛采用。值得一提的是，在负责统一规范教科书的名词术语时，其确定的"星期"一词至今仍在使用。

1909 年底，袁嘉谷调任浙江提学使，兼任浙江布政使。任内推广设立各种学校 4000 余所，建立西湖公共图书馆，促成滇浙图书交流，丰富了云南图书馆的藏书。

辛亥革命后袁嘉谷回滇，先后任云南都督府参议、云南图书博物馆副馆长、《云南丛书》编纂、东陆大学教授等职。其间关注学术研究，著述颇丰，如考定了郑和家乡在云南昆阳州，以及孟孝琚碑等，并著有《滇绎》《云南大事记》《滇南金石萃编》《卧雪堂诗集》《卧雪堂诗话》《滇诗丛录》（收诗较二袁《滇南诗略》、黄琮《滇诗嗣音》、许应芳《滇诗重光集》、陈荣昌《滇诗拾遗》更为丰富）等。此外，袁嘉谷亦是著名书法家。

四、周钟岳

周钟岳（1876~1955），字生甫，号惺庵（惺甫），白族，云南剑川人。周钟岳出生书香门第家庭，7 岁始读书，先后随父、舅父和段野史学习，博闻强记。后到金华书院学习，浏览群书，学业日进。1899 年，师从赵藩，从此奉其为宗师。1900 年从大理西云书院肄业，随在省襄办团练的赵藩为文案。曾到四川师范学堂任教。1903 年应乡试中解元。1904 年应会试，行前赵藩嘱咐："万一名不上榜，就到东洋留学"；同年公费留日，先入东京弘文学院学师范，后入早稻田大学学法政。1907 年回滇，任学务公所普通课课长兼两级师范教务长。1911 年 7 月赴京参加全国教育工作会议。

辛亥革命后，蔡锷任命周钟岳为军都督府秘书长，专司文牍，后来将其起草的都督府重要文电辑为《天南电光集》。1912 年任云南教育司司长，后又兼任"光复史"总纂，编《云南光复史》10 册。后任云南图书博物馆内的"辑刻《云南丛书》处"总经理、编纂。1913 年蔡锷调京任全国经界局长，周钟岳随蔡赴京任经界局秘书长，此间编成一批经界方面的重要文书。1915 年 12 月，云南反对袁世凯复辟称帝，发动护国首义。1916 年蔡锷病逝，年底周钟岳任四川督军秘书长，次年回滇任唐继尧靖国联军司令部秘书长。1919 年 11 月，代理云南省长，1920 年任云南省长。1921 年初，顾品珍执掌滇政，周钟岳回剑川。1922 年初唐继尧重掌滇政，周钟岳任云南盐运使兼枢密厅厅长、法制委员会会长，之后又任省内务司长兼财务处总办、民政司长。龙云任云南省主席后，1930 年周钟岳任云南通志馆馆长，主纂《新纂云南通志》，后又编纂《续云南通志长编》。

抗战全面爆发后，周钟岳代表龙云赴重庆表示抗战决心。1939 年周钟岳任国民政府内政部长，1944 年 11 月出任国民政府委员兼考试院副院长。1947 年 7 月周钟岳辞职回滇，仍任总统府资政，埋头整理文史资料，致力写作。1949 年 12 月 9 日，卢汉昆明起义，周钟岳表示支持。中华人民共和国成立后，1953 年周钟岳被聘为云南文史馆馆员，次年任全国政协委员。

周钟岳是近代云南较有影响的学者兼政治家，一方面，担任过许多重要职务，但未参加过任何党派，也未掌握过实权；另一方面，他是著名学者和书法家，著述甚丰，为云南近代文化做出过重要贡献。

五、秦光玉

秦光玉（1869~1948），字璞安，号瑞堂，别号罗藏山人，云南呈贡人。23 岁时考取昆明经正书院的高才生，与袁嘉谷同为许印芳和陈荣昌的得意门生。1893 年，乡试中举。之后两赴京试不中，仍回书院学习，前后共 11 年。1903 年经正书院改为高等学堂，任史地教员。

1904 年，秦光玉与周钟岳、钱用中等 40 人赴日本留学，兼考察学务，两年后毕业于日本弘文学院师范科。回国后，秦光玉先后任优级师范教员、学务处职员、学务公所普通科副科长兼图书馆副科长，后任图书科长、两级师范学堂监督兼教务长。1909 年，参与发起成立云南教育总会，参与创办《云南日报》，任编辑、采访、发行等职。

辛亥革命以后，秦光玉任学政司图书科长兼图书博物馆长、法政专门学校教员。之后历任教育司第一科长、省立第一师范校长、云南国语讲习所所长。1921 年任教育厅厅长，他深感"行政不如著书，居官有碍治学"，任职仅一年就主动辞职，专门从事教育事业。他常说"乐育英才，实为生平快事"，因此，除在上述学校任教外，还参与创办成德中学、求实中学、五华中学、五华文理学院等，门生弟子遍及海内，被尊为"云南师表"。早年学生有李根源、李曰垓、罗佩金、徐嘉瑞、陈一得、方树梅、谢显琳、杨春洲等。

1927 年，秦光玉复任云南图书博物馆馆长，以及后来改名的云南省立国学图书馆馆长、省立昆华图书馆馆长，历时 21 年，直至 1948 年 12 月病逝于任内。在此期间还任"辑刻《云南丛书》处"总经理，云南通志馆编纂，云南文献委员会主任，《新纂云南通志》顾问、编纂等职。

秦光玉一生著述代表作有《滇文丛录》106 卷，《续云南备征志》32 卷；参与编审《云南丛书》205 种 1631 卷，《新纂云南通志》266 卷等，为云南的文化教育事业、图书文献事业做出了杰出贡献。

六、钱用中

钱用中（1864~1944），字平阶，云南晋宁人。钱用中父母早亡，家境维艰，后被人收为义子始得为学。1889 年应乡试中副榜，次年考入经正书院，深为山长许印芳赏识。1891 年中举。1892、1894 年两赴会试而不中，仍回经正书院学习，与袁嘉谷、秦光玉等同窗切磋学问。

1898 年，钱用中三赴会试仍不第。其间，他请梁启超将其文《政学录》呈康有为。康大为赞赏，钱用中遂到康在京开办的万木草堂听讲数月。之后，钱用中联络在京同乡京官和公车举人，领衔上书，请愿阻止法国修滇越铁路。法公使闻之，嗾人恫吓。钱用中毫不畏惧。回滇后，钱用中受聘为普洱宏远书院山长，后为当地中学堂总教习，培养了庾恩旸、苏澄等一批人才。

1904年，钱用中赴日留学并考察学务，入弘文学院速成师范学习，1906年回国，任省学务处学绅，不久任云南提学使司实业课长兼总务课长。当时滇省教育多由其规划。

1909年，钱用中加入云南教育总会、商务总会等团体官绅联合创办的《云南日报》，担任负责人。

辛亥革命后，钱用中全力从事教育事业，先后任省教育厅总务课长、省教育会干事、省师范学校校长、昆明11县联合中学校长。钱用中从事教育20余年，曾出席全国教育会议和全国师范学校校长会议；还曾兼省议会议员、省政府秘书，皆以教育为重；对于边疆小学之扩张，省会六区师范之推广，各县中学之倡办，全省教育经费之独立等工作，竭尽全力，成绩卓著。1938年兼昆明教育局长，只负责任，不支薪俸，为全省教育界所称道。

其主要著作有《思诚斋文钞》《中国社会总改造》《我之国民改造观》《大中华建设新论》等10余种。

作为云南近代著名教育家、文化名人，他以爱国爱乡为己任，常说"晋宁为生我之乡，昆明为长我之地，教育之提倡辅导，为我应尽之桑梓任务"。

七、由云龙

由云龙（1876~1961），字夔举，别号定庵，云南姚安人。1897年应乡试中举。1898年赴京应会试不第，遂考入京师大学堂师范科，1901年毕业。1904年赴日留学，学习教育。他认为，云南地处边远，交通阻滞，文化落后，要改变这种状况，必须大兴教育，而师范教育是大兴教育的基础。他回国后先任学部主任，后任云南优级师范监学。在任期间，他把全省各府州县国民中学合并为师范中学；在三迤（迤西、迤东、迤南）各设一校，并亲任迤西（大理）师范中学监督。1909年任云南教育总会副会长，参与创办《云南日报》。

1911年，由云龙被推为迤西大理自治机关协理、代理总理，后任永昌知府。

1915 年 12 月 25 日，云南举行护国首义，由云龙任云南护国军政府秘书厅厅长。1916 年出任云南盐运使，他为维护百姓生活用盐而平抑盐价。1920 年华北五省大旱，由云龙任华洋义赈会会长，奔走海外募捐，受到大总统徐世昌的赞誉，题授"溥惠宏施"匾。

靖国期间，唐继尧出征四川，由云龙代理云南省长兼政务厅长。1927 年龙云主掌滇政，由云龙出任云南教育厅长，赴日、美考察实业，回国后致力于云南电力、自来水等公用事业的创建，成效卓著。抗战期间，由云龙任云南省第二届参议会议长，云南通志馆编纂。

1950 年，由云龙被选为云南省人民代表，任省政协副主席、云南省文史馆筹委会主任。

由云龙一生爱国爱乡，曾将家中世代珍藏的 12 万多册图书分别捐献给云南大学、昆明师范学院和云南省图书馆。此外，他著述甚丰，主要有：《桂堂余录》《定庵诗话》《定庵文存》《游美笔谈》《定庵文存》《滇故琐录》等，总纂《姚安县志》《小说丛谈》等。

八、方树梅

方树梅（1881~1968），字臞仙，号雪禅，又号梅居士，晚号红豆老人，云南晋宁人。方树梅青年时即好学不倦，21 岁先后应州、府、院试而入邑庠。其父旧藏有《滇系》《滇南诗略》和《滇南文略》，其"心好之，阅诵至废寝忘食。留心滇南文献自兹始"。1905 年，他考入云南高等学堂，成为陈荣昌的学生。第二年，入优级师范，1909 年毕业。1908 年，编纂《晋宁州乡土志》，分历史、地理、格致（自然）三门，被选为高等小学课本。1910 年任《云南日报》编辑，辛亥"重九"光复后，日报停刊，方树梅返回故里，不久，被委为晋宁劝学委员长，在县内推广新型小学 21 所。

1913 年，方树梅拜赵藩为师，同年被推荐任昆明师范学监（校长）兼国文教员。1918 年至 1920 年修撰《方氏族谱》，续修《晋宁州志》。

　　1921 年，赵藩报请省政府委任方树梅为"辑刻《云南丛书》处"（设在云南图书博物馆内）编校员，1925 年任编纂。后方树梅历任云南图书博物馆庶务长，云南通志馆筹备干事、编审干事。1934 年，方树梅变卖田产 70 余亩，并得省政府一部分资助，开始到大江南北 12 个省市寻求滇云文献，购得 3 万多卷。1941 年至 1943 年，方树梅在海源寺灵源别墅纂修《云南通志》。后任《云南丛书》《新纂云南通志》编纂。

　　1949 年后，方树梅任云南大学终身教授、云南省文物保管委员会委员、省文史馆馆员。1955 年，他将自己的万卷藏书捐献给云南省图书馆。

　　方树梅一生好读书、好购书、好藏书，其主要著作有：《滇南书画集》《滇南茶花小志》《近代滇人著述书目提要》《钱南园先生年谱》《滇南碑传集》《续滇南碑传集》等 30 余种。

第三章

近代云南的民族文化与宗教信仰

五百里滇池奔来眼底，披襟岸帻，喜茫茫空阔无边。看东骧神骏，西翥灵仪，北走蜿蜒，南翔缟素。高人韵士何妨选胜登临。趁蟹屿螺洲，梳裹就风鬟雾鬓；更苹天苇地，点缀些翠羽丹霞。莫孤负四围香稻，万顷晴沙，九夏芙蓉，三春杨柳。

数千年往事注到心头，把酒凌虚，叹滚滚英雄谁在。想汉习楼船，唐标铁柱，宋挥玉斧，元跨革囊。伟烈丰功费尽移山心力。尽珠帘画栋，卷不及暮雨朝云；便断碣残碑，都付与苍烟落照。只赢得几杵疏钟，半江渔火，两行秋雁，一枕清霜。

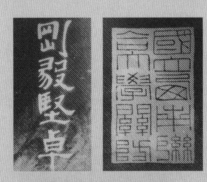

第一节　近代云南少数民族的语言与文学

一、语言与文字

（一）语言

1.语言属系

云南少数民族语言有两个语系：汉藏语系、南亚语系。

汉藏语系有三个语族：藏缅语族、壮侗语族、苗瑶语族。

藏缅语族包括五个语支：藏语支、彝语支、景颇语支、缅语支以及未定语支。其中，藏语支有藏语，彝语支有彝语、哈尼语、傈僳语、拉祜语、纳西语、基诺语、怒苏语（怒族）、柔若语（怒族）、卡卓语（蒙古族），景颇语支有景颇语、阿侬语（怒族），缅语支有载瓦语（景颇族）、阿昌语，语支未定的有白语、普米语、独龙语。

壮侗语族分为两个语支：壮傣语支、侗水语支。其中，壮傣语支有壮语、傣语、布依语，侗水语支有水语。

苗瑶语族分为两个语支：苗语支和瑶语支。其中，苗语支有苗语和布努语（瑶族），瑶语支有勉语（瑶族）。

南亚语系有两个语族：孟高棉语族、扪达语族。云南境内只有孟高棉语族。佤语、布朗语、德昂语属孟高棉语族的佤语支。此外，克木语语支未定。

综上所述，云南各少数民族中，除了佤族、布朗族、德昂族，以及克木族四种语言属南亚语系，其余 24 种语言皆属于汉藏语系。

2. 语言使用情况

云南少数民族种类很多，语言种类也很多。除了回族和蒙古族转用汉语外，其余 23 个民族都有自己的语言。但由于各民族实行大杂居、小聚居，因此语言使用情况比较复杂，总的来说有以下六种情况：

第一，因为居住比较集中，基本上使用本民族语言。如傣族、景颇族、傈僳族、拉祜族、佤族等。

第二，与汉族等杂居，主要使用本民族语言，同时也使用汉语。如白族、壮族、纳西族等，以及分片聚居内地的一部分彝族、哈尼族等。

第三，与别的民族杂居，主要使用本民族语言，同时也兼用本地区另外一种少数民族语言。如德宏地区的阿昌族、德昂族，西双版纳、临沧地区的布朗族、佤族等，都有一部分人兼用傣语；怒江地区的怒族、独龙族、彝族、普米族等都有一部分人兼通傈僳语。

第四，没有本民族语言或本民族语言已经消失，转用汉语或邻近其他少数民族语言。如回族使用汉语，通海的蒙古族转用汉语和卡卓语（接近彝语）。

第五，一些少数民族内部的语言存在较大差异，即方言化。如彝语有 6 种方言，哈尼语和佤语均有 3 种方言。这些方言相互间很难交流。

第六，同一民族使用两三种不同的语言。如景颇族使用景颇语和载瓦语，瑶族使用布努语和勉语；怒族使用怒苏语（碧江）、柔若语（兰坪、泸水）、阿侬语（福贡）三种语言，前两种属彝语支，后一种属景颇语支。

（二）文字

云南少数民族文字种类也比较多。据统计，有 11 个民族，共有 22 种文字。其中，有本民族原有的，也有传教士创制的。

本民族原有文字的有 5 个民族，共 11 种文字。其中，傣文 5 种：西双版纳傣仂文，德宏傣文、傣绷文，金平傣栾文，新平傣文；纳西文 3 种：东巴文（象形表意文字）、哥巴文（音节文字）、马丽马沙文（音节文字）；傈僳文（音节文字）；彝文（音节文字）；藏文（与西藏的藏文相同）。

外国传教士创制的文字共 10 种。其中，为原来没有文字的 5 个民族创制了

5 种：苗文、哈尼文（卡多文）、拉祜文、佤文、独龙文；为原来有文字的 4 个民族创制了 5 种：纳西文、傈僳文、景颇文、载瓦文、傣雅文。

二、民族文学

云南民族文学绚丽多姿，源远流长，在漫长的历史进程中，又不断地丰富发展，到了近代已臻完善，留下了许多文化遗产。其中，最为突出的有三个方面：神话传说、叙事长诗、民间故事。

（一）神话传说

神话传说，包含神话故事。云南各个民族基本上都有自己的神话传说。当然，许多传说也是通过叙事长诗来表达的。从内容上大致可分为两类：创世神话与自然神话、远古社会生活神话。

1. 创世神话与自然神话

创世神话与自然神话是解释天地形成、万物起源、人类诞生以及认识和解释自然的神话。这类神话，比如傈僳族的《天地人的形成》、彝族的《阿录茵造天地》、普米族的《洪水滔天》、基诺族的《阿嫫腰白》（造大地的母亲）、哈尼族的《兄妹传人类》等。其中，以白族的《九隆神话》、纳西族的《崇搬图》、佤族的《司岗里》、拉祜族的《牡帕密帕》、阿昌族的《遮帕麻与遮米麻》、彝族的《查姆》等最具代表性。

《九隆神话》讲白族创世女神沙壹母，居哀牢山，触沉木而感孕，生十子；沉木化为龙，舐一子，名“九隆”，诸兄共推为王。

《崇搬图》，纳西族的创世神话，是以东巴文书写的长诗，与《东埃术埃》（又名《黑白之战》）、《鲁般鲁饶》一起被誉为“东巴文学中的三颗明珠”。

《司岗里》是佤族的创世神话。“司岗”意为葫芦，或石洞；“里”意为出来。“司岗里”，即人由葫芦或石洞里出来。

《牡帕密帕》，“牡”“密”，拉祜语，意为天、地；“帕”，意为创。这是一部关于造天、地、日、月，造万物人类，以及人类初始是怎样生存的创世神话。

《遮帕麻与遮米麻》，阿昌族创世神话。遮帕麻为天公，遮米麻为地母。他们是阿昌族崇拜的创世大神、救世英雄、智慧和力量的化身。这部神话讲述了他们开天辟地传人种的经历。

《查姆》，彝族创世神话史诗，流传于楚雄双柏等地区。"查姆"，彝语，意为"万物的起源"。长诗分为上、下两部，共有 3500 多行。

《司岗里》《牡帕密帕》《遮帕麻与遮米麻》《查姆》现在均为国家级非物质文化遗产。

2. 远古社会生活神话

远古社会生活神话是原始先民社会生活的反映。在云南彝族、纳西族、独龙族等一些民族的神话中，都说仙女从天界带下了谷种和各种牲畜，人间才开始学会种庄稼和养牲畜。这些神话反映了早期人类是如何开始畜牧业、农业生产的。

纳西族《黑底干木》是流传宁蒗永宁地区摩梭人的神话传说。黑底干木是主宰永宁狮子山的女神，也是永宁坝和泸沽湖的保护神，她美貌绝伦，但终身不嫁，让周围众山男山神乃至丽江玉龙山神前来结交"阿夏"（情侣），过着夜合昼分的"走访婚"生活，反映了永宁摩梭人母系家庭及其"阿夏"婚俗。

《目璃斋瓦》，景颇族的神话传说。"目璃斋瓦"，景颇语，意为"历史的歌"，也是专门歌唱历史的曲调的名称。其主要内容包括目璃斋瓦（历史的歌）、种庄稼歌、建寨盖房歌、结婚歌、丧葬歌等五个部分，全诗约万行，既相对独立，又相互联系。这部史诗记载了景颇族对本民族起源的解释、对各种自然现象的认识，以及与大自然作斗争的经验教训，全面反映了阶级分化前的景颇社会生活。这部史诗被誉为景颇族的文化艺术明珠，现为国家级非物质文化遗产。

（二）民间长诗

民间长诗包括史诗和叙事长诗两类。

1. 史诗

史诗又可分为创世史诗和英雄史诗。

创世史诗反映了先民对人类起源、世界起源等重大问题的认知。如《梅葛》

是一部主要流行于云南大姚、姚安、永仁一带的彝族创世史诗。"梅葛"为彝语，是民间曲调的名称。这部史诗全部是用"梅葛"调来演唱，故名。全诗长5770多行，分为"创世""造物""婚事和恋歌""丧葬"四个部分，记叙了彝族先民开天辟地、创造万物的故事及其生产生活和风俗礼仪，几乎包括了彝族一个支系的全部历史，具有重大的文化价值，现为国家级非物质文化遗产。

英雄史诗表现具有重大意义的历史事件的各种传说，塑造各种英雄人物形象，展现部落的战争。《东埃术埃》就是一部纳西族的英雄史诗。"东埃术埃"为纳西语，"东"意为白，"术"意为黑，通译为"黑白之战"。作品叙述黑、白两个部落之间的战争。白部落代表光明与正义，黑部落代表黑暗与邪恶。史诗通过情节的曲折展开，充分表现了光明战胜黑暗、正义战胜邪恶的主题，反映了古代纳西人民的道德是非观。

2. 叙事长诗

叙事长诗在云南许多民族中都有，其中彝族、傣族、纳西族比较丰富。

彝族叙事长诗有《逃婚的姑娘》《月亮银儿子与太阳金姑娘》《阿诗玛》等。著名的代表作《阿诗玛》流传于路南（今石林）圭山撒尼人民中。长诗叙述有钱有势的热布巴拉强抢美丽的姑娘阿诗玛。阿黑哥为了营救阿诗玛，与热布巴拉进行了种种较量，均一一取胜，迫使热布巴拉释放了阿诗玛。在阿诗玛和阿黑回家的路上，热布巴拉又用洪水淹死了阿诗玛。阿诗玛化作回声，只要呼唤她的名字，山谷里立刻会应声回答。长诗以阿诗玛、阿黑反抗强暴，追求美好生活为内容，反映了彝族人民对封建势力的反抗和斗争，具有鲜明的人民性和民族特色。作品为国家级非物质文化遗产。

傣族叙事长诗有《葫芦信》《线秀》《娥并与桑洛》《召树屯》等。其中《召树屯》堪称代表之作。这是一部优美的爱情长诗，流传于西双版纳、德宏等地。"召树屯"为傣语，意为坚强勇敢的王子。长诗叙述了召树屯王子与孔雀仙女南诺娜的爱情故事。两人婚后，为了保卫祖国，召树屯带领将士出征，孔雀仙女被迫害而离去。召树屯凯旋后，历经艰难险阻，终于又找到了自己心爱的孔雀仙女，夫妻团圆，后来召树屯还继承了王位。长诗歌颂纯洁高尚的爱情，表达了傣族人民反抗邪恶势力、追求和平和幸福生活的美好愿望。作品在傣族民间广为流传，现为国家级非物质文化遗产。

纳西族叙事长诗有《欢乐调》《牧羊调》《牧象女》《游悲》等。其中《游悲》是一部爱情悲剧长诗，控诉了没有爱情的婚姻。东巴经书中记载为《初布尤布》，汉译为《殉情调》。长诗叙述牧羊女与青年猎人在山上相遇，互诉包办婚姻和打仗的苦情，进而心心相通而相爱。但是，烧香问卜，两人难以成双，遂到古城四方街购买东西，之后逃到玉龙雪山殉情，在"玉龙第三国"过上了幸福生活。丽江曾被一些西方人士称为"世界的殉情之都"，"从多方面考察，纳西族的殉情成为一种普遍的社会习尚是在 1723 年（雍正元年）清朝在丽江实行'改土归流'之后"。[①] 康熙三十六年（1697），孔子第 66 代孙孔兴询到丽江任通判，开始推行父母之命、媒妁之言的封建礼教，因此纳西族出现男女殉情的现象。

（三）民间故事

云南民族民间故事内容十分广泛，包括人物故事、史实故事、风物故事、习俗故事等各个方面，比如傣族的《傣族药物故事》，拉祜族的《牛皮盖地的故事》，傈僳族的《金沙哥哥和澜沧弟弟》，普米族的《狗为什么咬月亮》，佤族的《佤山抗英故事》，回族的《郑和的传说》，彝族的《孟获的传说》《石林风光传说》《咪依鲁姑娘》《红军过彝区的故事》，纳西族的《三朵节》《泸沽湖的传说》《金沙江姑娘和玉龙哈巴兄弟》《七星披肩的来历》，白族的《风花雪月的传说》《段赤诚的故事》《大理石的传说》《望夫云》《大黑天神》《观音服罗刹》《蝴蝶泉》等。其中彝族、纳西族、白族的民间故事比较丰富。

---

① 杨福泉：《多元文化与纳西社会》，昆明：云南人民出版社，1998，第109页。

第二节　戏剧

广义的云南戏剧包括云南汉族地方戏曲剧种、少数民族戏曲剧种、云南傩戏等。狭义的云南戏剧仅指滇剧、云南花灯、大词（慈）戏、昆明曲剧等云南汉族地方戏曲。其中，大词戏仅在迪庆维西保和镇流行，且后因滇戏传入维西并得到普及，大词戏日渐衰落；昆明曲剧由昆明扬琴衍变发展形成，是一种说唱艺术。

云南少数民族戏曲则是在吸收传统、借鉴外来剧种的基础上，创造形成的具有浓郁民族特色的地方戏曲剧种。

一、汉族地方戏曲剧种

（一）滇剧

滇剧是云南地方第一剧种。"滇剧"之名始见于 1912 年《滇南公报》的剧评文章，民间俗称"乱弹""演戏"，乃外来入滇的戏曲，逐步地方化而形成。

1. 滇剧的形成

滇剧的形成可概括为三句话：发端于清初，酝酿于乾隆年间，形成于道光年间。

清初，吴三桂率清军追歼南明永历皇帝，之后被封为"平西王""平西亲王"，统治云南 23 年［顺治十六年（1659）至康熙二十年（1681）］。其间，南北戏曲被带到云南。

据昆明乐王庙和老郎庙[①]庙碑记载，康熙后期至乾隆年间，先后有 19 个戏班子来到昆明。其中有昆腔班、徽班、祁阳班等，唱腔多为昆腔、石牌腔、弋阳腔、秦腔、楚腔等，后又有襄阳腔、胡琴腔等。值得一提的是，乾隆五十七年（1792），昆明育才书院为山长檀萃祝寿，请阳春部演出了 32 个剧目，大多

---

① 伶人集中的会馆。

为昆腔折子戏，也有弋阳腔和梆子腔。这些为滇剧的产生起到了孕育作用。

道光初年，昆明有福如、寿华、祥泰、联升4个戏班，唱腔中已有皮黄调，还有《打鼓骂曹》《火焚绵山》等本子。道光二十二年（1842），昆明戏班重修老郎庙，庙碑中有"挂新班""挂旧改班"等话，表明各戏班有过合并重组。福如、寿华合并为福寿班，班主王福寿，其养子小福寿，还有雷发春、罗四花脸等，皆为著名演员。此外，洪升、永泰合组为泰洪班。在此过程中，戏班的组织者和行当都有了明确分工：管事、箱主、小旦、正旦、老旦、生脚、花脸等，演员生、旦、净、丑均已齐备，名角辈出。因此，《中国戏曲志·云南卷》说，滇戏形成于道光年间。

光绪年间（1875~1908），昆明戏班很多，演出兴盛。光绪八年（1882），四川永庆班来昆（后又分出钰全班），带来大批剧目和演出技术，为滇剧发展做出了贡献。光绪中期，福升、荣升两班先后建立，它们和福寿、泰洪戏班坚持到清末。

宣统末年，云南一些城乡还出现了滇戏茶园。1910年，昆明云华茶园开业，之后有荣华、丹桂、天乐等茶园成立。1913年群舞台开业，次年大观茶园成立。这些茶园以云华、群舞台生意最好。

2. 滇剧的发展

滇剧形成于昆明，之后向云南许多地区发展，呈贡斗南村建立滇戏班"戏学社"。滇西方面，同治十一年（1872）杜文秀雇戏班在大理帅府演出《二进宫》《绝缨会》《取高平》等剧目。之后，腾越、大理、楚雄等地驻军常常有演出，或养戏班。1910年，滇越铁路通车后，沿线主要城镇也兴起滇剧演出。

民国初期，大理、鹤庆、腾越、云县、楚雄等地，滇南的蒙自、建水、开远、个旧、石屏，玉溪的华宁、峨山、通海以及思茅等地都常有滇剧演出。各地都有若干个戏班。

在不断改良、发展的背景下，民国元年，这一剧种被正式称为"滇剧"。

民国年间，昆明戏园纷纷兴起，演出蔚成风气。还出现了京剧、滇剧同台演出的现象，一时间女性学唱滇剧也成为时尚。众多演出场所中，新滇大舞台一直保持兴盛。这一时期，法商百代公司和美商胜利公司到昆明录制滇剧唱片

200 多种，且销行全国，为滇剧的普及和流行打开了局面。

滇剧传统剧目丰富，除了大量移植梆子、皮黄、川剧等剧目外，还有许多自编剧目，且清末民初的剧目多经文人加工。就题材内容而言，上自远古传说，下至民国时势，均有涉及，还有一些外国题材。据《滇剧史·附录》所载，总计有 1651 个剧目。

3. 早期滇剧名家

李少白（1849~1925），贵阳人，滇剧著名生角、花脸演员。曾拜雷发青为师，擅长关羽戏，被誉为"活关公"。所收徒弟刘海清、邱云林等，后均为滇剧名伶。

郑文斋（？ ~1938），昆明人，逝世时年近七十，在滇剧界已享誉近 50 年。先学川剧而出名，艺名"五朵云"，后改唱京剧，深受欢迎，接着改良滇剧，有滇旦"跷王"之称。京、川、滇剧中的武旦、文武小生、须生、花脸、小丑郑文斋都能唱，内行说他"门门要得，唱做俱佳"，是滇班戏路最广的一个。

刘海清（1880~1948），江西抚州人，著名滇剧生角。先拜张风廷、李二生为师，成名后又拜李少白为师，得其真传。尤擅做功，有抛剑鞘、抛旗踢鞋等绝技，最拿手的是红生戏，被称为"滇剧第一红生"。

栗成之（1884~1952），昆明人，滇剧艺术家。自学成才，工老生，曾主持云南戏剧改进社，培养后进，被誉为"滇剧泰斗""云南叫天""滇伶大王"。著有《滇戏指南》12 册。

李文明（1884~1948），云南东川人，滇剧著名铜锤花脸。1913 年滇剧红生刘海清组班，李文明遂搭班演出，尤以唱功见长，感染力极强，被誉为"五音花脸"。

（二）花灯

花灯是中国南方普遍流传的民间歌舞，云、贵、川、湘等地区较为流行，一般是载歌载舞，也有表现故事情节的小戏。

云南花灯源头可追溯到明代前期，甚至更早。明洪武十四年（1381）朱元璋发兵 30 万平定云南。之后留沐英镇滇，大兴移民屯垦，大量汉族移民进入云南，不仅使云南人口大大增加，而且使云南人口的民族成分结构也发生了划时代的变化——汉族成为云南的主体民族。就在这一人口大迁徙的历史进程中，内地主要是江南的文化艺术也被带到了云南。

这些文化艺术中的曲艺小调部分在云南逐渐形成了花灯音乐。花灯音乐在形成的过程中，吸收了外来和本地的各种曲调。这些曲调来源十分广泛，主要有五个方面：一是明清小曲，比如"打枣竿""倒板桨""金纽丝""吴歌""寄生草""挂枝儿"等；二是汉族民歌小调，如"虞美情""玉郎娥""十杯酒"，以及云南的"放平调"；三是曲艺剧种的曲调，比如玉溪新灯吸收了滇剧板腔，发展了"道情""全十字""走板""虞美人""五里塘"五大常用调；四是少数民族的民歌小调，如彝族的"打跳调"、白族的"平腔"等；五是佛道宗教的洞经音乐，如"卜卦调""请神调""散花调"等。

云南花灯在形成过程中，还吸收了来自社火的表演形式。社火是古代祭祀礼仪活动中的歌舞，有来自江南内地的社火，也有云南本地彝族、白族等祭祀土主、本主活动的表演。至清乾隆年间，开始出现花灯戏。

云南花灯包括了花灯说唱（属曲艺类）、花灯歌舞和花灯戏。表演形式有两大特点：一是边歌边舞；二是舞蹈的"崴"，即以胯的左右崴动带动腰和上身向反向摆动。

云南花灯在发展的过程中，由于流行地域不同，逐渐形成地区差异。较为著名的大约有 10 个地方支系：玉溪花灯，昆明、呈贡花灯，弥渡花灯，红河建水、蒙自彝族花灯，曲靖、罗平、师宗花灯，嵩明花灯，永胜花灯，楚雄、元谋、禄丰花灯，三姚（大姚、姚安、永仁）花灯，腾冲花灯，巧家花灯等。

其中玉溪是云南花灯的主要故乡。清末民初，尤其是辛亥革命以后，玉溪的一些花灯艺人将一些"善书"①改编为花灯戏，如《蟒蛇记》《金铃记》《安安送米》等。这些花灯戏开始有了较为曲折的剧情、复杂的矛盾冲突以及人物形象和心理塑造等。为适应剧情的需要，曲调方面也进行若干改革；一些花灯艺

---

① 以行善积德为主旨的说书唱词故事。

人也由业余变为专业化。进行了上述改革的花灯，被称为"新灯"，并迅速在全省传播。传统的花灯歌舞和花灯小戏依然在广大乡村流传，被称为"老灯"。

1922 年，顾品珍率驻川滇军"倒唐"回昆，主掌滇政的唐继尧流寓香港。次年，唐继尧率部又打回云南。为庆祝重掌滇政，他下令调玉溪花灯到省城演唱。玉溪花灯遂名声大震，被尊为云南花灯的"灯坛盟主"，在全省引领风骚。[①]

花灯戏剧目数量众多，有 400 多个，一部分是外来的，一部分是云南创作的。广为流传的传统花灯剧目有：《安安送米》《大补缸》《瞎子观灯》《大放羊》《蟒蛇记》《金铃记》《小放牛》《绣荷包》《开财门》《双接妹》《七星桥还愿》；经过整理的传统剧目有《三访亲》《探干妹》《闹渡》《大茶山》《游春》等。

（三）傩戏

傩，古代腊月驱鬼逐疫的仪式；仪式中跳的舞蹈为傩舞。傩戏是在傩舞的基础上发展成的戏剧形式，流行于安徽、贵州、湖北、江西和云南等地。傩戏最大特点是演出时演员要戴面具，演出以驱鬼除疫、消灾祈福为目的，具有原始的古朴之风。其发展甚至可追溯到商周时代，所以傩戏被称为"中国戏剧的活化石"。

清代，云南傩戏比较活跃，因为流传的民族和地区不同而形成不同的支系，主要有四大傩戏：澄江关索戏、昭通端公戏、文山梓潼戏、保山香通戏。

1. 关索戏

关索戏为云南傩戏剧种之一，流传于玉溪澄江阳宗海小屯村。据该村灵峰寺（五显庙）墙壁所嵌石碑记载，关索戏是道光初年（1821~1827）传入的，至今有近 200 年历史。

关索为三国时期蜀汉大将、关羽之子，诸葛亮平定南中时，随南征军队任中路先锋，曾驻军小屯（原名先锋营）。今澄江一带还有关索故事流传，以及关索岭、关索庙遗迹。

小屯关索戏每年正月初一至十五祈神时演出。演出前先举行祭祀，接着

---

① 吴宝璋：《人民音乐家——聂耳》，昆明：云南人民出版社，2014，第20~21页。

"踩村""踩街""踩家"，以驱除鬼疫，禳灾祈福，之后在阳宗坝子各村巡回演出。演出不设舞台，在村子的广场上演出。主要演员 20 人，各戴面具（又叫脸壳）、穿服装，分别扮演张飞、假张飞、关索、黄山岳、鲍三娘、百花公主、巩固、小军、张迁、张邦、赵云、马超、秦蛟、严颜、肖龙、黄忠、周仓、关羽、孔明、刘备。这些角色的扮演者是固定的，并实行家传。所演的内容均为三国故事，第一个剧目名为《点将》。内容是刘备按金木水火土五行、东南西北中五方位分别封关羽、张飞、赵云、马超、黄忠为五虎上将，各领军兵，镇守一方，保境安民，表演的内容重在表现这些人物的成功。

关索戏表演以武打为主，有一定套路，唱多白少，唱词多为七、十字句格式。演出时全以打击乐的鼓点配合表演指挥唱腔起落。演员可在演出中即兴自由发挥。滇剧兴起后，有艺人将滇剧的部分唱腔移用于关索戏。

清末至民国年间关索戏一直都进行演出，为当地群众喜闻乐见。1950 年，人民解放军过澄江时，小屯村曾演出关索戏进行迎送。

关索戏的剧目究竟有多少，众说不一，有的说 18 本，有的说 36 本，也有的说 20 本。除了第一个剧目《点将》外，其他还有：《三战吕布》《过五关》《收周仓》《三请孔明》《秦蛟战严颜》《山岳战张迁》《战长沙》《取西凉》《夜战马超》等。

2. 端公戏

端公为汉族巫师别称，端公戏为云南傩戏剧种之一。清光绪年间由湖广、川黔、江西等地传入昭通地区，流传于镇雄、大关、彝良、盐津、巧家等地的广大农村。晚清民国年间为其兴盛时期。

端公戏演出单位叫"坛门"。表演者以家传和师承为主。其斋醮（祭祀）活动分为"文坛"和"武坛"两类。文坛为超度死人亡灵，武坛为活人祈福禳灾、求财求子求寿等，多在农历腊月进行。

武坛由宗教祭祀与戏剧表演相结合，祭中有戏，戏中有祭，包括法事、正坛戏、耍坛戏。法事即祭祀仪式，根据邀请者意愿进行，小坛 1~3 天，大坛 7~21 天。正坛戏进行戏剧表演，有很大的娱乐性。耍坛戏穿插在法事与正坛戏之间，调节祭祀的严肃气氛，多为闹剧，粗俗滑稽。

法事与正坛戏的表演突出特点是戴面具，耍坛戏则不戴。面具扮演的角色有道教神仙，如二郎神、王灵官、土地、寿星、灶公、灶母等，也有世俗人物，如大姨妈、秋香、苗老三等。

端公戏行当有生、旦、净、丑，较为完整；武打戏有一定套路和较深的功夫。唱腔无固定声腔，多用传入地声腔，甚至民间小调。唱词多用五、七、八、十字格式。

据有关文化部门资料，现搜集到的端公戏剧目有 160 多个，其中 70% 为耍坛戏，如《柳荫记》《二郎记》《刘海戏蟾》等。

丽江永胜也有端公戏，称跳师娘，专名"贺八蛮"。演出者先祖来自湖南，世代相传。"贺八蛮"讲述北宋皇帝赵匡胤讨伐南方割据政权时，在湖南征兵，一个叫雀铃子的农民被征入伍，他作战勇敢，屡立战功，被封为大将，排名第八，称八蛮先锋。后来雀铃子战死，被赵匡胤封为"八蛮先锋神"，受到敬奉祭祀。祭祀活动与戏剧结合在一起，主题为驱扫恶鬼、消灾祛病、祈福纳吉。演出程式化，较为规范，有的曲调与花灯调、洞经音乐相近。特殊之处在于，演出中演员可与观众对话，也可自由发挥。

3. 梓潼戏

梓潼戏为云南傩戏剧种之一，于清同治年间由四川传入，流传于文山西畴、麻栗坡、广南、马关等地的部分村寨。戏剧主题为求子还愿，因此也称"子童戏"。

剧目现仅存《梓潼戏书全集》（又名《陈子春》），剧情讲的是：唐朝时，陈子春被选为驸马，与纯英公主生下一子。其子被燃灯道人收为徒弟，取名乾元宝，引渡在灵鹫山。东海龙王有三个女儿，玉帝降旨令三位龙女到三山收妖，三人收妖后就留在三山。纯英公主思儿成疾，陈子春奉旨到三山采药，被三位龙女强留成婚，数年后返回，因违期被处斩，幸得魏徵保本，命其求雨。三位龙女助陈求雨，但又错发雨簿，被玉帝打入天、地、水牢，在牢内各生一子，托土地神送陈子春，分别名为上元宝、中元宝、下元宝。18 年后，乾元宝练就仙法，下山会同上元宝、中元宝、下元宝救出牢中的三位母亲，全家团圆。陈子春被封为七曲文昌梓潼帝君宏仁大帝。[①]剧情曲折起伏，要演三天三夜，或更长。

梓潼戏一般由婚后不育，或有女无子，或孩儿久病不愈的人家邀请演出，意在求子还愿，祈神赐福。

戏剧行当齐全，生、旦、净、丑皆有，服饰与京剧、滇戏相仿，道具完整，武打等均有一定程式。唱腔方面吸收了当地民间歌曲以及花灯、滇剧和洞经音乐。

4. 香通戏

民间又称"跳神"，流传在保山（隆阳）、施甸的一些城镇乡村，其渊源可追溯到三国时期诸葛亮平定南中，在永昌（今保山）一带举行傩祭以驱逐鬼疫的仪俗。也有说是清代从省外传入。清末至民国年间是香通戏的兴盛时期。中华人民共和国成立前，据说保山城镇有 50 多个坛门，300 多位从艺人员。

组织者称香通戏"堂（坛）头"，演员称"香通"，演出伴随祭祀活动的进行，有时一出演出穿插 10 余场法事，与端公戏类似。演出有歌有舞，行当齐备，生、旦、净、丑皆有，文武齐全；还有杂技，比如演员脸上插 12 根钢针，谓之龙须，对观众来说很有吸引力；道具服装大多仿滇剧。

剧目相传有 36 堂，全部演出要六七天时间。主要分太子戏和将帅戏，太子戏有《桃花太子》《大王二王太子》等十余出；将帅戏有《考兵元帅》《八蛮志将》《杨四将军》等七出。

与其他傩戏不同的是，香通演出不戴面具，原因有待研究。

（四）话剧

云南话剧早期称"新剧""文明戏"或"洋戏"，是在日本新派剧影响下，从改良戏曲中产生的。

1907 年，云南留日学生在东京创办《云南》杂志和《滇话报》，提倡"改良戏曲"，主张编写反映现实的新剧，并陆续刊发了一些新剧剧本。这些作品反对清朝封建统治和帝国主义侵略，宣传民主革命思想，与形势、现实紧密结合，

---

① 云南省地方志编纂委员会总纂，云南省文化厅编撰：《云南省志·文化艺术志》，昆明：云南人民出版社，2002，第347页。

产生了强烈的社会反响。

云南同盟会员杨振鸿积极行动，编写了反映越南亡国惨状的新剧《苦越南传奇》，并由东京春柳社首演，观众反响强烈，"座中至有泣下者"。

剑川青年赵式铭创作出新剧剧本《苦越南》，刊发在其创办的《丽江白话报》上，排练之后在丽江公演，深受欢迎。

革命党人翟海云等编写了反映日俄战争的《取金山》《辽阳大战》等新剧，在昆明城隍庙（地址在五一电影院）演出，受到广大群众的好评。

民国初年，云南一些进步的戏剧爱好者为唤起民众的爱国心，先后组织成立了不少新剧团体，如激楚社、扶风社、新民社、醒民社等，编演了许多针砭时弊、赞颂辛亥革命的新剧。特别是 1915 年袁世凯复辟称帝，这些剧社编演《拥护共和》《丐儿爱国》《骂殿》等剧目，对护国运动起了宣传和推波助澜的作用。

五四运动后，云南反帝反封建和新文化运动兴起。昆明戏剧青年吸收"爱美剧"（法语音译，意为业余演剧）表演形式。如昆明省立一中等学校学生组织的演剧团，编演了新剧《巴黎和会》《打倒章宗祥》《劳工神圣》《三个贞洁女子》，以及莎士比亚名著《罗密欧与朱丽叶》等。此后，昆明的这些学生剧社在革命运动的重要日子都会以演剧来宣传、教育民众，成为革命文化宣传的重要生力军。

1928 年，洪深（中国现代戏剧的开创者之一）提议，将"爱美剧"正式定名为"话剧"。云南也开始将"新剧""文明戏"等改称为话剧。

值得一提的是，国歌曲作者聂耳和大众哲学家艾思奇都是当时话剧演出的积极分子和骨干。

聂耳于 1927 年入省立第一师范学校，在戏剧方面表现出极大的兴趣。"有一份省立一师戏剧研究会戏剧股通告（1929 年 10 月 14 日），通告的内容为排练剧目及演员角色分配名单。剧目有三个，聂守信（聂耳）在三个剧目中均担任要角，其中在五幕剧《罗密欧与朱丽叶》中饰朱丽叶，在三幕剧《苏菲》中饰华宁，在独幕剧《抗争》中饰沈小莺。当时男女分校，女角要由男生扮演。还有一张剧照是同年省一师戏剧研究会演出歌德的话剧《克拉维哥》，聂耳在其中扮演女主角玛丽亚。后来'玛丽亚'一时还成了聂耳的外号。"①

"省一中有一个话剧团，曾排演过《少奶奶的扇子》《可怜闺里月》《娜拉》《回家以后》等剧目，剧情大都是宣传妇女解放的。省一中是男中，没有女生，女角找不到女演员。在这种情况下，艾思奇同志总是自告奋勇，担当演女角的任务。在《回家以后》一戏中，他演女主角自芳的情景，演得是那么像，那么逼真，使我至今难忘。有一次云南地下党创始人之一杨青田同志到一中，恰遇艾思奇同志在台上演戏，他问此人是谁，旁人告诉他是李生萱（艾思奇原名）男扮女装的，他称赞说：'演得很不错。'"②

（五）京剧

京剧是中国戏曲中最有代表性和影响力的剧种，与中国画、中医药并称为"中国三大国粹"。

光绪二十八年（1902），滇剧演员郑文斋、李少白到北京、上海游历，学了一些京剧带回云南。1905年，滇剧演员翟海云到上海聘请京剧名伶来昆明城隍庙演出。这两件事，可谓京剧入滇之始端。

1910年，滇越铁路通车，昆明陆续开创一些茶园（戏园）：云华、荣华、丹桂、开乐、云仙、群舞台、大观等。经营茶园的蒋汉清、刘松柏、展秀山等人相继从上海聘请京剧演员来滇演出。与此同时，个旧的悦和茶园、滇舞台和同乐戏院，也竞相邀京角演出。一时间，京班来滇源源不绝。当时，京剧不仅在艺术形式上吸引人，许多剧目在内容上也反映了新的思想。因此，这些茶园演出被称为"时髦""摩登"的京剧，以招徕观众。丁灵芝（丁菊娱）、一阵风、曹寿山、碧云霞、黄玉麟、侯云峰等一批批京剧演员来昆演出传统剧目《龙凤呈祥》，以及吴凤鸣执排的改良京剧《劝人回头》等。③

当时，各茶园都以京、滇合演，营业颇佳。与此同时，昆明、个旧等地还

---

① 吴宝璋：《人民音乐家——聂耳》，第40~41页。

② 张克诚：《艾思奇同志在昆明一中》，见《一个哲学家的道路——回忆艾思奇同志》，昆明：云南人民出版社，1981，第18页。

③ 云南省地方志编纂委员会总纂，云南省文化厅编撰：《云南省志·文化艺术志》，第307页。

涌现出一批京剧爱好者，他们也粉墨登场；一些茶园还吸引越来越多观众清唱京剧。这些活动为京剧扎根云南打下了基础。

民国初年，昆明曾创作演出过以护国反袁为题材的京剧剧目《皇帝梦》《拥护共和》。其中《拥护共和》一剧，由画家董贯之添绘奇异布景，新颖悦目，效果极佳。此外，昆明地区还演出过反对贩卖和吸食鸦片的剧目《黑海波》《黑籍冤魂》等，针砭时弊，产生了良好的社会效果。

随着演出活动的不断开展，京剧在云南的受众面越来越广，受到普遍欢迎。

二、少数民族戏曲剧种

云南少数民族地方戏曲剧种中，最为著名的是白剧、傣剧、云南壮剧、彝剧。

（一）白剧

白剧流行在云南大理地区，是由吹吹腔戏和曲艺大本曲发展而来的大本曲剧。

吹吹腔戏是大理地区白族演唱的一个剧种，明代屯垦时期传入。清道光年间，邓川、云龙等地有流传；光绪年间，整个大理地区已普遍流传，并受到滇剧的一些影响。大本曲则是白族群众演唱的一个曲种。

近代，吹吹腔戏与大本曲发展为大本曲剧，即白剧。形成白剧后，有的剧目全用吹吹腔演唱，有的全用大本曲演唱，有的则两种曲调兼用；同时，对传统曲调进行加工、改编。

传统剧目都是吹吹腔戏的剧目。剧目内容主要有两类：汉族古典小说和白族故事。前者多取材于历史章回小说，如《封神演义》《东周列国》《三国演义》《隋唐演义》《杨家将》《说岳》《水浒》等；后者如《火烧松明楼》等。这些剧目，有的融入了民俗风情和方言，具有很浓的地方特色。

白剧的表演，一方面继承吹吹腔戏的表演传统，分行当，有一些比较朴素的表演程式；另一方面又吸收了白族民间歌舞及京剧、滇剧、花灯的一些表演手段。演唱使用"汉语白音"，音乐的民族特色浓郁。传统吹吹腔戏是有脸谱的，谱式与京剧、滇剧的不尽相同，有些与弋阳腔、青阳腔的谱式图案接近。

（二）傣剧

又称傣戏，流传于德宏各地及保山的腾冲、龙陵、昌宁等傣族聚居区。

傣剧最早产生于干崖（今盈江）一带，以傣族民间歌舞（"十二马调"等）为基础，吸收了京剧、滇剧的一些音乐成分和表演方法而形成的，时间在清同治、光绪年间（1862~1908）。傣剧曾由傣族艺人们对古老的民间歌舞加工提高，特别是经干崖土司刀盈廷、刀安仁父子两代的大力扶持、改进发展，刀安仁还将傣戏带到日本演出。不少土司还把拥有傣剧班子作为财富的标志。到1949年底，仅盈江县傣剧班子就多达205个。

早期的傣剧表演是说唱艺术的表演与民间歌舞演唱形式相结合，以唱为主，表演程式主要是"进三步、退三步"。后来借鉴甚至模仿滇剧等剧种的表演动作，表演程式不断丰富。

傣剧传统剧目主要来自两个方面：一是根据汉族历史演义小说和戏曲剧目改编而成；二是根据傣族叙事长诗、民间故事和佛教故事等改编，如《相勐》《娥并与桑洛》等，是傣剧中比较有特色的剧目。

傣剧深受傣族人民喜爱，每逢"过冷西"（春节）、泼水节、"出洼"等节日都有演出。

（三）云南壮剧

云南壮剧是文山壮族地区的富宁土戏、广南沙戏和乐西土戏的总称。因此，云南壮剧也分为上述三个支系。

富宁土戏形成于清代中叶，流传于剥隘、皈朝、架街、者桑、板仑、谷拉等地，后来几乎遍及富宁全县。富宁土戏四大腔系分别源于本地山歌小调、广西北路壮剧和广西彩调，民国时期，四大声腔正式形成。富宁土戏行当齐备，分生、旦、净、丑四大行。表演特点有"文不离扇、武不离刀"之说，扇花有20多套，武打有10多套。

广南沙戏因当地壮族沙支系而得名。沙戏分北路和东路，北路源于广西北路壮剧，东路源于富宁土戏，均与本地音乐舞蹈及民俗等相结合。沙戏行当称

"班"，分为小生、老生、武打、旦角、丑角五班，表演特点是舞蹈性很强。

乐西土戏仅在文山德厚的乐西流行，以当地壮族歌舞为基础，借鉴汉族戏曲艺术发展而成。行当划分不甚严格，一般直呼角色之名。

云南壮剧剧目丰富，以富宁土戏剧目最多，广南沙戏次之，乐西土戏较少。剧目内容来自四个方面：一是取材于本民族历史传说故事，如富宁土戏的《侬智高》《弄陇》《温木林》，沙戏的《媳妇毒良心》等；二是取材于汉族演义小说，如富宁土戏的《三国演义》《隋唐演义》《西游记》《水浒》《五虎平南》《说岳全传》等，号称"十八大本"。沙戏和乐西土戏，也有其中几本；三是取材于汉语唱本弹词，如《柳荫记》《秦香莲》《八仙图》等，一般为三个分支或两个分支所共有，而且有的经过加工，已经壮剧化，比如《柳荫记》中的梁山伯、祝英台已变成了壮家儿女；四是取材于民间生活故事，如《错配鸳鸯》《又采莲》等。

（四）彝剧

彝剧最早产生在楚雄大姚、双柏一带，后流行于楚雄牟定、姚安，以及昆明、大理、临沧等地彝族聚居区，是在彝族民间文艺山歌、小调、说唱、舞蹈和美术基础上发展起来的新兴民族剧种。

楚雄彝族自古以来就能歌善舞，其创世史诗《梅葛》《查姆》等，就是以说唱形式一代一代传承下来的。日常生活中，彝族人民常常以歌代言，进行赛歌、对歌。至于"打跳"歌舞，更是各种集会、节庆少不了的，这些丰富的民间文艺活动，为彝剧的诞生打下了基础。

明代大批内地汉族移民屯垦来到楚雄地区，带来了中原文化，之后滇剧、花灯也传入楚雄。清乾隆年间，双柏一带的彝族民间艺人改编演出了《阿左分家》，创作演出《大王操兵》，采用说唱和表演的某些戏曲形态，具有故事情节、人物形象，被认为是彝剧的开端。

彝剧的音乐曲调就是在梅葛调等民间说唱曲调的基础上发展而来的，在各种民间乐器中，笛子、三弦（或月琴）、芦笙是彝剧主要伴奏乐器，俗称"三大件"。

表演上，彝剧尚未形成完整的程式，也没有严格的行当分工，但是从民间舞蹈动作和日常生活中富有表现力的动作中吸收、提炼了一些步伐、身段，形成了运用歌、舞、白三者结合的表现形式，具有浓郁的地方特点和民族特色。

第三节　书画、楹联及雕塑艺术

一、书法

（一）钱南园：云南书法承前启后的宗师

钱南园是晚清人，他的书法上承前贤，下启后世，对近代云南书法影响巨大，可谓"开山"之宗。

钱沣（1740~1795），字东注，号南园，云南昆明人。乾隆三十六年（1771）进士，授翰林院庶吉士。历任江南道监察御史、太常寺少卿、通政使司副使、湖南学政等职。精于书画，尤擅颜体，但自成一格；画以马为主；亦擅诗文楹联。著有《钱南园集》。

钱南园不仅在书法上深得颜体精髓，在为官做人方面与颜真卿也颇为相似。因此，书家说："在中国书法史上，很难找出书品和人品上有着如此相似的两位书法家。"①

钱书师法颜体，但有创新，自成一格，有"颜书钱字"之称。颜体丰腴雄浑，钱字较颜瘦劲，结体更加平实；两者都刚健有力，正气逼人则是一脉相承。② 正因为如此，钱字影响很大，以至于中国书法里，凡学颜书者也都宗法钱字。比如何绍基、翁同龢为学钱字，四壁挂满钱的墨迹，朝夕临习，后均成大书家。此外，由于钱曾任湖南学政六年之久，其官声颇得人心，因此钱的墨

---

① 张诚：《书法散论》，昆明：云南人民出版社，1993，第101页。
② 朱桂昌著：《瘦马御史钱南园》，昆明：云南人民出版社，2014，第39页。

迹流传湘中颇多，影响亦很大。民国初年湖南谭延闿兄弟专攻颜钱书体，不惜重金搜求，得钱书百幅，号称"百钱堂"。

至于云南，学颜钱者更是不乏其人，赵藩、陈荣昌、袁嘉谷、周钟岳、由云龙等，无一不奉其为宗师。袁嘉谷说："鲁公之后，南园一人而已。"周钟岳说："气节文章一代宗，即论笔力亦强雄。"

（二）赵藩："书法名人"

赵藩是海内有重大影响的书法大家。成名后，曾有"满城皆赵字，无处不藩书"的现象。①

赵藩一生最重要的书法作品有二：一是37岁时书丹的昆明大观楼长联，二是52岁时撰书的成都武侯祠"攻心联"。

作为中国特有的传统文化现象的书法，其价值取向有两种情况，一是名人书法，二是书法名人。前一种在于作者的社会或历史地位，后一种纯然取决于作者的书法水准。②赵藩属于后者。他于1888年为孙髯翁大观楼长联书丹时，只是云贵总督岑毓英的幕宾，没有官身；书法虽好，但书名未显，应该说岑督慧眼识人。1901年撰书武侯祠联时，赵藩虽已为四川按察使，但并非高显，然而其联挂正殿楹柱，最为醒目，进士出身（赵仅有举人功名）、书名已大显的何绍基联却仅悬挂在厢房。

赵藩早年即师法颜真卿，其书体的骨架来自颜体。后又师法钱南园，使得其书丰腴有骨，端庄秀丽。同时，赵对刘墉③、翁同龢的书法极为推崇，后又从上海购得《何子贞临张迁碑》影印本，对何绍基熔碑帖为一炉的风格多有研习和借鉴。"赵藩晚年的书风"，"非常明显来自何绍基的启发"。④

此外，赵藩的一生，不仅在书法上表现出颜钱气韵，在做人处世方面也以前贤为楷模，重情义，讲原则，堪称德艺双馨。

---

① 张诚：《书法散论》，昆明：云南人民出版社，1993，第120页。
② 杨郁生：《赵藩书画浅介》，见张勇主编：《赵藩纪念文集》，昆明：云南美术出版社，2004，第353页。
③ 刘墉号石庵，翁同龢号松禅，赵藩晚年号石禅老人，即源于刘、翁。
④ 杨郁生：《赵藩书画浅介》，张勇主编：《赵藩纪念文集》，云南美术出版社，2004，第357页。

（三）陈荣昌："云南书法家之首"

陈荣昌是云南近代最杰出的书法家之一。其书法"至于隶楷章草，钟王欧褚米黄赵董，无一不学，无一不精，尤以钱南园为宗。颜鲁公之后，南园一人而已，南园之后，公一人而已。间临秦篆魏碑，皆非寻常蹊径，一缣一宝，天下早有定论"[1]。据此，还有书家称其为近代"云南书法家之首"。[2]

陈荣昌书法遗存在云南很多。因其晚年皈依佛门，其中不少存留于名刹之中。昆明地区陈荣昌书法遗存最有名者有三：

一为《云南会城护国门碑记》（袁嘉谷撰文，陈荣昌书丹，陈度篆额）。

二为云南大学会泽院大楼大厅《会泽唐公创办东陆大学记》（东陆大学同人公立，陈荣昌书）。

三为圆通山唐继尧墓墓碑（"会泽唐公蓂赓墓"及两边配联"功业须当垂永久，风云常为护储胥"）。

（四）袁嘉谷：独创"袁家书"

袁嘉谷是近代著名书法家，其三哥袁嘉猷擅书法，尤以欧体见长。他自幼随三哥学习书法，先楷书，继而行、草，注重临帖。他曾回顾说："先允升兄故，予于欧书九成宫自幼抚临达数万过。楷法既立，乃上溯乎右军，旁通乎颜米。兰亭、圣

图 3-1：陈荣昌书法

---

① 袁嘉谷：《清山东提学使小圃陈文贞公神道碑铭》，见方树梅纂辑，李春龙、刘景毛等点校：《滇南碑传集》，昆明：云南民族出版社，2003，第757页。

② 张诚：《书法散论》，昆明：云南人民出版社，1993，第129页。

教、方圆、庵记，所尤嗜也。"①

有人问其书法究竟师从何家，他说："吾惟羲、献是师。"袁一生对王羲之书法情有独钟，尤喜《兰亭序》，曾集《兰亭序》的字作联，数量可观，现存世的尚有45副。②他还曾撰专文《右军书》谈其研习王羲之书法艺术的心得。

袁对中国历代书法家及书体研究造诣颇深。对于清代书法家，他认为"刘石庵（墉）、钱南园（沣）、何子贞（绍基）、翁松禅（同龢）可称第一等，郑板桥、邓完白（石如）则次矣"。对云南书法家的评价亦十分精当："颜鲁公之后，南园一人而已。南园之后，公一人而已。"③这里的"颜鲁公"和"公"分别指的是颜真卿、陈荣昌。袁嘉谷以自己的书法作品赢得了他在中国书法史上的地位。《中国书法大辞典》评价说："袁氏书工行楷，以王（羲之）、欧（阳询）为本，兼取褚（遂良）、米（芾），自创一格，以峭拔、俊秀称胜，见者呼为'袁家书'。"

袁嘉谷墨宝在全国许多地方有存留，尤以云南昆明、石屏，以及北京、浙江为多。其重要者有：昆明翠湖"湖心亭"、五里多赛典赤墓碑"元咸阳王赡思丁墓"等。其应经济特科试在保和殿初试的试卷为袁书珍品，现藏云南省博物馆。

（五）周钟岳：书丹"总统府"

周钟岳早年受业于赵藩，因此其书法风格受赵藩影响极大，以颜体为本，兼涉众家，颇具独创，灵动端庄，时人称其书"骨气深稳，体兼众妙"。

1931年春，云南省主席龙云视察路南大叠水及城东李子菁，因见怪石林立，遂题"石林"之名，回昆后请当时任云南通志馆馆长的周钟岳书"石林"二字，镌成摩崖石刻，作为石林景区之标志。遗憾的是，周书"石林"二字在"文革"中被毁，现在的"石林"二字是"文革"后重新镌刻的隶书，是从古

① 张维：《袁嘉谷传》，昆明：云南教育出版社，2010，第431页。
② 张维：《袁嘉谷传》，第432~433页。
③ 袁嘉谷：《清山东提学使小圃陈文贞公神道碑铭》，方树梅纂辑，李春龙、刘景毛等点校：《滇南碑传集》，第134页。

代碑帖中集出的。

抗战胜利后，还都南京。蒋介石决定将门头上"国民政府"四个字换成"总统府"，拟请位尊而长于书法者书写。考虑再三，最后由周钟岳书写。周氏书法之受推重，于此可见。

周钟岳还曾在昆明地区题写过"光复楼""护国门"，也都是著名书作，可惜现在也都见不到了。当然，不少私家和云南省博物馆等单位都藏有周书墨宝；一些地方还可以看到周书遗存，比如曲靖一中校园内爨碑园悬匾"南碑瑰宝"等。

（六）孙铸、孙清彦：叔侄双雄，书画兼长

孙铸，生卒年代不详，清道光至同治年间人，号铁洲（舟），云南呈贡人。天资聪颖，自幼承家传，好诗文书画。道光二十九年（1849），孙铸经学政选拔入京为贡生，从此，遍游名山大川，广交名流学者，视野大开；书画精进，成为全国闻名书画家，向其求书画者"云集"，"唯恐不得"。在京期间，直隶总督刘长佑延其为幕宾。

其书师法柳公权、颜真卿而自成一格，气骨苍老，魅力雄伟，有"驾乎汉唐"之誉。同治三年（1864），云南提督马如龙重修大观楼，函邀远在京师的孙

图 3-2：周钟岳书"总统府"

铸书写楼匾。为家乡胜景添彩，孙十分高兴，遂书"大观楼"三大字寄滇。然而，邮传万里，途程迟迟，孙书到昆，楼早竣工，且已悬李漱泉所书匾额，人们遂将孙书"墨宝"刻之于后，以传后世。[①]民国八年（1919），唐继尧重修大观楼并辟之为公园，将孙书石刻嵌于公园大门。唐还为之作跋："右大观楼三字，为呈贡孙铁舟先生所书，笔力雄伟，逼肖诚悬……先生此书与楼不朽矣。""诚悬"为唐代大书法家柳公权的字。

孙铸著名的画作有《香山枫叶图》《煤山遗恨图》《老圃黄花图》《猎手饲鹰图》《春江水暖图》《椿萱并茂图》《光冲霄汉图》等。云南省博物馆藏有其传世之作《危石图轴》《花卉牡丹图》。[②]其印刻亦精，《十瓶斋印谱》为云南省图书馆所藏，亦收入《云南丛书》。

孙清彦（1818~1884），字士美，号行雅，云南呈贡人。孙铸二兄孙钟之子。自幼承家传，学诗文书画，与兄弟孙清士、孙清选等皆少年出名，以孙清彦诗赋、书法和绘画之名尤著。

其书法"遒劲秀润"，隶草真篆皆擅。道光年间，昆明重修金马、碧鸡两牌坊，坊额为其所书；随后，"忠爱"坊修葺，坊额亦为其所书。昆明翠湖长廊题额"春醉蓬莱""比象莲花"，也为其手笔。

其绘画"精妙超逸"，题材丰富，代表作有《对华叠翠图》《古道牌坊图》《三台凤翥图》《莱菁远眺图》《龙山花鸣图》《罗藏雾列图》《滇池烟雨图》《柳林春早图》等。云南省博物馆藏有其画作"风晴雨露"四屏条幅竹书图。

孙清彦为近代云南一流书画家，然而其影响主要在贵州。咸丰三年（1853），其随赵德昌（由总兵而提督）入黔，因军功入仕。在贵州30年，先后任兴义知府、安顺知府、贵州劝业道员等职。卸任后，专以书画自娱，藏贵州省博物馆画作有《平安花信之图》（册页）、《竹石鱼、芦苇雁、古松鹤、鸡冠鸡》（四屏条幅）、《秋山行旅图》（中堂山水）、《杜诗·秋兴》轴图、《凌波湘佩》（册页）、

---

① 石玉顺等编著：《大观楼》，北京：文物出版社，2012，第31页。
② 高程恭、孙维宏：《太平关的由来及名人遗迹》，见中共呈贡县委宣传部编：《滇池东岸群星荟萃·呈贡与名人》。

《古艳新香图》等。

孙清彦在黔境留下的碑刻书法颇多，最著名的是贵阳黔灵山公园"虎"字摩崖石刻（高9米）、贵阳东山草书"龙"字摩崖石刻（高2.5米）等。

云南近代颇有成就的书法家还有李根源、李坤、赵鹤清、顾视高、吴绍麟、田秋年、吴锡忠等，限于篇幅，不一一介绍。

二、绘画

（一）缪嘉蕙：慈禧的书画老师

缪嘉蕙（1842~1919），字素筠，云南昆明人。自幼聪颖喜书画，小楷秀健有逸趣，尤擅长翎毛花卉，无闺阁媚弱气。早年嫁同城陈氏，夫亡后未再嫁。自字"素筠"，以志素雅而有节操。家计清贫，以卖画为生，求者不绝，闻名遐迩。

光绪十七年（1891），慈禧太后下诏在全国访选"闺秀之精于书画者"。缪嘉蕙应征入宫，赏五品服色，旋升三品，置诸左右，朝夕不离，礼遇非常，免其跪拜，令宫人以"先生"呼之。慈禧六十寿庆，其以凤冠霞帔陪侍宾客，朝中官眷，莫不艳羡。

慈禧以其为书画老师。一日她正在作画，慈禧突然而至。她欲停笔跪迎，慈禧制止，让其如平时作画。由于紧张，不能挥洒自如。后来慈禧命宫人在其作画时报之，"潜趋其观之"，"尽得其意匠经营之妙"，但终究不如其"自然超隽也"。[①]

缪嘉蕙所绘供奉作品"绝精"，备受推崇，其人尊为"缪姑太"。慈禧好雅名，以自己的名义赏赐给大臣的花鸟扇轴等，多半出自缪嘉蕙的手笔。缪名重一时，京都人士多重金争购其作品，以致赝品迭出。现故宫博物院、承德避暑山庄均有其作品。云南省博物馆藏有一批她的作品，比如《花鸟牡丹图轴》《三秋图轴》等。

---

① 方树梅：《缪嘉蕙传》，见方树梅纂辑，李春龙、刘景毛等点校：《滇南碑传集》。

（二）杨应选：杨家画派集大成者

杨应选（1853~1929），字榆青，号榆村，云南昆明人。从其曾祖父杨毓兰（乾隆年间）起，族中四代职业画家，享誉画坛。杨应选为杨家画派之集大成者，山水、花鸟、工笔、写意无一不精，尤以人物画技最高。"写真极称妙手，一时无出其右。"所绘《圣迹图》25幅，画高4米，每幅绘关羽故事四段，气势非凡。人物画《竹林七贤》参加1915年巴拿马万国博览会，获金质奖章。另有《陈圆圆画像》《赤壁夜游》《红楼梦》等人物故事画，皆为精品之作。省内外订购杨氏画作者，"接踵盈门"。

三、楹联

"'滇人善联'之说久播人口，这种公论的形成，有赖于滇人拟撰的大批著名楹联作品。"①

这里所说的，一是"大批"，即数量巨大，滇人楹联数量究竟有多少，是难以统计的。仅就赵藩而言，其"生平所撰联语，当有数千副之多"。赵藩是诗词楹联大家，"滇人善联"的代表人物。②王灿《滇八家诗选》称其"存诗七十余卷，不下万数千首，视放翁犹过之"。二是"著名"，即楹联的思想性和艺术性皆属上乘，且高度统一而成为联林珍品，声名远播。

云南楹联珍品有三副堪称代表之作：孙髯大观楼长联、窦垿岳阳楼长联、赵藩武侯祠联。此外，陈宝裕的黄鹤楼联也常为人所称道。

（一）孙髯与大观楼长联

大观楼始建于清康熙二十一年（1682）。湖北乾印和尚在"近华浦"始创一寺，称观音寺，乾印和尚在寺里讲《妙法莲华经》，听者甚众，来往不绝。从此，此地成了昆明近郊的名胜。

---

① 郭鑫铨：《"滇人善联"的代表赵藩》，见张勇主编：《赵藩纪念文集》，第215页。
② 郭鑫铨：《"滇人善联"的代表赵藩》，见张勇主编：《赵藩纪念文集》，第215页。

康熙二十九年（1690），云南巡抚王继文路过此地，见这里湖光山色优美，视野开阔，于是大兴土木，挖池筑堤，种花植柳，兴建了两层木楼及周围建筑。因面临滇池，登楼四顾，景致极为辽阔壮观，故名"大观楼"。清道光八年（1828），云南按察使翟锦观将大观楼由二层扩建为三层。大观楼建成之后，吸引了远近文人墨客登楼赏景，吟诗作赋，极一时之盛。三百年来，大观楼留下许多佳作名篇，其中最著名的是孙髯[①]所作的长联。

孙髯翁的大观楼长联共180字，全文如下：

> 五百里滇池奔来眼底，披襟岸帻，喜茫茫空阔无边。看：东骧神骏，西翥灵仪，北走蜿蜒，南翔缟素。高人韵士何妨选胜登临。趁蟹屿螺洲，梳裹就风鬟雾鬓；更苹天苇地，点缀些翠羽丹霞，莫孤负：四围香稻，万顷晴沙，九夏芙蓉，三春杨柳。

> 数千年往事注到心头，把酒凌虚，叹滚滚英雄谁在？想：汉习楼船，唐标铁柱，宋挥玉斧，元跨革囊。伟业丰功费尽移山心力。尽珠帘画栋，卷不及暮雨朝云；便断碣残碑，都付与苍烟落照。只赢得：几杵疏钟，半江渔火，两行秋雁，一枕清霜。

孙髯翁长联既出，因其社会内容深广，一扫他人俗唱，轰动一时。昆明名士陆树堂以行书将其写出刊刻，挂于大观楼前，"闻者莫不兴起，冀一登为快"。

道光年间，云贵总督阮元将"北走蜿蜒，南翔缟素"改为"北倚盘龙，南驯宝象"；将"伟业丰功"改为"爨长蒙酋"；将"披襟岸帻"改为"凭栏向远"，"梳裹就风鬟雾鬓"改为"衬将起苍崖翠壁"，"心力"改为"气力"，等等，极大地削弱了原联的思想内涵和艺术性。很显然，他篡改长联不是出于不通文墨，而是政治立场所决定。

[①] 孙髯（？~1744），字髯翁，祖籍陕西三原，是康乾之际昆明的寒士。他天资聪颖，应童试时目睹考生被搜身后才放入考场，认为这是"以盗贼待士也，吾不能受辱"，然后掉头而去，从此不再参加科举考试。晚年生活贫困，在圆通寺咒蛟台卖卜为生。

图 3-3：大观楼长联

咸丰七年（1857），大观楼与长联同时毁于兵燹。同治五年（1866），大观楼重建。光绪十四年（1888），云贵总督岑毓英六十大寿，欲做善好之事以祝寿，其幕宾赵藩建议重立大观楼长联。岑毓英当即让他书丹。赵藩时年 37 岁。他的长联楷书由颜体蜕出，苍润浑厚、极显功力，一经悬出，即受到称赞，谓其书法艺术与长联文学艺术"珠联璧合"。

民国年间，刘润之在《滇南楹联丛钞·跋》中写道："孙髯翁大观楼楹联，大气磅礴，光耀宇宙，海内长联，应推第一。"

梁章钜《楹联丛话》评价大观楼长联："胜地壮观，必有长联始称，然不过二三十余字而止。惟云南省城附郭大观楼一楹帖，多至一百七十余言，传颂海内。"

毛泽东也很喜欢大观楼长联，称其"从古未有，别创一格"。

（二）窦垿与岳阳楼长联

江南名楼岳阳楼坐落在湖南岳阳市古城西门城楼上，下瞰洞庭，前望君山，古往今来留下了许多脍炙人口的诗文联对。其中以诗论，杜甫《登岳阳楼》名列其首；以文论，范仲淹《岳阳楼记》独占鳌头；以联论，则不能不首推窦垿[1]写于道光三十年（1850）的长联：

> 一楼何奇？杜少陵五言绝唱，范希文两字关情，滕子京百废俱兴，吕纯阳三过必醉，诗耶？儒耶？吏耶？仙耶？前不见古人，使我怆然涕下；
>
> 请君试看：洞庭湖南极潇湘，扬子江北通巫峡，巴陵山西来爽气，岳阳城东道岩疆。渚者！流者！峙者！镇者！此中有真意，问谁领会得来？

此联书丹者何绍基，湖南道州人，道光进士，著名书法家，与窦垿为知交。当时，窦垿告假回滇，途经湖南顺道游览时构思撰作此联，"随后途经成都，他将此联交给时任四川布政使的知交何绍基，托何书写镌制木质楹联悬挂于名楼"[2]。楹联刊刻于同治六年（1867）两江总督曾国荃重修岳阳楼之际。

刘润之在《滇南楹联丛钞·序》评赞窦联："跌宕纵横，情景逼真，不能置于他处；置诸名家集中，亦臻上品。"

石屏举人张舜铺在《读窦兰泉公联词书后》云："癸巳秋，道经巴陵，登岳阳楼，见中悬长联，为同乡侍御窦公兰泉撰。大力包举，气象万千，有振衣高岗、俯视一切之慨，叹为人才兴到之作，当与斯楼共垂不朽。"[3]

袁嘉谷说："宋滕子京修岳阳楼，范仲淹记，苏舜钦书，邵竦题榜称四绝，

---

[1] 窦垿（1804~1865），号兰泉，云南罗平（今属师宗）人。出身官宦书香人家。道光五年（1852）中乡试第一（祖父窦晟亦曾乡试第一，做过山西洪洞县知县。家乡皆以为荣，有"祖孙领解元"之说）。道光九年（1829）考中进士，授吏部主事，时其父窦欲峻在浙江做杭嘉湖海防兵备道。窦垿后还任考功司行走补文选司主事、文选司员外郎等职。在京为官时，曾与曾国藩、倭仁、何桂珍（其内弟）同学于唐鉴门下，"讲求宋儒学"，学术精进，造诣颇深。袁嘉谷曾赞评其"诗文书法并擅长，佳作林立"。

[2] 李昌华：《滇人素膺擅联誉——析窦垿〈岳阳楼楹联〉》，见《师宗县文史资料》第3辑《窦垿纪念集》，1999，第266页。

[3]《罗平县志·艺文志》。

余尝登楼记苏邵之迹渺矣。惟见左书少陵诗，右书襄阳诗^①，中书范记，可谓三绝。后人阁笔有联云：'一楼何奇？……问谁领会得来？'上款罗平窦垿撰，下款道州何绍基书，兰泉文与子贞书皆有重名，合之三绝，自应称五绝矣。"^②

（三）赵藩与成都武侯祠联

武侯祠址在成都市南郊，西晋末年十六国成（汉）李雄为纪念三国蜀丞相武乡侯诸葛亮而修建，与蜀先主刘备昭烈庙相邻。明初武侯祠并入昭烈庙，故大门横额书"汉昭烈庙"。现存殿宇系清康熙十一年（1672）在旧址上重建。诸葛亮殿正中为武侯塑像，两侧为其子诸葛瞻、孙诸葛尚塑像。殿内外联匾甚多，最著名者为赵藩^③攻心联。

1900 年，八国联军攻入北京，慈禧太后和光绪皇帝逃到西安，岑春煊救驾有功，被任命为山西巡抚。当时，赵藩被滇督委派护送贡物到西安"勤王"，通过弟子岑春煊，赵觐见了慈禧太后，并被擢升为道员候补，到四川任用，旋即被川督派往沙市开办四川济楚盐局。

光绪二十八年（1902），四川反洋教斗争不断发展，越演越烈。清政府将岑春煊调任四川总督，以解决四川义和团运动。岑春煊一到四川，立即将老师从沙市调回成都，委为四川盐茶道。同时，对反洋教的白莲教、红灯照大开杀戒，进行血腥镇压。

赵藩对岑春煊的镇压行动很不以为然。他认为治蜀之策，光用武力镇压，绝不会有好结果，

图 3-4：赵藩像

---

① "襄阳诗"指孟浩然《望洞庭湖赠张丞相》。孟浩然是湖北襄阳人，张丞相指张九龄。诗云："八月湖水平，涵虚混太清。气蒸云梦泽，波撼岳阳城。欲济无舟楫，端居耻圣明。坐观垂钓者，徒有羡鱼情。"

② 袁嘉谷：《滇绎》卷四。

③ 赵藩（1851~1927），字樾村，一字介庵，白族，云南剑川人，素爱经史子集，以诗词古文见长。1886年，被云贵总督岑毓英聘为幕宾，主管笺奏，并担任岑家诸公子家庭教师。

必须把握好适当尺度，或宽或严都不行。为
此他苦思冥想，以总结诸葛亮治蜀的历史经
验为由，撰写了一副对联：

能攻心则反侧自消，从古知兵非好战；
不审势即宽严皆误，后来治蜀要深思。

应该说岑春煊内心还是有所触动的，他
暂停了部分苛捐杂税，对偏袒洋教而压制平
民的做法也有所调整。四川很快出现民教相
安的局面。对此，后来他在《乐斋漫笔》中
回顾说："不知者，尚以为兵威震慑，故能
致此，实则仅以公平之心，力行'除暴安良'
而已。"①

（四）陈宝裕与黄鹤楼联

滇人擅联的代表佳作除前面三副经典名
联之外，还有一副常为人称道。中国著名武
侠小说家梁羽生在《古今名联趣谈》中说：
"在黄鹤楼许多楹联中，我最欣赏下面一联，
作者是清代文人陈兆庆。"陈宝裕，字兆庆，
云南通海人，清光绪三年（1877）进士，曾
在安徽做过知县，署池州府。该联是他赴京应试途经武昌登楼之作。联云：

图 3-5：武侯祠攻心联

    一枝笔挺起江汉间，到最上层，放开肚皮，直吞将八百里洞庭，
九百里云梦；

---

① 王明达：《剑湖风流·文化奇才赵藩传》，昆明：云南民族出版社，2003，第150页。

千年事幻在沧桑里，是真才子，自有眼界，那管他去早了黄鹤，来迟了青莲。①

有人说此联为云南人赢得了"滇人擅联"之誉，这不甚准确，但将此联视为"滇人擅联"之佳作则是没有问题的。

四、雕塑

雕塑包含石雕和泥塑。云南近代的石雕不是很多，可以昆明西山龙门石窟为代表；泥塑则分布十分广泛，仅就佛教而言，各地寺院均有数量可观的佛像，昆明筇竹寺五百罗汉堪称典范。

（一）西山龙门石窟

西山龙门石窟群，即从旧石室至达天阁全部石窟群，总长度为66.5米。石窟群由三组石窟组成：旧石室、慈云洞、"龙门"与达天阁。这些石窟全部在绝壁上凿道开穴，雕刻而成。

旧石室宽3.14米，深2.72米，高2.7米，可容10余人。洞顶上缘有"凤凰衔书"浮雕。相传，黄帝在洛水，有凤衔书，黄帝受而天下大治。

旧石室凿石前行，立"普陀胜境"坊。坊前开凿慈云洞，洞深3.41米，宽5.22米，高2.8米，洞内有送子观音雕像，高0.82米，两边为金童玉女，左右石壁上有青龙、白虎浮雕及"蓬莱仙境"四字；还有石香炉，上面镌刻着那文凤《赠吴道人诗二首》。

"龙门"为达天阁前的一大型石坊，高2.83米，宽1.55米，由坊檐、横梁、匾额、圆柱构成，皆原石雕成。额匾镌刻"龙门"两个大字，为龙门石窟的标志，龙门石窟也由此而得名。"龙门"之称，据说来自那文凤《赠吴道人诗二首》中的"直赛龙门禹凿开"，即用形象直观的石雕"龙门"来表现。

---

① 梁羽生：《古今名联趣谈》，北京：作家出版社，1986，第72~73页。

达天阁石窟宽 4.2 米，深 2.35 米，高 2.3 米。中间为魁星、文昌、关圣及神案、香炉、烛台，神案后壁为"八仙过海"，全为原岩凿成。

整个西山龙门石窟有圆雕、浮雕道教神像 22 尊，吉禽瑞兽 28 个，是云南最大的道教石窟群。尤其在达天阁石窟中的造像魁星、文昌帝君、关圣帝君、八仙过海等，都是典型的道教造像。然而，龙门石窟的龙门石坊、鲤鱼跳龙门、魁星点斗、独占鳌头等，所反映的整体思想又是中国千百年来的学而优则仕、一登龙门身价百倍的科举制度的核心。

在从旧石室通往达天阁的隧道沿途，又有普陀胜境。慈云洞石窟中有慈航真人石像，又名送子观音。观音两旁有楹联一副："凿石现普陀，将五百里滇池都归佛海；援人登彼岸，愿一千只圣手尽化慈航。"联语巧妙地将石窟内的观音与五百里滇池联系起来，可谓气魄宏大。

西山龙门石窟是在千仞峭壁上开凿的，时称"悬崖陡处劈仙台"。整个工程，尤其是龙门和达天阁石窟，可谓雄奇险峻。就施工而言，当时不可能采用脚手架来进行，据说是石工在绝壁上用铁链（或绳索）悬吊沿壁开凿。工程耗资可谓"一斗石渣一斗米"。窟内的人物等各种造像更是精雕细刻，颇费工时。这些造像，尤其是魁星点斗等造像，生动活脱、栩栩如生，堪称石雕艺术精品。

龙门石窟的策划者和组织者是杨汝兰、杨际泰父子，后者提出了龙门石窟的策划思想和艺术表现的总体要求，才有了龙门石窟造像的艺术宝库。龙门石窟的具体设计者和雕刻工匠却没有留下姓名，然而，他们都堪称艺术大师，他们的艺术杰作与山河共存，永垂不朽。

（二）筇竹寺五百罗汉

筇竹寺全称"筇竹禅寺"。相传大理国时期，善阐（今昆明）侯高光、高智兄弟打猎追一犀牛至玉案山，犀牛不见，但见几位拄筇杖的僧人，鹤发童颜。次日两人又来此地察看，见筇杖落地生根，长成茂密竹林。二人遂在此地建寺，名为"筇竹寺"。

元至元十六年（1279），曾在中原学佛法 25 年的雄辩法师来寺讲禅宗经典，筇竹寺便成为云南第一个宣讲禅宗的寺院。元世祖忽必烈曾赐雄辩法师法号

"洪镜"。因此，筇竹寺声名大振。22 年后，雄辩圆寂，弟子玄坚继承其衣钵，任寺院住持。玄坚曾得到元武宗赏赐的《大藏经》。元仁宗还颁敕圣旨，钦定筇竹寺的田产财物，明令保护。这道"圣旨"当时即镌刻为碑，现嵌于大雄宝殿左壁墙内。该碑对研究筇竹寺的历史及以元代社会状况，特别是云南寺院经济史等都有重要价值。

筇竹寺最著名的是五百罗汉，塑于清光绪年间，历时 7 年（1883~1890）。作者是民间雕塑家黎广修[①]和他的六个弟子（林有生、飞良、哑巴等）。五百罗汉分布在天王殿南北两边的天台莱阁、梵音阁以及大雄宝殿中。天台莱阁和梵音阁中各有 216 尊，大雄宝殿中有 68 尊。

天台莱阁与梵音阁罗汉堂中的罗汉，均分上、中、下三层。上下两层，是大师辅导弟子们所塑，中间一层因观者看得最为真切，为黎广修亲手所塑，尤为精彩。

天台莱阁门边手拿破帚的是有名的疯僧，他以"疯僧扫秦"[②]的佳话而流传后世。

北面中层塑有康熙皇帝的"圣体"。

梵音阁进门右边，有一位头戴破帽，手拿酒壶酒杯的罗汉，这是济公，人称"济癫和尚"。门的左边，是"五子戏弥勒"，表现了中国世俗传统的儿孙满堂天伦之乐的亲情。

北面中层还有乾隆皇帝的"圣体"。因他在位时，曾下令整理刊行浩繁的《大藏经》，弘经护法，使佛教极一代之盛。

---

① 黎广修（1815~？），字德生，四川合川（今重庆市合川县）人，自幼攻读诗书，能诗善画，是一个虔诚的佛教徒。黎广修曾在四川新都宝光寺雕塑过五百罗汉，筇竹寺方丈梦佛大和尚慕名邀请他时，黎广修已68岁。为了充分体现禅宗人人平等、人人都能成佛的思想，加之总结新都宝光寺塑像经验，黎广修决定一改佛教传统的刻板模式，把筇竹寺五百罗汉塑成芸芸众生的模样。黎广修创作中所突出表现的禅宗思想，还明确地体现在他作的一副对联上。此联悬于南厢房："大道无私，玄机妙悟传灯录；仙缘有份，胜地同登选佛场。"联语道出了禅宗的真谛：佛道无私，仙缘人人有份，只要懂得佛的玄机妙悟，任何人都可以成佛。正是基于这种人人平等的思想，黎广修不仅将皇帝总督、庶民百姓、武士书生等塑成罗汉，还把自己和几个徒弟以及梦佛长老也塑入罗汉群中。

② 南宋奸相秦桧来杭州灵隐寺求签，被疯僧执帚扫面，狼狈逃跑。

筇竹寺五百罗汉千姿百态，究其创作手法，可分为两种：一是现实主义手法。以疯颠二僧为代表，借神的形象，表现人的喜、怒、哀、乐。这类作品占五百罗汉中的绝大多数。这些形象极富动感和变化，一改过去罗汉造像正襟端坐、神情呆板的模式，他们或坐或立，或吟诗作画，或低头沉思，构成一幅人间百态图。

图 3-6：筇竹寺五百罗汉（局部）

罗汉塑像中，除了单个的形象外，还往往以相互关联的二三罗汉为一组：两个罗汉，一个身旁放着箩筐，一个弯腰拿筐中水果，好似讨价还价的买卖者。两个手拿经卷的罗汉，一谈一听，宛若在切磋学问。各组中的罗汉都独具个性，

图 3-7：筇竹寺五百罗汉中的长臂罗汉

又相互配合，和谐统一。这也为五百罗汉增添了艺术特色。二是浪漫主义手法，大胆地运用夸张和想象。大雄宝殿中的 68 尊罗汉多属这类作品，他们或腾云驾雾，或骑龙跨虎，或长臂揽月，或长足蹈海。

筇竹寺五百罗汉造像是世界泥塑史上的珍品，它继承中国罗汉造像中强调形神兼备的传统，但又突破创新，集写实与夸张于一体，突出了罗汉作为人和神的双重本质，生动且观之可亲。筇竹寺五百罗汉造像因其精湛的艺术水平，被称为"东方雕塑艺术宝库中的璀璨明珠"。

第四节　云南民族节日

关于民族节日，比较直接的定义是："节日是各民族依据传统的宗教祭祀、农事生产、历法等因素而形成的有相对凝固的时间及地点、活动方式的社群活动日。它具有全民性、集体性、传承性。"[①]

也有这样来定义的："传统节庆活动是一个民族的集体文化记忆，是保障民族、绵延发展的重要动力，是民族文化得以传承的重要载体，是民族精神、民族信仰、民族习惯、民族情感、民族生活方式、民族思维定式的特征的外在表达方式，是发展民族文化产业、提高一地一民族对外形象的重要资源。"[②]很明显，这种表述，对节日的内涵和外延都进行了深入和扩展，而且联系了今天现实如何利用节庆资源服务于民族地区发展的重要问题。

一、云南少数民族主要节日

云南少数民族众多，因而民族节日也十分丰富，异彩纷呈，往往一个民族

---

① 黄泽：《西南民族节日文化》，昆明：云南教育出版社，1995，第49页。
② 范建华主编：《中华节庆辞典·序》，昆明：云南美术出版社，2012，第1页。

就有许多节日。这里仅就云南特有的少数民族及云南人口最多的少数民族彝族的主要节日列表如下。

民族	节日名称	主要活动内容	时间
彝族	火把节	祈求丰收、摔跤、斗牛、歌舞	农历六月二十四
	插花节	插花、祭祖、祭马缨花	农历二月初八
	密枝节	祭密枝林、祭祖先神位、祈丰驱邪	农历十一月第一个鼠日至马日，共七天①
哈尼族	扎勒特节	长街宴、歌舞	农历十月第一个龙日
	苦扎扎节	打秋千、摔跤、民间歌舞	农历六月二十四
	磨秋节	磨秋	农历五月猪日、狗日
拉祜族	库扎节（年节）	跳象脚鼓舞、唱歌	傣历三月至四月初
	扩塔节（春节）	跳芦笙舞、接新水、狩猎	农历正月初一至十五
	阿彭阿隆尼（葫芦节）	缅怀先祖、跳芦笙舞	农历十月十五至十七
傈僳族	阔时节（新年）	庆丰收、祈来年、吃团圆饭、射弩比赛、歌舞	公历12月20日
	刀杆节	爬刀杆、丢烟包、唱歌、跳舞	农历二月初八
	新米节（收获节）	联欢聚会、对歌跳舞	苞谷收获后半月
纳西族	三朵节	祭民族保护神"三朵"	农历二月初八
	白水台赛歌会	野炊、赛马、赛歌、跳舞	农历二月初八
	火把节	对歌、斗牛、歌舞、放孔明灯	农历六月二十五

① 由于地区差异，举办时间有所不同。石林县境内的撒尼、阿哲、黑彝等支系的村寨在农历二月初二或七月十五举办；弥勒、丘北一带的阿细、撒尼村寨在农历初二或十一月左右举办；一般比较统一的是在农历十一月的第一个鼠日举办，至马日结束，持续七天。

续表

民族	节日名称	主要活动内容	时间
白族	三月街	举办物资交流会、赛马、对歌、民族体育文艺表演	农历三月十五
	本主节	祭祀本主	各村寨依本村本主生日祭日举行
	绕山林	游山、跳八角鼓、霸王鞭舞	农历四月二十三至二十五
傣族	泼水节（傣历新年）	浴佛、泼水、赛龙舟、放高升、丢包、跳孔雀舞	傣历六月下旬公历4月中旬
	关门节（入夏节）	赕佛	傣历九月十五公历6月中旬
	开门节（出夏节）	串寨、放高升、歌舞	傣历十二月十五公历9月中旬
普米族	吾昔节	祭祀、取净水、举行成年礼、荡秋千、赛马、歌舞	农历十二月初八
	转山会	游山、歌舞	农历七月十五
布朗族	泼水节	浴佛、泼水祝福	傣历六月下旬公历4月中旬
景颇族	目瑙纵歌	举行目瑙盛会、群众性歌舞	农历正月十五
怒族	鲜花节（仙女节）	祭祀仙女阿茸、接"圣水"祝福、射箭、歌舞	农历三月十五
阿昌族	窝乐节	祭祀、跳窝乐舞	农历正月初四
基诺族	特莫克节（打铁节）	跳太阳鼓舞、举行打制铁农具仪式、串寨、打陀螺	农历十二月
佤族	拉木鼓节	剽牛、歌舞	佤历格瑞月公历11月
德昂族	泼水节	浴佛、泼水、祝福、跳象脚鼓舞	公历4月中旬
独龙族	卡雀哇节（年节）	剽牛祭天、集体会餐	公历1月10日

二、节日的分类

云南民族节日以祭祀活动为主，与农业、牧业、历法等也有一定关系。按照节日起源及节日内容划分，云南少数民族节日大致可以分为四类：

第一，宗教祭祀性节日。比如彝族的插花节、密枝节，纳西族的三朵节，白族的本主节，傣族的泼水节、关门节、开门节，景颇族的目瑙纵歌等。

第二，与历法有关的节日。比如傈僳族的阔时节、独龙族的卡雀哇节、拉祜族的扩塔节、哈尼族的苦扎扎节等。

第三，生产活动节日。比如彝族的火把节、拉祜族的新米节、布朗族新米节、基诺族的特莫克节等。

第四，社交娱乐与集贸节日。比如傈僳族的刀杆节，白族的大理三月街、绕山林等。

需要注意的是，上述分类不是绝对的，也有交叉。比如，就节日起源而言，白族的三月街又称"观音节"，源于对观音的崇拜和祭祀，属于宗教祭祀性节日；但就节日活动的内容而言，集市贸易和社交娱乐则是其突出的特点，因此它又属于社交娱乐与集贸节日。又比如基诺族的特莫克节，其节日活动的重要内容是打制铁农具备耕，因此又叫"打铁节"，属于生产活动节日；但是这个节日又敲太阳鼓，又跳太阳舞，这是源于对太阳的崇拜和祭祀，因此它又可划为宗教祭祀性节日。

三、节日的起源

不少节日是许多民族的共同节日。比如火把节，除了彝族外，白族、傈僳族、纳西族、哈尼族、拉祜族、阿昌族、普米族、基诺族等民族也都过火把节；泼水节是傣族的主要节日，同时它也是布朗族、德昂族、阿昌族、佤族等民族的传统节日；新米节更是布朗族、拉祜族、景颇族、白族等许多民族共同的习俗与节日。但是要说明的有两点：

第一，尽管许多民族共同过同一节日，但其起源是不相同的。比如火把节，时间从农历六月二十四日开始，节期三至五天。其中彝族最为隆重，参与人数最多，盛大狂欢，极具魅力，有"中国民族风情第一节"之誉。节日期间，玩火把、祭火、烧篝火、斗牛、摔跤、赛马……过火把节的各个民族节期和活动内容不尽相同，但都要点燃火把游乐。

有关火把节的起源，各个民族的说法不一，甚至彝族的不同支系的说法也不一样，总的传说有数十种。彝族中一个流行的说法是，天神看到人间百姓生活幸福，派大力神在人间捣乱，把水牛打翻在地，英雄朵阿惹姿与大力神摔跤，打败了大力神；大力神又撒香炉灰变成害虫吃庄稼，百姓点着火把到田间巡行烧害虫。这些就是火把节举火把巡游、摔跤、斗牛等习俗的由来。纳西族则说掌火天神拯救了人间灾难。拉祜族说有善人以火战胜了恶魔。

白族关于火把节的来历则凄婉动人。唐初大理地区有六诏（六个部落），南诏王邀请其他五诏诏主在松明楼聚会。邆赕诏主的妻子柏洁夫人劝丈夫不要赴会，丈夫不听，柏洁夫人遂将一铁钏戴在丈夫手腕上做护身。结果，南诏王火烧松明楼，五位诏主均殉难。柏洁夫人闻讯率将士连夜举火把驰赴南诏救夫，用手刨火灰，见铁钏而得丈夫遗骨。后来，这一天就成为白族的火把节。

第二，有的节日是许多民族的共同节日，关于节日的来历说法不一，但是从根本上讲，其起源是共同的。比如泼水节，是傣历新年，时间在傣历六月下旬（相当于公历 4 月中旬），节期一般三至四天，其中尤以西双版纳傣族最为隆重，被称为"东方的狂欢节"。而关于泼水节的来历，西双版纳一个流传广泛的说法是：古时候一个作恶多端的魔王，抢了七个姑娘做妻子，聪明的七个姑娘从魔王口中得知，用魔王的头发勒他的脖子可将其置于死地。于是，七个姑娘这样做了，魔王的头滚了下来。但是魔头滚到哪里，哪里就燃起了大火。为了止住大火，姑娘们抱起魔头，火就熄灭了。七个姑娘就这样轮流抱住魔头，一年一换。为了感恩七位姑娘，每年轮换时，人们都要给姑娘泼水，冲洗身上的污秽。后来，就形成了送旧迎新的泼水节。当然，不同的地方，姑娘的身份说法不同，有的说是公主；关于姑娘的人数，有的说是十个，也有说十二个。

德昂族的说法是，有一个虐待母亲的不孝子，有一次上山干活看到雏鸟反哺的情景，深受感动，从此一改恶习，很好地侍奉母亲。母亲逝世后，他用木头雕了母亲的像供奉，每年清明节后第七天都要用撒有花瓣的温水把雕像清洗

图 3-8：傣族泼水节

干净。后来这就成泼水节的习俗。

　　其实，过泼水节的傣族、阿昌族、德昂族、布朗族、佤族等都信奉南传上座部佛教，这些民族过泼水节都是源于南传佛教的浴佛节。关于浴佛节的起源，传说佛祖释迦牟尼诞生时，一手指天，一手指地说："天上地下，唯我独尊。"于是九龙喷水，为其洗浴。因此，佛诞日也就成为浴佛节。西双版纳泼水节时，人们用清水为佛像洗尘，之后相互泼水，龙舟竞渡，放高升，放孔明灯，节日场面热烈盛大。

　　综上所述，可以说，民族节日的起源是节日的灵魂。因此，了解各民族节日的起源是十分重要的。

第五节　近代云南的宗教信仰

云南是我国民族种类最多的一个省，也可以说是宗教派别最多的一个省。其中有的宗教派别在国内乃至国际上都是十分独特的，比如佛教中的阿吒力教和南传上座部佛教。同时，一些民族中还遗存着原始信仰或原始宗教。境内各种宗教交叉存在，宗教教派全而分布广，宗教信仰颇具特色。

一、佛教

佛教于7世纪传入云南，派系齐全，宗支繁多，共有梵文经典系佛教（即阿吒力密教）、汉文经典系佛教（即汉传佛教）、巴利文经典系佛教（即南传上座部佛教）、藏文经典系佛教（即藏传佛教）。一般来说，信奉阿吒力密教的主要是彝族、白族和汉族；信仰南传上座部佛教的主要是傣族、布朗族、阿昌族、德昂族；信仰汉传佛教的主要是汉族，以及部分白族、彝族、纳西族；信仰藏传佛教的主要是藏族、摩梭人、普米族。

（一）阿吒力教

佛教的阿吒力教亦称梵文经典系佛教。就我国而言，阿吒力密教仅分布在云南地区，是典型的云南地方佛教。[①]7世纪末8世纪初，印度阿吒力密教传入云南后，经过长期的传承演变形成滇密，具有一系列特征，即佛教与原始宗教相融合，具有深厚的地方民族色彩，盛行咒术密法、密本合一，神祇地方民族化（以阿嵯耶观音、大黑天神、毗沙门为主要崇拜对象，还有土主和本主崇拜等）、佛儒合流，还与地方政权紧密结合，南诏、大理国的王室成员多为信徒。以大理国为例，在大理国的22位国王中，有9人禅位为僧，约占四成。大理国的官员，从相国到一般小官吏，多从佛教徒中选拔，由此可知南诏、大理国时

---

① 杨学政主编：《云南宗教史》，昆明：云南人民出版社，1999，第3页。

期阿吒力教派之盛势。

阿吒力教传入南诏后，不仅与儒学相结合，还与汉传佛教既斗争又融合。元朝时，汉传佛教大量进入云南，其中，禅宗势力较大，也受到了当政者的支持，因而逐渐排挤和融合阿吒力教。阿吒力教内部也出现分化，一部分被融合，成为禅宗的附庸；另一部分则失去自己的庙宇和信徒，被迫从城市转入农村，信众娶妻生子，世代家传。后来的阿吒力教主要分布在大理农村，坛主多为家庭世代传承。明初朱元璋明令禁止阿吒力教的传播，清代亦然。

从明清至民国时期，阿吒力教虽不断衰落，但民间并未禁绝，甚至中华人民共和国成立初期，大理剑川县村镇都有几户阿吒力。[①] 更由于阿吒力教已融入民族文化中，直至近代，大理地区的佛教寺院供奉的神祇都有阿吒力教所崇拜的对象，比如阿嵯耶观音等。

（二）汉传佛教

亦称汉文经典系佛教，俗称"大乘佛教"。主要分布在昆明、大理、保山、玉溪、红河、楚雄、东川、曲靖、临沧和昭通等州、市，为部分汉族和白族、纳西族群众信仰。据史料记载，汉传佛教在唐开元二年（714）已传入云南，对人民群众的思想和生活影响很深。

到9世纪以后，云南经济文化发达的地区开始广建佛寺、佛塔，汉传佛教在云南迅速发展。宋、元以后到明末，是汉传佛教在云南发展的全盛时期，寺庙建筑遍布云南各地，特别是大理和昆明地区，"无山不寺，无寺不僧"。如宾川鸡足山就逐渐成为云南佛教名山，进而成为中国第五大佛教名山。

近代以后，由于战乱和经济萧条等原因，汉传佛教在云南逐渐衰落，影响不及南传上座部佛教和藏传佛教。尽管如此，汉传佛教仍旧在云南各地的汉族、白族等民族中流传，对他们的社会生活和精神生活有一定的影响。

近代云南汉传佛教有一著名高僧，也是近代中国佛教史的重要人物：虚云（1840~1959）。虚云原名萧演初，字德清，湖南湘乡人。1900年八国联军攻

---

① 杨学政主编：《云南宗教史》，第20页。

图 3-9：中国第五大佛教名山鸡足山

陷北京，慈禧太后、光绪皇帝逃往西安，请其护驾西行。虚云曾三上鸡足山，重建钵盂庵，得光绪皇帝赐名"护国祝圣寺"；还复兴了迦叶殿。1920 年虚云应邀到昆明主持法会，超度护国、靖国阵亡将士，后重建华亭寺并任住持。他在滇 26 年，其中鸡足山 14 年，昆明 12 年。在昆明期间，他还曾讲经、住持筇竹寺、圆通寺等名刹。虚云一生重兴六大佛庭、历坐十五道场，身兼禅门五宗，被称为"中国最杰出的高僧"，1952 年领衔发起成立中国佛教协会，协会成立后，任名誉会长。

汉传佛教在云南的主要宗派有：禅宗，主要寺庙有昆明筇竹寺、华亭寺，安宁的曹溪寺，宾川鸡足山，大理的感通寺；净土宗，主要流行在大理、昆明。1983 年，国务院公布中国汉传佛教全国重点寺院，云南有五座：昆明圆通寺、筇竹寺、华亭寺，宾川鸡足山祝圣寺、铜瓦殿。

（三）藏传佛教

亦称藏文经典系佛教，主要分布在迪庆、丽江和怒江等州市的香格里拉、德钦、维西、玉龙、宁蒗和贡山等地，为藏族和部分纳西族、普米族群众所信仰。

11世纪中叶以后，藏传佛教各教派开始从西藏和四川藏区两路传入云南迪庆及丽江地区。

云南藏传佛教与西藏藏传佛教一样，在教义上是汉传佛教和南传上座部佛教兼容而以汉传佛教为主；大乘中显密具备，尤重密宗，并以无上瑜伽密为最高修行次第，同时不同程度地吸收了本教的某些祭仪和当地藏族、摩梭人、普米族的地方自然神祇，从而形成了具有深厚云南地方民族特色的藏传佛教。

云南藏传佛教寺院主要分布在迪庆和丽江地区，寺院建筑既保持了传统的藏族建筑风格，又广泛吸收汉族、白族和纳西族的建筑艺术，形成了多样化和地方民族化的建筑特色。其中最重要的是噶丹松赞林寺。

噶丹松赞林寺为格鲁派寺院，也是云南最大的藏传佛寺，位于中甸县，建于清康熙年间。值得一提的是该寺的活佛松谋·昂德洛桑丹增嘉措。松谋活佛（1899~1967），云南中甸人，1921年起为松赞林寺寺主。1936年红军二、六军团长征经过中甸时，他为红军筹粮，邀请军团首长贺龙、萧克到寺参观访问。

图3-10：云南最大的藏传佛寺松赞林寺

贺龙向寺院赠送了"兴盛番族"的锦幛。红军离开时，他还派弟子为红军当向导。1950年云南解放后，任丽江专区副专员，1956年任迪庆藏族自治州筹委会主任，"迪庆"（藏语，"吉祥如意的地方"）即是他取的名字。迪庆藏族自治州成立后，他当选首任州长。

云南的藏传佛寺还有：格鲁派寺院——东竹林寺、德钦寺，均位于德钦县；扎美戈寺，位于宁蒗县。噶举派寺院——承恩寺，位于中甸县；玉峰寺、指云寺、文峰寺，皆位于玉龙县。

（四）南传上座部佛教

亦称巴利文经典系佛教，俗称"小乘佛教"，主要分布在西双版纳、德宏、普洱、临沧和保山等州、市，为傣族、布朗族、德昂族和阿昌族等及部分佤族群众信仰。

7世纪初，上座部佛教自缅甸孟族地区传入云南西双版纳，公元615年在今景洪市建立第一座佛寺——袜坝姐佛寺（1990年，中国佛教协会会长赵朴初更名为"八吉寺"）。上座部佛教对傣族、布朗族、德昂族和阿昌族等民族的文化、政治生活和习俗都有深刻影响。

15世纪以后，南传上座部佛教在西双版纳广为发展，并初步形成了政教相结合的制度，成为当地的正统宗教。南传上座部佛教传入德宏的时间晚于西双版纳，大约是在13世纪才从缅甸和泰国先后传入云南德宏地区。

至近代，云南的南传上座部佛教在长期的发展演变中形成了以西双版纳和德宏两地为中心的不同宗支，各宗支之间历来关系亲密、平等，相处和睦。

云南南传上座部佛教的组织系统与封建领主的政治系统是互相适应的，表现出佛法与王法的一致性。

云南南传上座部佛教的男儿僧侣化和僧侣还俗制区别于中国佛教其他派系的特征，具有显著的地方民族特色。一般来说，男性儿童到10岁左右就由其父母举行隆重仪式，把孩子送入佛寺为僧，最少为3个月，如果20岁还不愿还俗，经过学习可晋升为比丘，但终生为僧的极少。

近代以来，上座部佛教留下了许多重要的佛寺、佛塔等建筑。仅西双版纳

图 3-11：曼飞龙塔

就有佛寺 700 座，是全国佛寺最多的地区。云南上座部佛教的遗址中，全国重点文物保护单位有曼飞龙塔、景真八角亭、曼短佛寺、广允缅寺、允燕塔、景谷傣族佛寺建筑群、勐旺塔及西北塔、曼春满佛寺等。

二、道教

云南道教主要分布在昆明、保山、临沧、大理和昭通等地区。

东汉末年，道教已传入云南境内。三国以后，道教随着势力的扩大而不断传播。南北朝时，江南民众为了躲避战乱向西南迁徙。其中，有人携带了大量道教经典进入云南地区，扩大了道教在云南的影响。唐宋时期，中原道教发展极盛，云南道教也相应地有大的发展。公元 766 年立于苍山脚下的《南诏德化碑》也显示出与道教相关的内容。元明清各代，不断有道教人士从内地来云南传教，如龙门派祖师丘处机的弟子宋德方，长春派祖师、"长春真人"刘渊然，武当派祖师张三丰传说也曾来过云南传教。他们在传教的同时，还在云南各地兴建了许多道观。

云南道教多源多流，教派繁杂，而且长期与儒学、释教融合交流，并从传入之始，就与彝族、汉族、白族、纳西族等多个民族的原始宗教文化互为吸收，交相融合。

及至近代，云南的主要的道观有：昆明黑龙潭、金殿、三清阁、龙门达天阁、真庆观，巍山巍宝山准提阁、巡山殿、文昌阁、灵官庙、玉皇阁、老君殿、斗姥阁、朝阳洞、长春洞，腾冲云峰山，昭通大龙洞道观等。其中，巍山巍宝山明清时道教盛行，成为云南道教名山。

云南道教还有洞经会组织，以唱诵《太上玉清无极总真文昌大洞仙经》而得名，约形成于元代，至今在云南各地都有这种组织。洞经会由民间道士及信徒组成，他们于每年农历二月初三、五月二十三在各地文昌宫、关帝庙设坛做会。洞经会以音乐伴奏的形式说唱诵经文，祭祀太上老君、玉皇大帝、文昌帝君等道教神灵，祈求风调雨顺、六畜兴旺、国泰民安。洞经会的洞经音乐古朴典雅，有曲牌，在汉族、彝族、白族、纳西族等民族中颇受欢迎。

三、伊斯兰教

南宋时期伊斯兰教传入云南，主要分布在今昆明、玉溪、红河、文山、大理、保山、昭通、楚雄、普洱和曲靖等地区，为回族和部分傣族、白族、藏族、壮族群众信仰。云南最早的清真寺是元朝初年建的南城清真寺（在今昆明市正义路）。

历史上，云南伊斯兰教分为格底木（老教）、哲赫林耶（新教）、伊赫瓦尼（新新教）三大派。他们在基本信仰和基本仪礼方面都相同，同属伊斯兰教的逊尼派。

为了使穆斯林和教外人员更好地理解和认识伊斯兰教原理和基础知识，云南伊斯兰教在清康熙年间兴起了汉文译著活动，其首创者为马注（1640~1711）。马注字文炳，云南大理人，赛典赤第 15 世孙。他历时数十年，著《清真指南》（20 余万字），将伊斯兰教伦理与儒家伦理、社会道德熔为一炉。

近代云南伊斯兰教学者最著名的有两人：马德新、马联元。

马德新（1794~1874），字复初，云南大理人，出生于经学世家。他曾到阿拉伯留学游历，回国后，在云南致力于伊斯兰教的教学与研究，一生著作和译著共 30 余部，有《四典会要》《大化总归》《朝觐途记》等，是中国伊斯兰教历史上著述最多、造诣最深的著作家之一，为中国伊斯兰教的发展做出了重要的贡献，被尊为中国伊斯兰教的"一代经师"。

马联元（1840~1903），字致本，云南新兴（今玉溪）人，出生于经学世家。他曾到麦加朝觐，并游历各个阿拉伯国家；主持经堂教育 20 余年，学生 2000 余人。著有《辩理明证语录》，译著《亥听译解》（《古兰经》最早的汉译选本）。

四、基督教

在中国，"基督教"一词有广义和狭义之分。广义的基督教包括三大教派：天主教、新教、东正教。狭义的基督教专指新教，俗称"耶稣教"。

（一）新教

云南的基督教，最早是由英国传教士麦加底于 1877 年从上海传入。随后，美、英、加拿大和澳大利亚等国的传教士又相继涌入云南。新教在云南的传播过程中，影响最大、分布最广的是内地会、循道公会、浸礼会、五旬节派教会和安息日会等五大派别。他们在教堂、教徒数量上占了新教的 80% 以上。新教主要在云南少数民族地区传教，并产生了较广泛的影响。这些民族是苗族、傈僳族、景颇族、彝族、佤族、怒族、独龙族、拉祜族、傣族、哈尼族以及部分汉族。

值得一提的是，新教在云南的传播过程中，出于传教（出版印刷基督教经典）的需要，先后创制或推广了 10 种少数民族文字（拉丁字母，或拼音文字）。

大致情况如下：

序号	文字名称	传教士国别	创制或推广地区和时间
1	苗文	英	滇北、滇东北、滇东，1907
2	傈僳文（东傈僳文、西傈僳文）	澳、英	武定、禄劝，滇西北，1913
3	景颇文	美、英	由缅入滇景颇地区，1892
4	载瓦文	法	潞西东山，1889
5	拉祜文	缅	拉祜地区，1907
6	佤文	美	澜沧县一些地区，1912
7	独龙文	美	独龙族地区（推广），1915
8	纳西文	荷兰	丽江，1932
9	傣雅文		元江花腰傣地区，1922
10	卡多文		云南墨江哈尼族地区，1939

客观上讲，这些文字的出现，对少数民族的社会生活产生了较大的影响。但是，应当看到的是，一方面，传教士们之所以积极地创制和推广少数民族文字，直接目的是传教；另一方面，上述少数民族文字大多数是很不科学的，不仅不能适应少数民族社会文化生活的飞速发展，而且由于先入为主，阻碍了1950年以后推广新的少数民族文字。[①]

（二）天主教

1843年，云南天主教在今盐津县建立了主教公署，并于1883年迁至昆明。天主教主要分布在昆明、昭通、红河、文山、大理、丽江、曲靖、迪庆和德宏等州、市，为汉、彝、苗、傈僳、景颇等族的部分群众所信仰。

① 云南省地方志编纂委员会总纂，云南省文化厅编撰：《云南省志·宗教志》，第265页。

五、原始宗教

云南少数民族普遍信仰原始宗教或有原始信仰，这是与各少数民族社会发展不平衡分不开的。

云南的多民族和各民族间社会发展不平衡这两大特征，构成了云南少数民族原始宗教内容丰富、形态多样的特点。处在不同发展阶段的云南各少数民族，都不同程度地保存着原始宗教内容的残余。

云南少数民族的原始宗教内容丰富、形态多样，基本上囊括了原始宗教所有的内容和形态，有自然崇拜、动植物崇拜、祖先崇拜、图腾崇拜、生殖崇拜等。

自然崇拜　这是原始宗教最基础的崇拜形态。迄今为止，云南各民族原始宗教中仍保存着纷繁的自然崇拜，如对山川草木、风雨雷电、日月星辰等诸多自然物的崇拜，以及与此相适应的千姿百态的农、林、牧、猎、渔等各行业的祭祀仪式。如拉祜、景颇、佤、傈僳、怒、独龙等族崇拜天、地、日、月、山、水、巨石、大树等。

动植物崇拜　在云南原始宗教中，动植物崇拜比比皆是。动植物崇拜仪式的宗教含义，主要是祈求人与动植物的心灵交感，认为动植物有灵，具有人一样的意识，所以狩猎时要向猎物祭祀祝颂，伐木时要向树木叩拜，栽种收获时要向禾苗谷物祭祀等。

祖先崇拜　在云南原始宗教的表现形式中，祖先崇拜的表现形式极为生动复杂，祭祖仪式也十分繁杂细致，表现出鲜明的民族特色。如永宁的摩梭人，他们的祖先崇拜有母系氏族祖先崇拜、父系氏族祖先崇拜、部落祖先崇拜等。而白族的本主崇拜、彝族的土主崇拜，也都有对祖先的崇拜含义。

图腾崇拜　云南少数民族中，图腾崇拜的遗迹极为丰富，图腾物种多为动物，如鼠、蜂、鹦鹉、斑鸠、蟾蜍、虎、熊、狼等，也有的是植物，如荞麦、野蒿、山草等。

生殖崇拜　生殖崇拜是原始崇拜中自然崇拜的一种特殊形态，其特征是以男女性器官作为崇拜对象，内容包括自然石，动植物纹样，雕刻磨制的石祖、木祖、陶祖等男根或女阴象征物。

下　篇

民国时期　滇云文化的辉煌

（1912~1949）

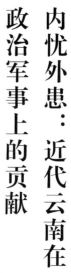

第四章

内忧外患：近代云南在

政治军事上的贡献

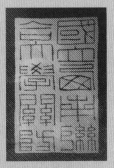

　　民国时期，云南历史有三次重要节点：护国运动、抗日战争和"一二·一"运动。

　　首先，面对袁世凯复辟帝制，接受日本军国主义提出的灭亡中国的"二十一条"时，云南人民敢为天下先，发动护国首义，以一省之力发动护国战争，武装讨伐袁世凯，从而赢得全国人民支持，最终粉碎了袁世凯的皇帝梦。

　　其次，云南在全国抗战中有极其重要的战略地位，云南人民敢于担当，为抗日战争做出了巨大的牺牲和重大贡献。

　　抗战胜利后，蒋介石在美帝国主义的支持下发动内战，云南人民率先反对内战，争取和平建国，反动派制造惨案血腥镇压，云南人民没有被吓倒，坚持斗争，"一二·一"运动最终取得了胜利。

　　这三个重要节点迸发出耀眼的社会文化光辉。

第一节　护国运动与新文化的交织

一、护国首义

　　1911 年 10 月 30 日（农历九月初九），昆明爆发"重九"起义，在蔡锷、李根源等人的领导下，革命党人攻占云贵总督府。"重九"起义连同在此前后发生的腾越起义、临安起义，推翻了清王朝在云南的统治。"云南省城起义，是除首义的湖北以外，独立各省革命党人组织的省城起义中，战斗最激烈，代价也

最巨大的一次"①，在全国辛亥
革命中具有突出的地位。

中华民国建立后，内忧
外患仍然不断加剧，日本亡我
之心不断膨胀。1914 年 1 月
18 日，日本向中国提出签订
"二十一条"，窃取辛亥革命成
果的袁世凯妄图复辟称帝，为
了取得日本的支持，袁世凯签

图 4-1：黄毓英，打响了"重九"起义第一枪

署《中日民四条约》。在这种情况下，1915 年 12 月 25 日，云南高举护国首义的
大旗，讨伐袁世凯，发动了护国战争。在全国人民的反对和护国运动的高潮中，
袁世凯一命呜呼。

亲历"重九"起义和护国战争的朱德说，"云南为什么能在消沉、阴霾弥
天的时候，突然放此光芒"，因为"那里有一批人不声不响、埋头培植革命力量
的艰苦工作"；"检讨云南在民国初年能够大放异彩的原因，不外二端。一是坚
持统一战线……二是依赖民众"。②

二、护国演说社及其白话演说

1906~1909 年，云南已有赵式铭创办的《丽江白话报》《永昌白话报》。可
以说，云南白话文运动是走在全国前列的。护国演说社用白话演说，是继赵式
铭白话文实践之后云南白话运动的又一重大社会行动。

1916 年 2 月，护国战争爆发之初，国民党人李增、倪德隆、杨钟斗等发起

① 章开沅、林增平：《辛亥革命史》下册，北京：人民出版社，1981，第145页。据记载，"重九"起
　义中，革命党人牺牲150多人，伤亡300人，敌方死200多人，伤100多人。
② 朱德：《辛亥回忆》，载《解放日报》，1942-10-10。统一战线主要包括革命党人和进步党人（资产
　阶级革命派和改良派）。

成立护国演说社。演说社向当时的省会警察厅和云南省都督提出申请，很快得到批准和支持。演说社由李增担任社长，以进步党事务所为集合地点。

演说社简章明确规定："本社以声明大义，发扬民气，辅助本省政府扫除帝制，拥护共和为宗旨"；"以德望素著，通达文理者"为演说员，"有愿任演说员者，请到本社集合所书名"（也就是演说员既有明确的条件，也可自愿报名，按要求录取）。"演说词由本社主任编订"，"本社设主任四员"。演说时间于每星期三、六、日，分处演说。演说"由省城发轫，推广各县、各埠"。

护国演说社用白话演说，为发动群众，支持护国战争，赢得护国运动的胜利起到了重要作用。

护国演说社现存 12 篇（期）演说词。除了第一篇（期）署名为李灿高，其余作者不详。演说社所设的四名主任姓名也不详（他们是演说词的编订者）。有关资料记载，护国演说社的发起人中还有由云龙、顾视高、钱平阶、罗养儒等[1]，这些人都是办报（刊）的宣传名家或写作高手，因此说 12 篇演说词的水平是可想而知的。现将 12 篇（期）演说词题目[2]抄录如下：

第一期，滇军举义讨袁，实为国民前途造大幸福

第二期，护国军之责任与声价

第三期，云南护国军征讨袁世凯，必能结合全国共和军推倒袁政府白话演说词

第四期，袁世凯必要灭亡之征验

第五期，拥护共和即所以保全中国

第六期，人民须先有保护国家的能力，才能得永享室家安乐的幸福

第七期，袁世凯是个抢掳中华民国的大贼，我们全国人民当并力

① 据中国第二历史档案馆、云南省档案馆编：《护国运动》（中华民国史档案资料丛刊），南京：江苏古籍出版社，1988，第336页。

② 据中国第二历史档案馆、云南省档案馆编：《护国运动》（中华民国史档案资料丛刊），第337~357页。

把他除了，中国才能太平，永享共和的幸福呢

第八期，广西独立，西南大局越发稳固，国民军势力越发雄厚，全国举义的心志越发勇决，会师武汉，直捣幽燕的日期当然不远了

第九期，共和国的国民最荣耀的职务是哪样呢？就是当兵了！

第十期，国民欲享将来真正共和的幸福，不可不量力捐财补助义军，肃清妖孽

第十一期，除了袁世凯，将败国害民的祸根拔去，中国前途才能振兴，国民将来方有好处

第十二期，袁世凯该死

上述 12 篇（期）演说词，最长的是第一篇，1800 余字，最短的是第九篇，800 余字；其余的介乎这二者之间。这样的长度，十分适合在街头巷尾面对公众演说。

其中，第二篇中的"声价"二字，有的文章引用时改为"身价"。第三篇题目的"白话演说词"几个字，看似多余，别的篇目没有（可能是删去了），其实这是强调当时用白话演说。白话演说口语化，通俗、生动、形象，听众一听就明白，有很强的宣传性。12 篇演说词的标题本身也很有讲究。第八篇题目很长，提纲挈领。第九篇具有很强的号召性。第十二篇的题目仿佛是对袁世凯的死刑判决书，同时也是一篇预言。演说后不久，袁世凯就在众叛亲离之中病气交加，一命呜呼！

为了说明这些白话演说的宣传性，下面摘录一些段落，可以看得更为具体：

列位，我们在这袁世凯做神做鬼的时候，大家细细一想，究竟是享福吗？究竟是受罪吗？在兄弟的愚见，以为大家都是受着大罪呢。何以见得？因为这袁世凯自他做了大总统，一脚便将监督的议会踢倒，凭着他一人的势力，一天一天便胆大妄为起来。（第一篇）

他（袁世凯）还诡计百出，还把变更国体的臭皮，脱与百姓披着，

说是改共和国为皇帝国，全出于百姓大家的意思，非他一人想做。列位：如果百姓不爱共和，何必推倒满清帝制？既然推倒满清帝制，可见人人是爱共和了。（第一篇）

（我们）不忍中国亡了，四万万人灭种了，仗着一口义气，轰轰烈烈，首先开发我们云南最爱共和的义兵，将袁世凯罪恶数出，一定要同竭力死战，非将这国贼除了，誓不甘休。（第一篇）

第五篇中说道："袁世凯竟贸然将民国五年改为洪宪元年……推袁世凯改这宪洪的意思，以为洪字三点水从共字，是天下一半得之满清一半得之共和，大有自鸣得意、看不起人的光景，殊不知破坏共和，即破坏我中华民国。"演说词颇有演讲技巧，亦庄亦谐，给人以生动、形象、深刻的印象。

第十二篇说道："古人有言：天作孽，犹可活，自作孽，不可活"；"做人做到天怒人怨的时候，真是罪大恶极，不遭天诛，必遭人杀"；"古人有言：千夫所指，无病而死"；"但是我们人民还不愿意他轻轻易易死了，总要到义军扫到北京，拿着了他，按照约法判决，宣布他的罪状，才将他拿上断头台，方见得我们国民是尊重法律的，方见得破坏法律的国贼，是断无幸免的。"义正辞严，信心满满，有很强的战斗性。

需要强调的是，这些演说词虽然只有12篇，但是演说员是不少的，而且于每星期三、六、日三天演讲；不仅省会演讲，各县、各埠也进行演讲。因此，可以想见，这12篇演说词受众面一定是很广泛的。从中可以看到当年云南在护国首义之后，为了配合护国战争的进行，在大后方开展的讨袁政治斗争是何等有声有色、声势浩大。

三、护国运动的文化遗产

护国运动在云南近代历史上写下了光辉的篇章，留下了大量的历史档案资料、摩崖碑刻，以及诗词作品等，值得重视和珍惜。

（一）重要文字

这类作品，包括当事人后来的回忆录，本身又是珍贵的历史资料。这里仅强调其中文学色彩突出的部分。比如，1915 年 12 月 22 日，蔡锷、唐继尧、李烈钧等 39 人在昆明五华山光复楼召开会议，决定起义护国。其间，还举行了庄严隆重的宣誓仪式，歃血为盟，誓词如下：

> 拥护共和，我辈之责，
>
> 兴师起义，誓灭国贼；
>
> 成败利钝，与共休戚，
>
> 万苦千难，舍命不渝；
>
> 凡我同人，坚持定力；
>
> 有渝此盟，神明必殛！

（二）摩崖

这类作品最重要的是在四川永宁的《护国岩铭》。1916 年护国战争后期，护国第一军司令部设在大洲驿旁永宁河中的一条大船上，蔡锷在这里发出总反攻命令，取得了护国战争的胜利。为了纪念这个胜利之地，蔡锷将河畔的石岩命名为"护国岩"，撰写了《〈护国岩铭〉并序》，由殷承瓛书丹。

《〈护国岩铭〉并序》如下：

> 中华民国四年，前总统袁世凯叛国称帝，国人迷之。滇始兴师致讨，是曰护国军，锷实董率之。逾年，师次蜀南，与袁军遇于纳溪，血战逾月，还军大洲驿，盖将休兵以图再举。乃未几而粤桂应，而帝制废，而袁死，而民国复矣。嗟乎，袁固一世之雄也，挟熏天之势，以谋窃国，师武以力，卒毙于护国军一击之余。余与二三子军书之暇，一叶扁舟，日容与乎兹岩之下。江山如故，顿阅兴亡，乃叹诈力之不足恃，而公理之可信，此岂非天哉！世或以踣袁为由吾护国军。护国

军何有？吾以归之于天，天不得而名，吾以名兹岩云尔。铭曰：

> 护国之要，惟铁与血，
>
> 精诚所至，金石为裂。
>
> 嗟彼袁逆，炎隆耀赫，
>
> 曾几何时，光沉响绝。
>
> 天厌凶残，人诛秽德。
>
> 叙泸之役，鬼泣神号，
>
> 出奇制胜，士勇兵骁。
>
> 鏖战匝月，逆锋大挠，
>
> 河山永定，凯歌声高。
>
> 勒铭危石，以励同袍。

（三）碑刻

这类作品的代表作为《云南会城护国门碑记》。护国门建于 1919年，碑记为袁嘉谷撰文，陈荣昌书丹。碑记及铭文如下：

> 民国四年，帝逆移国，会泽唐公继尧率滇人兴师护国，国复兴，中外人士相震动。众日集，市日懋，肩摩毂击，途为之塞。省会警察厅启当道，辟会城东南隅门以通之。崇而坚，宏而整。门外筑桥，桥工如门。费六万余金，不劳民力。名曰"护国"，将以表一省任

图 4-2：云南会城护国门碑记

图 4-3：护国门

事之艰，祝民国万年之福也。

> 天南一隅，揩柱中原。
> 兴师仗义，劳哉滇人！
> 乃巩国基，乃辟垣门。
> 来者勿忘，亿万斯年！

（四）诗词

这类作品数量甚多，"护国三杰"（蔡锷、李烈钧、唐继尧），众多的护国将领，相关政要、社会名流以及各界人士均有不少诗作。云南社会科学院文献研究室和民革云南省委文史资料征集委员会曾于 1987 年 10 月编辑《护国诗词选注》，收录 67 人诗词 210 首。当然，这只是这类作品的一小部分。比如朱德 1919 年写有《感时五首用杜甫〈诸将〉诗韵》《秋兴八首用杜甫原韵》等 13 首诗，该书仅选录了 4 首。

《感时五首用杜甫〈诸将〉诗韵》之一：

图 4-4：朱德护国骑马照

中华灵气在仑山，威势飞扬镇远关。

史秽推翻光史册，人权再铸重人间。

千秋汉业同天永，五色旌旗映日殷。

多少英才一时见，诸君爱国应开颜。

《秋兴八首用杜甫原韵》之四：

筹安客意住龙头，惊起神州肃杀秋。

大野萧萧风雨急，中华黯黯鬼神愁。

强梁弟子三乘马，锦绣山河一泛鸥。

回首剧怜民国土，几希幻作帝王州。

第二节　云南在抗战中的巨大贡献

一、云南抗战：地位独特，贡献巨大

云南抗日战争是中国抗日战争的重要组成部分，具有独特的重要地位。这种独特的重要地位可概括为：大后方、接合部、最前线。即抗战全面爆发后，云南就成为大后方；太平洋战争爆发后，云南又成为中国抗日战争与世界反法西斯战争东方战场的接合部；而滇南抗战，尤其是滇西抗战爆发后，云南又成为抗日战争的最前线。

作为抗日战争的大后方，云南人民敢于担当。首先，迅速派出滇军出省抗战，不怕牺牲，浴血奋战，打出了"军威"，在抗战胜利之后，出色完成中国唯一的出境受降任务。其次，迅速开辟滇缅公路、驼峰航线、中印公路，使云南成为战时中国最重要甚至是唯一的对外交通通道。再次，建设抗战重要根据地，在农业方面，"以一隅而荷天下之重任"，解决了骤增人口的吃饭问题；修公路，修机场，保障后勤，支援前线，民力贡献，极为可观；捐寒衣、军鞋、药品、劳军，"献金"，捐款购买飞机，全国第一；迁滇工厂企业，在昆明形成四大工业区，创造出中国第一架望远镜、第一根电线、第一辆汽车、第一炉电炉钢等，昆明工业生产在西南八大工业区中名列第三，云南工业空前发展；金融大繁荣，南屏街银行林立，被誉为"昆明华尔街"；迁滇高等院校极大地促进云南教育的进步，西南联大在滇办学，建成中国第一所世界一流大学。

作为接合部，云南备受世界瞩目。中国远征军（包括入缅援英、保卫滇缅公路的中国远征军，发动缅北反攻战的中国驻印军，以及进行滇西反攻战的中国远征军）与反法西斯盟军并肩战斗，共同开辟了中缅印抗日战场，书写了联合抗日的光辉篇章。

作为最前线的云南，军民同心，共赴国难。面对企图进攻滇南，以及侵占滇西地区的日寇，滇南、滇西各族人民，尤其是边疆十几个少数民族的几十位土司、头人组织游击队，开展防御战和敌后抗战，涌现出许多抗日英雄。缅北滇西反攻战争先后展开英勇壮阔的战斗，缅北反攻堪称完胜，滇西腾冲、松山、龙陵三战甚为惨烈，最终驱寇出境，使云南成为中国最早把侵略者赶出国门的省份。滇缅反攻的胜利还遏制了日军发动豫湘桂战役的进攻势头，具有重要的战略意义。

二、昆明：抗战时期的三大文化中心之一

抗战时期，中国西南地区形成了三大文化中心：重庆、昆明、桂林。三个中心各有特点，重庆重在政治方面的指挥，昆明突出的是教育名家荟萃，桂林表现在文化艺术的抗争。

卢沟桥事变发生后，北平之国立北京大学、清华大学，天津之私立南开大学南迁，"始莅于长沙，继止于昆明，因合并之为西南联合大学，结茅立舍，弦诵一如其平时。留滇九年，凡所以导扬文化，恢宏学术者无不至，一时文教之

盛，遂使昆明巍然为西南文化之中心"[1]。这是 1946 年云南全省商会联合会、昆明市商会《公送国立西南联合大学北归复校序》的一段话。

该序指出："联合大学之于滇，自师范学院、附属中学之设立，本省各级学校之协助，学术公开之演讲以及公私经画之匡襄，庶政百业之赞导，既至繁巨，不可以悉举。"关于西南联大给云南带来的最重要的影响，该序讲了两个方面："一为学界风气之转移也。滇人士之从事教育，垂五十年，虽用力甚勤，而观摩阙如。""一为滇事之彰明也。在昔滇以僻远，中土人士之至者绝罕。故自来言滇事者，非臆说武断，即影附支离。阮元、檀萃之伦，牵于职事，用志多纷。杨慎谪居虽久，偏擅惟在词章。皆于滇事鲜所发明。自联合大学南来，集诸科多数之专家，得悠长之岁月……于是滇之为滇，始一扫阴霾，以真面目显示于天下。"

第三节　"一二·一"运动：中国青年运动史上的里程碑

1944 年，因为国民党政府将中国青年节由 5 月 4 日改为农历三月二十九日（公历 4 月 27 日，黄花岗起义日），引起了西南联大教授和同学们的一致愤慨。为此，联大进步学生举办了一系列纪念五四青年节的活动。学生们称这一天为"联大民主精神复兴的一天"。此后，联大学生还与昆明其他学校一起召开了七七抗战七周年的时事晚会、护国首义纪念大会。

1945 年，联大学生又举行了规模更大的五四纪念周活动。整整七天，活动一个接着一个，安排得满满的：音乐会、诗歌朗诵会、文艺晚会、学术讨论会、座谈会、纪念会，内容丰富多彩。联大新校舍大门两侧被称为"民主墙"，上面

---

[1] 西南联合大学北京校友会编：《国立西南联合大学校史：一九三七至一九四六年的北大、清华、南开》（增订版），北京：北京大学出版社，2006，第82页。

贴满了各种壁报，琳琅满目。除了三青团办的几个之外，各个社团还有 27 个壁报；此外还有八版联合壁报，上面有 18 位教授访问记，声势浩大地贴在图书馆前的墙上。"有史以来的昆明，从来没有那几天那样热闹过。青年的学生、从业员，中年人甚至老年人都赶到联大来过节，比他们过年都兴奋，都快乐。"[①] 在这种情况下，西南联大被盟友誉为中国抗战大后方的"民主堡垒"[②]，进而，昆明也被称为"民主堡垒"。

1945 年 8 月，日本投降，抗战胜利，全国人民欢欣鼓舞，以为苦难从此结束，可以重建家园。然而，蒋介石却在美国的支持下开始发动内战；而且不出两个月，便在 10 月 3 日武装改组云南省政府，为进一步镇压爱国民主运动做准备。

作为"民主堡垒"的昆明怎么办？"暴风雨是要来的，昆明再不能等了。"[③] 11 月 25 日晚，西南联大、云南大学、中法大学和省立英语专科四校学生自治会联合发起，昆明大中学生及社会人士六千人在西南联大大草坪召开反内战、呼吁和平的时事晚会。从 26 日起，全市大中学校又相继罢课。12 月 1 日，反动当局出动军警特务镇压罢课师生，炸死了南菁中学教师于再，西南联大学生潘琰、李鲁连，昆华工校学生张华昌四人，制造了震惊中外的"一二·一"惨案。

惨案发生后，昆明大中学生与反动派进一步展开了英勇斗争。在广大人民的支持下，一个以学生为主，社会各阶层参加的反内战、争民主的爱国运动，席卷了整个国民党统治区。1946 年 3 月 17 日，昆明大中学校三万学生举行隆重的四烈士盛大出殡仪式。至此，运动胜利结束。"一二·一"运动揭开了解放战争时期第二条战线斗争的序幕，在中国青年运动史上继五四运动和"一二·九"运动之后树起了第三个里程碑。

---

① 《三十四年五四在联大》，见西南联大"除夕副刊"主编：《联大八年》（1946）。

② 吴宝璋：《"学术自由"与"民主堡垒"》，见《西南联大二十五讲》，昆明：云南人民出版社，2016，168~169页。

③ 闻一多：《一二·一运动始末记》，见中共云南省委党史资料征集委员会、中共云南师范大学委员会编：《一二一运动》，北京：中共党史资料出版社，1988，第48页。

图 4-5：张华昌

图 4-6：李鲁连

图 4-7：潘琰

图 4-8：于再

值得指出的是，1945 年 11 月 25 日时事晚会召开的地方——西南联大大草坪，是"一二·一"运动的肇始之地，后来被称为"民主草坪"。它和"民主墙"一起，成为联大"民主堡垒"的代表和象征。联大师范学院院长黄钰生曾经说过："共产党与国民党之间斗争胜负之局，不仅决定于解放战争的战场，而早已预兆于联大草坪。"[1]

1946 年 7 月 15 日，昆明学生联合会在云南大学至公堂举行李公朴殉难经过报告会。会上，闻一多作了演讲，怒斥特务暗杀李公朴的罪恶行径。这就是著名的《最后一

图 4-9：国立西南联合大学、昆明师范学院革命烈士纪念碑

---

[1] 黄钰生：《回忆联大师范学院及其附校》，见北京大学校友联络处编：《笳吹弦诵情弥切——国立西南联合大学五十周年纪念文集》，北京：中国文史出版社，1988。

次的演讲》。——因为当天反动派也暗杀了闻一多。

在这次演讲中，闻一多说："'一二·一'是昆明的光荣，是云南人民的光荣。"因为这件事是云南近代历史也是中国近代历史上的重大事件，充分体现了昆明人民、云南人民敢为天下先的大无畏精神，率先行动，引领全国。

闻一多说："死难四烈士的血给中华民族打开了一条生路"，"愿四烈士的血是给中华人民共和国的历史写下了最初的一页"。"在这些日子里，昆明成了全国民主运动的心脏。从这里吸收着也输送着愤怒的热血的狂潮"。[①]

图 4-10：云南大学至公堂

---

① 闻一多：《一二·一运动始末记》，见中共云南省委党史资料征集委员会、中共云南师范大学委员会编：《一二一运动》，第48页。

图 4-11：李公朴　　　　　　　　图 4-12：闻一多

图 4-13：闻一多衣冠冢

第五章

民国前期的文化（1912~1937）

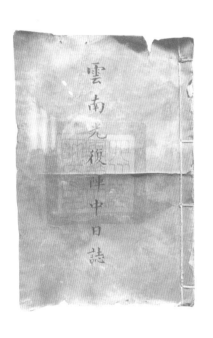

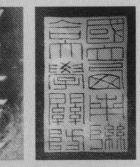

第一节　教育的新创和发展

一、东陆大学的创办及云南高等教育的初步发展

（一）东陆大学的创建

一直到 20 世纪 20 年代之初，云南尚没有一所完全意义上的高等学校，三迤学子难有深造的机会。由于云南交通不便，当时从昆明到内地，大多要乘小火车先出国绕道越南，经由香港，再从广东（或广西）入内地；而从内地到昆明，亦需先出国后回国。因此，滇籍青年要到北平、南京等地深造，需历经千难万险。于是，当时云南将负笈内地求学与放洋海外求学统称"留学"。面对这种情况，省内"识者咸以筹建大学为治滇要图"①。民国初年，省政府曾有设立大学的打算，1915 年，全国教育行政会议也同意云南筹办大学。然而，袁世凯要复辟帝制，云南遂率先在全国举行护国首义，接着进行护国战争，武装讨伐袁世凯。

"护国军兴，而后饷糈浩繁，教育经费，首受影响。继以护法一役，旷日持久，人力、物力胥告匮乏，影响所及，百业皆废，教育设施，莫能例外。"②也就是说，仅就经费而言，护国、护法战争使云南原来的基础教育都受到影响，要想新创高等教育更不可能。

1919 年，军事收束，云南各界人士或请愿议会，或建议政府，成立省立大学。云南督军兼省长唐继尧亦深感培养人才之不可缓，积极推进大学之设立。

---

① 《会泽唐公创办东陆大学记》，载《国立云南大学一览表》（民国二十六年十二月）。
② 云南省志编纂委员会办公室编：《续云南通志长编》中册，1986，第783页。

图 5-1：东陆大学校门

1920 年，云南创办大学条件更臻成熟。首先，有了一批办学人才。是年夏，云南第一批留美学生董泽、杨克嵘、陶鸿焘、卢锡荣、段纬（伟）、肖扬勋、何瑶、周恕等人学成回省。他们在国外时就对桑梓教育十分关注，"聚首抵掌，谈祖国事"，"罔不以滇省筹办大学为作育人才救济时艰之拟议"，此时归来，更直接感受到云南"社会各界对于兴办大学颇为迫望"。于是他们理所当然地成为创设大学的积极促进者、具体筹办的理想骨干和主要师资力量。其次，云南中学已较前增多，因此创办大学所必需的生源也较前增多。[①]在这种情况下，唐继尧指定董泽负责筹备创办大学之事，还指定省参议员王九龄与他一起主持筹备工作，并以翠湖水月轩为筹备处。

然而，就在筹办工作渐次展开之时，1921 年 2 月，针对唐继尧扩张邻省、军阀混战连年不断的政策，驻川滇军第一军军长顾品珍率部回滇，倒戈反唐。唐仓皇出走，流亡香港。大学筹创之事因此中辍。

1922 年 3 月，唐继尧回师云南，重掌滇政。诸事待理，但他将创设大学之事置于重要地位。经过不到半年的筹办，当年 12 月 8 日，私立东陆大学宣告成立。唐继尧聘董泽为校长，他自己和王九龄为名誉校长（后又分任董事长和董

[①] 吴宝璋：《唐继尧与东陆大学》，刘光顺主编：《唐继尧研究文集》，昆明：云南民族出版社，1996。

事）。这是云南第一所完全意义上的大学。这一年，全国共有大学 19 所。[①] 因此可以说，东陆大学是中国创办较早的大学之一。

学校选址于明清云南贡院旧地，上承云南儒学文脉，开启三迤教育新篇。就地理而言，枕陆山，临翠湖，风景极佳。1923 年 3 月，经过考试，东陆大学正式招收预科生 20 名，加上试读生和补习生共 108 人，编为文、理各一班。4 月 20 日，学校先后举行主楼会泽院奠基仪式和开学典礼。这一天后来成为东陆大学的校庆日。从此，云南高原结束了没有完全意义上的高等学府的历史。因此，这一天在云南近代教育史上具有重要意义。

翌年春，东陆大学仿欧美学制，根据云南政治、经济、文化、教育需要，开设文、工两科。文科分设政治、经济、教育三系，工科分设采矿冶金、土木工程两系。开始，因条件所限，文科先开办政治经济系、工科先工办土木工程系。从此，东陆大学正式开办本科，并逐年发展起来。

从 1923 年开始至 1927 年，东陆大学办学取得了明显的成绩。1927 年 5 月，中华教育文化基金董事会派调查员朱庭祜来校视察后，给予了高度评价：

> 五年之间能筹得学校资产达一百八十余万元，校舍增至十一幢，本、预科及附中学生增至二百七、八十人，教员添至三十余人，其进行之速，效率之密，可以概见……就同类机关如上海南洋大学、南京东南大学、天津南开大学等比较之，该大学所有以往成绩与效率，居优胜地位。以其时间之短，进行之速，与办理之认真，至有今日所知之效果，可谓难能可贵也。[②]

1927 年，唐继尧在"二六"政变中黯然下野，结束了他对云南 14 年的统治。1929 年，龙云担任云南省主席，对各方面工作进行调整和推进。次年，省

① 《清华大学校史稿》，北京：中华书局，1981，第46页。
② 董雨苍：《东陆大学创办记》，见《云南文史资料选辑》第七辑，昆明：云南人民出版社，1965，第1~19页。

政府为谋教育系统之调整，以及大学本身之发展，将东陆大学由私立改为省立，经费由省里拨支。此后，学校逐渐发展。1931 年，学校改文、工两科为文学院和工学院，将附中划并省立五中，裁去预科专办本科。1932 年，为符合省立大学条件（要有三个学院以上者），学校对院系进行调整，原来两学院调整为文理学院、工学院，并筹划将当年成立的云南省立师范学院并归东陆大学（1933 年正式并入，改称教育学院），医学专修科设立医院，增设了一些系，学校得到进一步发展。

1934 年 9 月省立东陆大学更名为省立云南大学。至 1936 年秋，省立云南大学设有文法、理工两学院，院下设中国文学、政治经济、法律、教育、土木工程、采矿冶金、数理七个系，一个医学专修科，共有本专科 19 个班，学生 302 人。此外还有一所附属中学。

（二）云南高等教育的初创

进入民国时期，清末创办的五所高等学堂（云南高等学堂、云南法政学堂、云南高等方言学堂、云南高等工矿学堂，以及云南陆军讲武学堂），均改称"学校"。其中高等学堂改为省会师范学校，高等工矿学堂改为省会工业学校，高等方言学堂则停办。云南陆军讲武学校、云南法政学校则较突出。前者办学时间持续最久，一直到 1935 年；成就最大，成为中国近代四大著名军校之一。后者于民国三年（1914）又改名为公立法政专门学校，一直到民国二十一年（1932）停办，该校一共办学 26 年，毕业学生 1800 余人。

此外，高等师范教育颇为曲折。1924 年，省教育司为培养中等学校师资，又筹办云南高等师范学校，开设理化、文史地和教育三个专修科，并于次年春季始业。然而该校仅招收、毕业了一届学生即因故辍办。龙云治滇后，省政府恢复接办为云南省立师范学院。1932 年，省政府调整本省高等教育，将云南师院归并入东陆大学，设为教育学院。1934 年，云南大学又将教育学院并于文法学院。这样，云南高等师范教育又成空白。

全面抗战前是云南高等教育的初创时期，较为正规的大学仅有云南大学一所，且规模不大，但是，云南学子"难于升进"的情况毕竟初步改变了。

据统计，从民国元年（1912）至民国二十七年（1938）的 26 年间，云南受过高等教育的青年学子共 2575 人，其中省立大学培养了 255 人，省立专门学校培养了 1639 人 [①]，共计 1894 人，约占受过高等教育青年学子总数的 74%。

二、中等和初等教育的发展

（一）中等教育

云南近代中等教育自清末创始，进入民国后不断发展，形成了普通中学、师范学校和职业学校三类。

普通中学，又分省立、市县立和私立三种。

省立中学，从民国元年起，政府当局对清末师范学堂和模范中学进行并改，在昆明设立省会第一中学，在大理设立第二中学。1917 年推广设立省立中学，至 1922 年全省计有省立中学 4 所，即昆明省会第一中，第二、三、四中分设于昭通、丽江、保山。1929 年，私立成德中学改为省立第五中学。此后又在昆明、临安、楚雄、顺宁、石屏、蒙自、永昌、腾越等地设立省中或省立初中若干校，但已不列序号，仅以地名或命名称呼。至 1938 年，全省共有省立中学 29 所（其中 13 所有高中），分布在昆明及全省 20 余县，共有教职员 617 人，在校学生为 8515 人，培养毕业学生 1996 人。[②]

市县立中学，初期由各县独立设立，也有若干县联合设立。至 1922 年全省联合中学有 8 所，如昆明等 11 县联合、蒙自等 13 县联合、丽江等 6 县联合。一县较早单独设立中学的有保山、顺宁、蒙化、建水、阿迷等。至 1938 年，全省市、县立中学共有 46 所，其中昆明市立 2 所，全省各县立 44 所。[③] 这些市县立中学均为初级中学。

---

① 《民元以来云南曾受高等教育人数及科别统计表》，见《续云南通志长编》中册，第839页。省立专门学校包括省立法政专门学校、高等师资训练，以及未注科别及专科讲习之类。

② 《续云南通志长编》中册，第844页。

③ 《二十七年度云南省立中学设施一览表》，《续云南通志长编》中册，第849~850页。

私立学校，民国元年始有设立，初有私立一中、正则、成德等校，以后屡有建撤。其中成德较具规模。总的来说，抗战前私立中学甚少。到1938年，全省私立中学共有求实、南菁、铸民（江川）3所。

云南中等师范学校，始办于清末。光绪三十二年（1906），全省各地创办师范传习所，除省城设1校外，各府州共设17校。两年后，师范传习所改为师范学堂。宣统三年（1911），各属师范学堂因经费支绌，悉数停办，而于省立一、二、三中办初级师范科。民国二年（1913），全省设立7所师范学校，以后屡有增减撤设。至1936年，全省共有14所省立师范学校，1938年达33所。县立师范学校亦多有所设，至1938年，全省县立简师44所。

云南中等职业学校，自清末开办以后不断发展。省城办的蚕桑学堂，后为农业学堂，民国以后改为农业学校、省立昆华农业职业学校，各个时期根据需要开设过不同科目、班次。1936年全省又设官渡、玉溪、开远、宾川初级农校4所；一些县也设立过农业职业学校。工业职业教育方面，最初办高等工矿学堂，民国后改为工业学校、甲种工业学校，1930年改为省立第一工业学校，后又改为省立昆华工业职业学校。商业职业学校除昆明市立中学中设商业班外，1936年，省会设鼎新初级商业职业学校，专办商业科。此外，1936年还设立过昆华高级护士助产职校和昆明庆云初级工艺职校。次年，又充实昆华、农工两校，改为高级农、工职校。1938年，又设安宁小龙洞制陶职校和昆华女子初级家事科职校。至此，全省省立职业学校共有11所，教职员共207人，在校学生1572人，毕业学生共290人。

总的来说，抗战以前的云南中等教育经历了两个阶段：从初创到初步发展，具有一定规模，但仍较内地落后。

（二）初等教育

清末各地所设的小学堂，民国以后一律改称小学校，家长都积极送子女上新学。小学分初、高两等，又有省立、市县立和私立之别。初等小学发展尤快，民国三年至四年（1914~1915），全省初小较清末小学学堂数增加1倍还多。高小亦有发展，乡立、县立高小纷纷成立。据统计，民国十九年（1930）省教育厅开始在全省实施义务教育，这一年，全省计有小学 4931 校，学生 19.5 万余人。以后经过发展，至 1934 年，全省小学共有 10438 校，学生 44.8 万余人，较 1930 年增加了 1 倍以上，但学生人数仅占全省学龄儿童总数的 26%。[①]

云南省少数民族众多，且多居住在边境地区，针对这一特点，1930 年 4 月省政府先后制定并公布了《实施边地教育办法纲要》，规定少数民族较多的地区为实施边地教育的区域。1935 年 9 月，省教育厅又制定并公布《实施苗民教育计划》等文件，规定对藏族、傣族、彝族、苗族、佤族、傈僳族、怒族、独龙族、拉祜族等少数民族的儿童施行"苗民教育"，在边境县份设立了边地简易师范和 35 个"土民"小学。这些边地小学计有学生 5722 人，教员 218 人。[②]

总的来说，抗战前数十年间，云南初等教育不断发展，特别是结合省内少数民族的特点开展工作，并取得了一定成绩。然而与内地相比，由于山高水低，居民分散，经济贫困，学龄儿童入学率很低，整个云南初等教育还是很落后的。

三、留学教育

中华民国建立后，从蔡锷军都督府开始，深感培养人才于云南建设的重要性，为此不断派出留学生前往欧美和日本。至全面抗战前，云南派出留学人数可观，国别也较清末多，不少人学成归来，对民国前期云南的发展做出了重要贡献。

据云南省教育厅统计，1912～1938 年，云南赴海外留学者共 218 人。其中工科 60 人，政法 37 人，农科 18 人，医科 14 人，理科 13 人，文科 11 人，商科 7 人，体育 5 人，艺术 4 人，音乐 3 人，其他 46 人。[③]

（一）留学欧美

1. 1913 年

1913 年，云南军都督府教育司通过考试，在全省报考的数百人中录取了 28

---

① 《云南教育大事记》，昆明：云南大学出版社，1989，第48、54页。
② 《云南教育大事记》，第49、56页。
③ 陆蔚：《近代云南的海外留学教育》，载《昆明史志》，2012（2），第41页。

人，派赴欧美。[1]

留美 7 人：董泽、任嗣达、卢锡荣、杨克嵘、周恕、缪云台、范师武，分别学习政治、工业、农业等科；

留法 5 人：李汝哲、姜汝章、窦志鸿、秦教中、柳希权，分别学习政治、军事、工业等科；

留比 2 人：熊庆来、杨维俊，学习矿冶；

留德 2 人：何瑶、段纬（伟）；

赴香港[2]留学的 12 人：姚光裕、李炽昌、王承才、张裔昌、陆万钟、吴永立、毕近斗、何昌等，分别学习工艺、医药、电气等科。

上述留学生中，缪云台、董泽、熊庆来、段纬（伟）等人成绩优秀，回国后对云南发展贡献突出。

缪云台（1894~1988），原名缪嘉铭，字云台，以字行，云南昆明人。1913年公费留美，学习矿冶，先后就读于美国堪萨斯大学、伊利诺伊大学、明尼苏达大学。1919 年回国，历任云南个旧锡务公司总经理、省政府委员兼农矿厅厅长、云南劝业银行经理、云南富滇新银行行长、省经济委员会主任等职。其间，解决了个旧大锡精炼问题，使云锡直接进入国际市场；征收洋货入口特捐，在管制外汇时与法商进行斗争，既增加省财政外汇收入，又维护了国家关税主权。抗战全面爆发后，在修筑滇缅公路和安排接待美国盟军等方面积极奔走，贡献卓著。抗战胜利后任国民政府行政院政务委员、处理美援物资救济委员会主任、国大代表、立法委员。1949 年去香港，次年赴美侨居。1979 年回国，曾任第五届全国人大常委会委员、第五届全国政协常委、第六届全国政协副主席。

董泽（1888~1972），白族，云南云龙人。1907 年官费留日，1912 年考取公

---

[1] 云南省留学人员联谊会编：《云南百年留学简史》（1896~2013）第一辑，北京：中国社会科学出版社，2016，第87页。

[2] 1840年以后，清政府与英国签订了一系列不平等条约，英国据此先后割占香港岛（《南京条约》，1842年）、九龙半岛（《北京条约》，1860年），强租新界地区（《展拓香港界址专条》，1898年）。因此，当时将赴香港求学视为留英。

费留美，入哥伦比亚大学，攻读政治及教育学科。留日、留美期间，曾回国参加辛亥革命和护国运动。1917 年再度赴美深造。1920 年回国后，奉命筹建东陆大学，1922 年起任东陆大学校长 8 年。之后任云南教育司司长、交通司司长、云南富滇新银行总办。

熊庆来（1893~1969），云南弥勒人。1913 年公费留学比利时，1915 年到法国巴黎，转巴黎高等矿业学校，又先后到格勒诺布尔大学、巴黎大学、蒙彼利埃大学和马赛大学学习，专攻数学。1921 年回国任教，先后参与创办东南大学、西北大学和清华大学三校算学系、清华算学系研究部。1933 年，再次赴法从事数学研究，1934 年获法国国家理科博士学位。当年 7 月回国，出版《高等算学分析》。1935 年，中国数学会成立，熊庆来为董事之一，《中国数学会报》创办，为编委之一。1937 年起任云南大学校长，长达 12 年，成绩卓著。1949 年到巴黎参加联合国教科文组织第四次会议，会后在法国治病并从事研究。1957 年回国，在中科院数学研究所任研究员。熊庆来是我国近代数学研究与高等数学教育的奠基者之一，为我国培养了许多杰出的数学家和物理学家，如华罗庚、陈省身、杨乐等。

段纬（伟）（1889~1956），白族，云南蒙化（今巍山）人。1913 年公费留德；1916 年改为留美，入普渡大学学土木工程；1921 年入麻省理工学院航空科，学飞机制造；继入法国里昂大学，获土木工程硕士学位；1923 年转入德国学习飞机驾驶。1925 年回国任东陆大学土木工程系教授。1926 年任云南航空大队副大队长、大队长，是云南航空事业的开拓者。1928 年任云南公路总局技监（总工程师），主持滇黔公路修筑；1938 年任滇缅公路总工程处处长，负责修筑滇缅公路，为中国抗日战争做出了重要贡献。

2. 1916~1922 年

根据 1922 年调查，1916~1922 年云南派出官费留学生共 21 人。其中，留学欧美的 17 人，在香港留学的 4 人。

留学欧美的 17 人中，留美 7 人：李炽昌、李昌、李廷规、王承才、张鸿翼、袁丕佑、郜重魁；留英 2 人：卢锡荣、柳灿坤；留法 7 人：柳希权、秦权中、张伯简、徐锐嘉、吕其昌、陈绍康、余名，其中后 5 人为勤工俭学生，每年仅发津贴滇币 300 元；留德 1 人：丁志远，原为留法勤工俭学生，后转留德。

留学香港的 4 人为：吴永立、张间孝、李祖佑、周伟。

上述留学人员中，值得一提的是赴法勤工俭学的代表人物张伯简，后来成为中共早期的革命家。

张伯简（1898~1926），白族，云南剑川人。1917 年曾在驻粤滇军中当军官，1919 年冬赴法国补习法语，1920 年底入博利午工业学校勤工俭学。在法期间，积极参与赵世炎、李立三等组织的"勤工俭学学会"。是年冬转德国柏林勤工俭学，并在德国加入中国共产党，与李立三等组织"旅欧中国少年共产党"。同年冬赴苏联莫斯科东方劳动大学学习。1924 年回国任上海大学政治经济学教授，在上海从事工人运动，从事党中央的宣传工作、团中央工作、上海总工会工作等。1925 年，到广州担任中共广东区执行委员会委员、两广区委军委书记。1926 年任第六届农讲所教员。省港大罢工期间，任中央罢工委员会书记。同年 8 月因劳累过度病逝。

在上述名单之外，还有一位于 1916 年留美勤工俭学的学生赵述完。

赵述完（1896~1978），云南通海人，1913 年赴上海复旦大学中学部就读。

毕业后赴美勤工俭学，考入普渡大学学习电机工程。1922 年获硕士学位回国，参加创办东陆大学，后任云南省无线电总局工程师、电话局局长等职，为昆明电机电讯事业做出了贡献。

3. 1924 年"庚款"留美

云南"庚款"留美学生目前知道的仅有 1 人：施滉。

施滉（1900~1933），白族，云南洱源人。1917 年，考入"庚款"清华留美预备学校插班生。1919 年参加五四运动，参与发起

图 5-2：施滉

成立了清华学校第一个进步社团——"暑假修业团"，1920 年改名"唯真学会"。
1923 年秋，被选为清华学生会会长，同年在广州见到了李大钊。1924 年 7 月，
赴美国斯坦福大学学习。1927 年 3 月，加入美国共产党，当选美共中央中国
局首任书记，此后，在美共中央领导下，在华侨和留学生中宣传共产主义和中
国革命，建立党组织。1928 年 12 月，被美共中央派往古巴、加拿大发动华侨，
开展组织工作。1929 年秋受党组织派遣莫斯科学习。1930 年秋回国，先后在中
共中央机关、香港海员工会等处工作。1933 年被党派往河北，先后担任河北省
委委员兼宣传部部长、中共河北省委书记。不久，被叛徒出卖被捕，1934 年初，
惨遭杀害，年仅 34 岁。清华大学图书馆门厅正面墙上有施滉纪念碑，题词中
称："他是清华最光荣的儿子，他是清华最早的共产党员"。

4. 1933 年省费留学欧美

1933 年云南省出资的第一批省费留学欧美共有 4 人。4 人中留美 3 人：杨
家凤、徐继祖、熊廷柱。杨、熊进入密苏里大学，徐入密歇根大学。留英 1 人：
张铭鼎，入夏斐德大学。

这 4 人中，杨家凤和徐继祖学有所成，回国表现杰出，为云南教育事业做
出了重要贡献。

杨家凤（1896~1962），白族，云南鹤庆人。1923 年任昆华中学校长，1933
年赴密苏里大学学习教育，获博士学位后回国，继任昆华中学校长，1940 年后
任云南大学教授、总务长、训导长。1956 年后，任昆明工学院教授。

徐继祖（1896~1982），云南弥勒人。1923 年任省立第一中学校长，1932 年
任省立第一师范学校校长，1933 年赴密歇根大学学习，学成归国后 1936 年任东
陆大学教授兼教育系主任、教务长，并创办云大附中。1937~1942 任昆华中学
校校长，1942 年任西南联大师范学院教授，1948 年、1949 年兼任云南省参议会
议长。中华人民共和国成立后，任昆明师范学院教授。

5. 1936 年在欧美的留学生

1936 年，云南省教育厅统计（根据发汇奖学金及回国旅费文件），在欧美
留学的尚有 8 人。其中，留英 1 人杨振镛（雯斐大学）；留法 3 人：杨季文、

杨继仪（里昂大学）、苗仲华（汉诺威工业大学）；留学香港 4 人：邵俊、方楷、蔡维坤、张家宁（香港工科大学）。

值得注意的是，在众多的留学生中，堪称人杰者，分别是 1917 年留美的何瑶、1919 年留美的华秀升，以及 1934 年留法的姜亮夫、廖新学。

何瑶（1894~1968），云南石屏人。1917 年留美，入普渡大学学习机械工程，获学士学位。1925 年回国，任东陆大学教授，1932 年起代理东陆大学校长五年，其间恢复了云大附中，筹建医学院。

华秀升（1895~1954），蒙古族，云南通海人。清末进入清华学堂，1919 年保送赴美留学，入密苏里大学，1921 年毕业后获文学学士。同年 9 月，他考入佛罗里达大学研究生院，主修历史和政治，1922 年毕业并获硕士学位。同年又考入哥伦比亚大学，攻读经济学博士学位。1924 年回国后，任东陆大学教授兼文科主任，还兼高等师范学校校长、美术学校校长。1925 年任东陆大学副校长、代校长，1946 年任云南省财政厅厅长。

姜亮夫（1902~1995），云南昭通人，1926 年考入清华大学国学研究院，攻语言文字学。1934 年自费留学法国，其间遍历巴黎、罗马、柏林等地图书馆、博物馆，拍摄、摹录数千件敦煌文献和中国古代艺术珍品，编成出版《瀛涯敦煌韵辑》，这是敦煌语言学的奠基作品，后又出版《敦煌学概论》等著作，享有国际盛誉。他在文学、语言学、历史学等方面都有突出建树，也是楚辞学的大师。历任复旦大学、河南大学、东北大学、云南大学、昆明师范学院、浙江大学教授。

廖新学（1902~1958），云南富民人，自幼喜爱画画。1929 年任昆明民众教育馆艺术部主任，向当时在云南省立美术学校任教的日本雕塑家吉川保正学雕塑。1932 年考入南京中央大学美术系，师从徐悲鸿。1934 年留学法国，1936 年考入法国高等美术学院雕塑系。他勤工俭学，刻苦学习，成绩优异。1937 年其半身男雕像第一次获法国春季沙龙奖，半身女雕像获世界博览会银质奖，雕塑少年头像被用作 1939 年的法国明信片画。1943 年毕业后，在巴黎从事美术创作，曾到意大利、英国、瑞士、比利时等国观摩考察，创作出不少优秀作品。其《白孔雀》《黑天鹅》等 6 件大型雕塑作品获 1945 年国际沙龙金奖艺术之友，1946 年男立像获沙龙竞赛金质奖。当时的《巴黎报》评价说"廖新学是欧洲最具有影响的中国画家之一"。同年法国独立艺术家协会支持他在巴黎举办了"廖新学中国画展"。巴黎画坛称他是"中国美术家中的天才"。1948 年回国，1950 年任昆明师范学院教授、艺术系主任，1958 年英年早逝。他为云南培养了第一批美术人才，是中国现代雕塑的先驱之一，云南现代雕塑绘画艺术教育的奠基人。

（二）留学苏联

1924 年，孙中山改组国民党，实行"联俄、联共、扶助农工"三大政策，之后实行国共合作。国共两党均派人留学苏联。1925 年为纪念孙中山，国民党还与苏共联合创办"中山大学"。1927 年，蒋介石背叛革命后，中共继续派人留苏。云南留学苏联的人员亦主要为中共方面，重要人员有李国柱、张经辰、周保中等。

李国柱（1906~1930），云南巧家人。1919 年入云南省立第一中学读书，1924 年在省一中创立"青年努力会"，这是当时昆明进步学生的核心组织。1925 年在上海读书的中共党员张永和回昆明开展活动，发展李国柱加入共青团，并在省一中建立团支部，李国柱任书记。1926 年，经团中央党组织批准，李国柱加入中国共产党，成为在云南省内入党的第一个中共党员。后来李国柱赴上海向团中央汇报工作，被派赴莫斯科中山大学学习。1928 年 10 月，李国柱从苏联学习结业加国，后返回云南，担任中共省临委委员、共青团云南省委书记、中共云南省委委员。由于叛徒出卖，1930 年 12 月上旬李国柱被捕，31 日与王德三、张经辰、吴澄等遇难，年仅 25 岁。

张经辰（1903~1930），云南盐兴（今禄丰）人。1917 年考入省立一中。后考入"南满"医科大学。1925 年考入北京大学预科，同年加入中国共产党。1927 年"四一二"政变后，党中央派他到莫斯科中山大学学习。1929 年春，先回上海再到云南，任中共云南省临委委员、宣传部部长、代理省委书记。1930 年，遭反动派逮捕，12 月 31 日，与王德三等人同时遇难。

周保中（1902~1964），白族，云南大理人。云南讲武堂第 17 期毕业。1926 年加入国民革命军，历任营长、团长、副师长等职，参加北伐战争，率部英勇作战，屡建战功。1927年加入中国共产党。1928年受中共中央派赴苏联学习军事，先后在东方劳动者共产主义大学和国际列宁学院学习。1931年九一八事变后，奉命回国到东北参加领导抗日工作，1935年后历任东北反日联合军第五军军长、东北抗日联军第五军军长，1937年10月起先后任东北抗日联军第二路军总指挥、中共吉东省委书记。中华人民共和国成立后，任云南省政府副主席、西南军政委员会政法委员会主任兼民政部部长等职。1956年党的"八大"上当选中央候补委员。

（三）留学日本

清末，云南主要留学目的地是日本；民国前期仍有大批学生赴日留学。

1. 1913年的留日学生

1913年北洋政府选派公费留日学生，云南共选送中等以上学校学生40人。赴日后，有的中途辍学回国。后来毕业的有20人（按其毕业学校排列）：

东京帝国大学：张福廷（海秋）；

京都帝国大学：李耀高、苏廷桢（民生）；

东京高等工业学校：胡邦翰、刘国树、廖方新等；

大阪高等工业学校：李德和、刀成英、黄福生；

长崎医学专业学校（后改为医科大学）：刘辉先、张德辉、倪守仁、邓晶、戚景藩；

日本蚕桑学校：赵良壁；

东京农科大学：杨振坤、饶发枝、杜家瑜；

名古屋医学专科学校（后改为医科大学）：段世德；

神户商业学校：杨宝昌。

这20人中，值得一提的是张海秋。

张海秋（1891~1972），白族，云南剑川人。1913年公费留日，1918年毕业于东京帝国大学农林部林科。回国后受聘于江苏省立第一农业学校任林科教员，1922年春北上，任北京农业专门学校教授，次年春再返江苏省立第一农业学校任教，1924 年任江西农业专门学校林科主任。1929 年国立中央大学农学院森林学组改建为森林系，受聘担任教授、系主任。从 1939 年筹办云南大学森林系开始，历任系主任、农学院院长、总务长、训导长、教务长、代理校长等职。因此，张海秋是云南高等林业教育的创始人和中国现代林业教育、林业科技先驱之一。

据资料显示，1913 年留日学生中另有公费生 6 人（未毕业）、自费生 6 人。

公费生 6 人及其就读的学校：刘青藜（东京高等商业学校）、兰汝芳（山口高等商业学校，后转明治大学校、商业大学预科）、张国士（东京高等工业学校预科）、孙时（东京高等工业学校预科）、邵世俊（秋田山专门学校）、曹观仁（大阪高等商业学校）。此 6 名档案记载的留日学生，应是未毕业的。

自费生 6 人：张培兰、魏尔晟、黄静源、张法成、黄元鼎、曹观斗。除了张法成在志成学校学习外，其他 5 人毕业于东京志成学校，后在正则英语学校，预备考高等学校。

2. 1922 年在日本的留学生

1922 年调查，云南在日的留学生共有 39 人，其中官费生 25 人，自费生 14 人。[1]

官费生 25 人及其学校是：李晖阳、萧寿民、李乾元、苏霖剑、李耀商、周锡夔、戴时熙（以上 7 人就读于东京帝国大学），李煜、江向宸、戴鸿猷、张铭动、张景、寸树声（以上 6 人就读于东京高等师范学校），陈绍虞（东京高等工业学校），邓鸿蕃（京都第三高等学校），陈仲梅、萧家（以上 2 人就读于京都第七高等学校），陈怡文、吴仲伉、陈开动、刀成英、赵鹏（以上 5 人就读于大阪高工），明增愿（京都府立医科大学），张德辉、明增龄（以上 2 人就读于长崎医学专门学校）。

自费生 14 人及其学校是：邓泰坤（大阪高工选科），李苏翰、罗佩铭、罗泽（以上 3 人就读于日本大学），陈春培、李家莫、段承衡（以上 3 人就读于东

---

① 云南省教育厅：《云南教育公报》，1922-1-9，云南省教育厅公报处发行处。

亚预备学校），叶仁基（已入联队），叶家祥（大森体育学校），杨赵丕欣（东亚明华女子医院），叶光、赵庭、赵书、赵凤英（以上4人就读于预备）。

以上39人中，有2人值得一提：寸树声、张德辉。

寸树声（1896~1978），云南腾冲人。1918年冬赴日，先后在东亚预科、东京高等师范学校、九州帝国大学经济系学习，获经济学学士学位。九一八事变后回国，在北平大学、西安临时大学、西南联大任教。1937年他回家乡办学，创办云南第一所华侨学校——益群中学。1944年加入民盟，1950年初任第一任腾冲县长，年底到云南大学工作，后任教授、秘书长、教务长、副校长等职。1957年加入中国共产党。

张德辉（1895~1971），云南腾冲人。1913年赴日，入长崎医学专门学校（后为医科大学）学习，1920年毕业，在日当医生。1923年回国，先在上海开设东方医院，1929年在腾冲开设东方医院。1942年日军占领腾冲，应乡绅要求，被迫当日军的翻译、腾冲伪维持会副会长，但暗中与游击队、抗日政府联系，使抗日队伍取得几次伏击敌人的胜利。1950年后曾任腾冲县政协副主席、县人民政府委员。

这里还要专门说一下1921年自费留日的杨杰。

图5-3：杨杰

杨杰（1889~1949），云南大理人。曾两度留日，第一次是清末的1907年，入日本陆军士官学校。1921年，作为云南陆军留日学生监督，并有中将军衔的他，再次东渡日本。然而他放弃监督职务，仅以中校身份自费考入日本陆军大学。回国后，参加北伐战争，曾任国民党陆军军官学校校长、中央陆军大学教育长和校长等职，著有《国防新论》《军事与国防》《战争要诀》等，是民国时期的军事家和军事教育家。抗战初期任国民政府驻苏联大使。抗战胜利后因反对蒋介石发动内战，1949年被特务杀害于香港。

3. 1926~1931 年在日留学生

1926 年，云南每年派 14 名留日学生，后来增至 20~25 名，1931 年增至 30 名（含女生 5 名）。与此同时，政府还鼓励自费出国。这一期间赴日留学的具体情况还有待进一步挖掘。

值得强调的是，留日学生大都具有爱国热情，面对日本侵华行径，他们采取回国行动来进行抗议。其中，艾思奇、郑易里堪称代表。

艾思奇于 1927 年赴日留学。1928 年 5 月 3 日，日本帝国主义制造"济南惨案"，杀死中国军民 4700 多人。艾思奇为抗议日军侵华罪行，遂与"留日各界反日大同盟"的志士一起回国。1930 年，为完成学业，他再度留日，考入福冈高等工业学校采矿系。1931 年九一八事变，日本帝国主义侵占东北，激起中国留日学生的反抗。艾思奇再度弃学，与许多爱国留学生归国。至 1931 年底，云南留日的公费、自费留学生几乎全部返国。

郑易里，云南玉溪人。1927 年赴日，入东京工业大学学习纺织。1928 年"济南惨案"发生，郑易里愤然回国，同年底加入中国共产党。后来组织翻译出版《资本论》，编纂大型《英华大词典》。

4. 1936 年在日留学生

云南省教育厅根据发汇奖学金及回国旅费文件统计，1936 年在日本留学的学生尚有 13 人。[①] 他们是：

雷廷芳、张静芳（东京女子医学专门学校），孔祥樾（东京武庄高等工业学校），王烈、蒋宝祥（早稻田大学），王谦（京都音乐学院），高衮父（东京第一高等学校），杨式谷（东京政法大学），毛达庸（东京铁道局实习生），毛友竹（福冈明治专门学校研究生），马季唐、侯奉瑜（东京帝国大学），吴诚梅（东京工业大学）。

（四）留学埃及

民国年间，从 1931 年至 1938 年，中国留学埃及的学生一共有六批 35 人。

---

① 转引自云南省留学人员联谊会编：《云南百年留学简史》，中国社会科学出版社，2016，第113~114页。

其中，云南籍学生 10 人。

第一批，由云南明德中学派遣，共 5 人，都是云南人：沙国珍、纳忠、马坚、张有诚、林仲明。1931 年赴埃。

第三批，由云南明德中学派遣，有 3 人是云南人：纳训、马俊武、林兴华。1934 年 3 月到达埃及。

第四批，由上海伊斯兰师范学校派遣，有 2 人是云南人：林兴智、马有莲。1934 年 5 月到达埃及。

赴埃及留学，即进入爱资哈尔大学。这所大学始建于 970 年 4 月 2 日。它不仅是一所大学，还是伊斯兰文化教育的基地。

云南赴埃留学的 10 人中，沙国珍是第一批赴埃的领队。

沙国珍（1884~1970），回族，昆明人，祖籍大理。先后毕业于云南政治学校、香港圣保罗英语学校。1929 年任明德中学修学主任，1931 年底率云南留埃学生赴埃。1933 年被聘为爱资哈尔大学中国学生部部长。1939 年回国，曾任明德中学校长、五华中学英语教师。

留埃学生学习努力，大多学有所成，回国后也成绩卓著，译著丰硕，影响深远。成就最为突出的是马坚、纳忠、纳训、林仲明、张有诚。

马坚（1906~1978），回族，云南个旧人。1928 年到上海伊斯兰师范学校学习。1931 年赴埃及爱资哈尔大学留学。1939 年回国，先后在上海、南京、重庆、北京等地从事阿拉伯文化经典翻译和教学工作。中华人民共和国成立后，任北京大学东方语言学系主任。其主要贡献有：把《论语》译成阿拉伯文，把《古兰经》译成汉文；主编《阿拉伯语汉语辞典》；将孔子、老子哲学介绍给阿拉伯世界；在北大创建阿拉伯语专业；出版专著《中国回教概论》《穆罕默德的宝剑》《回教哲学》《伊斯兰哲学史》《回教教育史》《阿拉伯通史》《回历纲要》《回教真象》《教义学大纲》。马坚是留埃群体中最具代表性的学者之一，为文化交流做出了积极的贡献。

纳忠（1909~2008），回族，云南通海人。1931 年留埃，在爱资哈尔大学攻读 9 年，获该校最高文凭"学者证书"。1940 年回滇，在昆明明德中学任教务主任、代校长，后赴中央大学任教授。1947 年回滇，任云南大学教授 11 年。1958 年奉调北京外交学院、外国语学院任教授、系主任。曾任全国政协委员、中国非洲史研究会会长等职。作为中国研究阿拉伯历史文化的著名学者，其著述丰硕，主要有《回教诸国文化史》、《阿拉伯通史》（上下卷）、《阿拉伯语课本》等教材，主持编写了《阿拉伯语》（10 册）等编著译著多种。2001 年荣获联合国教科文组织颁发的首届沙迦阿拉伯文化国际奖，这是我国阿拉伯语学者获得的最高奖项。

纳训（1911~1989），回族，云南通海人。1930 年考入明德中学，1934 年赴埃留学，入爱资哈尔大学，专攻阿拉伯文。1936~1939 年翻译阿拉伯文巨著《一千零一夜》6 卷，国内出版前 5 卷更名为《天方夜谭》。1947 年回滇，任明德中学教务主任、校长，后调云南民族学院工作。1956 年调省文联，译完并出版《一千零一夜》（1958）。1959 年调人民文学出版社，至 1984 年《一千零一夜》全译本 6 卷出版（共 210 万字）。

林仲明（1915~2005），回族，云南蒙自人。1931 年留学埃及。1940 年回国，在重庆广播电台用阿拉伯语广播宣传抗战。1945 年在中国驻阿拉伯大使馆工作，1951 年回国，任云南回族联合会秘书，后调北京国际关系学院任教。

张有诚（1902~1987），云南蒙自人，出生于文山。1931 年留埃，1939 年获爱资哈尔大学博士学位。1940 年回国，在蒙自沙甸办学建养成学校，任校长。中华人民共和国成立后，继续从事教育事业。

（五）国内求学

云南学子求学之途，除了海外，更多的是国内。民国以后，国内求学人数逐年增加。1925 年，云南开始定国内滇籍学生津贴名额为 100 名，且限读国立大学；1930 年名额增至 150 名，公私立大学皆有，其中国立为 120 名；1932 年又扩大到 200 名。[①] 当时云南学子求学的主要国立大学有：中央大学、中央研究院、北京大学、清华大学、北平大学、北平师大、东北大学、同济大学、交

---

①《续云南通志长编》中册，第838页。

通大学、武汉大学、浙江大学、中山大学、四川大学等；私立大学有：金陵大学、复旦大学、震旦大学、燕京大学等。

据统计，从 1912 年至 1938 年，云南在国内高等教育学成毕业者共计 2337 人，其中到省外求学者至少为 346 人（国立大学 236 人，国立专门学校 110 人）。[①]

云南省教育厅根据领奖学金及汇款证统计的《云南省国内留学生一览表》[②]，列有从 1931 年至 1940 年国内求学学生共计 196 名，学校和单位 40 余个。其中，值得注意的有如下学生和学校：

学生姓名	学校	院系	入学及毕业时间
姜一鹗	国立中央大学	工学院土木工程系	1931.9～1938.6
方国瑜	国立中央研究院	历史语言研究所研究生	1931.12～1933 秋
惠国芳	国立北平大学	女子文理学院历史系	1931.9～1937.6
李埏	国立北平师大	文学院历史系	1935.9～1939.6
田汝康	国立北平师大	教育学院教育系	1935.9～1939.6
卢浚	国立北平师大	教育学院教育系	1936.9～1939.6
王宏道	国立北京大学	文学院史学系	1936 秋～1940.6
浦琼英	国立北京大学	理学院物理系	1936 秋～1940.6
邓尊六	国立中山大学	医学院	1931.9～1936.6
李群杰	国立中山大学	法学院政治系	1932～1936.6
江应樑	国立中山大学	文学院历史系研究生	1936 秋
徐天祥	国立四川大学	理学院数理系	1936.10～1940.6

上述名单中，简要介绍其中的方国瑜、江应樑、李埏 3 人。

①《续云南通志长编》中册，第839页。
②《续云南通志长编》中册，第828～836页。

方国瑜（1903~1983），纳西族，云南丽江人，先后毕业于北平师大、北京大学国学研究所。后又在南京中研院史语所，研究云南史地，编成第一部《纳西象形文字谱》。1935 年参与中英（缅）界务交涉，赴滇西边境考察。1936 年起在云南大学任教，历任教授、历史系主任、文法学院院长。1938 年参与《云南通志》编纂，与向达、楚图南等人主办《云南边疆杂志》。中华人民共和国成立后，致力云南地方史研究，1954 年遵照周恩来的意见，在云大历史系设立民族史教研室，开设云南民族史课程，是云南地方史、民族史的奠基人，被誉为"南中泰斗""滇史巨擘"。主要著作有《云南史料目录概说》《中国西南历史地理考释》《彝族史稿》《滇史论丛》《抗日战争滇西战事篇》《方国瑜文集》等。曾任云南历史学会会长。

江应樑（1909~1988），广西贺县人。毕业于暨南大学、中山大学研究院，攻读人类学和社会学。曾在中山大学、珠海大学任教，先后到粤北、海南岛、滇西和大凉山地区进行学术考察，1948 年到云南大学任教授。中华人民共和国成立后，致力于云南民族史研究和教学，1979 年创建云大西南边疆民族历史研究所，任所长。著作丰富，有《云南西部"摆夷"研究》《摆夷的经济生活》《百夷传校注》《凉山彝族的奴隶制度》《泐史研究》《傣族史》《中国民族史》《明代云南境内的土官和土司》等。曾任中国人类学会会长、民族学和社会学会顾问。

李埏（1914~2008），彝族，云南路南（今石林县）人。1935 年以公费第一名进入北平师大，1938 年转入西南联大三年级借读，1940 年毕业，旋考入北京大学文科研究所，师从吴晗、钱穆等。1943 年在云南大学任教，长期从事中国古代史教学和研究，讲授中国古代史、唐宋经济史、中国封建经济史等课程。中华人民共和国成立后，在云大建立全国第一个封建经济史教研室，创建云大中国经济史学科，是现代中国商品经济研究的奠基者之一。著作丰富，有《唐宋经济史》《宋代史稿》《唐宋社会的等级分析》《中国封建社会经济史论集》《滇云历年传校点》等。曾任云南省图书馆馆长（兼）、省政协文史委副主任、云南中国经济史学会理事长。

第二节　史传、方志、地方丛书

民国肇建，时代更新，史志图书工作均开新气象。云南在史书方面主要记载了民国前期的两件大事：辛亥革命，云南光复；袁世凯复辟帝制，云南首举义旗，武装讨伐。志书方面，秉承传统，续编《云南通志》。图书方面辑刻《云南丛书》，工程可观。

一、史传

（一）《云南光复纪要》

这是 1913 年蔡锷任云南都督时倡导编写的。原稿 10 余万字，分为 10 篇：光复起源篇、光复上篇、光复下篇、军事纪要篇、迤西篇、迤南篇、援蜀篇、援黔篇、西征篇（援藏篇）、建设篇。由周钟岳总纂，赵式铭、张肇兴、郭燮熙分纂，全部书稿经蔡锷审改订正。

该书记述云南辛亥革命史实及 1912~1913 年间云南重大军政事务，编纂人员亲与其事，资料丰富，记载翔实，可视为云南辛亥革命文献中可信征的史料。全稿完成后，经蔡锷审订后拟付印，适蔡锷调京未印，全稿移存云南军都督府，后遗失。1919 年，云南文献委员会征求云南文献，此稿一度出现，但已残缺不全，未及整理，不久又复散失。

中华人民共和国成立后，经多方搜寻，至 1965 年，除"光复下篇"和"军事纪要篇"外，其余均已寻获。1962 年起，《云南文史资料选辑》以及 1985 年印行的《续云南通志长编》部分刊

图 5-4 :《云南光复纪要》

发和转录该书。1991 年，云南省文史研究馆和云南省社科院文献研究室以内部资料形式印制，2011 年，由云南省文史研究馆将其纳入"云南文史书系"正式出版。

（二）《天南电光集》

该书为辛亥革命云南起义后云南军都督府来往电文汇集，内容涉及都督府的施政方针，援川、援黔、援藏，以及滇西、滇南事务等各个方面。电文时间从 1911 年 12 月 25 日至 1912 年 10 月 5 日，是研究云南军都督府的重要资料。

电文汇集的编辑者为周钟岳，周钟岳时为云南都督府秘书长。周钟岳曾说，在他担任云南军都督府秘书长期间，为都督府所拟电文，皆都督蔡锷命意，后"择其稍重要者，汇为一编，颜曰《天南电光集》，云南光复以后之事，借此可略窥一斑矣"（《惺庵回顾续录》）。

该书曾有两种抄本，一为云南省图书馆所存《惺庵电光集》，一为云南省政协文史资料研究委员会所存的《电光集》。1980 年，为纪念辛亥革命 70 周年，云南大学历史系谢本书对两种抄本进行对照整理，整理时还参考了云南省图书馆、云南大学图书馆、石屏县图书馆所保存的云南军都督府法制局编辑出版的《云南政治公报》（旬刊）7 册，进行了校勘，并补充了部分电文作为附录。之后根据周钟岳原意，将电文集定名为《天南电光集》，收在《云南辛亥革命资料》一书中，1981 年由云南人民出版社出版。

（三）《惺庵回顾录》

这部书稿作者为周钟岳。全稿约 13 万字，所记从 1876 年出生至 1947 年，前后 72 年作者亲历之事。此书采用编年体形式，有时因一事牵涉数年，也间用纪事本末体。

1963 年云南省政协文史资料研究委员会收到该文稿，认为"作者在旧政界经历较长，职位较高，所记有关政治、军事、外交、教育等方面的重要资料不少，有相当的史料价值"，遂对文稿加以整理，"汰其个人家务琐事"，以"惺庵回顾录"（续录、三编、四编）为题，分别刊于 1963 年至 1965 年《云南文史资料选辑》第三、五、六、八等辑上。

（四）《云南首义拥护共和始末记》

记述云南护国起义和护国战争的重要文献，作者庾恩旸。

庾恩旸（1883~1918），云南墨江人，1904年留学日本学军事，加入同盟会。1909年学成归国，在滇军中任职，积极参与了昆明辛亥起义和护国首义。护国首义以后为云南督军署总参谋长，授陆军中将军衔，后任靖国联军总司令部参赞、靖国第三军军长等职。1918年2月，在贵州毕节行营被刺殒命，年仅35岁。作者著述颇丰，该书为其代表著作。

该书分上下两册，共七章，书前有黎元洪、唐继尧、章太炎、赵藩、李根源等的序言和作者的自序，1917年由云南图书馆出版发行。该书详细记述袁世凯称帝的缘起，云南首义之准备与计划，首义后各方面的情形，以及护国战争及其结束之部署。该书还收录了百余张民国初年云南军政机关和政要人物的照片，较为清晰，可谓珍贵的图片资料。由于庾恩旸是护国运动的重要参与者，且书中所述多为一手材料，因此该书具有较高的可信度，被认为是记述护国起义和护国战争最早、最权威的著作。

（五）《护国史稿》

记述护国史的重要文献，作者由云龙。

护国起义时，由云龙任护国军都督府秘书厅长，以所知事成是书。后有《护国元勋列传》，计收唐继尧等15人。

该书1946年定稿，1950年由昆明启文印刷所印，线装一册。

（六）《滇南碑传集》

本书为云南地方文献资料，辑纂者为方树梅，收录明清至民国初年云南各方面著名人物传记、碑铭406人，500余篇。诸如明代的杨一清、傅宗龙、担当、郑和、薛尔望等，清代的王宏祚、钱南园、程含章、马如龙、师荔扉、戴絅孙、陈荣昌、段野史等。本书纂辑者说："明清两代，五百余十年间可传之人物之碑传，于五百余十年间之政治、军事、教育、文化、风俗等，可以参见焉。"

全书共33卷（其中附录1卷），分为6册。书前有赵式铭、秦光玉等人所作之序。1940年由北京图书馆与哈佛燕京学社资助，上海开明书店印行。

考虑到该书出版已逾 60 年，加之原书行文为文言文、繁体字，没有标点，2000 年，云南省社科院组织李春龙、刘景毛、江燕对该书进行点校，并于 2003 年由云南民族出版社出版。

（七）《续滇南碑传集》

该书稿本是方树梅在《滇南碑传集》之后辑纂而成的。辑入民国时期的云南著名人物，尤以云南"辛亥起义、护国出师、抗日御侮三大役"的著名人物为主，旁及教育、文化、科学等，共 125 篇，加上补遗 7 篇，共 132 篇 122 人。其中不少篇目是方树梅本人撰写的。

《续滇南碑传集》是一部编成但当时尚未印行的稿本，共 9 卷。稿本有 3 份，分存于云南大学图书馆、云南省政协及云南省文史研究馆，内容完全一致，惟云大图书馆本附有已印《滇南碑传集》补遗 1 卷。

鉴于《续滇南碑传集》的史料价值，但又有其不足（主要是搜罗不够广泛，还有应收而未收者），20 世纪 80 年代，云南省社科院文献研究所及云南省地方志编纂委员会办公室决定对它进行补充、校点、印行，以供云南近现代历史研究者参考。经过数年的工作，共增补碑传 98 篇 66 人，全书总计 230 篇 188 人，书名定为《续滇南碑传集校补》，署名为：方树梅辑纂，云南省社会科学院文献研究所、云南省地方志编纂委员会办公室编。该书 1993 年由云南民族出版社出版。

二、方志

民国时期，云南方志工作成就斐然。1930 年，云南省政府按国民政府要求设立云南省通志馆。同年冬，省政府省务会议通过省主席龙云的提案，决定编纂一部新的云南通志和一部民国云南省志。之后，云南通志馆正式成立，周钟岳任馆长、赵式铭任副馆长（1939 年周调任国民政府内政部长，赵继任馆长），袁嘉谷、由云龙等 30 余人参与编纂。这些政界名流或是文化教育界耆宿的加入，表明云南修志工作盛况空前。通志馆主要完成了两部大型志书：《新纂云南通志》《续云南通志长编》。

此外，近代至民国年间，继清末《云南备征志》之后，云南还完成一大型史料汇编——《续云南备征志》。

（一）《新纂云南通志》

民国时期云南编纂的大型志书，1944年成书，1949年铅印出版，共140册。龙云、卢汉监修，周钟岳、赵式铭等34人编纂，秦光玉、方国瑜等人审订。

通志全书共计266卷，首卷录序言、纂修职名、凡例、总目，卷尾附编纂、校印始末。

通志时间上自古代（云南文化初开），下限在清宣统三年（1911）。体例与旧通志大体相同，但广采旧志所长，略古详今，所载事迹注有出处，且有一定正谬考校。工商矿业叙述甚详。

卷1~6为大事记；卷7~9为图，有恒星图、气象要素分布图、山川形势图、矿业分布及历代沿革图等；卷10~16为表，有历代建置沿革表、府州县面积方界经纬度表、历代职官表、历代使命表、历届纂修通志题名表和历代贡举征辟表；卷17为天文考；卷18~20为气象考；卷21~55为地理考，详分为地质、形势、山脉、江河、湖泽泉潭、疆域、津梁、城池、关塘、官署、古迹和冢墓；卷56~57为交通考，列目驿站、省道、铁路、航道、邮政和电报；卷58~65为物产考，列目动物、植物和矿物；卷66~70为方言考，列目各族语之比较，白文、彝文、僰文、么些文和怒子、古宗、傈僳语；卷71~80为艺文考，列目滇人著述之书和记载滇事之书；卷81~100为金石考，分前、中、后期；卷101~108为宗教考，列目佛教和其他各教；卷109~120为祠祀考，列目典祀、俗祀和寺观；卷121~126为庶政考，列目全省文武官制之递嬗、乡钦孝廉方正、荫袭、户籍保甲、警察和咨议局；卷127~130为军制考，列目历代军制、清代军制和历代马政；卷131~137为学制考，分古代和近代学制；卷138~142为农业考，列目田制、屯垦清丈和水利；卷142为工业考；卷143~144为商业考，列目金融、进出口贸易、商会、度量衡、市集、商场和商埠等；卷145~146为矿业考，列目金、银、铅、铁、锑和煤矿；卷147~149为盐务考，列目沿革、场产、运销和缉私；卷150~157为财政考，分岁入和岁出；卷158为币制考；卷 159~161 为荒政考，列目仓储、平粜、赈济和灾疫；卷 162~163 为边裔考，分边防和四裔；卷 164~168 为外交考，列目官制和中法、中英交涉；卷 169~172 为族姓考；卷 173~177 为土司考，列目制度、沿革、废官和世官；卷 178~262 为传，列目名宦、耆旧、列传、名贤、忠节、孝友、义行、宦绩、武功、儒林、文苑、实业、艺术、隐逸、列女、寓贤和释道；卷 263~266 为附录，分轶事和异闻。

该书共印 800 套。原稿存云南省图书馆。

（二）《续云南通志长编》

《续云南通志长编》（以下简称《长编》）时间上与《新纂云南通志》相衔接，从民国元年（1912）开始，至抗战胜利（实际上几乎包括了整个民国时期）。

根据《长编》所说，参加编纂人员甚多。其中，民国二十年（1931）之前的前部有 22 人负责编纂，民国二十一年（1932）以后的后部有 13 人负责编纂。1941 年，《长编》草稿已基本完成。1943 年，云南省政府组成了以秦光玉为主任委员，梁之相、张华澜、缪尔纾、方树梅、方国瑜、于乃义为委员的"云南通志审定委员会"。在审定期间，云南通志馆前馆长周钟岳在审读时对许多记述提出了异议，因此，直到 1949 年，《长编》还未能付梓。

1984 年，云南省志编纂委员会办公室又开始对《长编》原书稿进行整理、编校，1985~1986 年，《续云南通志长编》分上、中、下三册印刷出版。

《长编》原分 81 卷，21 大类，约 400 万字。其分类总目如下：

卷 1~10，大事（辛亥光复、护国、靖国、抗战）；卷 11，党务；卷 12~27，气象（气温、风向、风力、天气、降水、云南气象谚语）；卷 28~29，议会；卷 30~33，内政（官制、吏治）；卷 34~35，军务；卷 36~42，民政（团保、警察、户政、地亩、卫生、积谷、赈济、禁烟）；卷 43~47，财政（地方岁入、地方岁出、国家税收、金融、财务行政、会计、审计、附录）；卷 48~52，教育（教育行政及方针、教育经费、高等教育，中等教育、初等教育、义务教育、边地教育、社会教育）；卷 53，建置（官署、城池、街市、祠庙）；卷 54~55，交通（公路、铁路、驿站、邮政、电话、电报）；卷 56~60，盐务（场产、运销、征榷、缉私、职官、经费、借款、稽核）；卷 61~62，司法（司法行政、民刑案件统计、监狱、律师）；卷 63~65，外交（外交杂志、中法交涉、中英交涉）；卷 66~68，社会（礼俗、社团）；卷 69~72，农业（农民、耕地、农产、农场、水利、棉业、蚕桑、茶叶、森林、牧畜）；卷 73，工业（电力工业、机械工业、化学工业、矿冶工业、手工业）；卷 74~75，商业（市场、省内进出口贸易、主要进出口货、次要进出口货）；卷 76，宗教（佛教、天主教、耶稣教、藏传佛教、巫教）；卷 77~78，艺文（滇人著述之书、记载滇事之书、方志、期刊）；卷 79~80，金石（碑刻、摩崖、墓志铭等）；卷 81，人物（政事、武功、忠义、教育、文学、艺术、实业、节孝、有名无传者、通志馆编纂人物传略）。

（三）《续云南备征志》

云南地方大型史料汇编，秦光玉辑，32 卷。

秦光玉，呈贡人，云南昆华图书馆馆长。

清代道光年间前期，白族学者王崧编了一部大型丛书《云南备征志》，汇集了云南古代学者的文学、历史、地理、哲学、经济著作。秦光玉继王崧《云南备征志》之后，又将崧书未收之善本及嘉庆、道光以后近代记载滇事之重要资料编辑成《续云南备征志》。

《续云南备征志》初稿成于 1924 年，此后秦光玉不断增订，直到 1948 年他逝世前夕，才定稿为 32 卷。1949 年校印 6 卷，其余稿本存于云南省图书馆。

三、地方丛书

民国年间，由于文化界的努力推动，当局政要的支持，云南图书事业呈一时之盛，代表成果有《云南丛书》，值得一提的是三部丛录。

（一）《云南丛书》

民国初年，云南启动实施了一项重大文化工程：编辑刻印大型巨著《云南丛书》。此事堪称当时编辑出版界的一大盛事。

《云南丛书》是云南纂辑的地方文献汇编，由云南图书馆丛书处陆续出版。

赵藩、陈荣昌、袁嘉谷先后任总纂，由云龙、周钟岳、唐尔镛、秦光玉任总经理。选辑云南历史名著，分批刻印发行。已出初编、二编，按经、史、子、集分类。内容涉及文、史、哲、经以及天文、地理、民族、语言、宗教、医学、外事等。

初编，民国三年（1914）开始刻印发行，选定 152 种 1122 卷。凡是旧版尚存的以旧版印行；残缺或无存的或补缺，或另行刊刻；金石印谱之类以石印印行，也有用铅字排印的。至 1923 年，实际刻印 142 种 1064 册，另刻印《云南丛书总目》一册。初编纂首有唐继尧《云南丛书序》。各书首页均标卷、册数及作者籍贯姓名。初编经部有《周易标义》（3 卷，清弥渡李澍撰）、《诗经原始》（18 卷，广南方玉润撰）等 15 种；史部有《滇云历年传》（12 卷，清昆明倪蜕撰）、《滇系》（40 卷，清弥渡师范辑）、《云南备征志》（21 卷，清洱源王崧撰）等 12 种；子部有《三艾遗书》（2 卷，清邓川艾自新、艾自修撰）、《医门揽要》及《滇南本草》（均为嵩明兰茂撰）等 29 种；集部计 96 种，诗集较多，有《石淙诗钞》（15 卷，明安宁杨一清撰）、《李中溪全集》（10 卷，明大理李元阳撰）、《担当遗诗》（8 卷，明晋宁担当和尚撰）等。

民国十二年（1923）后又陆续增选辑刻，定名为《云南丛书二编》，计经部 9 种、史部 16 种、子部 4 种、集部 40 种，共 69 种，至民国二十九年（1940）已刻印 38 种 133 卷，有 31 种未刻。

初编、二编全计 221 种 1688 卷，已刻 180 种 1197 卷，未刻 41 种 491 卷。未刻稿本，多存云南省图书馆。

对于这项图书文化工程，当时的重要参与者梁之相说，《云南丛书》广泛收录了云南地方文献，使"有史以来，滇贤之宏作巨制网罗荟萃，群珍毕集，一省文献具焉。故欲知滇考滇者，舍此莫由"（《云南丛书提要》）。秦光玉认为："十余年间，共成丛收一百数十种，于厉兵秣马之秋，而作此征文考献之事，亦滇南文化史上一佳话也。"[1]

---

① 秦光玉：《滇文丛录·序》，1938。

（二）《滇文丛录》

云南典制文献总集，秦光玉主编，方树梅协编。民国二十七年（1938）成书，云南丛书处辑刊，总 100 卷。前载由云龙等人序，次列例言。卷首 1 卷载汉至元代滇文，总目 2 卷，作者小传 3 卷。卷 1 至卷末，分为 3 门 9 类，依秩编排：（1）著述门：包括论著（有论、辩、议、说、原、考、解、答、问等）、辞赋、序跋。（2）告语门：包括告令（有告示、谕令等）、奏议（即疏、折、表、对等）书牍（有书、函、柬等）、哀祭（即祭文哀辞等）。（3）记载门：包括传志、杂记。该书继袁文揆《滇南文略》而辑，所收多嘉庆以后文章，也补《文略》所未收录者编入卷首，书末有跋，共录 779 人所撰 2238 篇文章。后人称此书"荟萃乡梓先达之零珠碎玉于一帙"。

（三）《滇诗丛录》与《滇词丛录》

《滇诗丛录》为云南诗作之集大成者，袁嘉谷主编，100 卷，叙目 1 卷，附 1 卷。汇辑滇人诗作者，过去有《滇南诗略》（清袁文典、袁文揆辑）、《滇诗嗣音集》（清黄宗辑）、《滇诗重光集》（清许印芳辑）、《滇诗拾遗》（陈荣昌辑）四书。本书补四书之遗，辑各家之作，自汉迄民国初年，凡收 1700 余家。

《滇词丛录》，云南词作汇集，赵藩主编，3 卷，收录自元迄清滇人之词作，凡 51 家 444 首。

《滇诗丛录》《滇词丛录》与《滇文丛录》印行装订甚少，流传不广。三部《丛录》合为一套，收入《云南丛书》初编之中。

第三节　报刊

一、民国前期报刊发展概述

"滇处天末，风气晚开，文化落后，报馆之兴，始于清宣统二年，由钱用中等筹款创办《云南日报》。"① 此后，报刊就成了城市里文化生活不可或缺的部分。民国建立后，省城报馆日益增加。至民国二十年（1931），昆明已报馆林立。报纸给人们了解新闻及各方面的信息，带来了极大便利，"每一报出，几乎人手一纸，不出户而知世界大势也"②。当然，各种报刊反映了创办者的政治立场、诉求，以及它所代表群体的利益和心声。

自民国元年（1912）开始，云南每年都有新的报刊注册创办，少则一两家，多则十多家。其中，民国二年（1913）最少，只有一家刊物问世。民国十年（1921）则是注册创办最多的年份，达18家。这主要反映了新文化运动、五四运动给云南带来的影响。

由于人事变换、财力不济等各种原因，每年云南也有报刊停办。据相关资料统计，民国元年（1912）至民国二十年（1931）的20年间，云南注册创办的报刊共有157家；到民国二十年，全省在办的报刊还有28家（其中民国二十年当年注册创办的有8家），停办报刊达140家。③

二、龚自知：《尚志》杂志与《民觉日报》

在民国前期创办报刊的人物中，龚自知是一位不能不说的重要人物。他先后创办了三份报刊：《尚志》《民觉日报》《云南日报》。

龚自知（1894~1967），云南大关人。1913年秋入北京大学文科预科。④ 在校时，蔡元培任校长，陈独秀任文科学长和教授。陈独秀等人创办《新青年》，以科学民主为号召，反对旧礼教，提倡新道德，传播新思想新文化，以及马克思主义。龚深受影响。

---

① 《续云南通志长编》下册，第159页。
② 《续云南通志长编》下册，第159页。
③ 《续云南通志长编》下册，第159~166页。
④ 此预科与今日之预科不一样。据民国元年（1912）和民国二年（1913）颁布的"壬子学制"和"癸丑学制"规定：大学预科三年，本科三年或四年。这个学制一直执行到民国十年（1922）。

陈独秀、李大钊等主办的《新青年》杂志，是"五四"时期最著名的刊物

图 5-5：《新青年》杂志

图 5-6：《尚志》杂志封面

　　1917 年龚自知毕业回昆明后，与早一年回昆明的北大同学袁丕钧一起，仿效《新青年》，创办《尚志》杂志，自任主编。这是一份文史哲综合性学术刊物。龚自知在第 1 期发文《原道》，反对封建道学，宣传达尔文、赫胥黎的物竞天择、适者生存的思想。与此同时，他对马列主义也很倾心。1919 年 2 月，《尚志》转载李大钊《布尔什维主义的胜利》，系统介绍俄国十月革命和马列主义的一些观点。他还以《一九一九年》为题发表社论，指出："俄国一九一七年之革命，虽因缘于战争，而真因则在大多数之农人工人，不堪为大地主、大资本家所压迫，所谓共产均富种种运动，皆来自经济组织不良之反响。经济改组，洵人类此后必不可缓之要图，社会革命，洵人类此后必不可免之暴举，特在一九一九年，犹不过日之初生，泉之始达耳。"[1] 一方面宣传俄国十月革命，一方面又鼓吹进化论和改良主义，这反映出"初出校门的 20 来岁的知识分子处于

①《尚志》二卷三号（1919）。

十月革命到五四运动的大动荡时代,思想上歧途彷徨"①。《尚志》在当时有不小的影响,它存在了两年多时间。

1920年,滇军一批少壮军官赴日考察,龚自知应邀同行。这批少壮军官受五四运动新思潮影响,回昆明后主张革新云南军政,决定办一份报纸以唤起舆论。大家邀请龚自知为总编辑,龚自知又邀张若谷、郑崇贤等人担任撰述。当时的办报方针是:改革云南军政,反对唐继尧连年用兵侵略邻省,滥发滇币,大开烟禁;主张真正"废督裁军",厉行禁烟,兴办实业教育,休养生息。报纸在5月24日出版,连日发文,反对唐继尧废小督而就大督。唐继尧曾通电全国,主张废督裁兵,但又自称七省联军总司令。6月7日,龚自知撰时评《打破现状,与民更始》,矛头直指当局。唐继尧见报大为愤怒,暗中指使,将龚自知打成重伤,并封闭了《民觉日报》。②此事轰动昆明,云南学界对龚自知进行慰问,上海报界还发文赞扬龚自知。龚自知因此声名大振,为云南军政界上层所瞩目。

1927年"二六"政变,唐继尧下野,在后来云南四大镇守使的争斗中,龙云胜出。1929年,龙云派龚自知为代表到南京争取国民党中央的承认。南京政府正式任命龙云为云南省政府主席,龚自知被任命为省务委员兼教育厅长。从此,龚自知成为以龙云为首的云南地方政权中的重要人物,在云南政坛上发挥重要作用,其中一个突出方面,就是创办《云南日报》。

1935年,根据龙云的意图和决定,龚自知创办了《云南日报》。他以常务董事主持社务,并兼任编辑主任;选拔了一批有办报经验思想进步的知识分子为骨干,后来还容纳了共产党员唐登岷、杨亚宁、欧根等担任编辑记者。在5月4日创刊号上,龚自知亲撰社论《唤起民众与打开出路》,表达了办报方针:遵循孙中山遗教,唤起广大民众,致力国防建设、生产建设和文化建设,打开

---

① 龚自知:《五四运动在云南报刊的反应和对文体的影响》,见《云南文史资料选辑》第七辑,第174~183页。

② 龚自知:《五四运动在云南报刊的反应和对文体的影响》,见《云南文史资料选辑》第七辑,第174~183页。

通向民族复兴的道路。[①] 抗战全面爆发后，随着龙云联共、抗日立场的形成，《云南日报》宣传国共合作、全民抗战，旗帜鲜明，受到广大读者和爱国人士的欢迎和支持。

三、《救国日刊》等报刊的问世与云南的新文化运动

1918 年 5 月，段祺瑞北洋政府与日本签订《中日军事密约》。大批中国留日学生抗议回国，在上海组织"救国总团"。云南留日学生张天放、周锡麟、杨宝昌三人亦回到上海，并被派回滇。

图 5-7 :《滇声报》

6 月，张天放三人回昆，建立云南救国团，发动全省人民起来斗争。为了更好地发动民众，张天放等创办了《救国日刊》。这是云南全省第一家白话文的刊物。它经常转载《新青年》《向导》《新潮》等进步报刊的文章。白话文的特点和刊物的内容为它赢得了广大读者，在斗争中发挥了重要影响。

1919 年 3 月 6 日，云南救国团在昆明召开有 800 多人参加的国民大会。张天放等人在大会上发表演说，历

数日本侵华罪行，号召抵制日货；通电参加巴黎和会的中国代表团，坚决反对在卖国条约上签字。

5月4日，北京发生五四爱国运动，在北京大学学习的云南学生王复生、王有德参加了火烧赵家楼的行动，在清华学校就读的云南学生施滉在斗争中遭到逮捕。5月23日，云南省政府主办的《滇声》报道了北京五四学生斗争的消息。昆一中学生杨青田、张舫等闻讯，走上街头，散发传单，动员群众，抗议北洋政府卖国罪行。

6月4日，云南救国会参加省议会、省总商会、省教育会等在昆明金碧公园组织的近万人的国民大会。大会打出"还我青岛""挽回国权""誓杀国贼""毋忘国耻"的旗号。张天放等40余人登台演讲，会后举行了规模空前的示威游行。

6月6日，云南学生爱国会宣告成立（后改名"中华民国学生联合会云南支会"），杨青田当选会长。云南国民大会改称"云南各界联合会"，领导各界民众的斗争。

12月，云南各界联合会选派张天放等三人到上海参加全国各界大会，楚图南、柯仲平等十人应邀出席上海全国学联第一次代表大会。云南代表出席参加这两个重要大会，标志着云南各族人民的斗争融入全国五四运动之中，并做出了重大贡献。

五四运动之后，云南宣传新思想新文化的报刊如雨后春笋般地涌现出来。据统计，1919~1924年，全省有64种报刊问世。如1919年底聂耦耕主编的以"不患寡而患不均"为职志的《均报》，1920年10月杨青田等人创办的《滇潮》月刊，1921年龚自知创办的《民觉日报》，1923年面世的《曙滇》等。这些进步报刊刊登反帝反封建的文章，抨击军阀统治，传播新思想，介绍马列主义，推动着云南新文化运动深入发展。

《滇潮》在创刊号上旗帜鲜明地对文言文进行抨击，明确提出"白话文的精神，是时代的色彩"。文章说：文言文"文中词语，深奥晦涩，非有大学问的人，就不能解识它"，"文言文是古人的文学，白话文是今人文学"，"现代的新文学（白话文）是顺应时代的趋势和满足现代的需要而产生"。[①] 五四运动以后，包括云南省政府主办的《义声报》《滇声报》在内的云南大多数报刊都使用白话文，这就赢得了广大民众，扩大了传播面和影响力。

五四运动以后，一些学校开始用白话文授课，将《国语模范文选》用作教材。作文用语体文（白话文），受到广大青年学生热烈欢迎，"提笔作文，不再像从前那样焦头烂额，而是可以挥洒自如，容易脱手成章。不但文体解放，诗体也随之解放"。"总的来说，一九一九年前后，在云南的文体解放是逐步有所发展成为社会风气的，从外面运进来用语体文所编的各项中小学教本，在全省广泛使用；就地出版的书刊、报纸和工商界的广告，都逐步采用语体文。只有军政机关文告，一般还是沿用文言文，这是和他们的反动本质完全分不开的。"[②]

---

① 《滇潮》，1920年10月5日创刊号。

② 龚自知：《五四运动在云南报刊的反应和对文体的影响》，见《云南文史资料选辑》第七辑，第174~183页。

第六章

全面抗战时期的教育

1937 年 7 月 7 日，日本帝国主义发动全面侵华战争，华北及沿海等主要城市的高等学校纷纷内迁。一时间，大学流亡西迁，形成了中国历史上空前的文教大迁徙。据不完全统计，有六七十所高等院校迁到西南大后方。这些流亡大学保存了中国高等教育的精华，在抗战极端艰难的条件下坚持办学，为民族复兴培养了大批人才，极大促进了抗战时期的文化教育事业和其他事业的发展。

全面抗战期间，迁入云南的高等院校有十余所：国立西南联合大学（北京大学、国立清华大学和私立南开大学联合而成，以下简称"西南联大"）、国立国术体育专科学校、国立中山大学、国立艺专、国立同济大学、私立华中大学，还有外来文教单位在昆明创办的云南省立英语专科学校，加上原来的云南大学，抗战时期的昆明成为中国的教育中心之一。这些学校入滇时间先后不一，最早的是西南联大，在 1938 年 4 月，其余多在 1938 年底或 1939 年；这些学校在滇时间有长有短，短的数月，长的数年，为最者则是西南联大，长达八年。由于西南联大是由国内三所最著名的大学联合组成，在滇时间又长，因此，在众多迁滇的高校中，它最具代表性，对云南的影响也最突出。

第一节　西南联合大学

1988 年，在云南省隆重纪念西南联大暨云南师大建校 50 周年之际，美国专门研究西南联大历史的专家易社强（John Israel）撰写专文《西南联大五十周年纪念》，指出"正当国家大量借鉴于外国的时候，中国人却以他们的现代化教育制度引以为豪，而且在不到半个世纪以前，就能产生一所具有世界先进水平

图 6-1：国立西南联合大学旧址

的大学，这所大学的遗产是属于全人类的"[①]。

　　杨振宁在西南联大学习 6 年，他说，当时"本科生所学到的东西及后来两年硕士所学到的东西，比起同时美国最好的大学，可以说是有过之而无不及的"。他还说，"联大绝对是一流的大学"。[②]

一、"南清北合，联大花开"[③]

（一）三校联合

1. 三校概况

　　北京大学是中国第一所综合性大学，其前身是创办于 1898 年的京师大学

① ［美］易社强：《西南联大五十周年纪念》，载《云南师范大学学报》（校庆五十周年增刊），1988。
② 许渊冲著：《续忆逝水年华》，武汉：湖北人民出版社，2008，第48页。
③ 杨振宁：《追忆逝水年华》（英文版）序言（一），见许渊冲著：《续忆逝水年华》，第8页。

堂。1917年，蔡元培担任北大校长，从此北大开始了历史性的转变。蔡元培扫除了北大清末民初招收老爷式学生的官僚积习，以兼容并包的精神，罗致陈独秀、李大钊、鲁迅、钱玄同等国内学术界的精英，使北大始终走在新思想、新科学的最前面。

清华大学的前身是美国用"退庚款"于1911年创办的留美预备学校——清华学堂，带有浓厚的半殖民地色彩。1925年8月设立大学部，1928年改名为国立清华大学。1931年梅贻琦任清华校长，他在就职典礼讲话中提出了有名的"大师说"："一个大学之所以为大学，全在于有没有好教授。孟子说：'所谓故国者，非谓有乔木之谓也，有世臣之谓也。'我现在可以仿照说：'所谓大学者，非谓有大楼之谓也，有大师之谓也。'"[1] 他确立巩固了教授治校的制度，延揽了许多有学术声望的教授，使学校教学与学术工作空前发展。1936年，清华大学跻身中国一流大学之列，与中央大学、北京大学、交通大学，并称大学"四强"。[2]

南开大学的创办者张伯苓是中国现代教育最杰出的先驱人物之一。1904年张伯苓创办了私立敬业学堂，1907年改名南开中学堂，梅贻琦是南开学堂第一班高才生。1917年，41岁的张伯苓留学美国哥伦比亚大学师范学院并考察了美国私立教育情况，1919年在南开中学堂的基础上创办了南开大学。张伯苓选聘教师非常严格，不仅从国内各著名大学延揽优秀毕业生，而且留意从美国聘请留学生。由于张伯苓呕心沥血地以科学精神办学，遂使南开成为中国私立大学的典范，他本人在教育界亦声望甚高。

2. 抗战全面爆发，三校南迁

1937年卢沟桥事变后，教育部拟订了《设立临时大学计划纲要草案》，指出：国民政府"为使抗战期中战区内优良师资不至无处效力，各校学生不至失学，并为非常时期训练各种专门人才以应国家需要"，"特选定适当地点，筹设临时大学若干所"。其中北大、清华、南开组成临时大学第一区，设在长沙。[3]

---

① 杨东平主编：《大学精神》，沈阳：辽海出版社，2000，第353页。

② 参见李子迟编著：《晚清民国大学之旅》，北京：中国致公出版社，2010。

③《国立西南联合大学校史资料》，北京：北京大学出版社、昆明：云南人民出版社，1986，第72页。

7 月 29 日、30 日，平津相继沦陷，三校特别是南开遭到日寇的疯狂蹂躏，成为抗战后中国第一个罹难的高等学府。据初步统计，南开财产损失占当时全国高等学校全部战争损失的十分之一。当时正在南京的张伯苓义愤填膺，公开谈话："敌人此次轰炸南开，被毁者为南开之物质，而南开之精神将因此挫折而愈益奋励。"

8 月 28 日，教育部指定张伯苓、梅贻琦、蒋梦麟为长沙临时大学筹委会常委，教育部代表杨振声为筹委会秘书主任。临时大学本着适应战时需要的精神，将三校的院系作了合并调整，设立文、理、工、法商四个学院共十七个系。

9 月初，北大、清华、南开将迁长沙合组临时大学的消息传至三校，部分教授纷纷南下。三校以各种方式通知各地师生到长沙集中。至 10 月底，三校抵达长沙的教职员共 148 人，其中清华 73 人，北大 55 人，南开 20 人；报到学生共 1452 人。11 月 1 日，长沙临时大学正式上课，这一天后来成为西南联大的校庆日。

1937 年 12 月 13 日，日军攻陷南京，武汉危在旦夕，长沙震动。于是临时大学又奉教育部之命，西迁昆明。长沙临时大学共存在了四个月，是一所名副其实的"临时大学"。

3. 长沙临时大学西迁昆明

长沙临时大学何以西迁昆明？第一，昆明地处西南边陲，离前线较远。第二，"到云南，是因为有滇越与滇缅两条路可以通到国外，设备仪器容易运进来"[1]。

临时大学师生西迁分海、陆两条路线。陆路步行，由湘西经贵州直到昆明。参加者是经过体检合格的 250 多名男生，组成湘黔滇旅行团。沿途实行军事管理，由军事委员会指派中将参议黄师岳任团长。教师 11 人组成辅导团，其中 4 人组成指导委员会，黄钰生任主席。学校配备了炊事员和医官，另有两辆卡车运行李。学生一律身着草绿军服，打绑腿，背干粮袋、水壶和雨伞。旅行团于 1938 年 2 月 20 日出发，4 月 29 日抵达昆明，历时 68 天，行程 1750 千米。师生

---

[1] 梅贻琦、黄子坚、胡适：《梅贻琦、黄子坚、胡适在联大校庆九周年纪念会上的讲话摘要——回忆西南联大》，见西南联合大学校友会编：《笳吹弦诵在春城——回忆西南联大》，昆明：云南人民出版社，北京：北京大学出版社，1986，第512页。

们沿途栉风沐雨，跋山涉水，经受了体力的考验和意志的磨炼，了解了风土人情，目睹了人民的苦难生活，观览了名胜古迹和祖国的大好河山，学到了书本上、课堂里学不到的许多东西。这是中国教育史上空前的壮举。

海路乘火车经粤汉路到广州转香港，乘船到越南海防，再乘火车由滇越铁路经河口入滇至昆明，要办理护照和签证。该路人员多为女生、体弱有病的男生及教职员和家属，共 800 余人。2 月中旬开始分批上路，陆续到达昆明。

此外，还有陈岱孙、冯友兰、朱自清等 10 余名教师租乘汽车从长沙出发，经桂林、柳州、南宁、龙州，出镇南关（今友谊关）到越南河内，再乘火车转昆明。他们是受学校委派专程向广西方面表示感谢其邀请迁桂办学，并说明迁滇的原因。

（二）西南联大在滇八年

长沙临时大学迁到昆明后，奉教育部令改称"国立西南联合大学"。西南联大于 1938 年 5 月 4 日开始上课，至西南联大结束，联大在昆明整整八年时间。

1. 领导机构和三常委

北大、清华、南开三校皆为中国名校，三校校长蒋梦麟、梅贻琦、张伯苓皆为中国高等学校的著名校长、中国近代著名教育家。因此，教育部确定三校联合实行常委制，即由三校校长组成常务委员会，设主席，由三位校长轮流担任。

从年龄来看，三校校长中张伯苓最年长，61 岁；蒋梦麟次之，51 岁；梅贻琦最年轻，48 岁。以学校的历史与校长的资历而论，北大历史最久，蒋梦麟担任过教育部长，应该居于领导地位。[1]清华大学在三校中建校最晚，梅贻琦还是张伯苓的学生。因此，"联大初成立，南开大学张伯苓校长对蒋梦麟校长说，'我的表你戴着'，这是天津俗语'你作我代表'的意思"[2]。

然而，"蒋梦麟对梅贻琦校长说：'联大校务还请月涵先生（梅贻琦，字月涵）多负责'"。三位校长，以梅贻琦先生年纪最轻，他毅然担负起这一重任，

---

① 马勇：《蒋梦麟传》，北京：红旗出版社，2009，第320页。

② 郑天挺：《梅贻琦先生和西南联大》，见西南联合大学校友会编：《笳吹弦诵在春城——回忆西南联大》，第67页。

图 6-2：张伯苓　　　　　图 6-3：蒋梦麟　　　　　图 6-4：梅贻琦

公正负责，有时教务长或总务长缺员，他就自己暂兼，认真负责，颇受尊敬。蒋梦麟校长常说，"在联大我不管就是管，这是实话；从而奠定了三校在联大八年合作的基础"[1]。三校联合的岁月中，梅贻琦一直担任常委会主席，三位校长始终和衷共济，相互团结，保证了三校将联合坚持到最后。

2.院系设置

西南联大到昆明之初仍设四个学院：文学院、法商学院、理学院和工学院。1938 年 8 月，根据云南省当局的要求，为解决云南师资问题，奉教育部命令增设师范学院。1939 年 1 月又增设师范专修科。至此，联大共有五个学院、二十六个系、两个专修科、一个晋修班和一个先修班，是当时国内最著名的高等学府。

五个学院的院长分别是：文学院院长冯友兰、理学院院长吴有训、工学院院长施嘉炀、法商学院院长陈序经、师范学院院长黄钰生。

三校实行联合的同时，还各自保留原有的某些行政和教学科研组织系统，各设办事处处理各自的事务。三校研究院共设九所三十二个学部，研究（生）

---

[1] 郑天挺：《梅贻琦先生和西南联大》，见西南联合大学校友会编：《笳吹弦诵在春城——回忆西南联大》，第67页。

院也各自独立。此外，清华大学还单独设立了五个特种研究所，专门从事科学研究。

西南联大在昆明八年，设过两个分校，一是蒙自分校（详情见后），二是叙永分校。1940 年夏，日军占领越南，企图由南部攻入云南。为防万一，联大在四川叙永设立分校，当年考入联大的全部一年级新生及先修班学生到叙永上课。1941 年秋季战事稳定，叙永学生迁回昆明，分校随即撤销。

3. 学生概况

在组成联大前，入学的三校学生仍按各校的系统编号，保留原校学籍；组成联大后，招收的学生统一编号。因此，当时联大学生学籍有四种：P（北大）、T（清华）、N（南开）、A（联大）。三校参加联大工作的教职员，除联大发给聘书外，三校亦各自发给聘书。然而，这种种的相对独立，并不妨碍三校亲密无间的联合。

西南联大在昆明的八年中，教师常年保持在 350 人左右，教授和副教授约占一半。据载，1939 年联大有教授、副教授 177 人，1945 年为 210 人。八年间，在校学生一般在 3000 人上下。联大八年共培养毕业生约 4000 人（其中本科生 3800 余人，专科生 100 余人，研究生 83 人），加上投笔从戎以及各种原因中途辍学者，前后在联大受过教育的学生达 8000 人。

（三）西南联大结束

1945 年 8 月 15 日，日本宣布投降。西南联大战时使命完成，北大、清华、南开三校准备北返复员。9 月 20 日至 26 日，梅贻琦赴重庆参加"全国教育善后复员会议"，会议明确指出："迁移应在明年课业结束之后"，"西北西南各校除少数外，宜留设原处"。[1] 据此，经过准备，半年多后西南联大才开始踏上北返归途。同时，应云南当局的要求并经教育部批准，西南联大师范学院留在昆明独立设置办学。

---

[1]《梅贻琦日记选》，见中国社科院近代史研究所近代史资料编辑室编：《近代史资料》总七十号，北京：中国社会科学出版社，1988。

图 6-5 ："国立昆明师范学院"纪念柱

1946 年 5 月 4 日，西南联大全校师生在图书馆举行结业典礼。之后，第一批复员学生离开昆明北上。

西南联大师范学院留在昆明独立设置办学，更名为"国立昆明师范学院"，并在校园中立有梅贻琦签名的"国立昆明师范学院"纪念柱。中华人民共和国成立后，国立昆明师范学院名称沿用，仅去掉"国立"二字。1984 年，更名为云南师范大学。

图 6-6 ：云南师范大学 80 周年

二、"不得了"和"了不得"

1943 年 12 月，林语堂专门考察了西南联大之后，22 日应邀在新校舍大草坪做演讲，题目为"精神文明与物质文明"。一开场，他就惊叹地说："联大师生物质上不得了，精神上了不得"，高度概说了西南联大师生物质上的艰难和精神上的昂扬振奋。

（一）艰难岁月的砥砺前行

1. "寄人篱下"与"新校舍"

西南联大初到昆明，校舍完全靠租赁解决，而且东拼西凑，散布各处；理学院租借大西门外的昆华农校，工学院租借拓东路迤西、江西、全蜀三个会馆；文、法两学院在昆明尚无立足之所，遂到蒙自借用原海关、法国银行和希腊哥胪士洋行等闲置房舍，设立分校借以安顿。

一个学期以后，因中央航空学校征用蒙自海关等房屋及附近土地，文、法两院遂迁回昆明，和理学院一起挤在昆华农校，同时也还租借昆华工校、昆华师范的部分校舍。新设的师范学院则借昆华中学的南院和北院为校舍。1940 年 10 月 13 日，校舍被日机炸毁，师范学院又迁大西门外龙翔街，借昆华工校的一半继续办学。联大总办公处先在崇仁街 46 号，后迁才盛巷 2 号，后为便于工作又迁龙翔街。因此，联大各个学院一直"寄人篱下"。

随着战争形势的发展，西南联大决定建盖自己的校舍。在省政府的支持下，西南联大购得昆明城外西北的三分寺附近荒地 124.45 亩（今云南师范大学"一二·一"西南联大校区），修建自己的校舍。然而，限于战时困难，经费短缺，虽有梁思成、林徽因做建筑顾问，但巧妇难为无米之炊。1939 年春夏，这一片校舍竣工，虽然简陋，但大家高兴地叫它"新校舍"：没有一幢楼房，一律平房；完全是泥巴地、土基墙，教室、实验室和办公室为铁皮顶，学生宿舍则为茅草顶；只有图书馆和两个食堂面积较大，采用了砖木结构和瓦顶。文、法、理三学院乔迁新校舍，工学院仍在拓东路，师范学院仍在昆华中学。

1944 年 4 月，学校因经费赤字，只好将新校舍铁皮顶全部拆卖换成茅草顶。

图 6-7：钱局街敬节巷 1 号，联大师生租住地之一。冯至曾住该院。

办学之艰辛、经济拮据之甚，于此可见一斑。

新校舍教室里热天如蒸笼，冬天寒风袭人。雨天铁皮屋顶叮咚作响，正所谓"风声雨声讲课声声声入耳"。教师讲课即便大声喊叫，学生也听不清楚，只好在黑板上写道：停课，赏雨！茅草顶的学生宿舍十分拥挤，条件很差。窗户是方洞上嵌几根木棍，雨大斜飘进屋里要打伞遮蔽，屋内进水则成"泽国"。雨天校园内道路泥泞。

学校图书少得可怜，八年累计中外文图书不过 4.8 万册。实验品缺乏，许多实验无法进行。仪器设备很少且极为简陋。物理系吴大猷教授把三棱镜放在简易木架上拼凑成一个最原始的分光仪，试着做"拉曼效应"的一些研究工作。地质地理气象学系则别出心裁地把附近残破不全的碉堡改装成气象台，供学生实习观察用。航空系的风动机实验室由一间土平房改装而成，实验时发动机常常把墙上的土震落。

图 6-8：西南联大教室

2."跑警报"

昆明作为大后方的重要城市，抗战支前的重要基地，是日军飞机轰炸的重要目标。

1938 年 9 月 28 日，日军飞机第一次轰炸昆明。上午 9 时许，9 架敌机对小西门外潘家湾一带进行轰炸，死 190 人，伤者 230 余人。

在日本飞机的空袭下，"跑警报"成了联大师生和昆明市民的"家常便饭"，1938 年至 1942 年间昆明常遭日机空袭，联大师生几乎天天"跑警报"，有时一天来回跑两三次。①

---

① 联大校友汪曾祺写有《跑警报》一文，颇为传神，《梅贻琦日记》《吴宓日记》等以及许多联大师生的回忆也有关于跑警报的记录。在日本飞机空袭昆明最频繁期间，昆明市民往往天一亮就带着大包小包，扶老携幼到郊外躲避，直到下午四五点钟才陆续回家。所以当时昆明的商店白天大都关闭，到了晚上才开门营业。西南联大则在上午10点以前和下午3点以后上课。

图 6-9 : 国立西南联合大学原教室

　　日寇对昆明的狂轰滥炸，给昆明市民和西南联大带来了深重的灾难。联大新校舍被日机空袭过，还留下弹坑（弹坑反复渗水，遂成一洼，又称"翠湖"。联大结束时，梅贻琦捐资将其修葺成校园景观，后命名为梅园）。联大师院租借的昆华中学南院遭到空袭，校舍全部被炸毁，师院只好租借昆华工校的一部分继续办学。

　　3. 昆明有多大，联大就有多大

　　为了躲避敌机轰炸，联大教授都迁居昆明城郊农村，龙头村、司家营、岗头村、车家壁、黄土坡、王家桥、陈家营、龙院村、呈贡……到处都有。钱穆住得最远，在 60 多千米外的宜良岩泉寺。由于联大教授们散居在昆明城郊的各个地方，所以当时人们说，昆明有多大，西南联大就有多大。联大教授们到学校上课，或乘火车，或坐小马车，或徒步，或头天进城住在学校单身宿舍里。

　　周培源住在西山脚下山邑村，由于离学校比较远，就买了一匹马骑着到联大上课。有一次马受惊将他掀下来，但他的脚却套在马镫上脱不开，被马拖在地上跑了一段，幸好有人拦住惊马才幸免于难。从此他不敢再骑马了，买了一辆自行车代步。

华罗庚移住在一家农民的牲口厩楼上。他曾写道："在昆明城外 20 里的一个小村庄里，全家人住在小厢楼里，晚上一灯如豆，（楼下）牛擦痒痒，擦得地动山摇，危楼欲倒；猪马同圈，马误踩猪身，发出尖叫。""清高教授！呜呼！清则有之，清汤之清，而高则未也。"闻一多移居北郊陈家营，华罗庚一家无处可去，闻先生便邀请华家与他家住在一起，中间用帘子将闻家八口与华家六口隔开。华罗庚曾写过四句诗记述这段难忘的生活：

> 挂布分屋共容膝，岂止两家共坎坷；
> 布东考古布西算，专业不同心同仇。[1]

由于物价飞涨，教师的生活每况愈下。1938、1939 年，教授们的月薪还能维持三个星期的生活，后来只够半个月之用[2]，甚至"饭甑凝尘腹半虚……既典征裘又典书"[3]。不少教授为了养家糊口而奔波，到处兼课。

闻一多这样知名的教授除在中学兼课，还为人刻印章，以维持生计。1944 年，他在一封家信中辛酸地说："两年前时在断炊之威胁中度日，乃开始在中学兼课，犹复不敷，经友人怂恿，仍挂牌刻图章以资弥补。最近三分之二收入，端赖此道。"[4]

吴大猷教授常常身穿补着大膏药一样的补丁裤子去联大上课。曾昭抢教授的鞋子总是前后见天，既通风又透气。朱自清教授冬天做不起棉衣，买了一件

---

① 顾迈南：《华罗庚传》，上海：复旦大学出版社，1997，第52页。
② 韩咏华：《同甘共苦四十年——记我所了解的梅贻琦》，见西南联合大学校友会编：《筚吹弦诵在春城——回忆西南联大》，第60页。
③ 西南联大教授黄子卿诗句，引自黄志洵：《西南联大与中国自然科学家》，载《百科知识》，1986（7）。
④ 韦英（闻立雕）、张同霞编：《闻一多印选序》，北京：文物出版社，1990，第2页。

便宜的赶马人用的披毡御寒。

迫于生计，许多教授的夫人都想些办法去找活做，有的绣围巾，有的做帽子，也有的做一些食品，拿出去卖。就连梅贻琦的夫人也不得不与潘光旦教授的夫人合做米糕，由梅夫人挎着篮子，步行 45 分钟，送到城里冠生园寄卖。

4."泡茶馆"与兼差

联大图书馆不仅图书少，座位也不多。由于图书馆座位拥挤，宿舍没有桌凳，学校附近文林街、龙翔街的茶馆便成了学生们自习和研讨学问的好地方。茶馆里有汽灯，灯光很亮，老板也很友善，到茶馆里要一杯茶，可以长时间在那里读书。西南联大学生不少人的论文和读书报告都是在茶馆里"泡"出来的。著名小说家汪曾祺说："茶馆出人才"，"研究联大校史，搞'人才学'，不能不了解联大附近的茶馆"，"我这个小说家是在昆明的茶馆里泡出来的"。①

西南联大的学生大多来自沦陷区，断绝了经济来源，只能靠少许贷金度日。吃的是砂粒、稗子、鼠屎俱全的"八宝饭"，菜里有时连盐都没有。不少男生穿的是一袭蓝布大褂，遮住补了又补的破裤子。有的是几人合用一件长衫，谁进城谁穿。校园里坑坑洼洼，下雨时到处是烂泥，一双鞋子穿一个雨季就烂了。同学们诙谐地称鞋底磨穿了是"脚踏实地"，把鞋尖鞋跟通洞叫作"空前绝后"，也自有一番乐趣。

为了维持生活和坚持学习，全校一半以上的同学都在校外兼差，半工半读。多半做家庭教师或到中小学兼课，也有当报馆编辑、银行职员、译员、电灯匠、油漆匠、广告员、店员、卖报郎等，连大西门城楼上放午炮报时的活计也被联大学生包了。兼差耗费了同学们的精力和时间，有的学生甚至断断续续在联大多读了好几年。但是他们体验了生活，了解了社会，磨砺了意志，锻炼了自己，同时为社会做了大量有益的事情，与群众建立了浓厚的感情。

生活如此多艰，联大教师们却安贫乐道，严谨治学，潜心钻研，著书立说，诲人不倦，执着地为民族培养人才做贡献；同学们则以天下为己任，读书不忘

---

① 汪曾祺：《泡茶馆》，见《汪曾祺文集·散文卷》，南京：江苏文艺出版社，1994，第43~44页。

救国，救国不忘读书，勤奋攻读，刻苦钻研。

联大师生所以能够如此，究其原因，一是弘扬传统，二是信念坚定。

（二）弘扬传统，坚定信念

1.集三校优良传统的西南联大

西南联大融汇了三校的优良传统，即北大的"民主自由"之风、清华的"严谨求实"之风和南开的"活泼创新"之风，形成了联大的优良学风，人们通常用"山海云"来形容。在联大的一次校庆中，曾有这样一副对联："如云，如海，如山；自然，自由，自在。"此联形容三校不同的作风，意思是清华智慧如云，北大宽容如海，南开坚定如山。

就校训而言，北大是"博学审问，慎思明辨"；清华是"自强不息，厚德载物"；南开是"允公允能，日新月异"。西南联大融汇了三校的理念，产生了"刚毅坚卓"的校训，指导和鼓舞着师生们继承发扬"科学、民主、爱国"的精神，从而创造出举世瞩目的业绩。

除此之外，联大还继承发扬了三校的其他突出传统。

图6-10：北大校旗、校徽、校训

图6-11：西南联大校训

第一，"教授治校"的传统。这是一种具有民主治校性质的传统。教授治校主要通过教授会来体现，教授会由全校教授、副教授组成，教授们在教授会内可以对校务充分发表意见，不仅起咨询作用，还起决策作用。加之联大各院、处长均为教授兼职，所以教授们又直接负有管理学校各方面工作的职责。由于联大的教授基本都与广大师生紧密联系，能够听取并代表广大师生的意见，所以学校的重大决策一般来说是民主的。特别值得一提的是，在"一二·一"爱国民主运动中，教授会专门为运动召开九次会议，反复讨论[1]，统一意见，站在进步师生一边，支持他们与反动当局进行斗争。

第二，联大以"通才教育"为培养目标。针对当时教育部强调的"专才教育"，梅贻琦说"大学重心所寄应在通而不在专"[2]。联大通才教育注重基础课程教育，旨在使学生获得广泛的知识，打下宽厚的科学基础，培养较强的综合适应能力。因此，联大的基础课一般都配备学术水平高、教学经验丰富的教授。这些课程给学生留下了深刻的印象。杨振宁1983年12月回国在中国科学院研究生院讲学时谈道："西南联大的教学风气是非常认真的。我们那时候所念的课，一般老师都准备得很好，学生习题做得很多。所以在大学的四年和后来两年研究院期间，我学了很多东西。"[3]

第三，联大招生非常注重生源质量。由于联大是驰名中外的学府，吸引着无数有志青年的向学之心，这种情况就给学校提供了一个优先、广泛地挑选高才生的机会。因此，联大选拔录取的学生"多属一时之秀"，"一般都是成绩优异、基础扎实，特别是中、英文水平都较高，自学能力较强的"。[4]

---

① 见《西南联大民国三十四年度第二至第十次教授会记录》，载《"一二·一"运动史料汇编》第四辑，1985。

② 梅贻琦：《大学一解》，转引自清华大学校史编写组编著：《清华大学校史稿》，北京：中华书局，1981，第302页。

③ 杨振宁：《读书教学四十年》，《光明日报》，1983-12-1。

④ 李埏：《谈联大的选课制及其影响》，见云南省政协文史资料研究委员会，西南联合大学北京、昆明校友会，云南师范大学合编：《云南文史资料选辑》第三十四辑，昆明：云南人民出版社，1988，第74~82页。

第四，联大对学生要求十分严格，实行淘汰制。学校实行学分制、选修课制和必修课制，规定学生一般必须学满132个学分（约相当于30门课程）才能毕业。考试不及格者，不是补考，而是补读重修，体育不及格者亦要重修。因此联大学生学习是比较刻苦努力的，但许多人最终未能毕业。

2. 必胜的信念，昂扬的斗志

除了继承三校光荣传统，联大师生对抗战始终充满必胜的信念，因而精神上始终昂扬振奋。郑天挺教授回忆说："联大时，梅贻琦招待到昆明的朋友，每当聚餐快要终了的时候，梅夫人总是会亲自捧着一大盘糕点，上面有四个红字——'一定胜利'，殷勤地说'请再尝尝得胜糕，我们一定胜利'，这时大家一齐站起来致谢，齐称'一定胜利，一定胜利！'这正是我们当时一致的信念，也是联大事业的象征。"[1]

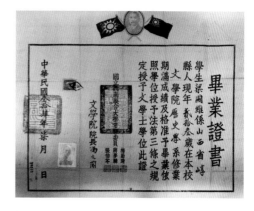

图6-12：西南联合大学毕业证书

图6-13：西南联大校训、校徽

联大精神、联大师生对抗战的必胜信念，充分反映在联大校训、校歌和西南联大纪念碑文中。

---

[1] 郑天挺：《梅贻琦先生和西南联大》，见西南联合大学校友会编：《笳吹弦诵在春城——回忆西南联大》，第70页。

（1）校训

校训四字"刚毅坚卓"：刚强毅决，坚定卓越。语句简练，字义明确，内涵极为丰富。不仅继承了三校既往的校训传统，更赋予新的时代特征，集中体现抗日战争艰难岁月中，联大师生们所应具备的崇高精神和可贵品质。

（2）校歌

罗庸作词、张清常作曲的校歌《满江红》，慷慨、激越、悲壮。"其辞始叹南迁流离之苦辛，中颂师生不屈之壮志，终寄最后胜利之期望。"其词曰：

> 万里长征，辞却了五朝宫阙，暂驻足衡山湘水，又成离别。绝徼移栽桢干质，九州遍洒黎元血。尽笳吹弦诵在山城，情弥切！
>
> 千秋耻，终当雪。中兴业，须人杰。便一成三户，壮怀难折。多难殷忧新国运，动心忍性希前哲。待驱除仇寇复神京，还燕碣。

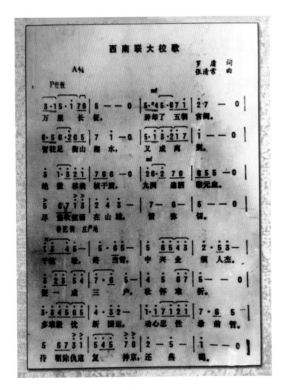

图6-14：西南联大校歌

"千秋耻，终当雪"，明确地表达了全体联大人对抗战充满必胜的信念和决心。"中兴业，须人杰"，则明确表达抗战胜利后要建设我们的国家，要实现中华民族的中兴大业，这就须要有大批的杰出人才。因此联大有明确的办学目标。这首校歌，至今都还在激励着全世界联大校友的心，海内外校友每一次聚会，都要高唱校歌。

（3）《国立西南联合大学纪念碑》碑文

1946年5月4日，联大师

生在图书馆举行结业典礼，而后又到校园后山（今云南师范大学"一二·一"西南联大校区东北角）为《国立西南联合大学纪念碑》揭幕。纪念碑由联大文学院院长冯友兰撰文，中文系教授闻一多篆额，中文系主任罗庸书丹。为此，西南联大校友、美国芝加哥大学历史学教授何炳棣曾盛赞其为现代的"三绝碑"。纪念碑碑体雄壮，书法遒劲，文采飞扬，意蕴深广，气势恢宏，具有极高的历史、文学和艺术价值。碑文全文如下：

中华民国三十四年九月九日，我国家受日本之降于南京。上距二十六年七月七日卢沟桥之变，为时八年；再上距二十年九月十八日沈阳之变，为时十四年；再上距清甲午之役，为时五十一年。举凡五十年间，日本所鲸吞蚕食于我国家者，至是悉备图籍献还。全胜之局，秦汉以来所未有也。国立北京大学、国立清华大学原设北平，私立南开大学原设天津。自沈阳之变，我国家之威权逐渐南移，惟以文化力量与日本争持于平津，此三校实为其中坚。二十六年平津失守，三校奉命迁于湖南，合组为国立长沙临时大学，以三校校长蒋梦麟、梅贻琦、张伯苓为常务委员，主持校务。设法、理、工学院于长沙，文学院于南岳。于十一月一日开始上课。迨京沪失守，武汉震动，临时大学又奉命迁云南。师生徒步经贵州，于二十七年四月二十六日抵昆明。旋奉命改名为国立西南联合大学，设理、工学院于昆明，文、法学院于蒙自，于五月四日开始上课。一学期后，文、法学院亦迁昆明。二十七年增设师范学院。二十九年设分校于四川叙永，一学年后并于本校。昆明本为后方名城，自日军入安南、陷缅甸，又成前方重镇。联合大学支持其间，先后毕业学生二千余人，从军旅者八百余人。河山既复，日月重光，联合大学之战时革命既成，奉命于三十五年五月四日结束。原有三校，即将返故居，复旧业。缅维八年支持之苦辛，与夫三校合作之协和，可纪念者盖有四焉。我国家以世界之古国，居东亚之天府，本应绍汉、唐之遗烈，作并世之先进。将来建国完成，

图 6-15：国立西南联合大学纪念碑

必于世界历史居独特之地位。盖并世列强，虽新而不古；希腊、罗马，有古无今。惟我国家，亘古亘今，亦新亦旧，斯所谓"周虽旧邦，其命维新"者也。旷代之伟业，八年之抗战，已开其规模，立其基础。今日之胜利，于我国家有旋乾转坤之功，而联合大学之使命与抗战相终始，此其可纪念者一也。文人相轻，自古而然。昔人所言，今有同慨。三校有不同之历史，各异之学风，八年之久，合作无间。同无妨异，异不害同；五色交辉，相得益彰；八音合奏，终和且平，此其可纪念者二也。万物并育而不相害，道并行而不相悖，小德川流，大德敦化，此天地之所以为大。斯虽先民之恒言，实为民主之真谛。联合大学以其兼容并包之精神，转移社会一时之风气，内树学术自由之规模，外来"民主保垒"之称号，违千夫之诺诺，作一士之谔谔，此其可纪念者三也。稽之往史，我民族若不能立足于中原，偏安江表，称曰南渡。南渡之人，未有能北返者。晋人南渡其例一也，宋人南渡其例二也，明人南渡其例三也。"风景不殊"，晋人之深悲；"还我河山"，宋人之虚愿。吾人为第四次之南渡，乃能于不十年间收恢复之全功，庾信不哀江南，杜甫喜收蓟北，此其可纪念者四也。联合大学初定校歌，其辞始叹南迁流离之苦辛，中颂师生不屈之壮志，终寄最后胜利之期望。校以今日之成功，历历不爽，若合符契。联合大学之终始，岂非一代之盛事，旷百世而难遇者哉！爰就歌辞，勒为碑铭，铭曰：痛南渡，辞宫阙。驻衡湘，又离别。更长征，经峣嵲。望中原，遍洒血。抵绝徼，继讲说。诗书丧，犹有舌。尽笳吹，情弥切。千秋耻，终已雪。见仇寇，如烟灭。起朔北，迄南越。视金瓯，已无缺。大一统，无倾折。中兴业，继往烈。维三校，兄弟列。为一体，如胶结。同艰难，共欢悦。联合竟，使命彻。神京复，还燕碣。以此石，象坚节，纪嘉庆，告来哲。

碑文盛赞中国抗日战争"于不十年间，收恢复之全功"，"全胜之局，秦汉

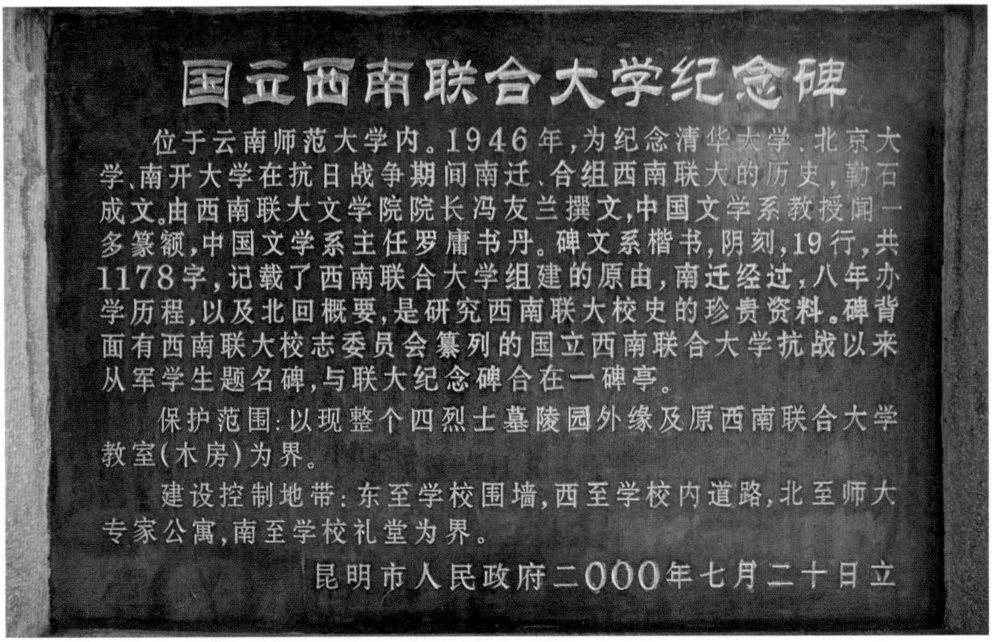

图 6-16：国立西南联合大学纪念碑

以来所未有也"，深刻揭示"惟我国家亘古亘今，亦新亦旧"，"将来建国完成，必于世界历史居独特之地位"，对祖国的未来充满信心。

特别需要提及的是，纪念碑作为联大的历史见证，近半个世纪以来，一直为三校和海内外联大校友所珍视。1988 年，为纪念西南联大在昆明建校 50 周年，北京大学对矗立在云南师大校园的西南联大纪念碑进行复制，立于北大校园内，翌年 5 月 4 日落成。2007 年，为纪念西南联大建校 70 周年，南开大学、清华大学也对西南联大纪念碑进行复制，立于校园之中。可以说，历史丰碑的屹立，对联大精神的弘扬将起到重要的作用。

三、大师云集　英才辈出

（一）大师云集

梅贻琦 1931 年任清华大学校长就职演讲时说："所谓大学者，非谓有大楼之谓也，有大师之谓也。"西南联大荟萃三校教师，可谓人才济济，群贤毕集。西南联大的历史为梅贻琦著名的"大师说"做了最好的诠释。

西南联大校友萧荻曾说："联大教师阵容之盛，在古今中外知名大学中也堪称绝无仅有。"① 这完全是有根据的。1939 年联大有教授 177 人（含少数副教授），占全校教职工总数的 22.3%，而 1940 年美国麻省理工学院这一比例为 22%。②

西南联大（包括长沙"临大"）一共有多少位教授？这个问题没有现成的答案。

1946 年联大结束时，联大学生社团《除夕副刊》编了《联大八年》一书。其中"联大教授"部分说，"这里，我们还可以供给大家一个小统计：联大 179 位教授当中，97 位留美，38 位留欧陆，18 位留英，3 位留日，23 位未留学。3 位常委，2 位留美，1 位未留学。5 位院长，全为留美博士。26 位系主任，除中国文学系及 2 位留欧陆，3 位留英外，皆为留美"。这一统计，限于当时条件，是难能可贵的；然而，它是很不准确的，或者说是错误的。长期以来，由于这一问题没有专门的研究，许多学者，包括北大、清华、南开三校的校史都是引用这一数据。实际上，这里有两个问题，一是联大教授究竟有多少？二是联大留学的教授究竟有多少？

2003 年，由于云南师范大学校园文化建设的需要，笔者根据《国立西南联合大学校史》和《国立西南联合大学史料》整理，西南联大（含长沙"临大"）八年多先后共有 300 多名教授，云南师范大学已将这一名单镌刻为"国立西南联合大学教授名录"碑立于校园之中，现将这一名录照录如下：

常委会
梅贻琦、蒋梦麟、张伯苓

---

① 萧荻：《南清北合，联大花开》，载《人民日报》（海外版），1987-10-30。
② 周发勤等：《西南联合大学的历史贡献》，载《科学研究》第8卷第2期，1990年6月19日出版。

图 6-17：国立西南联合大学教授名录

文学院

中国文学系

朱自清、罗常培、罗庸、魏建功、胡适、杨振声、刘文典、闻一多、王力、浦江清、唐兰、游国恩、许维遹、陈梦家

外国语文学系

叶公超、柳无忌、莫泮芹、陈福田、燕卜荪（William Empson）、黄国聪、潘家洵、吴宓、陈铨、吴达元、钱钟书、杨业治、傅恩龄、刘泽荣、朱光潜、吴可读（A.L.Polland Urpuhart）、陈嘉、冯承植、谢文通、李宝堂、林文铮、洪谦、赵诏熊、闻家驷、陈定民、温德（Robert Winter）、黄炯华、胡毅、袁家骅、白英（Robert Payne）

历史系

刘崇铉、雷海宗、姚从吾、毛准、郑天挺、陈寅恪、傅斯年、钱穆、王信忠、邵循正、皮名举、王庸、向达、张荫麟、蔡维藩、

陈受颐、噶邦福（Jhon Jan Gapanovich）、吴晗、陆伯慈（Roberts）

哲学心理系

汤用彤、冯友兰、金岳霖、沈有鼎、孙国华、周先庚、冯文潜、贺麟、郑昕、王维诚、陈康、敦福堂、王宪钧

理学院

算学系

江泽涵、申又枨、程毓淮、杨武之、郑之蕃、赵访熊、曾远荣、陈省身、华罗庚、姜立夫、刘晋年、蒋硕民、张希陆、许宝騄

物理系

饶毓泰、朱物华、郑华炽、吴大猷、吴有训、叶企孙、周培源、赵忠尧、霍秉权、王竹溪、张文裕、马仕俊、任之恭、孟昭英、许浈阳

化学系

杨石先、曾昭抡、孙承谔、刘云浦、钱思亮、张子高、高崇熙、黄子卿、邱崇彦、朱汝华、张大煜、张青莲、苏国桢、严仁荫

生物系

李继侗、张景钺、沈嘉瑞、许骧、陈桢、吴韫珍、彭光钦、赵以炳、杜增瑞、殷宏章、沈同、吴素萱

汤佩松、娄成后、戴芳澜、刘崇乐、陆近仁、俞大绂[①]、孙云铸、王烈、谭锡畴、冯景兰、袁复礼、张印堂、洪绂、张席禔、李宪之、赵九章、王恒升、米士（Peter Misch）、鲍觉民、钟道铭、陶绍渊、林超

法商学院

政治系

张奚若、张纯明、崔书琴、张佛泉、张忠绂、钱端升、罗隆基、

---

① 清华农业研究所的汤佩松、娄成后、戴芳澜、刘崇乐、陆近仁、俞大绂，均为西南联大生物系兼职教授，西南联大也一直视其为教授，均为留美归来的。

邵循恪、吴之椿、王化成、沈乃正、赵凤喈、王赣愚、龚祥瑞

经济系

陈岱孙、赵廼抟、周作仁、秦瓒、伍启元、周炳琳、张德昌、徐毓枏、杨西孟、戴世光、萧蘧、周新民、余肇池、徐维嵘、鲍觉民*

法律系

燕树棠、戴修瓒、蔡枢衡、罗文干、张企泰、李士彤、芮沐、章剑、马质夫、费青、李麋寿、陈瑾昆

商学系

丁佶、李卓敏、陈序经、陈岱孙*、林维英、周覃绂、鲍觉民*

社会系

陈达、潘光旦、李景汉、李树青、陈序经*、吴泽霖、陶云逵、费孝通

工学院

土木工程系

蔡方荫、施嘉炀、王裕光、陶葆楷、张泽熙、李谟炽、吴柳生、王龙甫、陈永龄、衣复得、李庆海、阎振兴、覃修典、张有龄、张昌华、刘恢先

机械工程系

李辑祥、庄前鼎、刘仙洲、殷祖澜、殷文友、江一彪、孟广喆、周承佑、徐叔渔、王师羲、曾叔岳、刘德慕、张闻骏、王遵明、吴学蔺、褚士荃、董树屏

电机工程系

赵友民、章名涛、张友熙、倪俊、顾毓琇、任之恭、毛启爽、张钟俊、朱兰成、叶楷、范绪筠、马大猷、范崇武、陈宗善、钱钟韩、董维翰、陈荫谷

化学工程系

张子丹、张大煜*、高长庚、谢明山、潘尚贞、苏国桢*、周荫阿、陈国符、武迟

航空工程系

庄前鼎*、冯桂连、王德荣、李锦安、周惠久、宁榥、丁履德、王宏基

电讯专修科

周荫阿*

师范学院

国文系

朱自清*、罗常培*、浦江清*、杨振声*、沈从文、彭仲铎、萧涤非、余冠英、张清常

英语系

叶公超*、柳无忌*、陈福田*、潘家洵*、莫泮芹*、袁家骅*、凌达扬、李宝荣

史地系

刘崇铉*、雷海宗*、钱穆*、张印堂*、洪绂*、张荫麟*、钟道铭*、陶绍渊*、周廷儒

数学系

江泽涵*、赵访熊*、杨武之*、姜立夫*、张希陆*、杨善基

理化系

杨石先*、郑华炽*、许浈阳*、严仁荫*、何君超、徐继祖

教育系

黄钰生、邱椿、徐述、樊际昌、罗廷光、查良钊、冯文潜、陈友松、孟宪承、沈履、陈雪屏、齐泮林、陆志韦、胡毅*、汪懋祖、田培林、王维诚*、彭仲铎*、凌达扬*、倪中方、徐继祖*、吴俊升

公民训育系

查良钊＊、陈友松＊、陈雪屏＊、张佛泉＊、罗廷光＊、曾作忠、樊际昌＊、倪中方＊、杜元载、胡昌骥

体育部

马约翰

名单中有"＊"者为在另一院系任兼职教授者。除去这部分兼职重复者外，共有 304 名教授，其中至少有 272 名教授留过学。这些教授都是著名的科学家、文坛泰斗、一代宗师。

此外，著名的英国学者李约瑟、美国学者费正清等也曾到西南联大讲学。

为了比较准确地对联大留学教授进行统计，2009 年笔者指导研究生对此进行研究。研究以 2003 年统计的西南联大教授名录 302 名教授为基础，一个一个地查阅资料，得出两个结果。一是西南联大没有留过学的有 24 人：朱自清、浦江清、唐兰、游国恩、许维遹、陈梦家、魏建功、罗常培、罗庸、黄炯华、张佛泉、张德昌、邵循正、向达、王庸、吴晗、郑天挺、钱穆、沈从文、萧涤非、张清常、彭仲铎、余冠英、何君超。二是情况不明的有 15 人：黄国聪、谢文通、许骧、徐维嵘、徐述、齐泮林、李宝荣、胡昌骥、林维英、衣复得、江一彪、徐叔渔、陈宗善、陈荫谷、高长庚。①

近年来，关于西南联大留学教授的问题又取得三个方面的进展。第一，原情况不明的 15 人中又查清有 4 人留过学：黄国聪、谢文通、林维英、衣复得。第二，原认为没有留过学的 24 人中，又查清了有 4 人留过学：黄炯华、张佛泉、邵循正、向达；还有 5 人赴美、日、英讲学或游学，可视为留学，其中罗常培、陈梦家赴美讲学两年，罗庸赴日讲学半年，朱自清、浦江清赴英国游学。第三，西南联大教授的总人数增补 6 人。另对兼职教授进行核实，西南联大教授总数应

---

① 梁先菊：《西南联大留学教授问题研究》，云南师大硕士论文，2009。

为 304 人。留学教授至少有 272 人，占教授总人数的 89.47%。此外，还有 7 名外籍教授，则联大教授中有外国教育经历者至少 279 人，占教授总数的 91.77%。

还要指出的是，西南联大留学欧美的教授有 263 人（其中留美的有 181 人），他们所就读的学校大多是欧美名牌大学（或者是一流大学），而且大多获得博士学位。更为重要的是，在留学归来的教授中，许多人在留学期间已经学有所成：

吴有训留美，在芝加哥大学，师从康普顿。他以精湛的实验技术、透彻的理论分析，多次证明康普顿效应。后来他还和康普顿一起研究 X 射线散射光谱，证明了光子不仅有能量，而且有动量。1924 年，他俩合写并发表论文。康普顿后来获得诺贝尔奖，国内外曾有人把康普顿效应称为"康普顿—吴"效应，康普顿说吴有训是他一生最得意的学生。

赵忠尧留美，在加州理工学院获得博士学位。他发现了硬伽马射线在重金属中的"反常吸收"现象，成为发现正电子的先驱。两年后，他的同学 C.D. 安德森也在这个问题上取得成果，并获得诺贝尔奖。安德森承认他的发现是受到"隔壁实验室赵"的"启发"。

周培源留美，在普林斯顿大学。1937 年学成归国时，他的导师爱因斯坦给他的留言是"敢信将来对科学界定有伟大贡献"。1941 年，英国新研制的大型战舰"威尔士亲王号"被日本飞机空投鱼雷炸沉。为此，美、英两国召集一批科学精英研究如何对付"空投鱼雷"，已经改攻湍流理论的科学家周培源也被召到美国，为反法西斯战争做出了贡献。

化学教授黄子卿留美，1934 年在麻省理工学院进行实验，精测"冰—水—水蒸气"三相点温度。后来美国科学家以他测的数据确立绝对零度为 -273.15℃。

华罗庚是 1936 年由中华文化教育基金委员会保送到英国剑桥大学留学的。当时的剑桥大学是世界数学中心之一。两年间，他做研究，听了七八门课，写了十多篇论文，成为有世界影响的数学家。虽然他的论文"每一篇可得一个博士"[①]，

---

① 王元：《华罗庚》，北京：开明出版社，1994，第66页。

但他没有拿到博士学位——因为学费是很贵的，而他始终没有办理正式入学手续。

陈省身长期从事微分几何的研究，是现代微分几何的奠基人，他在这一领域的研究一直处于世界领先地位。

汤用彤、吴宓、陈寅恪都曾留学哈佛大学，时称"哈佛三杰"，回国后均造诣甚高。其中，陈寅恪更是被称为"教授之教授"。

叶企孙留学哈佛，回国后创办清华物理系，先后担任清华大学和西南联大理学院院长，培养出大批中国科技人才，被称为"大师之大师"。

总之，西南联大这些留学归来的教授们，"他们不仅学有所长，而且知识结构新，刚从国际学术前沿阵地归来，带回国际学术界的最新信息，使战时八年与世隔绝的中国学术仍然能跟上国际潮流，不致因八年抗战而中断、脱轨"[①]。

1941 年至 1946 年间，教育部共进行六届学术奖励，其中西南联大教师获奖甚多。据统计，联大教师获奖者有 33 人次，占全国六届奖励总数（314 人次）的 10.5%。其中，获国家一等奖的有 7 人，占一等奖得主总数的 43%，他们是：冯友兰《新理学》（1941）、华罗庚《堆垒素数论》（1941）、周培源《湍流论》（1942）、吴大猷《多元分子振动光谱与结构》（1942）、汤用彤《汉魏两晋南北朝佛教史》（1943）、陈寅恪《唐代政治史述论稿》（1943）、杨钟健《许氏禄丰龙》（1943）。

1948 年 3 月，中央研究院对全国科学家进行层层选拔，产生了第一届院士，共 81 人。在这 81 人中，西南联大的教师有 27 人，占三分之一。他们全都是留学归来的：姜立夫、许宝騄、陈省身、华罗庚、吴大猷、吴有训、叶企孙、赵忠尧、饶毓泰、曾昭抡、杨钟健、陈桢、殷宏章、张景钺、戴芳澜、汤佩松、俞大绂、金岳霖、汤用彤、冯友兰、胡适、陈寅恪、傅斯年、李方桂、钱端升、肖公权、陈达。

前面说过，《联大八年》统计的联大常委及各院系负责人留学情况太简单，

---

① 王奇生：《留学与救国》，桂林：广西师范大学出版社，1995，第172页。

图 6-18：杨振宁　　　图 6-19：李政道　　　图 6-20：朱光亚　　　图 6-21：邓稼先

而且是不准确的。研究[①]表明：

联大常委，3 人均为留学美国的，其中蒋梦麟为博士，梅贻琦为硕士。

联大有 5 个学院，先后有 12 人任过院长，均为留学美国归来的。其中 8 人为博士，4 人为硕士。

联大有 26 个系，先后有 65 人担任过系主任，应该说全部留过学。朱自清、罗常培、罗庸 3 位中文系主任，原说没有留过学，如前所述，他们或赴美日讲学，或到英国游学选课，均不亚于留过学的。

因此，常委会及各院系负责人全都留过学。

（二）英才辈出

"名师出高徒"，西南联大有众多的名师，又继承弘扬了三校的优良传统，虽然办学条件艰苦，但却造就了一大批高徒。

1. 科技方面

西南联大校友中有许多人成为中科院和工程院院士，据统计，共有 172 人（其中学生 90 人）。其中，中国工程院院士 12 人，全是学生。这 12 人中，朱光亚和郑哲敏同时又是中国科学院院士，即双院士。

在这 172 名院士中，有 15 人堪称代表。

————————

① 梁先菊：《西南联大教授留学问题研究》，云南师大硕士论文，2009。

一是首次获得诺贝尔奖的华人：杨振宁、李政道。这是诺贝尔物理学奖第一次为两名年轻的华人获得，时在 1957 年 12 月 10 日。二是"两弹一星"功勋奖章获得者（8 人）。1999 年 9 月中华人民共和国建立 50 周年前夕，中共中央、国务院、中央军委表彰 23 名为研制"两弹一星"做出突出贡献的科技专家，并授予"两弹一星"功勋奖章。其中有 8 名为西南联大校友：赵九章、郭永怀、陈芳允、屠守锷、杨嘉墀、王希季、朱光亚、邓稼先。三是国家最高科学技术奖获得者。西南联大校友、中科院院士黄昆、刘东生、叶笃正、吴征镒、郑哲敏先后获 2001、2003、2005、2007 和 2012 年度的国家最高科学技术奖。

（2）人文方面

这方面至少有上百位，如历史学家何炳棣，哲学家任继愈、汪子嵩、黄枬森，语言学家朱德熙、王均，经济学家刘国光，作家马识途、汪曾祺、鹿桥，英语教育家王佐良、许国璋、李赋宁，翻译家许渊冲……

这里仅对何炳棣、任继愈作简要介绍：

何炳棣（1917~2012），浙江金华人。1938 年清华大学毕业，任联大历史系助教，1944 年考取留美公费。1952 年获美国哥伦比亚大学英国史博士学位。长期从事中国历史研究，论著丰硕，成就卓著，在西方学术界颇有影响。旅居美国的联大教授伍启元曾撰文说，何炳棣同学的地位不在杨振宁、李政道二人之下。他曾当选美国亚洲学会会长（该会 20 世纪唯一的华裔会长），美国艺文及科学院院士、中国社会科学院名誉高级研究员。

任继愈（1916~2009），山东平原人，是我国的学术泰斗、著名哲学家、史学家、宗教学家。1941 年西南联大北大研究院文研所研究生毕业，1942 年至 1954 年在北大哲学系任教。1964 年根据毛泽东指示创办中国社会科学院世界宗教研究所，并担任所长 20 年，后又任国家图书馆馆长 18 年，论著颇丰。主编《佛教大辞典》；主持大型典籍《中华大藏经》《中华大典》的整理编纂工作。

（3）党和国家的干部

西南联大学生中有许多人成为著名的政治家，有的进入党和国家领导人行列，如中共中央政治局常委宋平，全国人大常委会副委员长王汉斌、彭珮云，全国政协副主席朱光亚、钱伟长、孙孚凌等。还有不少人担任部长级的干部，如国家教委副主任何东昌、航天航空工业部长林宗棠、财政部副部长李朋，国家测绘局局长李曦沐，首任驻美大使章文晋，驻坦桑尼亚大使何功楷……

四、西南联大的影响

（一）西南联大在世界范围内的影响

1941 年，西南联大建校第四年，清华大学校庆 30 周年。当时，学校"循国外大学先例，曾函达国外较著称之大学，载至去冬（1941）为止，接获贺函贺电凡四十余件，其中奖励之词固多，而情意关切多方勉励者亦不一而足，尤以牛津之来函为最恳挚，美国大学来函中有'中邦三十载，西土一千年'一类语气，盖极言我校进步之速"。这段话是清华大学校长、西南联大常委会主席梅贻琦 1942 年 4 月写在《抗战期中之清华（三续）》一文中的。他还写道："此项函电，来年俟印刷较易举办时，当汇印成册，以作纪念。"①

可以看出，梅贻琦对"此项函电"是十分重视的，因为他知道它沉甸甸的分量。在 20 世纪 20 年代初，中国高等学校很大一部分是西方教会办的，中国人自己办的大学大多比较差。从 20 年代中期起，中国人自己办的大学逐渐发展起来，一些高校甚至超过了外国人办的。梅贻琦自 1931 年担任清华大学校长，至 1941 年已整整 10 年，尽管在抗日战争极其艰难的条件下，但清华大学和北京大学、南开大学联合办学，不仅坚持了下来，而且成绩斐然。

2008 年，纪念西南联合大学在昆明建校暨云南师范大学建校 70 周年时，时任全国政协副主席王志珍在讲话中提道："在西方，从中世纪到现代大学制度的建立，到一流大学的诞生，经历了 1000 多年之久。而在中国，从清末的京师大学堂算起，到西南联大这样一流大学诞生，只用了 30 多年时间。西南联大，在抗战大后方极其艰苦的环境下，致力于文化教育事业。在云南长达八年的时

---

① 清华大学校史研究室：《清华大学史料选编》第三卷（上），北京：清华大学出版社，1994，第34页。

间里，熔铸了不朽的西南联大精神，培养出大批的一流人才，创造了举世瞩目的教育史上的奇迹。"①

（二）西南联大对云南的影响

西南联大在滇八年能够很好地完成战时的办学使命，与云南人民在物质和精神上的大力支持帮助是分不开的。

当三校决定迁滇时，云南当局表示了极大的欢迎。云南省政府、教育厅和昆明市积极帮助联大解决办学用房；省主席龙云还将自己的公馆腾出三分之二供联大使用，后来又划拨土地为联大建新校舍提供条件，还设立"龙氏奖学金"帮助联大和在滇高校贫寒学生完成学业。

之后联大师生为躲避日本飞机轰炸而疏散到昆明城郊农村租借房舍居住，更是与广大人民群众结下深厚情谊。

"出于正义以及对强权独裁的抵制，云南地方当局对战时流亡昆明办学的西南联大，不仅表示欢迎，而且主动承担保护其安全实施教育的责任。"②1942年初，联大学生发动"倒孔（祥熙）"运动，国民党军统头子康泽来昆明企图逮捕学生，1944年五四纪念日，何应钦要镇压联大和云南学生的民主运动，均受到以龙云为首的地方当局的抵制而未得逞。③

与此同时，西南联大对云南的贡献也是十分巨大的。在1988年纪念西南联大暨云南师大建校50周年时，云南省长和志强是这样评价的："西南联大迁到昆明，给闭塞落后的云南高原吹来了清新的空气。爱国、民主和科学精神的传播，有力地冲击了黑暗政治和旧文化、旧习俗，鼓舞了云南人民为建立新生活而斗争的勇气。许多云南优秀青年，有了进入第一流高等学府深造的机会。联大师生到云南的大学、中学兼课，到边远地区创办学校，使云南的教育质量得到提高。抗战胜利后三校北迁时，将师范学院留在云南，一批师生留下任教。

---

① 王志珍：《光荣传统生生不息，优良之风代代相传》，载《创造》，2008（11）。

② 西南联大北京校友会编：《国立西南联合大学校史》（增订版），北京：北京大学出版社，2006，第79页。

③ 吴宝璋：《西南联大二十五讲》，昆明：云南人民出版社，2016，第126~135页。

还有一批联大校友在云南各条战线工作。总之，联大在昆明的八年，是云南教育史上一个重要的发展时期，对我省政治、经济、文化各个方面产生了重要而深远的影响。对此，云南各族人民十分珍视，永远铭记。"①

第二节　其他主要迁滇大专院校

一、国立国术体育专科学校（简称"国体专"）

该校原在南京，1938 年春迁到昆明。在昆明期间，租用北门街南菁小学校址，同时就近借用云南大学操场开展活动。迁滇当年暑假，该校在昆明招生一个班 47 人，另收有一些插班生，为云南培养了一批体育人才。国体专在昆明的时间仅一年多，次年秋即迁往重庆。

二、国立中山大学

该校原为广东大学，为纪念孙中山而改为中山大学，设有文、法、理、工、农、医、师范七个学院几十个系，师生员工及家属共数千人，是当时中国规模最大的大学之一。校长为国民党元老邹鲁。1938 年，日寇向华南进犯。秋初，中山大学迁往粤西罗定。10 月中旬，广州沦陷，经该校原法学院院长邓孝慈（云南人）建议，邹鲁决定将学校西迁云南澄江。迁徙于是年冬开始，路线十分分散：大部分师生从罗定溯西江而上到广西，尔后多数经龙州出镇南关经越南到昆明；少数人步行，或经贵阳到昆明，或经桂西百色入滇；也有从粤西北坪石动身到衡阳，然后步行到贵阳再转昆明的；还有少数由香港乘海轮到越南再

①《和志强省长在纪念西南联大暨云南师大建校五十周年大会上的讲话》，载《云南师范大学学报》，1988 年校庆 50 周年增刊。

转昆明。各路师生先后抵达昆明，稍事休息即往澄江。

在澄江，校部设在县城的普福寺，各学院散布在城内及城郊的小西城、沙河林、鲁溪营、旧城东龙潭、斗母阁、翠竹庵等处的寺庙里；此外还租借和建盖了一些临时房屋作为校舍。一应设施均因陋就简，但教学很快开展起来。邹鲁未随校来滇，校务先由其秘书兼工学院院长肖冠英主持，旋因师生开展"驱肖"运动，遂又以进步教育家许崇清代理校长。

一所著名大学来到闭塞的小县，立时给当地带来了许多前所未有的新气象。许多著名教授更是关心并推动当地文化教育事业的发展。马思聪在西正街居室晨夕演奏的小提琴，当地群众难以忘怀；兼通中医的文学家康白清开起诊所，业余治病，颇有口碑。学生们到中学兼课，为当地教育的发展做出了贡献；到乡村宣传访问，移风易俗，深受欢迎；农学院蚕桑系学生还与农民一起栽桑养蚕，关系十分融洽。尤其是师生们积极开展的抗日宣传活动，极大地鼓舞了人民群众。一时间墙报、画刊、话剧、活报剧、晚会、报告会出现在城镇乡村，人们争相观看，喜闻乐见。

中山大学在云南约一年半时间。1940 年初，国民党教育部长陈立夫到云南视察中山大学，提出要该校迁往重庆，与中央大学合并。广东籍军政要员孙科、余汉谋对此进行了抵制，鉴于当时战局形势，日寇虽占广州，但对粤北广大山区无力进犯，他们决定将中山大学迁回广东北部地区。是年夏季，该校迁返回粤，校部设在韶关，各学院分设梅县和坪石。

三、国立艺术专科学校（简称"国立艺专"）

该校由杭州艺专和北平艺专联合组成。杭州艺专原为国立艺术院，是蔡元培 1928 年在杭州创立的由国民政府领导的唯一的艺术教育机关，1931 年更名为"国立杭州艺术专科学校"。其教授多有留法背景，比如校长林风眠、教务长林文锋，以及刘开渠、雷圭元等。杭州艺专曾设西画、国画、雕塑、图案、音乐五个系。抗战全面爆发后，杭州艺专迁到湖南沅陵，与北平艺专（1918 年成立）

合并（其中音乐系并入中央音乐学院），称为国立艺专。

随着日寇步步南侵，国立艺专又向西迁，师生经过长途跋涉，经湘、黔二省，于 1938 年底到达昆明。国立艺专租借昆华中学北院（文林街今云南师大附中教工宿舍），不久又迁到兴隆街北端昆华小学。在昆明期间，图案系改为建筑系。一年后，建筑系又并入迁滇的中山大学。

从沅陵到昆明，国立艺专的校长是滕固，他是留德博士，专科攻美术史。后来日机突袭昆明加剧，国立艺专遂迁呈贡安江村（今属晋宁），距昆明四五十千米。安江村寺庙颇多，有"九寺绕安江"之说，学校借用玉皇阁等五座古寺做教室和宿舍。

就是在这样艰难的条件下，国立艺专的一批艺术大师，如潘天寿、方干民、李可染、常书鸿、关良、王淑晖、李朴园等，培养出大批杰出艺术人才，不少后来也成为大师，如吴冠中、董希文、赵无极、朱德群、包克家、李霖灿等。

在昆明期间，国立艺专以其专业优势积极开展抗日救亡活动。特别突出的是艺专剧社（李朴园、邱玺、沈长泰等），独立或与西南联大、云大剧社合作（或参与），演出一系列抗日话剧，对抗战时期的昆明话剧运动起到了推动作用，做出了积极的贡献。

1940 年秋，教育部任命吕凤子为校长，同时学校也开始迁往四川璧山（今属重庆）。学校后来分分合合，北平艺专发展为中央美术学院，杭州艺专则发展为浙江美术学院（后更名为"中国美术学院"）。

四、私立中法大学

20 世纪初，许多中国人向西方学习，以寻求救国救民的道路。1912 年，蔡元培、李石曾、吴玉章在北平发起成立了"留法俭学会"，此可谓中法大学之先河。至 1920 年，湖南、四川等十数省 1600 多名中国青年赴法留学，就在这一年，中法大学在北平正式建立。至抗战全面爆发前夕，学校设有大学部、中小学部、研究部、特设部和海外部。其中大学部设有文、理、医三个学院和医学专修科；海外部设有法国里昂中法学院、巴黎留学事务所和华侨教育事务所、比利时晓露槐工业专修馆等。大学部毕业生中品学兼优者可到里昂中法学院留学。

抗战全面爆发后，该校于 1939 年初南迁昆明。迁徙路线主要是从天津乘船，经上海到越南海防再转昆明。到昆明后，因南菁中学迁新址（今云南民族大学所在地），中法大学租借其旧址（今昆明第三十中学）于当年秋开学上课。限于校舍和师资，迁到昆明的中法大学仅有理、文两学院，下设数学、物理、化学、生物以及文史学、法国文学等系科。不久，学校在昆明西郊黄土坡购地百余亩（今云南省工青妇干校和云南财贸学院西校区所在地）新建校舍。1941 年暑假，新校舍落成，理学院迁入，同时在理学院设立中法大学附中，校部和文学院仍在南菁中学旧址。

校长李玉麟未随校来昆明，学校事务由李书华代理。文学院院长为徐炳咏，理学院院长先后由夏康农、王树勋担任。不足的师资，向西南联大和云南大学延聘。当时，在理学院和文学院兼任教授的有黄子卿、曾昭抡、孙承谔、邵循正、罗庸、朱自清、闻一多、吴晗、刘崇铉、王力、吴宓等人。该校随校迁往昆明的学生不多。1940 年秋开始在昆明招生，每年仅百人左右。

中法大学前后在昆明共七年，时间之长，仅次于西南联大。在昆明期间，该校广大爱国学生继承发扬了学校过去的光荣传统，积极投身昆明学生的各种抗日救亡运动，抗战胜利后又参加了著名的"一二·一"运动，为民族解放贡献了自己的力量。抗战期间，中法大学许多校友从海外学成归国，其中不少人到昆明教科文和医卫界任教供职，如范秉哲在云南大学医学院任院长，之后杜棻继任其职，并办云南大学附属医院。还有蓝瑚、刘崇智、卫念祖、李秉瑶、郭佩珊等人皆为知名专家、教授，对云南教科文卫事业做出了贡献。

1946 年 8 月，学校复员北平，其附中留在昆明改名为昆明中法中学。1950 年 5 月又改为昆明第五中学。同年，在国家进行院系调整中，返京后的中法大学各院系分别合并入北京大学、南开大学和北京工业学院。至此，历经三十年的中法大学宣告结束。

五、国立中正医学院和上海医学院

抗战全面爆发后，国际著名生理学家林可胜深感中国主要的高等医学教育基本被外国人所控制，力主创办自己的医学院。对此，江西省主席熊式辉予以支持，并以蒋介石的名字命名。如此，中正医学院得以在南昌成立并招生，1937 年 9 月即开始上课，院长由原湘雅医学院院长王子玕担任。上课仅三个月，因敌机轰炸，中正医学院是年底就开始了流亡生活：先迁江西永新，约驻一年；1938 年底再迁云南，路线是出镇南关经河内转昆明。

中正医学院在昆明期间，先借昆华师范学校暂住，借青年会礼堂上课，同时在昆明城东北郊白龙潭选址建盖茅屋为校舍。1939 年春白龙潭校舍竣工，中正医学院迁入。总的来说，当时设备极为简陋，困难很多。1938 年 10 月，中正医学院学生因伙食费太低闹起学潮。教育部长陈立夫为此到昆明解决问题，部分学生生活改善后，事态得以平息。

中正医学院先前在江西永新时，院长王子玕遇到上海医学院院长朱恒璧，得知上海医学院欲迁昆明，中正医学院决定也迁昆与之联合办学。后因情况变化，中正医学院先于上海医学院到昆明。1939 年秋，上海医学院由上海迁到昆明白龙潭，与中正医学院联合办学。但这种联合是非常有限的。一是两院行政机构、财务等各仍其旧。二是上海医学院师资、设备、经费等均优于中正医学院，两院风格也各异。三是教学联合亦有困难。当时上海医学院有一至六年级，而中正医学院只有一、二、三年级；加之课程设置、进度也不尽相同，因此，双方只能进行部分合班上课。总的来看，两校学生相处倒也融洽。后来，上海医学院四年级以上学生在昆明北门街租借一栋房屋开设门诊部，亦作临床实习之所。

1940 年，日寇飞机轰炸昆明，白龙潭两院罹难。至此，中正医学院在昆明不到两年，上海医学院在昆明还不到一年。此后，上海医学院迁往重庆；中正医学院则先移江西永新，再徙福建等地，颠沛流离，备受战乱之苦。

六、国立同济大学

该校最初为 1907 年德国医生在上海创办的德文医学堂，以后增设工科，改名同济医工学堂；1917 年由中国人接办，易名私立同济医工专门学校；1923 年后改名私立同济大学，1927 年又改为国立同济大学。至抗战全面爆发前，学校发展为医、工、理三个学院。

1937 年"八一三"淞沪会战前夕，同济大学由吴淞镇北校址迁到上海市内；然后再迁浙江金华；三迁江西赣州；四迁广西贺县八步镇；1938 年底，迁到昆明；1940 年冬迁四川南溪县李庄镇。前迁四地，学校逗留时间均不长，多则半年，短则不足两月。其中在上海市区和广西八步镇，因日军进犯，无法上课；在金华及赣州，则弦歌未辍。到四川后，长居五年，至抗战胜利后复员上海。同济六次迁徙辗转，历尽战乱沦亡之艰难，备尝颠沛流离之苦辛，可谓抗战中中国大学流亡的一个典型。

同济大学在昆明前后约两年时间。其入滇路线与其他入滇学校大抵相同，一是在国内步行，二是出国取道越南。由于西南联大、中法大学、华中大学等先行到昆明，所以同济到昆后觅借校舍更为困难，所得之所分得更散：校部先在临江里 106 号，后在武成路 468 号；工学院借富春中学（今昆明二中校址），理学院在青莲街（今翠湖宾馆所在地），医学院分散在水晶宫、八省会馆（今大梅园巷）、青莲街、富春街、福照街（今五一路）商业学校。医学院附属医院设在翠湖南路赵公祠（今又新中学）。其余附中、附属高级工业职业学校、实习工厂、测量馆、图书馆等更是散布在拓东路、木行街、庆云街、双塔寺等处以及呈贡县和宜良狗街。

同济大学在昆明期间，校长先后为翁之龙、赵士卿、周均时。三个学院中工学院规模大一些，医学院次之，理学院最小。工学院设机电（后分为机械和电机两系）、土木、大地测量三系和造船组，测量系学制六年，其余为五年；医学院不分系，学制六年（五年学习，一年实习）；理学院初设生物、化学两系，后增数理系，学制均为四年。因为战乱影响，教师和学生人数比战前大为减少。在昆明两年中，三院教师共 77 人，其中德籍教师仅三四人，多数在学校迁往赣州时回国，学生 798 人。学校继承发扬"严谨求实"的学风，注重教学质量和培养学生自学能力及实践能力，有严格的考试制度，学校的德语为第一外语，学校还坚持科研和学术活动。在昆明期间，工学院和医学院毕业了两届学生，同时也招收了新生。

在昆明两年间，同济大学学生还与西南联大、云南大学等校学生一起积极开展抗日救亡运动。突出的有 1939 年为纪念"一·二八"动运发起抗战示威游行，1940 年 8 月发起组织"昆明儿童剧团"宣传抗日救国。

七、华中大学

该校是一所教会大学，是 20 世纪 20 年代先后由五所教会院校联合而成的。1924 年武昌文华大学、汉口博文书院大学部、博学书院大学部联合组成华中大学，校址即文华大学；1926 年长沙雅礼大学、岳阳湖滨大学又北上并入。至 1937 年，学校设文学院、理学院和图书馆专科，学生有 300 多人。

抗战全面爆发后，日寇占领华北，并不断南进。1938 年 7 月，华中大学迁入广西桂林。弦诵未久，桂林常遭敌机轰炸。经云南省主席龙云介绍与大理喜洲的绅士严子珍等洽商同意，该校师生于 1939 年 1 月分批启程，取道越南迁至银苍玉洱之间的喜洲镇。

喜洲镇商贸发达，不少人往缅甸经商，有"喜洲帮"之称；与商贸相比，此地文教较为闭塞落后。因此，该校的到来颇受欢迎。华中大学在喜洲长达七年，是抗战时期内迁云南时间较长的高校。七年间共招收 300 多名三迤学生，为云南培养人才做出了贡献。

在喜洲的华中大学设文、理、教育三个学院。文学院设中文、外文、历史社会和经济四个系，理学院设物理、化学和生物三个系，教育学院设教育、心理两个系和一个音乐专业。作为一所教会大学，华中大学的经费虽为外国教会资助，但在校长韦卓民的主持和经营下，坚持自己的管理原则，办成了一所中国式的而非教会操纵的学校。

学校规模不大，又偏处滇西，但学校尽力延请高水平的教师，如桂质廷、张资珙、包鹭宾、游国恩、李何林、许烺光、胡毅等。西南联大、云南大学和其他文教单位的著名教授、学者亦常来校讲学，如罗常培、潘光旦、熊庆来、老舍等。因为是教会学校，所以华中大学还聘有十几位英、美、德及瑞典的外籍教师。因此，该校的教学质量是有保证的。

该校虽非国内著名学府，生源水平亦非上流，且到喜洲后，又主要是招收云南学子，但采取了"先天不足后天补"的办法，严格考试，入学即考，借以分班。比如英语，成绩差的编入先修班，先修及格方能学习大一英语。两年后又进行中期考试，成绩不合格者要重读。因此而多读一年、两年甚至三年的，亦不乏其人，四年级后进行毕业考，同时用一年写毕业论文。毕业考及格，而论文不及格者，也不能毕业。学校借此保证了教学质量。

虽然喜洲远离省会，该校又是教会学校，但师生们对国家兴衰和民族危亡仍很关心，抗日救亡和爱国民主运动浪潮亦常常在这里激起浪花。该校的《苍洱半月刊》是宣传抗日与争取民主的园地。当昆明掀起"倒孔（祥熙）"运动时，这里的学生也举行时事座谈会，揭露孔氏用飞机运洋狗而置国家名流学者于不顾的丑行。"一二·一"运动期间，该校学生写信、通电声援，出壁报、开座谈会表示支持。

抗战胜利后，1946 年 4 月，华中大学复员武昌。中华人民共和国成立后，改为公立，1951 年与中原大学教育学院合并，1953 年又经院系调整，成为华中师范学院（即今华中师范大学）。

八、云南省立英语专科学校

该校是由内迁入滇的文教单位和人员创办的学校，源于"中国正字学会"。该学会为英国学者 1933 年创立于北平，其宗旨是在中国试验推广基本英语。抗战全面爆发后，1938 年春，正字学会迁到昆明，一批会员也辗转来昆明。学会先在云瑞中学等校试验教学，并取得成效。

两年后（1940），鉴于当时的云南迫切需要英语师资，正字学会遂与省教育厅商定，于7月建立了"云南省立英语专科学校"（简称"英专"），9月即正式招生开学。学校经费、教师聘任、教学计划皆由学会负责（其中办学经费初为美国洛克菲勒基金会提供，太平洋战争爆发后中断，一度靠募捐和学生的学杂费维持，后来由省教育经费划拨）。学会成员水天同任校长，吴富恒任教务长。校址初设于绥靖路（今长春路）咸宁巷昆华女中附设幼稚园校址；年底，校舍遭敌机炸毁，遂迁借昆华中学（今昆明一中），后又迁移到光华街云瑞中学西院（今胜利堂所在地）继续上课；1942年因云瑞中学改辟为公园，于是省教育厅将兴隆街昆华商校学生宿舍拨给"英专"，经改建，作为新址。

"英专"师资是高水平的。这主要是由于西南联大等迁滇文教单位提供了优越的条件。教英文课的专兼职教授有吴可读（A.L.Polland Urpuhart）、温德（Robert Winter）、皮尔逊夫人（Mrs Pearson）、哈丽丝女士（Miss Harries）、水天同、吴富恒、陈嘉敖、邵循正、赵诏熊、凌达扬、鲍志一，教公共课的有闻一多、萧涤非、赵西陆、蔡希陶等。

学校注重教学质量，要求比较严格，所开课程除公共课外，都用英语讲授。教材亦为英文编写或采用英文原著。每学期有月考和期考，毕业时还有一次总考（口试）。总考内容十分广泛，许多问题为主考人随意提出；主持考试的人皆为校外请来的。总考不及格者不能毕业。这些都保证了"英专"的教学质量。

"英专"从创办至抗日战争胜利后的几年间为云南培养了大批英语人才，特别是英语师资，为抗战时期云南教育的发展做出了贡献。

第三节　云南大学的大发展

一、"校长得人"

1937 年夏，云南大学（简称"云大"）校长何瑶辞职。此时的云南省主席龙云认为"大学是培养领袖及专门人才的地方"[1]，因此决心办好云大这所云南唯一的大学。而要办好云大，首先是要"校长得人"。

这时省政府要员缪云台、龚自知、张邦翰，著名学者方国瑜以及龙云的夫人顾映秋等都向龙云力荐清华大学教授熊庆来担任此职。

熊庆来的身份及其在国内外的学术地位，使龙云深感他是一位极合适的人选，从而坚定延聘决心并派专人去做工作。面对故乡的召唤，熊庆来认为："国家教育学术的发展甚不平衡，感觉能在西南经营一健全的大学应有重大意义，尤其当国势艰危之时。"[2] 他决心返滇服务桑梓。但是清华不放，他说："我要到云南大学去，清华不放，我以请假的名义才去的。"[3] 可以说龙云决心办好云大并延聘熊庆来，使云大"校长得人"，这是云大后来发展的非常重要的基础。

熊庆来到任后，省政府给云大核增经费为每年 25 万元国币，为学校初步扩大提供了条件。此后，还有一件事情对云大的进一步发展是十分重要的，这就是由省立改为国立。

图 6-22：熊庆来

---

① 《云南日报》，1937-7-27。

② 熊庆来：《我的自传》，转引自张维：《熊庆来传》，昆明：云南教育出版社，1992，第185页。

③ 黄延复：《熊庆来》，载《清华大学人物志（二）》，北京：清华大学出版社，1992。

图 6-23：云南大学

二、省立改国立

龙云派人到北平礼聘熊庆来时，熊庆来就曾提出云大应争取改国立，并以此作为应允的条件之一。龙云当然同意。熊庆来应聘之后，即在北平开始此事的准备工作，他返滇到任后，龙主席为谋该校进一步之发展，以改国立事力请于中央。

"二十七年（1938）经行政院会议通过，由教育部聘熊庆来、蒋梦麟、张伯苓、梅贻琦、龚自知、陆崇仁、张邦翰、缪嘉铭、任可澄、李书华等为国立云南大学筹备委员，并以熊庆来为主任委员，于是年 7 月 1 日正式改为国立。国民政府简任熊庆来为校长，学校经费定为国币五十万元，由国库、省库各拨半数。"① 上述国立云南大学 10 人筹备委员名单中，除云南省政要外，主要就是西

---

① 《续云南通志长编》中册，第819页。

南联大的三常委，这充分表明由于熊庆来与清华的关系以及联大正寄迹云南的情况，云大改国立一事是得到了西南联大三校领导的鼎力支持的。改为国立，是对云大还是对云南省，意义都是重大的。当时的云南宿儒、云南省府委员周钟岳称这是云大历史的"新纪元"。他说，云大"将来必定成为国内的最高学府，所以我们现在有种种的希望。一是提高学程。云南从前创立大学，本来是很不容易，因为经费关系，设备不完全，自无可讳言。现在改为国立，经费已经增加，设备渐渐充实，所聘的讲师教授，又多是海内有名望的人。学校将来，当然有长足的进步"①。

看到自己的愿望和努力得以实现，熊庆来十分激动，对办好云大这所后起的学校充满了信心。他说："后起的学校，也有他的便宜处，往往可以有很速的进步，如德国的汉堡大学，美国的普林斯顿大学，日本的大阪大学，现在国际大学中，都已有其地位。本校今后在中央教育当局直接领导之下，并在省政府继续维护之下，同人当更感兴奋。""俾理想之计划，得早见实现，则不仅学校之幸，于复兴民族或非小补。"②

熊庆来把云大发展的目标是定在国际水准上的，应该说在国家民族危难之中，他的这种思想难能可贵，于此亦可见他对抗战胜利是充满信心的。正是怀着这种信念，他还为云大写下了气势恢宏、令人感奋的校歌歌词：

> 太华巍巍，拔海千寻；滇池淼淼，万山为襟。卓哉吾校，其与同高深。北极低悬赤道近，节候宜物复宜人。四时读书好，探研境界更无垠。努力求新，以作我民；努力求真，文明允臻。以作我民，文明允臻。

三、大力加强师资队伍

为办好云大，熊庆来提出五条措施："（1）慎选师资，提高学校地位；（2）

---

① 张维：《熊庆来传》，第209页。
② 张维：《熊庆来传》，第208页。

严格考试，提高学生素质；（3）整饬校纪；（4）充实设备；（5）培养研究风气。对此各点，均力求实现。"① 可以说这五条是熊庆来办学的方略。限于篇幅，本文只谈第一条，这一条十分重要。

学校改为国立，为提高学校地位打下了一定基础，而对于"慎选师资"，熊庆来则竭力为之，早在在北平接到云南省府的聘请即着手进行。一方面，他力争到中英"庚款"五席讲座费，并以此延聘了赵忠尧、张正平、蒋导江、萧蘧和顾宜荪等五位全国著名专家来加强云大的数理、采矿、冶金、经济、土木工程等学科的教学和研究。另一方面，他先在北平自己执教的清华大学及别的大学聘请名家，离开北平后，又到津、沪、宁等地的高校和研究单位延揽大师。当七七事变发生之时，他还正在南京为此事奔走。于是，顾颉刚、闻在宥、吴晗、施蛰存、林同济、朱驭欧、何鲁、陈省身、霍秉权、王士魁、严楚江、范秉哲、杜棻等一批大师名家成了云南大学的教授和院系负责人。

1938年，清华、北大、南开到昆明组成西南联大。此后，中法大学、同济大学等高校和文教单位也相继迁徙来昆明。一时间，春城名家荟萃，学者云集。熊庆来又抓住这一机遇，几年之间，为云大增添了一批又一批著名的专、兼职教授：吴文藻、郑天挺、白寿彝、徐嘉瑞、吕叔湘、邵循正、翁独健、费孝通、唐兰、罗庸、尚钺、向达、闻家驷、丁则良、刘文典、贺麟、潘大逵、陈达、潘光旦、凌达扬、赵诏熊、吴富恒、张奚若、林少侯（华岗）、周新民、楚图南、严济慈、华罗庚、赵访熊、崔芝兰、陈植、朱熙人、陶桂芬、张瑞纶、张福延、冯景兰、彭桓武等。对云大原有的著名学者教授方国瑜、白之翰、方树梅等，他同样礼待。

熊庆来过去在清华曾有慧眼识用华罗庚之事，后来传为佳话；赴任云大聘请名家时，又有对仅是清华教员的吴晗破格聘为教授之举。这些事实都说明熊庆来识人善任，慧眼独具。在他主持云大工作以后，在礼遇博学鸿儒的同时，仍不拘一格启用后学之杰，聘用了吴征镒、殷汝棠、张友铭、傅懋勣、李埏等新秀。

---

① 《云南大学校史概略》，见《国立云南大学一览》，民国三十六年（1947）十二月。

熊庆来辛劳经营而又卓有成效的工作，一改云南大学抗战前教师寡少的状况，使这所僻处边徼的后起学府竟拥有了内地、沿海许多大学所不曾有过的强大的师资阵容，仅次于西南联大。这是抗日战争给予大后方云南的又一历史赠礼。据统计，抗战全面爆发前云大只有教师51人，其中教授39人（专任11人，兼任28人）。抗战中，云大师资大量增加。抗战胜利后，西南联大结束，北大、清华、南开等高校离开云南，大批教授北返。即使从这时云大拥有的师资来看，亦十分可观。1946年云大有教师237人，为1937年的4.6倍；其中教授102人，副教授24人，共126人，为1937年的3.2倍。

四、学校的跨越发展

由省立改为国立，经费增加，又有了一流的教师队伍，云南大学的规模也逐渐壮大起来。熊庆来就任校长之初，学校经费增至25万元国币，学校发展为四院九系。四个学院即文法、理、工、医，下设文史、政治、法律、教育、算学、理化、植物、土木、矿冶等九个系。医学专修科和附中等仍其旧制。

抗战期间，随着教师队伍的不断增加，学校规模也不断扩大。至1946年时，云南大学已有文法、理、工、医、农等五个学院，文史、外语、法律、经济、政治、社会、数学、物理、化学、生物、矿冶、土木工程、铁道管理、航空工程、机械工程、医疗、农艺、森林等十八个系，电讯、蚕桑、采矿三个专修科，西南文化、文化、航空等三个研究室，还有附中、凤凰山天文台、附属医院、疗养院、先修班、农场、林场等机构。

需要指出的是，云大发展院系的设置是从云南的实际和需要出发的，力图为改变云南交通闭塞、缺医少药等落后状况培养高级人才；同时还反映出云南社会和自然方面的特点：民族众多，历史复杂，文化落后，有色金属矿藏资源丰富，动植物资源可观。

抗战胜利后的云大学生人数达858人，为1937年的2.8倍，已经是一所学科门类比较齐全的高等学府了，其规模在西南地区名列前茅，其地位在全国明显上升。云大以其八年的巨大发展跨入了中国著名大学的行列，完全实现了当初由省立改国立时熊庆来所定的目标。

从全面抗战开始到抗战胜利八年，云南大学之所以有巨大发展，究其原因，如前所述，主要有三：一是省政府高度重视；二是"校长得人"，有熊庆来这样一个世界著名的数学家、教育家辛勤主持经营；三是日寇入侵，国土沦丧，中国文化教育被迫向大西南迁徙，使昆明成了抗战时期中国的教育文化中心之一，从而给云大带来了十分有利的发展条件，极大地促进了云大的进步。需要强调的是，第三个因素是历史提供的，它是一种历史性的机遇。云大抓住了，于是得到长足发展，云南抓住了，云南的文化教育也空前发展。

第四节　中初等教育的大发展

一、中等教育的发展

抗战期间，云南中等教育有很大发展。究其原因，主要有三。

1. 高素质的中学师资空前增加。

首先，西南联大增设师范学院，使云南有了规模相当、比较正规的培养中学师资的摇篮，并且从此再未间断过。

民国以来，云南长期没有专门的中等学校师资培训院校。1924年始有创设，但几度裁并、间断，至1937年云南大学才又恢复设一教育系。因此，云南省合格的中学教师十分匮乏。仅据1938年统计，全省中等学校教师有2000余人，大专以上毕业者不到一半，其中受过高师教育者更为鲜少。西南联大等高校来滇，大师云集，专家荟萃，"一时文教之盛，遂使昆明屹然而为西南文化之中心"。云南当局和教育厅即抓住时机，商请西南联大为滇省培养中等学校师资。西南联大感酬于云南当局及各界人士的支持帮助，亦乐而为之。经教育部批准，

1938 年 8 月，西南联大增设了师范学院，云南大学教育系亦并入其中。西南联大师范学院设置教育、公民训育、国文、英语、数学、史地、理化等七个系。

师范学院本科学制五年，第五年为实习。每年招生有限，且面向西南数省（1941 年以前师院滇籍学生仅占 10%）。因此师院设立之初，其招生之于云南实际需要如杯水车薪。

为了为云南培养更多合格的中学教师，同时也为提高现有中学教师的素质，西南联大和师范学院采取了多种形式的办法。

第一，开办"云南省中等学校在职教员晋修班"。由云南省教育厅和西南联大共同开办，学制一年，培训全省在职已经工作 3 年的中学教师，一共办过两期。第一期从 1939 年 10 月开始，招收了 62 名学员。第二期从 1943 年 8 月开始，招收了 91 名学员。晋修班开设国文、史地、数学、理化四科，授课教师皆为联大知名教授。黄钰生说，西南联大和师范学院"对于晋修班之郑重其事，比之五年制本科有过之而无不及"。晋修班学制虽短，但由于学员有实践经验，求知欲望很强，在联大优良校风的熏陶和著名教授的精心培育下，提高很大，一般都达到或超过专科毕业生水平。这批人后来成了云南教育界的骨干，晋修班收到了不可估量的效益。

参加过第一期晋修班的马曜对当年的学习终生难忘，他毕业成绩为全班第一名，被评为成绩优异的学员。当时《申报》报道："滇教厅与西南联大合办之晋修班已圆满结束"，"第一期晋修期满之学员，成绩优异者有周均、马曜、傅学濂、徐明栋、谷子明……等十二人"。[①] 马曜被编入国文组，选修联大中国文学系和历史系三、四年级的课程，特别是陈寅恪教授的魏晋南北朝史课程，还有罗庸的唐诗、魏建功的音韵学、刘文典的李商隐诗、许维遹的荀子、陈梦家的文字学、浦江清的中国文学史等，"对我后来从事中国民族史和运用民族学研究先秦史打下了一定的基础。我毕业后继续到昆华中学、云南大学、师范学院

---

① 北京大学等编：《国立西南联合大学史料》（三），昆明：云南教育出版社，1998，第423页。

等校任教"①。

第二，设立"师范专修科"。经教育部批准，1941年11月设立，学制三年。师范专修科分文史地和数理化两个组。当时担任文史地组的主任张清常说："当时云南省各县中学规模不大，教师名额有限。因此一位教师既需担任至少两班语文课，还需兼教历史和地理。当地既需要这种'通才'，联大师院专修科就适应这种需要，按照学生在年限既短又需兼通语文、历史、地理三方面的要求设课。"

专修科每年招生60人，云南籍学生占80%以上，至西南联大结束时，两个专修科为云南培养毕业生80多人。

西南联大和师范学院1941年暑假还与教育厅合办一期"云南省中等学校理化教育讲习实验班"，时间为三个月。1938年至1945年，云南省教育厅每年暑期都举办中学在职各科教员讲习讨论会，每期一个月，200人左右，西南联大常委参与领导，并派出大量教授讲课。

全面抗战八年间，西南联大师范学院共培养本科毕业生179人，加上专修科和晋修班共毕业415人，其中云南籍学生272人（本科36人、专科83人、晋修班153人），极大地加强了云南中学师资队伍。

其次，联大等迁滇高校及云南大学、云南省立英语专科学校的大批教师直接到各中等学校兼课，也为云南中等学校提供了相当数量而且高质量的教师。

主要原因在于当时物价上涨，教授们迫于生计不得不到中学兼课，比如闻一多就到联大附中、昆华中学等校任兼职教师。

西南联大等迁滇高校及云南大学、云南省立英语专科学校等校学生为生计所迫，许多人边读书边兼差，其中相当多的是到中学教书，甚至相约创办私立中学。

"过去，云南私立中学甚少，全省仅四五校。在抗战期间发展很迅速，以昆明市县来说，先后就建立了22校，比省市立在昆明的中学还要多。这些私立中学的领导和教师，十分之八九是西南联大各学院的学生，有些私立中学，完

---

① 马曜：《珍视西南联合大学留给云南的遗产》，见《云南文史资料选辑》第三十四辑，第83~87。

全为西南联大学生所创办。如天祥中学，是由联大江西籍学生创办；粤秀中学，是由联大广东籍学生主办；松坡中学，是由联大湖南籍学生创办；五华中学、金江中学，是由联大滇籍学生创办；建设中学，是由联大安徽籍学生创办；明德中学也是由联大回、汉、满族的学生进行恢复和发展扩大的；其他如建国中学、峨岷中学、龙渊中学、大同中学、培文中学等等，主要也是联大的学生在办学。至于西南联大附中，主任就是由联大师院院长黄钰生担任，教师大部分是师院的毕业生。云大附中，从教务、训导、初中部主任及各科教师，几乎是联大的学生作了包揽。在云南全省的省、市、县立中学，西南联大的学生（包括师院晋修班学生）执教的就更多，甚至设于县的区镇中学和简易师范学校，西南联大的学生也在其中任教。"①

这一时期私立中学除原来的求实、南菁和铸民中学续办外，在昆明市县新创办的还有私立中法大学附中、天南、南英、护国、黔灵、云秀等中学，在各专县的有昭通民诚、大理五台、建水建民、宜良南薰、呈贡建国、个旧云锡、宁洱磨黑、马龙云修、永平兰津等中学，以及宾川正惠高中、明德中学开远分校、会泽楚黔初中等。

2. 抗战爆发，云南人口大增，需要更多学校。

据统计，战前云南省1200万人口；抗战全面爆发后，云南省人口骤增100多万人。其中昆明增加最多，1936年为14.3万人，1937年即增至20.5万人，至抗战结束时，昆明人口近30万。人口陡增，需要更多的学校方能适应。这也是私立学校增加的一个重要原因。

3. 物价上涨，外出读书不易。

"二十七年以后，因战争影响，物价日昂，各县学子出外升学不易；兼以田赋征实，附加税增加，致各县教费亦因之增加；小学较前发达、毕业学生数年有增加；因此县立中等学校亦年有增加。其中以中学增加最多，师范次之，且

---

① 云南师范大学校史编写组：《云南师范大学校史稿（1938—1949）》，载《云南师范大学学报（哲社版）》，1988年校庆增刊，第107页。

有若干师校改办为初中。"[1]

由于上述三个方面的原因,抗战期间,云南的公、私立中等学校大量增加。至 1945 年 6 月止,全省省立中等学校共 42 校(其中中学 21 校、师范 14 校、职业学校 7 校),教职员共 1336 人,在校学生 12192 人;市县立中等学校共 128 校(其中中学 107 校、师范 20 校、职业学校 1 校),教职员 I778 人,在校学生 21657 人;私立中等学校 31 校(其中中学 30 校、职业学校 1 校),教职员共 654 人,在校学生 5615 人。

上述数字表明,私立中学增长幅度最大,1945 年(30 校)较 1938 年(3 校)增长 10 倍。增长幅度较大的是市、县立中学,1945 年的 107 校,比 1938 年的 46 校,增长 2.3 倍。省立中等学校(中学、师范、职校)却较 1938 年减少。其中仅就中学而言,1945 年 21 校,比 1938 年的 29 校有所减少;然 1938 年 29 校中仅有 13 校有高中,而 1945 年的 21 校基本上都有高中。也就是说,其数量虽然减少,但质量却提高了。为什么会出现这种情况呢?其原因在于:省立中等学校,"自二十九年以后,变迁甚大。因教育经费独立时之主要税收——卷烟特捐,于此后划归中央,本省中学教育业务,因限于预算,经费支绌异常,维持原有现状,殊为困难,不得不将原有学校单位以及班级缩减",缩减原则主要是"以省办高中,地方办初中","鼓励市、县地方创办初中及师、职等校","省办中等学校以质的充实为主"等。[2]

二、初等教育的发展

初等教育方面,自 1930 年云南省实施义务教育以后,不断发展。至 1940 年,各县市初等教育的基础已具规模,并进一步推进。这一年 8 月省里召集会议,对全省各县市地方教育行政人员培训半个月,并从次年起,全省一律开始实施国民教育,即义务教育。至 1944 年底,实施成果如下:

---

①《续云南通志长编》中册,第844页。
②《续云南通志长编》中册,第844页。

全省国民学校达 7655 校，比 1940 年开始的 3079 校增加了 1 倍多。受教育儿童达 110.7 万人，占学龄儿童的 65%，比 1940 年增长了 20%，比 1934 年增长了 39%。受教育成人达 192.4 万人，占成人总数的 34%，比 1940 年增长 15%。[①]

至于边地教育，自 1935 年在边境县份设立简易师范和 35 所"土民"小学之后，大体保持，变化不大。抗战全面爆发后，边地教育受到影响，特别是 1942 年因日寇侵犯，多数边区陷于战时状况，学校办理困难，遂将沿边 12 校停办。至 1944 年滇西沦陷区收复，次年春季，停办之校部分恢复，继续办学。

第五节　全面抗战时期云南留学状况

全面抗战时期是云南留学的重要时期。总的看来，抗战全面爆发，云南留学国外的学生，主要是留日学生毅然中辍学业，回国返滇。此后 8 年，由于北方和沿海等沦陷区高校纷纷内迁，三迤学子可就近报考，因此云南学生国内留学一途不再突出。海外留学主要是派赴欧美，而不再派赴日本。

派赴欧美留学最突出的有两个方面：一是云南公派 40 人留美，二是西南联大师生留学欧美的人数亦不少。

一、云南公派留学的盛举

此事历时 4 年之久，一次选派 40 人出国留学，这在云南近代以来还是罕见的。

1941 年，抗日战争进入到最艰苦的时期，但是龙云开始谋划抗战后云南的

---

①《续云南通志长编》中册，第882页。

建设。由于深感云南的人才紧缺，龙云决定进行一项重要的长期的投资，以公费选派学生留学美国。5月6日，省府760次会议决定……近期一次性筹送留美学生40名。①

此事得到时任云南经济委员会主任缪云台的鼎力支持。缪云台之所以鼎力支持，一是出于他留学美国的亲身感受，二是出于感恩。他回忆道："我曾经对当年送我赴美留学的李鸿祥先生说：'你当年送去美国的是6个人，我现在送出去40个人，我这样做，是为了报答你。'"②

选送留美学生方案③则由省经济委员会拟定，大意如下：

第一，公费来源完全由经济委员会自其事业的盈余中开支，无需省府或中央的任何补贴。

第二，由于云南的教育事业不发达，大学毕业生人数有限，素质也不一定很高，因此以选送中学毕业生赴美大学参加本科教育为原则。

第三，考试方法绝对大公无私。凡本省中等以上高校毕业生，都可以报考，录取完全以考试成绩为标准。

第四，学习的科目以理、工、农、医四项为限。录取的学生依其志愿在这四项内选择美国有名的大学去申请入学。为了保证他们赴美学习能够符合标准，还成立预备班进行短期培训。

第五，留学的年限以四年（受完大学教育）为原则，成绩优异者可以续请公费进行硕士或博士学位学习，留学生毕业回国，须由经济委员会公派工作若干时期。

由于资送留学生不需省库拨款，因此方案很快通过。12月，省府成立选送留美学生委员会，负责该项工作实施，缪云台任主任委员，龚自知、陆崇仁、张邦翰、丁兆冠、李培天、袁丕佑为委员。④

---

① 《续云南通志长编》中册，第822页。
② 缪云台：《缪云台回忆录》，北京：中国文史出版社，1991，第91页。
③ 缪云台：《缪云台回忆录》，第90页。
④ 《续云南通志长编》中册，第822页。

　　1942年5月，招生考试在昆明进行。此前，各市县已进行了初试，选拔了61人。

　　为了保证公平竞争，选送委员会聘请蒋梦麟为命题委员会主任，梅贻琦任阅卷委员会主任，还特别规定了全省高级官员的子女一律不得报考。

　　参加命题的都是西南联大的教授：罗常培（国文）、陈福田（英语）、杨武之（算学）、吴正之（物理）、杨石先（化学）、雷海宗（历史）、张印堂（地理）。

　　参加阅卷的联大教授有：闻一多、莫泮芹、江泽涵、霍秉权、张青莲、王信忠、鲍觉民、唐崑源等。

　　英语会话考试考官由陈福田、莫泮芹、缪云台、潘光旦、梅贻琦担任。

　　经过严格认真的考试选拔，最后录取了44名学生，三迤都有。

　　为了保证学生日后的学习，选送委员会又于1943年元旦开办留美预备班[①]进行补习，地点在大兴街新建成的昆明图书馆，由缪云台任班主任，沈履（西南联大总务长，清华大学秘书长）、金龙章（耀龙电力公司总经理兼总工程师）负责教务，沈履、金龙章还兼副班主任。教学工作借助西南联大的师资和设备。可以说留美预备班完全由西南联大代为办理，而梅贻琦是联大的负责人，又在这方面有着丰富的经验。据《梅贻琦日记》记载，在云南留美预备班开办期间，他与缪云台、龚自知晤谈商讨该班事宜达13次之多。

　　预备班开设的课程有：国文、英文、数学、自然科学、本国文化、美国史地，以及工厂实习等科目；各科教师均为联大著名教授：国文朱自清、游国恩，化学杨石先、邱宗岳，生物李继侗，中国民族和中国文化潘光旦，美国史地雷海宗，英文莫泮芹、赵诏熊，算学赵访熊、赵淞，物理朱物华、霍秉权，木工刘德慕，金工强明伦，铸工褚士荃，工程绘图董树屏。

　　西南联大还为预备班安排了大师讲座，每周一次，共53次，均为联大校领

---

① 李艳：《云南留美预备班》，见云南档案局编：《档案里的西南联大》，昆明：云南民族出版社，2016。

导和著名教授主讲，可以说预备班成了名家讲堂。比如：梅贻琦"科学发展与中国文化"、蒋梦麟"中国文化对西方文化应取之态度"、贺麟"美国人民精神与哲学"、罗常培"近百年中国民族自救及演进"、杨振声"中国诗与中国画的关系及特点"、戴文赛"西方音乐"、吴泽霖"美国民族之组织"、陶葆楷"土木工程"、施嘉炀"中国工业之沿革与趋势"、李辑祥"机械工程发展及趋势"、王德荣"航空工程之趋势及发展"、黄子卿"理论化学与工医农业之关系"、陈岱孙"经济统治与政治"、赵迺抟"战后经济之衰落"、胡毅"青年心理卫生"、黄钰生"宪法中之教育问题"等。

预备班还举行夏令营，安排体育、音乐、骑射、辩论、学术、康乐等活动。

1944年6月24日，教育部派高等教育司司长吴俊升来昆明举行复试。除吴俊升为主考官外，梅贻琦、蒋梦麟、熊庆来、龚自知、李书华等为副考官，口试考官吴正之、黄钰生、陈雪屏等。复试结果，录取了方宝贤、唐绍龙等40名学生。教育部电示：未接批准出国前，录取学生暂到云南省工厂农场医院实习，或在各大学借读。为此，西南联大接受了26名学生借读，并出具修课证明，避免学生在国外重修课业。不及格的4名同学也分别进入西南联大相关专业二年级学习。出国前夕，清华大学还将美国教授的联系方式提供给学员，以便他们到美国后寻求帮助。

因为抗战正酣，公费生赴美时间向后迁延。1945年6月，金龙章率队，这40名公费生经印度加尔各答转孟买乘船赴美留学。8月2日到达纽约，而后分别进入麻省理工学院、康奈尔大学、理海大学、密歇根大学、俄亥俄州立大学、芝加哥大学等高校学习。[①] 在美期间，这40名留学生又委托给清华大学留美公费学生临时管理委员会代为管理。公费的标准，也是比照清华的标准。应该说，云南省政府对这批留学生是寄予了很大希望的。

1949年6月，这40名学生完成了本科学业。除少数人继续在美深造或实习外，其余均回国。其中，较早回国的9人，向省经济委员会下属之云南人民

---

① 李艳：《云南留美预备班》。

企业公司报到，分配工作。稍晚一点回国的 20 余人，由于战火阻隔，在华北或华中就业。①

总的来说，这批人中有不少人为中华人民共和国的建设做出了重大贡献。如：谭庆麟，冶金学家，中国贵金属领域的主要奠基人和开拓者，曾任昆明贵金属研究所所长、昆明工学院院长；杨凤，中国动物营养学奠基人之一，曾任四川农业大学校长；周春晖，生产过程控制专家、中国化工自动化学科创始人之一，曾任浙江大学副校长；宋文彪，昆明工学院化工系教授兼环境工程研究所研究员；陈永定，冶金部钢铁研究院物理化学系主任、主任工程师；袁宗虞，中国石化总公司石化规划设计院副总工程师；傅君诏，1953 年到北京钢铁学院（今北京科技大学）任教，曾任中国金属学会秘书长。

此还，还有李振家、方宝贤、赵国书、和惠桢、刘御等，也取得了重要成就。如方宝贤，赴美后入俄亥俄州立大学，先后获学士、硕士、博士学位，留美工作，曾任大学教授、研究员，成为太阳能专家，对航天飞机太阳能电池的研发有着重要贡献。

二、西南联大的留学情况

西南联大教授中绝大多数为留学归来的，这无疑会对学生和年轻教师产生极大影响。他们中的许多人也把到欧美留学视为自己今后发展的重要方向和途径。因此，西南联大时期，学生和年轻教师（助教、教员、讲师）出国留学的不在少数。然而，目前尚缺乏系统完整的资料，这里只能做一些具体的描述。

（一）留美

一是考取庚款留美。

西南联大时期举行过两届清华大学庚款留美生考试。1941 年 2 月公布的第五届考试共录取 17 人。其中，有联大毕业生和年轻教师 11 人：汪德熙、陈耕

---

① 云南省留学人员联谊会编：《云南百年留学简史》，北京：中国社会科学出版社，2016，第151~152页。

陶、胡宁、黄培云、朱宝复、屠守锷、吕保维、梁治明、孟庆基、蒋明谦、吴保安。这11人中，屠守锷、孟庆基两人为应届毕业生，其余基本上为西南联大的助教。汪德熙、胡宁、黄培云、屠守锷、吕保维、蒋明谦等人学成归国，后来成为"两院"院士。屠守锷后来还获得"两弹一星"功勋奖章。

1944年6月发榜的第六届考试共录取了22人，其中西南联大毕业生或教师有15人：何炳棣、李志伟、王积涛、吴仲华、钟开莱、杨振宁、方中达、张炳熹、张燮、白家祉、洪朝生、黄茂光、张建侯、黎禄生、曹建猷。这批人中，许多人学有所成：杨振宁获诺贝尔奖，何炳棣为美国艺文及科学院院士，吴仲华、张炳熹、洪朝生、曹建猷为"两院"院士。

二是特殊推荐赴美留学。

1946年，经吴大猷、曾昭抡、华罗庚推荐，朱光亚、李政道、唐敖庆、王瑞骁、孙本旺到美国学习原子弹制造技术。到达美国后，此项任务未能完成，几个人分别进入不同高校深造。李政道后来和杨振宁一起获诺贝尔奖。朱光亚、唐敖庆后来成为"两院"院士。5人中只有朱光亚回国后从事原子弹的研制，并成为该项事业的组织者和领导者，获"两弹一星"功勋奖章。

三是自费或半官费留学美国。

1940年，西南联大年轻教师中有留美自费生奖学金获得者10人：潘李硕、姜尧、萧彩瑜、徐恩锡、陈世材、周贻困、卜钟麟、刘治谨、卢鹤伊、王俊奎。[①]

1941年，联大又派出半官费留美的讲师、教员、助教6人：夏翔、吴尊爵、朱宝、高振衡、陈光旭、吴谟显。[②]

上述两项赴美留学者共16人。

有统计资料显示，从1938年至1945年，西南联大进入美国留学的有228人，其中获得美国各大学学位的有137人。[③]在成为中国科学院和中国工程院

① 清华大学校史室编：《清华大学史料汇编》三（上），北京：清华大学出版社，1994，第265页。

② 清华大学校史室编：《清华大学史料汇编》三（上），第265~266页。

③ ［美］史黛西·比勒著，张艳译：《中国留美学生史》附录三《1854~1953年中国留学生赴美进入大专院校的中国学籍》，北京：三联书店，2010，第431页。

"两院"院士的 96 名西南联大学生（部分年轻教师）中，有 69 人出国留学，其中留美的有 51 人。

（二）留学英法和瑞士

这也是一个难以全面统计的问题。仅据笔者统计，后来成为"两院"院士的 96 名联大学生（包括部分年轻教师）中，留学英国的有 12 人：黄昆、沈元、戴传曾、朱亚杰、曹本熹、张滂、邹承鲁、王鸿祯、马杏垣、陈芳允、张恩虬、李鹗鼎；留学法国的有 2 人：严志达、董申保。钱伟长、郭永怀等除留美外还赴加拿大留学。

西南联大教育系的卢濬 1940 年毕业，后考取教育部公费留学瑞士，就读洛桑大学，1949 年回国，在昆明师范学院任教，历任教授、系主任、教务长、院长等职。

三、云南大学的留学情况[①]

云南大学从创办到抗日战争时期的跨越式发展，和西南联大一样，留学生起到了极其重要的作用。

民国时期云南大学教授中有 30 位后来成为中国科学院或中国工程院院士。其中留学归来的有 23 人，占 72.67%。[②] 其简况如下：

姓名	生卒年	籍贯	专业	留学国家
陈省身	1911~2004	浙江嘉兴	数学	德、法、美
冯景兰	1898~1976	河南唐河	地质学	美
冯友兰	1895~1990	河南唐河	哲学	美

---

① 参考云南省留学人员联谊会编：《云南百年留学简史》（1896~2013）第一辑，北京：中国社会科学出版社，2016。

② 参考云南省留学人员联谊会编：《云南百年留学简史》，第181~182页。

续表

姓名	生卒年	籍贯	专业	留学国家
华罗庚	1910~1985	江苏金坛	数学	英、美
金善宝	1895~1997	浙江诸暨	农学	美
吕叔湘	1904~1998	江苏丹阳	语言学	英
彭桓武	1915~2007	湖北麻城	物理学	英
秦仁昌	1898~1986	江苏武进	植物学	丹麦、英
汤用彤	1893~1964	湖北黄梅	哲学	美
钱临照	1906~1999	江苏无锡	物理学	英
汤佩松	1903~2001	湖北浠水	植物学	美
徐 仁	1910~1992	安徽芜湖	植物学	印度
张青莲	1908~2006	江苏常熟	化学	德、瑞士
俞德浚	1908~1986	北京	植物学	英
曾昭抡	1899~1967	湖南湘乡	化学	美
赵忠尧	1902~1998	浙江诸暨	物理学	美
郑万钧	1904~1983	江苏徐州	林学	法
吴中伦	1913~1995	浙江诸暨	林学	美
严志达	1917~1999	江苏南通	数学	法
冯新德	1915~2005	江苏吴江	化学	美
孟宪民	1900~1969	江苏武江	地质学	美
钱令希	1916~2009	江苏无锡	工程力学	比
殷之文	1919~2006	江苏吴县	材料学	美

除此之外，云南大学许多著名的教授也是留学归来的。

人文（含经济）方面，留日的有袁嘉谷、刘文典、周钟岳、寸树声等；留美的有陈复光、秦瓒、吴文藻、凌达杨、刘崇鋐、蔡维藩、赵诏熊、潘大逵、陈达、李树青、王赣愚、杨克成、林同济、朱驭欧、吴富恒、朱应庚等；留法的有邵循正、闻家驷、姜亮夫、张若名、杨堃、金琼英等；留德的有陶云逵、姚从吾等；留英的有费孝通、向达等；留比利时的有张邦翰等；留埃及的有纳忠等。

理工（含数学）方面，留美的有张燮、杨克嵘、段纬、李吟秋等；留法的有何衍璿、卫念祖、马光辰等；留德的有崔之兰等。

农医方面，留法的有杜棻、朱彦丞、曲仲湘、严楚江、蓝瑚、刘崇智等；留比利时的有诸宝楚等；留日的有陈植、张海秋等。

上述 49 人，只是很不完全的统计。连同校长、"两院"院士中留学的，已充分说明留学生对云南大学的创建及其发展产生了十分重要的影响。

第七章

全面抗战时期的文学艺术

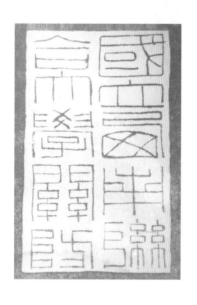

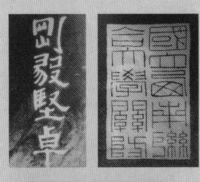

第一节　空前活跃的文艺界

卢沟桥事变后，大批文化艺术团体和高等院校迁入云南，大批文化名人先后来到昆明。首先，最为集中也最令人瞩目的是西南联大的著名教授、作家：朱自清、闻一多、沈从文、杨振声、吴宓、冯至、卞之琳、钱钟书、李广田、陈梦家、陈铨、林文铮、孙毓棠、余冠英、吴晓玲等；后来还有学生中的诗人、作家：穆旦、王佐良、杜运燮、郑敏、汪曾祺等。其次，云南大学，迁滇的中法大学、华中大学、中山大学、国立艺专等，以及社会各界的文化名人施蛰存、冰心、凤子、林徽因、康白情、游国恩、李何林、光未然、李长之、穆木天、刘澍德、滕固、徐芳、赵萝蕤、楚图南、张天虚、马子华、罗铁鹰、雷溅波，等等，相继到来。名家荟萃，精英聚集，抗战中的昆明遂成为与重庆、桂林鼎足而三的文化中心。

为了团结云南广大文化工作者，更好地开展各种抗日救亡宣传组织活动，1938 年 5 月 1 日，"中华全国文艺界抗敌协会云南分会"（后改名"昆明分会"，简称"昆明文协"）成立。会员包括文化、教育、艺术、新闻等各个方面的人士。昆明文协是全国文协的第一个地方分会。第一届理事有徐嘉瑞、楚图南、张子斋、张克诚、杨东明、杨济生、穆木天、朱自清、沈从文、杨振声、李家鼎、唐登岷等 20 多人，冯素陶为主席。理事会后来进行过改选。

昆明文协活动按照当时政治形势的变化，大致可以分为三个阶段。1941 年 1 月皖南事变之前为第一阶段，各方面活动开展得有声有色，十分活跃。皖南事变之后至 1944 年春为第二阶段。这一时期，政治形势险恶，文协活动处于低潮阶段，或者叫作"打盹"的状态。[①]1944 年五四运动开始，随着昆明地区民主运动的复兴，开始了第三阶段。

总的来看，昆明文协的活动丰富多彩，突出的有以下方面。

首先，出版会刊《文化岗位》（后改为《西南文艺》）。其次，文协组织过的大的活动有：将张天虚由日本带回来的聂耳骨灰安葬于西山；举办文学讲习班；举行文艺和时事讨论会；举办画展为前线战士募集寒衣；在昆明和外县大中学校开展培养辅导文艺青年的工作；1939 年，举行鲁迅逝世 3 周年纪念活动；1944 年秋，为援助贫病作家而举办音乐演奏会。此外，文协成员还担任《云南日报》《正义报》《扫荡报》《观察报》《昆明晚报》等许多报纸的文艺副刊编辑，编发或撰写了大量抗日救亡的作品，其中《云南日报》副刊《南风》在张子斋、李何林主持下，发挥的作用尤为显著。

1944 年 9 月，文协组织在北门出版社编辑部召开文艺民主问题讨论会，痛斥国民党独裁统治，提出争取民主和言论出版自由等口号，推动昆明各大中学校举办文艺座谈会、文艺晚会和诗歌朗诵会，广泛开展抗日民主运动。1945 年 7 月 7 日，昆明文协召开"抗战八年来文化运动检讨会"，提出今后要把文化运动与政治运动密切结合，用民主运动来推动政治运动。

在文协领导和会员的推动下，云南抗战文学期刊不断涌现，除《文化岗位》外，还有《南方》《前哨》《战时知识》《民众歌咏》《云南学生》《战歌》《抗战周报》《奸倭》《抗敌》等几十种。这些刊物对唤起民众的救亡意识，鼓舞云南各族人民的抗日斗志，起到了重要作用。

抗战期间，云南文化界有一件重要的事情，即 1942 年底，李公朴由重庆来昆明创办北门书屋和北门出版社，出版销售进步书刊，介绍中共领导的敌后抗日战争，引导青年走向革命，推动民主运动的发展。出版社编辑部由光未然（张光）负责，楚图南、闻一多等 10 余人参加，出版了高寒（楚图南笔名）翻译的涅克拉索夫等的世界名诗集《枫叶集》、张光年的诗作《雷》、艾青的《献

---

① 蒙树宏：《云南抗战时期文学史》，昆明：云南人民出版社、云南大学出版社，2013，第2页。

给乡村的诗》、张光年的长诗《阿细的先基》、赵沨的《名曲解说》等进步文学作品 70 余种。

总而言之，全面抗战时期的云南文化大为活跃，为唤起民众、鼓舞人民，开展民主救亡运动和团结抗战发挥了重要作用。闻一多曾指出："昆明的文艺工作者在民主运动中的贡献，历史将会说明不容低估的。这不是说这里产生了多少伟大的作家和作品，而是说这里的文艺工作者是真正为人民服务了的一群。他们一面曾将文艺的种子散播在民间，一面又曾将人民的艺术介绍给都市的知识层"，"已经开始把农村和都市联系起来了"。[①]

第二节　西南联大的文学：社团、诗歌和小说

研究表明，全面抗战时期的西南联大是昆明作为文化中心的重要组成。而西南联大文学社团数量众多，极其活跃，在诗歌和小说方面都产生了令人瞩目的成就，在中国近现代文学史上写下了光彩华章。

一、西南联大文学社团概况

西南联大学生课余生活极其丰富多彩，因而学生社团很多。9 年间，西南联大各种学生社团在 100 个以上，政治、戏剧、体育、学习、壁报、读书会、文学等各种类型都有。其中学生进步社团有社研（社会科学研究会）、群社等[②]；戏剧类的社团有高声唱、剧艺社、怒潮剧社、山海云剧社等；学习类的社团有梭社、炔社等；体育类的社团有铁马、喷火等。数量最多的是壁报类的社

① 《昆明的文艺青年与民主运动》，载《今日文艺》创刊号，1946。
② 西南联大党史编写组：《中共西南联大地下组织和群众革命活动简史》，昆明：云南人民出版社，1994，第17~21页。

团，有群声、大家看、腊月、春秋、游击、燎原、神曲、流火、山泉、野草、红叶等；1944 年"5 月 4 日这天，联大校园空前热闹起来，'民主墙'上壁报琳琅满目，有文艺、生活、现实、耕耘、民主、潮汐等 20 多种"①。到了 1945 年"五四周"里，"联大民主墙上壁报达 30 多种，计有街头、论坛、科学、阳光、法学、生活、南苑、春雷、政风、大路、论衡、黎明、冬青、人民、现实、联大半月刊、尝试、透视、国风、翻译、社会、新阵地、文艺、希望、民主、新诗、火炬、乱弹、青年、学苑"②。这里少数与上年的有重复，说明是坚持办下来的。壁报上自然会刊登文学作品；有的本身就是文学社团的壁报，比如冬青、文艺、新诗等；比如神曲等，后来也发展成为文学社团。

西南联大文学社团有 10 多个：南湖诗社、高原文艺社、南荒文艺社、冬青文艺社、布谷文艺社、边风文艺社、文聚社、耕耘文艺社、文艺社、新诗社、新河文艺社、十二月文艺社等。其中，最重要的有 9 个：南湖诗社、高原文艺社、联大剧团、南荒文艺社、冬青文艺社、文聚社、文艺社、新诗社、剧艺社。③

联大文学社团的活动与政治形势密切相关。以 1941 年 1 月皖南事变和 1944 年五四纪念活动为节点，联大社团可以划分为三个时期：前期，1937 年秋至 1941 年春；中期，1941 年春至 1943 年秋；后期，1943 年秋至 1946 年夏。

（一）前期

1.南湖诗社

南湖诗社是西南联大第一个文学社团，具有开创性的意义。它存在了 3 个

---

① 西南联合大学北京校友会编：《国立西南联合大学校史》，北京：北京大学出版社，2006，第344页。

② 西南联合大学北京校友会编：《国立西南联合大学校史》，第352页。

③ 这部分介绍主要依据李光荣研究成果。李光荣长期致力研究西南联大文学及联大文学社团，主要专著有《季节燃起的花朵——西南联大文学社团研究》（中华书局，2011）、《西南联大与中国校园文学》（人民出版社，2014）等，编选《西南联大文学作品选》（人民文学出版社，2011）。其中《季节燃起的花朵——西南联大文学社团研究》是国家社科基金项目成果，也是第一部研究西南联大文学社团的专著。作者最为难得的是不仅详尽研究了相关文献资料，还先后采访联大文学社团数十位社员而获得第一手"口述历史"，其许多研究成果是创造性的。

月（1938 年 5 月 20 日至 8 月）。发起人是中文系二年级学生向长清和哲学心理教育学系三年级学生刘兆吉，两人都是长沙临时大学西迁昆明时步行团的成员。诗社社员有穆旦等 20 多人，主要是中文系和外文系的。闻一多、朱自清为诗社的导师。诗社出了四期壁报，刊登诗作数十首，出了三位著名诗人：穆旦、赵瑞蕻、林蒲。穆旦的《我看》被赵瑞蕻称为"'五四'以来中国新诗中的精品"。南湖诗社的 20 多位社员后来大多成为其他文学社团的骨干成员。

后来蒙自分校迁回昆明，告别了南湖，诗社改名为高原文艺社，加入者增至四五十人。社员们不仅写诗，也写散文、小说，还开始写剧本；除了出壁报外，社员的作品开始投发报刊，并受到欢迎。投发的报刊主要是《大公报·文艺》《中央日报·平明》和《今日评论》。这些报刊是当时全国著名的文学大家发表作品的园地。

2. 高原文艺社和南荒文艺社

1939 年 5 月，高原文艺社改名为南荒文艺社。这样，高原文艺社存在了 6 个月（1938 年 12 月至 1939 年 5 月）。改名的起因是，当年春天，香港《大公报》记者、《文艺》副刊编辑萧乾来滇缅公路采访，顺访西南联大。为了更好地组稿，他倡议高原文艺社扩大组织，即吸收昆明其他高校的学生。据此，高原文艺社改组为南荒文艺社，其社员扩大吸收了同济大学、中山大学等校的学生。社员发表作品以报刊为主，并为《大公报·文艺》《中央日报·平明》所倚重。南荒文艺社存在了 15 个月。据不完全统计，这一年多中，《大公报·文艺》发表南荒文艺社社员的作品有 56 题，分 112 次刊出，且多刊于该版的首篇位置，有时全版皆为南荒文艺社社员的作品。[①] 这样的成绩对于一个学生社团而言是十分可观的。当然，这一情况也表明南荒文艺社社员的创作水平是值得肯定的。

南荒文艺社的骨干社员辛代（方龄贵）曾讲过一事：凤子担任《平明》副刊编辑时，一次，她向南荒文艺社社员约的一篇稿子没发表，惹恼了作者，南荒文艺社一致行动，不给《平明》投稿，并实行封锁。于是，《平明》闹了稿

---

① 李光荣、宣淑君：《季节燃起的花朵——西南联大文学社团研究》，北京：中华书局，2011，第101页。

荒，以致一段时间内期数减少。[①]

事实上，南湖、高原、南荒三个社团是一脉相承的，既有区别又有渊源关系。后来从这三个社团中走出来的文学家及相关学科的著名人物有：向长清、刘兆吉、林蒲、赵瑞蕻、穆旦、刘绶松、周定一、陈士林、李敬亭、刘重德、陈三苏、李鲸石、高亚伟、王佐良、杨周翰、杨苡、祖文等。[②]

（二）中期

1. 冬青文艺社

冬青文艺社，原为中共西南联大地下组织领导的学生进步社团群社的文艺小组，1940年初独立成立文学社团。负责人为林元（中文系）、杜运燮（外文系），闻一多、冯至、卞之琳、李广田为导师。一开始，主要工作是出版《冬青》壁报，因为作品多，遂编辑手抄本杂志，陈列于学校图书馆阅览室，先后有《冬青小说抄》《冬青诗抄》《冬青散文抄》《冬青文抄》四种。这是西南联大最具特色的"杂志"。同时，还有街头诗页。此外，冬青文艺社还积极开展诗歌朗诵会、演讲会、纪念会等活动。

1941年初，皖南事变发生，林元、萧荻等转移校外。冬青文艺社的活动也转向校外，在《贵州日报》创办《冬青》诗刊。《贵州日报》原名《革命日报》，其副刊名为《革命军》，因此，《冬青》诗刊也叫《革命军诗刊——冬青》。诗刊出了10期，为时一年多。与此同时，冬青文艺社的作品在云南省内外的报纸杂志上都有发表，且数量颇多，有冯至、卞之琳的诗作，也有穆旦、杜运燮、刘北汜等社员的诗作。后来，冬青文艺社办了两份杂志：《文聚》和《中南报》（3日刊）的副刊《中南文艺》，充分显示了冬青文艺社的创作实力。冬青文艺社在这些杂志刊物上发表了大量作品，有的后来列入中国现代最优秀作品的行列，如穆旦的《春》《赞美》《诗八首》、冯至的《十四行六首》、杜运燮的《滇缅公路》等。

---

① 李光荣、宣淑君：《季节燃起的花朵——西南联大文学社团研究》，第100页。

② 李光荣：《西南联大与中国校园文学》，北京：人民出版社，2014，第13页。

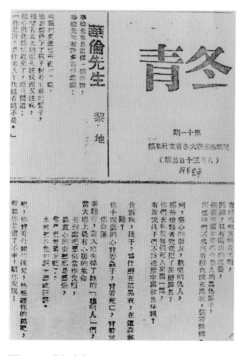

图 7-1：《冬青》

1944 年初，冬青文艺社恢复了校内的活动，《冬青》壁报又重现校园。由于稿源丰富，《冬青》壁报还办了《冬青》南院（女生宿舍）版、师范学院版、工学院版。"一报四版"，创西南联大壁报史上的纪录。一直到 1946 年"一二·一"运动之后，冬青文艺社还组织过许多社会活动，发挥了重要影响。比如，与昆明文协等团体联合，组织纪念鲁迅逝世 8 周年活动（1944 年 10 月 19 日），举办法国作家罗曼·罗兰和俄国作家阿·托尔斯泰追悼会（1945 年 4 月 22 日），在西南联大大草坪举办纪念五四文艺晚会（1945 年 5 月 5 日），等等。

总的来看，冬青文艺社有四大特点：第一，冬青文艺社从 1940 年初至 1946 年 5 月西南联大结束，共 6 年多，是联大社团中存在时间最长的。第二，冬青文艺社发表的作品是西南联大社团中最多的。仅就诗歌而言，穆旦在冬青文艺社期间创作了七八十首，约占他一生创作诗歌总量的一半；杜运燮也写了七八十首；其余社员也都诗作丰盛。小说方面，汪曾祺在这一时期进行了文体探索试验并取得重大成就；许多抗战小说也在这一时期问世，比如卢静的《夜莺曲》等。散文方面，刘北汜、辛代、杜运燮和汪曾祺等人在冬青文艺社时的散文皆数量可观。第三，冬青文艺社走出大量人才，是西南联大社团中最多的。"从冬青文艺社走出的作家、教授、研究员、编辑、记者等文化人士有一大批，例如：汪曾祺、穆旦、杜运燮、刘北汜、陈时、林元、王秋臣、萧荻、萧珊、祖文、张定华、吴宏聪、巫宁坤、卢静、辛代、罗寄一、于产、吴燕晖、秦泥、彭国焘、贺祥麟、李金锡、马尔俄、黄丽生、唐振湘、王佐良、杨周翰、刘晶雯等，他们为中国现当代文学和文化的研究与创造做出了巨大贡献。"[①] 第四，坚持左翼文艺思想，这与其从群社中分出来密切相关。

2. 文聚社

文聚社是皖南事变后西南联大自由气氛受到压制后成立的，时间在 1941 年 10 月，其策划者是冬青文艺社的林元，核心成员也多为原冬青文艺社的骨干。因此，也可以说文聚社是冬青树干发出的新枝。文聚社主要活动也是在校外进行。如前所述，1942 年冬青文艺社创办了两个杂志，其中之一就是《文聚》。

文聚社有两大特点：第一，以办刊物（即《文聚》）为存在形式。这是西南联大面向全国发行的唯一的而且是大型的文学期刊。据统计，《文聚》出版 6 期，共发表 65 题 127 篇作品，作者共 39 人。第二，拥有强大的作者队伍。作者群来自三个方面，首先是集中了学生中的一流作者，有的是从南湖诗社开始，历经高原、南荒、冬青三个社团锻炼出来的，如穆旦、杜运燮、郑敏、汪曾祺等。换言之，文聚社员中走出了一批著名作家。其次是教师中的作家，如沈从文、朱自清、李广田、冯至、卞之琳、孙毓棠等。再次是团结了校外名家，甚至解放区的著名作家，如楚图南、曹卤、魏荒弩、程鹤西、赵萝蕤、袁水柏、靳以、何其芳等。

文聚社还出版"文聚丛书"，原计划出 10 种，已出版沈从文《长河》（长篇小说）、穆旦诗集《探险者》、卞之琳译作《〈亨利第三〉与〈旗手〉》。冯至的《楚国的亡臣》（中篇小说）出版时适逢抗战胜利，停止了印刷，后来由文化生活出版社于 1946 年 9 月出版，书名改为《伍子胥》。

文聚社还办有《独立周报·文聚》，现存世不多。

（三）后期

1. 文艺社

文艺社一开始是《文艺》壁报，1943 年 10 月 1 日创刊，发起人是张源潜、程法伋、陈彰远、王汉斌、何孝达等。它是针对主张"为艺术而艺术"的《耕

[①] 李光荣、宣淑君：《季节燃起的花朵——西南联大文学社团研究》，第209页。

耘》壁报而创办的。《耕耘》稍早于《文艺》壁报，其代表人物是外文系袁可嘉。当时袁可嘉"反对'为人生而文学'，反对'文以载道'，主张为艺术而艺术，主张文学不能急功近利，为政治服务，而是应当写'永恒的主题'"①。《文艺》壁报则主张"为人生而文学"，对《耕耘》进行批评。《耕耘》马上作出反应，认为《文艺》壁报的诗歌是"标语口号式的"。《文艺》壁报的主张得到了更多的支持，扩大了影响。

1944年，在西南联大举办的"五四纪念周"中，《文艺》壁报召开的一次文艺演讲晚会更是轰动一时。当时，蒋介石抛出《中国之命运》，国民党当局将五四青年节改为农历三月二十九日（黄花岗起义纪念日，公历4月27日），引起联大师生们的强烈抗议。闻一多说："'五四'给我的影响太深了，《中国之命运》公开向'五四'宣战，我是无论如何受不了的。"② 在这样的背景下，5月8日，《文艺》壁报在西南联大图书馆前大草坪召开五四文艺演讲晚会，西南联大、云南大学和其他大中学校学生3000多人参加，罗常培、冯至、朱自清、孙毓棠、沈从文、卞之琳、闻家骃、李广田、闻一多、杨振声等10位教授发表精彩演讲，在校内外产生了巨大影响。由此，文艺社声誉进一步扩大，加入的人数不断增加，另一壁报《新苗》甚至停刊加入《文艺》。1945年3月26日，文艺社正式成立。

之后，文艺社开展了一系列活动：举办鲁迅讨论会；与昆明文协、冬青文艺社等团体一起召开法国作家罗曼·罗兰和俄国作家阿·托尔斯泰追悼会；1945年8月，社员缪弘在前线牺牲，文艺社为纪念这位抗日英烈，将《文艺》壁报第31期出版为"缪弘专号"，还选编《缪弘遗诗》，由李广田作序题签；1945年10月1日社庆两周年文艺晚会上，李何林阐述毛泽东《在延安文艺座谈会上的讲话》；创办社报《文艺新报》；在"一二·一"运动中，文艺社积极投身运动，站在运动的最前列。

---

① 杨天堂：《西南联大时期的袁可嘉》，见北京大学校友联络处编：《筚吹弦诵情弥切——国立西南联合大学五十周年纪念文集》，第141页。
② 闻一多：《八年的回忆与感想》，见西南联大《除夕》副刊主编：《联大八年》，1946。

总结起来，文艺社存在的两年多时间中，有四个突出特点：第一，以辩论姿态问世，在斗争中发展。尤其是 1945 年 11 月 25 日时事晚会后，文艺社率先编发报纸号外，喊出"我们反对内战""我们全力支持罢课"；在之后的"一二·一"运动中，一直站在斗争最前列，勇立时代潮头。第二，是西南联大登记在册人数最多的文学社团。1945 年 9 月，注册人数 60 多人。第三，是西南联大文学社团中唯一有社报的社团。1945 年 11 月创办社报《文艺新报》(半月刊)，共出版 8 期。第四，1946 年 5 月 4 日出版最后一期壁报(第 36 期)，是西南联大坚持到最后的壁报。

2. 新诗社

新诗社的成立，起因于闻一多的一堂唐诗课。1943 年 10 月 27 日，闻一多在唐诗课上讲"时代的鼓手"(解放区诗人田间的诗)，听课的学生受到震撼。历史系 1942 级学生何孝达(何达)把听到的内容整理出来刊发在壁报上，之后，他寻找志同道合的同学，酝酿成立一个诗社，请闻一多作导师。经过几个月的筹划，在 1944 年 4 月 9 日这一天，他和沈叔平、施载宣(萧荻)等 12 名同学步行 10 多千米到昆明北郊龙头街司家营闻一多住处，请闻一多为他们的诗作进行点评，并聆听他对诗的看法。这天就成为新诗社的成立日，闻一多的讲话被归纳为四条，成为新诗社的纲领。

新诗社经常性的活动是朗读和讨论社员的习作。闻一多、冯至等经常参加，倾听社员的习作朗读并评论。闻一多往往还会拿起一首诗高声朗诵，做出示范。新诗社是开放的，随着影响的扩大，叶传华、秦泥、沈季平、缪弘、吴征镒、张源潜、缪祥烈，以及校外的许多人也参与进来。

新诗社开展一系列活动，其中一个重要活动是为贫病作家募捐，共计 36 万元捐款(1945 年 2 月)，占西南联大募集总数 62 万元的一半多。当然，新诗社开展的诗歌朗诵会中，突出的有："英国花园"朗诵会(1944 年 10 月 1 日)；诗社成立半年纪念会(1944 年 10 月 9 日)，到会的有 14 位教授以及文化界和大中学生 1000 余人，会上楚图南、光未然、冯至、闻一多朗诵了诗歌；与昆明文协等团体联合举办马雅可夫斯基逝世 15 周年纪念会（1945 年 4 月 21 日），田汉、光未然、闻家驷等 200 多位师生出席；1945 年 5 月 2 日的诗歌朗诵会，除了何达、朱自清等人的朗诵，光未然也朗诵《民主在欧洲旅行》，最精彩的是闻一多朗诵艾青的《大堰河》，后来成了历次朗诵会的保留节目。

可以看出，朗诵诗成为新诗社的一大特点，以至于朗诵诗（包括创作）成为新诗社的目标。新诗社社员后来成为诗人的有何达、叶华、秦泥，其中创作成就最高的是何达，代表作有《我们开会》《我们的心》《舞》等。朱自清为其选编了诗集《我们开会》，也是诗社最优秀的诗集。何达是闻一多亲手培养出来的优秀诗人，西南联大的朗诵诗创作和朗诵诗运动与何达紧密连在一起。

当然，作为导师的闻一多更是与新诗社密不可分。他说："这两年多，我跟新诗社是血肉不可分的。"1948 年 4 月 9 日，闻一多牺牲一年多后，何达写诗纪念："新诗社是闻一多的纪念碑，新诗社是闻一多的铜像。"

"一二·一"运动爆发后，新诗社投入运动中，社员们写了大量诗歌。三校北返，新诗社又被带到北京大学、清华大学和南开大学的校园中。

文艺社、新诗社作为西南联大后期的两大文学社团，其中走出的文学家和相关学科的著名人物有：何达、张源潜、王季、王景山、刘方、刘治中、康倪、赵宝熙、伍骅、温功智、闻山、萧荻等。此外还有戏剧方面的著名人物。

二、西南联大文学社团的成就

文学社团的成就主要是两个方面，一是出作家或文学相关方面的著名人物，二是出作品。

第一个方面，已在文学社团发展的三个时期分别列出了部分名单，近 60 人，可以想见的全部人数，当在百人以上。"可以作为西南联大文学社团育人功绩典型作家是穆旦和汪曾祺。"穆旦是西南联大五个学生社团的参与发起人和中坚作者①，当年就已诗名大著。汪曾祺在西南联大时期已有不少作品，且其现代主义小说的创作实验亦走向成熟，然而其文名甚炽是在后来。1941年，其恩师沈从文给作家施蛰存的信中说，"有个汪曾祺，将来必大有成就"。果不其然，汪曾祺日后成为中国文坛极享盛誉的文学大家，不仅小说、散文写得漂亮，写戏也得心应手，妙笔生花，老百姓喜闻乐见的现代京剧《沙家浜》就是沈从文这位高足据沪剧《芦荡火种》改编（统稿）的。②

至于第二个方面（文学作品）是一个难题。因为西南联大师生，或者只讲学生的作品，可以肯定地说，数量是巨大的。据统计，6期《文聚》共发表65题127篇（首）作品；《文艺新报》出版7期，发表各类作品共计90篇（首）。而关于文聚社和文艺社所写的作品的总数，恐怕是难以统计的。③西南联大师生文学作品的专门出版物还不多，突出的有《西南联大现代诗钞》④和《西南联大文学作品选》⑤，收集量也不太大。其中《西南联大现代诗钞》仅收集了老师6位，学生18位，共300多首作品。穆旦在联大时期的诗有100多首，这里只收了45首，还不到一半。《西南联大文学作品选》仅收集80多篇（首）作品，共34万字，作者也仅数十人。

但是，《西南联大文学作品选》的选编者凭借多年的研究经验，以及编选的实践经历，对西南联大九年学生文学作品有一个大概的估计：作品近千篇（首），字数数千万。⑥笔者以为，这个估计是比较靠谱的。

因此可以说，西南联大九年，师生们的文学成就是巨大的。

限于篇幅，下面仅对诗歌和小说做进一步的阐述。

（一）诗歌

西南联大是20世纪40年代中国诗歌两个中心之一。

---

① 李光荣：《西南联大与中国校园文学》，北京：人民出版社，2014，第13页。
② 余斌：《西南联大背影》，北京：生活·读书·新知三联书店，2007，第46页。
③ 李光荣：《西南联大与中国校园文学》，第14~15页。
④ 杜运燮、张同道编选：《西南联大现代诗钞》，北京：中国文学出版社，1997。
⑤ 李光荣编选：《西南联大文学作品选》，北京：人民文学出版社，2011。
⑥ 李光荣：《西南联大与中国校园文学》，第15页。

　　"中国现代诗的基地在大学校园，学院诗始终是中国现代诗的重要力量。"①的确，校园诗的走向和流变在相当程度上影响着（尽管还不是决定着）中国现代诗的发展。

　　著名的文学评论家余斌说："事实上，四十年代的中国诗歌有两个中心：一个是延安的工农兵诗歌（以学民歌为主流，比较接地气），一个是昆明的现代派诗歌（视西方现代派为圭臬，人文色彩浓）。"②

　　1."联大三星"

　　"蔚为壮观的学院诗发生在 20 世纪 40 年代，中国现代诗的基地在大学校园。""西南联合大学的校园诗构成了中国现代诗歌史上奇特的高峰。"③

　　在当时情况下，"西南联大校园诗人群落诞生了：后被称为'联大三星'的穆旦、郑敏、杜运燮，后来成为一流翻译家的王佐良，著名学者杨周翰、袁可嘉、赵瑞蕻，还有一些在漫长岁月里不为人所熟知名字：罗寄一、周定一、沈季平、俞铭传、秦泥、陈时，以及移居海外的林蒲、马逢华、叶华、何达，还有早年殉国的缪弘等。当然，诗作者还远不止这些"④。

图 7-2：穆旦戎装照

　　下面，仅对"联大三星"作简要的介绍。

　　穆旦（1918~1977），原名查良铮，祖籍浙江海宁，生于天津，与西南联大训导长查良钊、香港著名武侠小说家金庸（查良镛）同宗同辈。穆旦 1935 年考入清华大学地质系，半年后攻读外文系，1937 年随校南迁长

① 张同道：《西南联大现代诗钞·编后》，《西南联大现代诗钞》，第585页。
② 余斌：《西南联大诗歌小说散论》，载《边疆文学·文艺评论》，2016（3）。
③ 张同道：《西南联大现代诗钞·编后》，《西南联大现代诗钞》，第585页。
④ 张同道：《西南联大现代诗钞·编后》，《西南联大现代诗钞》，第588页。

沙，后参加湘黔滇旅行团，步行到云南入西南联大，1940 年毕业，留校任助教。在西南联大，他是蒙自南湖诗社、文聚社等五个学生文学社团的参与发起人和骨干，也是著名的校园诗人之一。其西南联大时期的代表作有《我看》《赞美》《出发》《诗八首》和《森林之魅》。

他在南湖诗社时的《我看》，巧妙地描绘了南湖的景色。诗的前两节全是"看"，看湖景，看远山，面对使人陶醉的景致，高喊出独特的对青春的感受："让欢笑和哀愁洒向我心里，像季节燃起花朵又把它吹熄。"赵瑞蕻称该诗为"'五四'以来中国新诗中的精品"[①]。

发表于 1941 年的《赞美》是《文聚》创刊号的开篇之作。它以新的艺术风格抒写民族的深重苦难，更看到民族的觉醒和希望，每一节最后都发出"一个民族已经起来"的欢呼。该诗宣告了一种新的美学观念的诞生，在西南联大文学史上具有重要地位。

1942 年发表于《文聚》上的《诗八首》，作者自己说是一组爱情诗，但它非同一般的爱情诗，因此引起许多人的解读和阐释。袁可嘉说："新诗史上有过许多优秀的情诗，但似乎还没有过像穆旦这样用唯物主义态度对待多少世纪以来被无数诗人浪漫化了的爱情的……它热情中多思辨，抽象中有肉感，有时还有冷酷的自嘲。"[②] 当然，这正是诗人的创新及其独特的魅力。

《出发》与《诗八首》都是写于 1942 年 2 月（发表于《大公报》），出发到缅甸之前，他内心是反战的，但从军参战是坚定的。他认为必须用战争制止战争。因此论者认为，"在所有描写人性与战争关系的诗里，恐怕没有哪首诗比这一首更深刻了"[③]。

1942 年 2 月，中国远征军入缅作战，急需翻译，穆旦投笔从戎，做中校翻译官。后远征军兵败缅甸，他随部队撤退进入野人山。他的传令兵死了，战马倒毙，在胡康河谷，他跨过已经腐烂的尸骨，目睹了战友们的非战斗死亡。之

---

① 赵瑞蕻：《南岳山中，蒙自湖畔》，见《离乱弦歌忆旧游》，上海：文汇出版社，2000。
② 袁可嘉：《诗人穆旦的位置》，见杜运燮等编：《一个民族已经起来》，南京：江苏人民出版社，1987。
③ 李光荣、宣淑君：《季节燃起的花朵——西南联大文学社团研究》，第163页。

后他遇到孙立人的部队，转道印度，幸存归国。正是根据九死一生的经历和对死亡的体验，他写出了著名诗篇《森林之魅——祭胡康河上的白骨》。"胡康河谷"，缅语意为魔鬼居住的地方。人们把这片方圆数百里的无人地带称为"野人山"。诗中有森林和人的对话，而最摄人心魄的是"祭歌"：

> 在阴暗的树下，在急流的水边，
> 逝去的六月和七月，在无人的山间，
> 你们的身体还挣扎着想要回返，
> 而无名的野花已在头上开满。
> ……
> 静静的，在那被遗忘的山坡上，
> 还下着密雨，还吹着细风，
> 没有人知道历史曾在此走过，
> 留下了英灵化入树干而滋生。

1945年，西南联大文聚社出版了穆旦的第一本诗集《探险队》，两年后又在沈阳出版了《穆旦诗集（1939~1945）》，王佐良的评论《一个中国新诗人》附于集后。在这篇文章中，王佐良不但对穆旦的诗作了独到的分析，给予了极高的评价，而且在中国文学界第一次对"那年轻的昆明的一群"进行整体审视。在王佐良晚年写的关于穆旦的文章中，这"一群"被明确地称为"四十年代在昆明出现的中国现代主义"，或"四十年代昆明现代派"。这群西南联大学子的校园诗，标志着昆明现代派的崛起，被认为是"中国现代诗歌史上奇特的高峰"（张同道语），穆旦就是旗帜。王佐良的此一观点已为学界相当认同，有些学者评价更高，认为穆旦是20世纪中国最优秀的诗人（而不仅仅是"之一"）。[1]1981年，《九叶诗集》出版，穆旦被重新发现，得到研究者的高度评价。1994年，

---

[1] 余斌：《西南联大诗歌小说散论》，载《边疆文学·文艺评论》，2016（3）。

《20世纪中国文学大师文库》出版，诗歌卷收入12人的作品，穆旦被排在第一。1996年，《穆旦诗全集》出版，被列入"20世纪桂冠诗丛"。[①]

杜运燮（1918~2002），福建古田人，出生于马来西亚霹雳州，1939年考入西南联大外文系，1941年8月进入军委会第一期译训班，结业后入缅担任远征军翻译官，曾到过印度和缅甸；后复学，1945年毕业，做《大公报》编辑和南洋中学教师；1951年起任新华社国际部编辑和翻译。

他在西南联大时期的诗有七八十首，写于1942年的《滇缅公路》是其代表作，广为人知。这是一首颂扬滇缅公路和筑路人的诗：

> 这是不平凡的路，更不平凡的人：
> 就是他们，冒着饥寒与疟蚊的袭击，
> （营养不足，半裸体，挣扎在死亡的边沿）
> 每天不让太阳占先，从匆促搭盖的
> 土穴草窠里出来，挥动起原始的
> 锹镐，不惜仅有的血汗，一厘一分地
> 为民族争取平坦，争取自由的呼吸。
> ……
>
> 看，那就是，那就是他们不朽的化身：
> 穿过高寿的森林，经过万千年风霜
> 与期待的山岭，蛮横如野兽的激流，
> 以及神秘如地狱的疟蚊大本营，……
> 就用勇敢而善良的血汗与忍耐
> 踩过一切阻碍，走出来，走出来，
> 给战斗疲倦的中国送鲜美的海风，
> 送热烈的鼓励，送血，送一切，……

---

① 李光荣：《西南联大与中国校园文学》，第15页。

这首诗发表不久，朱自清即在课堂上介绍评价，后又在《诗与建国》一文中把它作为"现代诗"的例子加以分析；闻一多编《现代诗钞》把它选入其中。这两位大家的肯定和鼓励，一方面缘于诗的思想感情倾向，另一方面缘于诗的艺术表现。[①]

和穆旦一样，参加远征军到印缅战场战斗是杜运燮人生经历的亮点，他的《林中鬼夜哭》《给永远留在野人山的战士》等许多诗篇，同样令人震撼。

杜运燮不仅是"联大三星"之一，也是稍晚形成的"九叶派"[②]的重要成员，比穆旦幸运的是，杜运燮赶上了1980年代中国现代主义的新浪潮。1997年，他和北京师范大学诗评家张同道编选《西南联大现代诗钞》（中国文学出版社，1997），收入了他的83首诗。

郑敏（1920~　），福建福州人，1939年考入西南联大外文系，稍后转哲学系，1943年毕业，是这一群体中唯一的女性。抗战时期诗作不少，有《诗集1942~1947》，收入诗作62首。1948年赴美留学，1952年获布朗大学英国文学硕士学位。1955年回国，1960年起任教北京师范大学外语系。

《诗集1942~1947》内有不少优秀之作，比如《金黄的稻束》《寂寞》《人力车夫》《西南联大颂》等。其中，《人力车夫》一共七节，请看其首节和末节：

> 举起，永远地举起，他的腿
> 在这痛苦的世界上奔跑，好像不会停留的水，
> 用那没有痛苦的姿态，痛苦早已经昏睡，
> 在时间里，仍能屹立的人
> 他是这古老土地的坚忍的化身。
> ……
> 举起，永远地举起，他的腿

---

① 李光荣：《西南联大与中国校园文学》，第192页。

② "九叶派"，1948年形成的九叶诗派，穆旦、杜运燮、郑敏、袁可嘉、辛笛、唐祈、唐湜、陈敬容、杭约赫九位是核心，并非只有这九位。前面四位是西南联大的。

> 奔跑，一条与生命同始终的漫长道路
>
> 寒冷的风，饥饿的雨，死亡的雷电里
>
> 举起，永远地举起，他的腿。

作者表现了对人力车夫深深的同情。在第二节里，诗人把人力车夫的奔跑比作"生命的马拉松赛"，但其结果乃是："输了，就为死亡所掳"；"赢了，也听不见凯歌"。对比手法，给人们强烈的印象。总的来看，"这首诗思想明朗、积极，韵律优美，语言简练，是一首上乘之作"[①]。

到了新时期，早被边缘化的郑敏不再囿于书斋，她以一首《有你在我身边——诗啊，我又找到了你》重新露面，欣喜地投入中国诗歌新浪潮。[②]

"联大三星"之外，联大学生诗人中还有一位不能被遗忘：袁可嘉[③]。在1940年代末出现的"九叶诗派"中，他"毫无疑问是一位要角，他集作诗、译诗、评诗和选诗于一身，在诗学理论上建树尤隆"[④]。在20世纪80年代的新诗潮中，他更是一位现代主义的启蒙者。

2. "昆明现代派"崛起的原因

20世纪40年代中国诗歌的西南联大中心的形成，或者说"昆明现代派之所以产生并崛起"，主要原因有两点：第一，西南联大有独特的文化环境，具体讲就是外文系教授对西方现代主义诗歌的传播；第二，当时的战争环境，这是昆明现代派形成并崛起的极其重要的条件。[⑤]

关于第一个方面的原因，即西南联大外文系教授对西方现代主义诗歌的传

---

① 蒙树宏：《云南抗战时期的文学》，第57页。

② 余斌：《西南联大诗歌小说散论》，载《边疆文学·文艺评论》，2016（3）。

③ 袁可嘉（1921~2008），浙江慈溪人，1941年考入西南联大外文系，1946年毕业后任教北京大学，之后长期供职于中国社科院外国文学研究所，晚年任研究生院教授、博导。他是从写诗起步的，1944年就在香港《大公报》发表歌颂抗战的《我歌唱，在黎明金色的边缘上》。他的诗在《西南联大现代诗钞》中收了21首。

④ 余斌：《西南联大诗歌小说散论》，载《边疆文学·文艺评论》，2016（3）。

⑤ 余斌：《从西南联大学生从军说到昆明现代派的崛起——主要以外文系为例》，见《西南联大的背影》，北京：生活·读书·新知三联书店，2017。

播，中国老师主要是冯至①和卞之琳②，他们当时都在做诗歌创作和诗歌理论的现代主义探索，并把这种探索投入到课堂教学中；外国教师主要就是英国诗人和著名的文学批评家燕卜荪③，他在西南联大课堂上讲授西方现代诗歌的重要代表艾略特和艾登的作品。

需要指出的是，所谓"40年代昆明现代派"，毫无疑问，应该包括西南联大校园诗人的师长们（冯至、卞之琳、燕卜荪），还有叶公超（西南联大外文系主任），以及云南大学的赵萝蕤。叶公超是我国最早评价艾略特诗作和诗论的学者，1943年就发表了《爱略特的诗》（《清华学报》）。赵萝蕤的丈夫陈梦家是西南联大中文系教授，因为西南联大规定，夫妇不得同校任教，所以赵萝蕤去了云南大学，然而她生活在西南联大的圈子里。作为译界女杰，她是西方现代派诗歌鼻祖艾略特长诗《荒原》的第一个中译本的翻译者，中译本1937年在上海出版时，她年仅25岁。《荒原》难深晦涩，但却是西方现代派诗歌的里程碑，一般来说，读起来都不容易，遑论翻译。《荒原》中译本是叶公超作的序，题为《再论艾略特的诗》。1940年春，赵萝蕤又应中央大学教授宗白华之约写了《艾略特与〈荒原〉》，在重庆《时事新报·学灯》发表。④

---

① 冯至（1905~1993），又名冯承植，河北涿县人，1927年北京大学毕业留校在德文系任助教，1930年留学德国，获海德堡大学博士学位。1935年回国，先后在同济大学、西南联大任教授。他1940年写的《十四行集》（27首），用外来诗歌形式表现自己的内心感受和对周围事物的认识，具有哲理性，并相当得心应手，是中国现代主义诗歌重要的、标志性的收获。他1945年写的《招魂》又达到新的高度。

② 卞之琳（1910~2000），江苏海门人。1929年考入北京大学英文系，1933年毕业，抗战全面爆发后到四川大学外文任教，1938年随何其芳等先后访问延安和太行山抗日根据地，并在鲁迅艺术文学院任教一学期。回川后于1939年底写出《慰劳信集》（17首）。1940年到西南联大任教。1949年赴英国牛津大学作研究。中华人民共和国成立后，在北京大学任教、作研究。

③ 威廉·燕卜荪（William Empson，1906~1984），英国剑桥大学硕士，现代派诗人。曾在日本东京大学任教，两度来华任教授：1937~1939在西南联大，1946~1951在北京大学。一般说来，西方现代诗都是晦涩难懂的，"在英国现代诗人中，燕卜荪先生算是较难懂的一个。然而，有的批评家说过，他的'艰深'正是他的优点"；他的"诗是智慧的光辉，在现代英国诗史上，他无疑占了很重要的位置"。1937年在长沙临时大学南岳时，他写下长诗《南岳之秋》（234行），附题是"同北平来的流亡大学在一起"，抒发当时所见所闻和感受，诗的内容还比较明显，可以看出他当时的心情是愉快的。

④ 余斌著：《西南联大的背影》，第24、122页。

关于第二个方面的原因——当时的战争环境。抗战中的云南既是大后方，又是中国战场与世界反法西斯战争的东方战场的接合部，1942年怒江以西沦陷后，又成为最前线。

"战争拉近了青年与社会和现实的距离，促使人思考人生，思考生命的意义与价值。这不仅仅是跑警报，不仅仅是感受到物质的匮乏和生活的艰难。有些学生直接参战当兵，当美军翻译。"[1] "据官方正式的统计，前后一共有五百余人，占翻译官中一个很大比数。"[2] 穆旦、杜运燮都"参加远征军，到了缅甸和印度。这样的战争经历使他们有机会认识中国和战争的另一面。因此，他们写诗就不会是对西方现代派的简单模仿，他们还有自己的中国式的情感投入，其中有爱国主义，也有非机械反映论的现实主义"；"昆明现代派存在的时间没有几年，但成就很大，影响也很大。他们的诗作和诗学理论深度介入20世纪80年代现代主义在中国新的崛起"。[3]

至于20世纪40年代延安和昆明两个"中国诗歌中心"之间有何关系，显而易见的有两点：首先，朱自清向闻一多推荐了田间的诗，而闻一多在他的唐诗课上讲"时代的鼓手"，从而鼓动出西南联大后期新诗社的诞生；他还在西南联大盛大的诗歌朗诵会上朗诵艾青的《大堰河》，而且这几乎成了他的保留节目。

其次，西南联大教师中的现代派诗人卞之琳到过延安、太行山抗日根据地，还在鲁迅艺术文学院任教一个学期。这些经历，使得他后来写的《慰劳信集》（27首）明显地表现出了"两个中心"在思想上、风格上的交融。

当然，关于这个题目的研究，还有待进一步地深入。

（二）小说

1.长篇小说

西南联大教师中的长篇小说作家，以沈从文为主帅，还有陈铨、钱钟书等人。

沈从文在昆明时期的长篇作品《长河》（第一卷），是其1937年回湘西，在

---

① 余斌：《从西南联大学生从军说到昆明现代派的崛起》，见《西南联大的背影》，第397页。

② 张祖、华人：《"翻译官"生活二题·编者按》，见《笳吹弦诵在春城——回忆西南联大》，第275页。

③ 余斌：《从西南联大学生从军说到昆明现代派的崛起》，见《西南联大的背影》，第397页。

沅水中部一个县城住了大约四个月创作的，是继《边城》之后的又一力作，也是关于湘西人物、风情的又一曲挽歌。故事写 20 世纪 30 年代沅水支流辰河中部一个小口岸吕家坪，坪上有商会会长，驻扎有保安队。下游四里有一个枫树坳，坳上有滕姓祠堂，摆摊子坐坳的是弄船老水手。坳对河萝卜溪有一橘园，园主滕长顺，有二子三女，小女夭夭最漂亮。故事从外来过客说"新生活"就要来临开始，各个人物的活动围绕着"新生活"这个话题展开。保安队长收保安费，滕长顺卖橘子，队长讹诈滕长顺，长顺没中计，队长生气，会长调停……故事最后写社戏，橘子丰收，滕长顺请戏班子来唱戏，人神同乐，好不热闹。什么是"新生活"，"新生活"会来吗？成为一个悬念。

小说在艺术上延续着作者特有的浪漫气息，同时又在背景上加深了现实色调。可以说，无论在人物塑造上，还是在社会展示的深度上，《长河》都超过了《边城》。[①] 由于内容触犯"新生活运动"和国民党政府的民族歧视、民族压迫政策，因此在当时的检查制度下，小说的发表和出版均颇多周折[②]，最后在西南联大文聚社《文聚丛书》出版。

陈铨的长篇小说《狂飙》1941 年 3 月脱稿，共 37 章，从五四运动写到南京沦陷，内有两组三角恋爱，从第 32 章开始写抗日，揭露日本侵略罪行，表现中国人民的民族气概。

至于钱钟书的长篇名著《围城》虽出版在西南联大之后，但广为人知，故不在此论说。

在西南联大学生中，当时的长篇小说作家可谓凤毛麟角。原因何在？"就作者讲，写小说需要较多的阅历和生活积累，下笔不易，这与偏于主观表现的写诗毕竟有所不同。就客观而言，小说体量较大，靠一般壁报或油印显然困难。"[③]

需要提及的是，有几部以西南联大为题材的长篇小说：鹿桥的《未央歌》、宗璞的《东藏记》、董易的《流星群》，作者也都是西南联大（或西南联大附中）

---

① 余斌：《西南联大的背影》，第43页。

② 蒙树宏：《云南抗战时期文学史》，第124页。

③ 余斌：《西南联大诗歌小说散论》，见《边疆文学·文艺评论》，2016（3）。

的学生，但是这些作品是战后创作的。

2. 中短篇小说

西南联大师生中短篇小说作家人数多，作品数量大。

教师中的作家，主要有冯至、沈从文、陈铨、李广田、卞之琳等。

冯至 1943 年写了中篇历史小说《楚国亡臣》，古为今用，意在为抗战服务，部分章节发表于桂林《明日文艺》。原拟全部由文聚社出版，未果。延至 1946 年收入"文学丛刊"出版，改名《伍子胥》。

沈从文作为著名作家，这一时期有影响的短篇小说有《王嫂》《乡城》《动静》，前两篇描写抗战中的普通人物，生动形象。

陈铨以话剧创作著称。短篇小说有《蓝蛱蝶》《花瓶》《夜阑》等。其中，《蓝蛱蝶》与话剧《蓝蝴蝶》有联系，《花瓶》则是话剧《野玫瑰》的前身。

李广田，1935 年毕业于北京大学外文系。在校时，他与何其芳、卞之琳合称"汉园"三诗人（卞、李、何三人合出习作诗歌集称《汉园集》，故名），进入西南联大任教后，成为学生文学社团的年青导师。其抗战短篇小说不少，分别收入《欢喜团》《金坛子》两个集子中。

卞之琳到过太行山抗日根据地，其短篇小说《红裤子》描写的是八路军游击队引导农民抗击日寇的故事，生动传奇，发表在《今日评论》上。外文系教授叶公超读后，将其译成英文，由燕卜荪介绍给英国《人生与文章》发表。[①] 很显然，叶公超是很看重卞之琳这篇小说的抗日宣传价值的。[②]

"除李广田、沈从文、冯至、陈铨等著名作家外，还有林抡元（林元）、汪曾祺、方龄贵（辛代）、王铁臣（田堃）、刘北汜、卢福庠（卢静）、刘兆吉、蔡汉荣（马尔俄）、李锡金等一批新人，可谓群星闪烁。"[③] 文中这批新人就是西南联大的学生作家。他们的作品数量不少，较有代表性的有林元的《王孙》《大学生》《哥弟》、刘北汜的《青色的雾》、刘兆吉的《木乃伊》、汪曾祺的《复仇》

---

① 余斌：《西南联大时期的叶公超》，见《西南联大的背影》，第28~29页。
② 余斌：《西南联大时期的叶公超》，见《西南联大的背影》，第28~29页。
③ 蒙树宏：《云南抗战时期文学史》，第94页。

《落魄》、田堃的《雨中》、马尔俄的《飓风》，等等。

这里仅就辛代、卢静及其抗日作品做一些介绍。

辛代（1918~2012），名方龄贵，吉林扶余人，"辛代"这一笔名是端木蕻良为他取的，意为"辛苦的一代"。九一八事变后失学，1935 年入关，在北平东北中山中学读高中。卢沟桥事变后，随校迁到湖南永丰镇（双峰县）。1938年 7 月参加高考，被西南联大历史系录取，立即赴昆明入学。在昆明认识了萧乾（萧妻与方同班），经萧乾介绍又认识了沈从文，从此成为沈从文的门生。在沈从文的鼓励下，方龄贵将其湘川路上的经历见闻写成《旅伴》等 10 篇纪实散文①，以"辛代"的笔名发表在香港《大公报·文艺》等报刊上，展现了作者的创作才华。后来，辛代成为西南联大南荒文艺社和冬青文艺社的重要作家。

1939 年 9 月 18 日，辛代发表了三篇文章：《九月的风》《八年》《祭》，同一个主题：纪念九一八。前两篇同时刊发在《大公报·文艺》上，同一天发表同一主题的三篇文章，说明了作者旺盛的创作能力和高超的艺术表现力。在此前后，辛代发表的小说还有《无题》《纪翻译》《孩子的悲哀》。

《九月的风》是辛代抗战小说中最突出的一篇，"直接描写'九一八'事变中沈阳军队的情形，是一篇力作"。小说以散文笔调写成，大气磅礴，结构完整。全文分四节，外加序曲和尾声。"序曲"展现出丰饶的原野、农民的收成，一派可爱的秋景；第一节写古城沈阳的政治形势，关东军搞军事演习，东北军旅长王以哲的担忧，平静中隐伏着杀机；第二节九一八事变发生，关东军要求王以哲军在四小时以内撤出沈阳，王集合全旅，跪求撤退，天色破晓，北京大学营全旅人向东山嘴退去；第三节写日本人进城后的暴行；第四节记述市民的生活和退役军人自发的零星战斗；"尾声"悲情笼罩，九月没有丰收的喜悦，九月的风将哀怨扩散，九月的哀风一吹八年。②

---

① 这10篇纪实散文是：《旅伴》《野店》《酒仙》《家长》《同乡》《马槽口》《荒村》《投宿》《蜀小景》《野老》，先后发表在香港《大公报·文艺》、重庆《大公报·战线》《今日评论》《中央日报·平明》等报刊上。

② 李光荣著：《西南联大与中国校园文学》，第264页。

感情浓烈是这篇小说的最大特色。作品像一首抒情诗，不仅"序曲"和"尾声"感情浓厚，中间各节都充满感情，如王旅长集合全体官兵，官兵要求打开仓库拿出武器，死守沈阳的气势可以掀动天盖，王以哲跪求全旅，悲情激荡山河。因此，气势雄伟亦是这篇小说的特色。小说未刻画主人公形象，而群体形象鲜明，这是散文体小说的特点。这篇小说不仅在方龄贵的作品中是特出的，就是在抗战前期的作品中亦是特出的。①

方龄贵曾立志以写作为生，但从大三开始专攻史学，1942 年又考上北京大学历史研究生（1945 年毕业），日后以治蒙古史、元史名世。他曾任云南师范大学教授，历史系主任，是著名的历史学家，被誉为"中国蒙古史和元史研究的泰斗"②，其作家的盛名反而不为人知。

卢静（1918~1998），江苏苏州人。1939 年考入西南联大外文系，酷爱文学，是冬青文艺社的骨干，创作了许多诗歌、散文、小说。他的小说有《沧桑》《期待》《骑士录》等，而反映飞虎队飞行员英勇献身的《夜莺曲》尤为难得，值得介绍。因为抗战中的昆明频遭日机轰炸，西南联大多次被炸，师范学院男生宿舍被毁，新校舍多次遭袭，至今留下炸弹坑。1941 年 8 月 1 日，美国退役空军军官陈纳德成立的"中国空军美国志愿队"（飞虎队），战斗中，不少美军飞行员血洒长空。然而，写飞虎队的作品却不多。正是基于这一点，卢静的这一作品值得珍视。

《夜莺曲》以飞虎队员奈尔为主人公，选取其生活的几个片断叙写他的心灵，没有连贯的故事，小说共有三节，用散文笔调铺张描写。第一节，写奈尔从宿舍驾车去机场执行起飞任务。一路上，展开了他小时候有关中国的联想，以及初次驾机到昆明的回忆：他被鸡足山、苍山、洱海迷住，对早就打听到的昆明西山、龙门、昆明湖心向往之。第二节，奈尔和女友丝蒂娜在咖啡室约会，谈对昆明的感受。昆明的风物景色、人及文化他们都喜欢，尤其喜欢夜莺在窗

---

① 李光荣著：《西南联大与中国校园文学》，第264页。
② 西南联大北京校友会编：《西南联大北京校友会简讯》，2012（51），第104页。

外唱歌。第三节，奈尔参战，牺牲。他已有击落日机 14 架的战绩，这天奉命去炸敌人阵地，不幸被高射炮击中，"为了新生的古国，也为了人类"，"他的灵魂却已随着那美丽的夜莺歌声升上天，进了天国的大门"。①

小说是一篇优美之作，是一曲飞虎队卓著功勋的颂歌。作者将小说取名为"夜莺曲"也颇具匠心：歌颂飞虎英雄，却以夜莺相对，以柔美对雄健，可谓刚柔相济。

《夜莺曲》于 1942 年发表，受到读者一致好评，作者大受鼓舞，一连几个晚上只睡三四个小时，又把它扩充为中篇小说，寄给巴金，编入"文学丛刊"出版。

第三节　繁荣的救亡戏剧运动

抗战全面爆发后，沦陷区各种剧团和众多的艺人纷纷迁滇，加上抗日救亡宣传的需要，戏剧这种艺术形式又为人民群众所喜闻乐见，因此，一场轰轰烈烈的救亡戏剧运动在大后方的云南城乡兴起。这场戏剧运动，"无论在演出水平的提高，观众人数的增加，还是在表演形式的多样，影响范围的广大方面都是前所未有的，在云南乃至全国戏剧史上都产生了深远的影响"②。

一开始，中共党组织即通过"云南学生抗敌后援会"（简称"学抗会"）组织昆明大中学生结合歌咏活动，用戏剧这种人民群众喜闻乐见的艺术形式宣传抗日救亡。当时"学抗会"及其云南大学、昆华女中、昆华师范学校、昆华女师、昆华艺术师范学校、昆华工校、昆华农校、南菁中学、求实中学、云南大学附中等校分会，在昆明市内及马街、官渡、宜良、路南城乡演出过《当兵去》《从军》《到前线去》《省下一粒子弹》《放下你的鞭子》《难民曲》《在关内过年》

---

① 李光荣：《西南联大与中国校园文学》，第180~181页。
② 王耕夫等：《抗战八年云南的戏剧运动》，见中国人民政治协商会议、西南地区文史资料协作会议编：《抗战时期西南的文化事业》，成都：成都出版社，1990，第248页。

《打回老家去》《曙光》《反攻》等一系独幕和多幕话剧。原有的云南艺术师范学校戏剧科和金马剧社等一些剧团也一起走上街头宣传抗日。

在戏剧救亡宣传活动初期的基础上，1938 年 3 月，"中华戏剧界抗敌后援会云南分会"在昆明成立。其理事会由当时各剧种团体的代表人物组成，理事长是滇剧名角高竹秋，常务理事有云南艺术师范学校戏剧科主任、话剧与平剧兼长的陈豫源以及花灯剧代表王旦东、京剧名演员李鑫培。从此，云南戏剧界有了团结的核心，在它的组织和推动下，云南抗战时期的戏剧活动日趋活跃。

此后，昆明又先后成立了国防剧社、戏剧巡回教育队、儿童剧团、业余联谊剧社、益志剧团、华山剧社、鲁迅剧艺社、青年会联谊话剧团、叙昆剧团、远征剧团等；迁到昆明的西南联大则成立了西南联大剧团，国立艺专成立了艺专剧团，空军军官学校成立了大鹏剧社；"四维剧团"、上海影人剧团、中国电影制片厂剧团、教育部巡回演剧团、平剧"厉家戏班"等也先后到昆明进行演出；还有滇军和驻滇部队政工宣传队。本地的，外来的，各种戏剧团体前后数十个，加上不同流派以及演出各剧种，一时间，昆明剧坛异彩纷呈，空前繁荣。

总而言之，当时"在昆明，从事抗日救亡戏剧的团体之多，参加人数之众，涉及面之广，声势之浩大，几乎超过桂林而仅次于重庆"[1]。

一、红红火火的话剧运动

全面抗战初期，在国共合作抗日的背景下，周恩来担任国民政府军事委员会政治部副主任，负责领导文艺运动。他认为："话剧比较容易结合现实斗争，能直接和群众交流，而且观众又多是年轻人，影响比较大。"[2] 正是在这个思想的指导下，作为抗战大后方三大文化中心之一的昆明，在云南学生抚敌后援会、中华戏剧界抗敌后援会的领导下，开展起了话剧运动。曹禺、老舍、田汉、洪深等许多戏剧大师曾到昆明组织指导或直接参加演出，极大地推动了昆明戏剧

---

① 廖全京：《大后方戏剧论稿》，成都：四川教育出版社，1988，第5页。
② 张颖：《雾重庆的文艺斗争》，载《人民文学》，1977（1）。

运动的发展。

当时，在昆明活动的话剧团、剧社，有本地的，有外来的，数量之多，前所未有。

"据初步统计，就有八百剧团、大地剧社、大鹏剧社、山海云剧社、云南大学剧团、云南抗敌后援会抗敌剧团、云瑞中学剧团、艺师校友会、民众剧社、四维儿童实验剧团、正风剧社、华山剧社、西南剧社、国防剧社、金马剧社、省艺术师范戏剧电影科、昆明儿童剧团、射日剧团、盖世剧团、原野剧社、西南联大青年剧社、西南联大剧团、西南联大剧艺社、西南联大戏剧研究社、中华人民共和国剧社等，共 52 个。"① 有关资料说抗战时期，云南机关、部队、群众团体和大中学校组建的话剧社、团有上百个。②

在众多的话剧社团中，学生剧团是中坚力量。其中主要几支力量来自本地的昆华艺术师范学校、外来的国立艺专和西南联大。

昆华艺术师范学校，地址在昆明光华街昆华师范学校（今胜利堂）。1936年 8 月，在省教育厅长龚自知的支持下，创办了戏剧电影科，学制三年，招收了一班学生 40 人（1936~1939）。因此，论者说："云南的现代戏剧教育，是从抗日战争开始的。"③ 戏剧电影科主要创办者陈豫源，毕业于北平大学艺术学院戏剧系，科班出身。戏剧科的学生都积极参与昆明当时的话剧运动实践，其中谢熙湘和龙显球两位学生，后来成为云南现代话剧的骨干。"1936年到 1940 年间，戏剧电影科的师生是昆明戏剧舞台上的'正规部队'，极大地活跃了昆明话剧舞台。"④

昆明艺术师范学校戏剧科创办后，一共举行过七次社会公演。其中，比较突出的是第五次公演：1938 年 7 月由西南联大教授陈铨导演的曹禺名作《雷雨》，场场满座，经月不衰，引起轰动。沈从文、徐嘉瑞、萧乾都撰文叫好。沈从文

---

① 蒙村宏：《云南抗战时期文学史》，第148页。
② 云南省地方志编纂委员会总纂，云南省文化厅编撰：《云南省志·文化艺术志》，第321~322页。
③ 吴戈：《云南现代话剧运动史论稿》，北京：中国文联出版社，2001，第61页。
④ 吴戈：《云南现代话剧运动史论稿》，第72页。

说："想不到云南学生表演的技术，会有这样熟练。"[1]

早在 20 世纪 30 年代初，国立艺专就成立了艺专剧社。到昆明后，艺专剧社很快就表现出话剧方面的专业优势。剧社以邱玺、沈长泰为骨干，以国防剧社的名义进行首演，剧目是吴祖光的新作《凤凰城》，内容取材抗日烈士苗可秀的事迹，沈长泰扮演苗可秀。1939 年春上演，轰动春城，对昆明话剧运动起到了不小的推动作用。后来，艺专剧社还以盖世剧社名义为前方将士募寒衣，演出了《三江好》《黄莺儿》等剧目，邱玺、沈长泰为主要演员，舆论评价很高。沈长泰还应西南联大剧社邀请，演出过一些剧目。

1940 年，国立艺专迁往四川璧山，沈长泰留在昆明工作，业余时间继续参加昆明的抗日话剧演出（如《雾重庆》等），曾参加过当时昆明五次大型话剧演出。[2]

西南联大剧团是西南联大到昆明后第一个话剧社团，它是 1938 年 12 月伴随着《祖国》的排练在昆华农校一间大教室里成立的。《祖国》为四幕剧，是西南联大外文系教授陈铨根据法国剧本《古城的怒吼》改编的。剧本描写了在日寇占领下的某城市，一位大学教授不顾个人安危，和学生、工人一起，与日寇、汉奸进行顽强的斗争，最后英勇牺牲的故事。该剧 1939 年 2 月上演，受到欢迎，计划演 6 场，结果加了 3 场，一共 9 场，且场场满座，轰动昆明。官方对该剧也十分肯定，将其作为"慰劳华侨机工回国服务团大会"的节目，连演两场，上千名华侨机工观看。当时，"被政府选为国家水平仅此《祖国》一剧"[3]。西南联大剧团也因此一举成名。

接着，西南联大剧团又排演曹禺剧作《原野》。排练时，通过官方邀请曹禺由四川来昆明亲自导演；西南联大教授孙毓棠任舞台监督，闻一多、雷圭元负责舞台设计，主要演员均为西南联大剧团成员。与该剧同时排练的还有曹禺与宋之的合写的《黑字二十八》（又名《全民总动员》）。因人物众多，演员从西南联大剧团、金马剧社、国立艺专、省立艺师等单位挑选；为解决调度困难，成立了由曹禺、孙毓棠、凤子、陈豫源、王旦东五人组成的导演团，舞台设计由闻一多担任。两剧 1939 年 8 月 16 日开始上演，立即引起轰动。应观众要求，一再加演。至 9 月 17 日，两剧共演 32 场，盛况空前。朱自清撰文说："这次演出确是昆明一件大事，怕也是中国话剧界的一件大事罢。"① 《原野》的演出和后来《清宫外史》《孔雀胆》的公演，被专家称为"昆明戏剧运动史上的三个划时代的里程碑"②，也被称为"抗战时期云南戏剧舞台上的三次高潮"之一。

西南联大剧团以演出《祖国》成名，半年多后以演出《原野》而登上高峰。因此，它被云南戏剧界公认为昆明最好的演出团体之一，或者说，作为一个有名的剧团载入史册。总的来说，西南联大剧团为抗日救亡运动贡献了力量，在西南联大社团中具有崇高地位，是云南现代实力最强的几个剧团之一，也是中国现代戏剧史上的一个重要剧团。③

1941 年初皖南事变后，西南联大剧团因内部分裂，实力削弱，1942 年自行解散。在此前后，西南联大又成立了怒潮剧社和山海云剧社，也有过一些演出，但是再也没有《祖国》《原野》那样的成绩了。后期的西南联大，又有剧艺社，在剧本创作和战斗性方面均取得了新成就，但那已是抗战胜利以后的事情了。

全面抗战八年间，昆明演出话剧剧目好几十个，极一时之盛。除了前面已经讲到的，还有《张自忠》《自卫队》《大地龙蛇》（老舍）、《离离草》（夏衍）、《陈圆圆》（齐怀远）、《天国春秋》（阳翰笙）、《桃花扇》《林冲夜奔》《棠棣之花》（郭沫若）、《胜利进行曲》等。其中，演出后影响最大的是西南联大剧团的《原野》，以及后来公演的《清宫外史》和《孔雀胆》，被称为"抗战时期昆明话剧舞台的三次高潮"④。

《清宫外史》与《孔雀胆》均为历史剧，以古喻今，影射现实。

① 朱自清：《〈原野〉与〈黑字二十八〉的演出》，《今日评论》第2卷第12期，1939-9-10。
② 蒙树宏：《云南抗战时期文学史》，第166页。
③ 李光荣：《西南联大与中国校园文学》，第42页。
④ 吴戈：《云南现代话剧运动史论稿》，北京：中国文联出版社，2001，第114页。

《清宫外史》为五幕话剧，这是杨村彬（毕业于北平大学艺术学院戏剧系）的剧作，导演为石凌鹤，由昆明防空学校高射炮指挥部射阳剧团演出。内容是通过清末宫廷内部矛盾，反映维新派代表光绪皇帝和顽固派代表慈禧太后之间的斗争，揭露清王朝的腐败、日寇侵华野心、不平等条约签订的真相。1944 年 9 月 9 日起，连演 20 余场，颇获好评。

《孔雀胆》为四幕话剧，作者郭沫若。由空军军官学校大鹏剧社演出，导演为章泯。内容讲元末红巾军进攻昆明，云南统治者梁王逃楚雄，向大理总管段功求救。段出兵救了梁王，梁王将女儿阿盖公主嫁给段功，但又怕段危及自己的王位，遂恩将仇报，命阿盖以"孔雀胆"毒杀段功。阿盖不从，梁王又约段到东寺礼佛，在通济桥以伏兵杀了段功。该剧创作于 1942 年（皖南事变之后），表达反对分裂、团结抗日的呼声。从 1944 年 10 月 25 日至 11 月 8 日，历时 15 天，演出 30 场，场场满座，观众达 3 万人，创抗战时期昆明戏剧最高卖座纪录。

值得一提的是，1941 年皖南事变后，昆明剧坛曾一度沉寂。1941 年 8 月国民党省党部支持国民剧社演出陈铨的《野玫瑰》，1942 年 6 月，三青团组织的青年剧社再度演出。该剧歌颂国民党特务，将汉奸王立民塑造成意志坚强而不论道德的"英雄"[1]，"影响恶劣，当即受到昆明文化界人士的批评和谴责"[2]。后来，西南联大进步同学组织原西南联大剧团的部分演员，联系当地其他剧团的演员，演出了宋之的编写的揭露国民党反动派的多幕剧《雾重庆》。[3]

《野玫瑰》的演出及其受到批判，是抗日战争时期昆明话剧舞台的一次风波。[4]

---

① 吴戈：《云南现代话剧运动史论稿》，第114页。
② 张定华：《回忆西南联大剧团》，见西南联合大学校友会编：《笳吹弦诵在春城——回忆西南联大》，第351页。
③ 张定华：《回忆西南联大剧团》，见西南联合大学校友会编：《笳吹弦诵在春城——回忆西南联大》，第351页。
④ 吴戈：《云南现代话剧运动史论稿》，第114页。

二、盛极一时的京剧演出

京剧当时叫平剧（因北京改称北平），以演传统剧目为主。但许多老艺人（包括外地迁往昆明的）在民族危亡之际亦出于拳拳爱国之心努力演出，使京剧在昆明戏剧运动中盛极一时。首先是金碧游艺园平戏院的吴健兰、李鑫培等在传统剧目中选择了《打渔杀家》《天门阵》《八大锤》等一些关于反抗强暴、杀敌报国、能激发爱国热情的剧目上演。周福珊的剧团则演出了《岳母刺字》《李陵碑》等。袁氏湘云、曼云、汉云三姊妹剧团上演《生死恨》《潞安州》《五台山》等。各剧团还常常举行募捐义演和演出的义卖，努力为前方抗日将士作贡献。

值得一提的是，在陈豫源组织之下，京剧界也演过新京剧《战临沂》，李鑫培饰演李宗仁。该剧反映中国军队在山东临沂血战日寇的故事，观众反响十分热烈。当滇军第六十军和第五十八军出省抗战，雅集社为欢送出征将士都组织了京戏演出，大大鼓舞了出征将士的斗志。

第五十八军新编第十一师师长鲁道源也参加欢送演出，演《霸王别姬》中的项羽。鲁道源是云南昌宁人，讲武堂毕业，喜京剧，工铜锤花脸。出征后他还将自己的爱好带入军中，组织了一个春秋剧团，兼任团长，下分京剧、话剧两队。剧团经常在战斗间隙为军民演出，以鼓舞士气民心。由此可见，"京剧在云南的影响确实大，它已经传播并渗透到了军队"[1]。鲁道源后来升任第五十八军军长，抗战胜利后在南昌接受日军投降。

此外，驻防大理的远征军怒潮剧团、宋希濂带来的随军京剧团、西南运输处京剧团在滇西等地演出《江汉渔歌》《打渔杀家》等剧目。[2]

抗战期间，先后有许多京剧演员来昆演出，为昆明剧坛增色添彩，为戏剧运动推波助澜。琴氏湘云、湘玲、湘君三姊妹，李蔷华、李薇华姊妹，金素琴、陈佩卿、赵如泉等，他们积极参加每一次义演活动。他们说："我们是中华儿女，

---

① 余斌：《昆明，京戏岁月》，见《西南联大的背影》，第332~350页。
② 云南省地方志编纂委员会总纂，云南省文化厅编撰：《云南省志·文化艺术志》，第307页。

不为抗战出一分力，心里怎么也不好过。对日本的侵略我们遭过罪，吃过苦，前方将士为了抗日流血牺牲，我们在后方不出点力，还算什么中国人？"[1]1939年，由华北来了一个"厉家戏班"，班主厉彦芝有子女慧斌、良、敏、兰、森、庚、福七人，阵容齐整，演出认真。曾演出滇剧改编为京剧的《火烧松明楼》《南诏慈善夫人》，还结合抗战编排演出《戚继光平倭记》《荀灌娘》《花木兰》《班超》《吴越春秋》等剧目，为抗战贡献了自己的力量。

三、滇剧的贡献与困境

在云南救亡戏剧运动中，滇剧名伶高竹秋、栗成之、李文明、张吟梅、周锦堂等老艺人积极参加义演，为抗战作贡献。他们演出过的剧目有《新探亲》《一碗虾仁》《江油关》《卧薪尝胆》《保国图》。与此同时，他们努力保存和改进滇剧艺术。作为云南"剧抗分会"理事长的高竹秋为此曾呕心沥血。盛极一时的京剧在剧目的丰富、唱腔演技等方面给了滇剧以借鉴和促进。比如滇剧就从京剧中学习了五音连弹唱腔。

然而与话剧、京剧相比，滇剧则比较悲惨。其原因有二：一是由于敌机轰炸，滇剧大本营新滇剧院被毁，滇剧艺人流离失所；二是滇剧本身有待改进。在滇剧岌岌可危之际，张吟梅曾出资在建水、个旧、石屏开办戏院，收罗了大部分流落的滇剧艺人，一度维持了滇剧的生命。未久，张吟梅也穷困而死。1942年，云南省主席龙云倡导由官方办了一个"滇剧改进社"，使滇剧又得以延续，对抗战也做了贡献。然而，由于所用非人、改良不多等原因，最终振兴乏力，于1946年解散。[2]

---

① 龙显球：《抗战时期昆明救亡戏剧运动》，见中国社会科学院近代史研究所近代史资料编辑室编：《近代史资料》总七十号，北京：中国社会科学出版社，1988。
② 赵纪良：《滇剧艺术的悲惨境遇和爱国事迹点滴》，见中国人民政治协商会议、西南地区文史资料协作会议编：《抗战时期西南的文化事业》，成都：成都出版社，1990，第262页。

四、大发展的云南花灯剧

与滇剧相比，云南地方花灯剧则在抗战戏剧运动中得到大的发展。

旧花灯由于其题材范围狭小、形式单调，一些传统的小戏封建糟粕较多，因此被认为有伤风化而不能登大雅之堂。抗战全面爆发后，在王旦东的改造下，花灯从地方小调的窠臼中脱颖出来，成为新型的民间地方歌舞剧。

王旦东（1905~1973），易门小街人，20世纪30年代初到上海加入"左联"领导下的"音联"（聂耳加入"音联"是通过他介绍的），并参与"剧联""美联"的活动。1936年春，王旦东回到昆明投身抗日文艺运动。抗战全面爆发后，王旦东认为花灯具有浓郁的生活气息和强烈的地方色彩，为农民所喜闻乐见，如果加以改造，用来进行救亡宣传，效果会是好的。于是他用花灯曲词编成抗战戏曲。

1938年新年前后，他约请昆明、玉溪等地花灯艺人组成春节文艺花灯队到昆明郊区和玉溪等地巡回演出，受到了欢迎。回昆明后，正式成立"农民救亡花灯剧团"。此后，他执笔编写了《张小二从军》《茶山杀敌》《新别窑》《新四郎探母》《汉奸报》等现代花灯剧本，还编过《抗战十二花》《抗日十二将》《送郎参军》等花灯小调。从此，花灯剧一改口耳相传的情况，有了剧本；内容由过去主要反映农村男情女爱生活而变为抗战救亡的故事；人物由传统的"干哥""干妹""小姐""相公"发展为抗日青年、抗日武装反汉奸等；过去的男对女答、边唱边扭的单调形式也大大发展了，场面大了，情节复杂了，还分场分幕。王旦东还从话剧、滇剧等戏剧中吸取营养，建立导演和舞台监督制度，从内容到形式极大地提高了花灯的艺术水平。"农民救亡花灯剧团"首次公演即轰动春城，连演30多场。后来剧团到滇南、滇西数十县演出，均受到农民的欢迎。因此，许多地方也涌现了"农民花灯剧团""学生花灯团"，花灯剧一时被称为"抗战花灯"。[①]

[①] 王浩兰、侯碧、周天一：《回忆王旦东同志》，见云南社会科学院历史研究所编：《云南现代史料丛刊》第五辑，1985。

第八章

全面抗战时期的学术发展

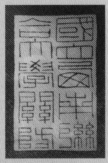

全面抗战时期昆明的学术研究是云南抗战文化的重要组成部分，其浓厚的学术研究氛围也成为云南抗战文化的突出特点。其主要表现是迁滇各高校和云南大学积极开展科学研究，以及举办各种前所未有的科学普及演讲、学术报告。其中，学术研究成就最为突出的代表还是西南联合大学。

第一节　丰富的学术研究及成就

梅贻琦认为："学术研究是立国兴邦的命脉所系，不学无术将使国家和民族陷于愚昧的深渊，招致外侮与欺凌，这在中国近代历史上是极为惨痛的教训。"[①]因此，西南联大高度重视学术研究。

1938 年 7 月 7 日，西南联大蒙自分校在旧海关旷地举行抗战纪念会，冯友兰出席并做讲演。他总结了一年来抗战所取得的进步之后强调："然学术界之效率则有减退，对此我等须做更大的努力。"[②]由此可以看出当时西南联大的教授们对学术也都是非常重视的。

1939 年，在各项工作基本正常之后，西南联大恢复了三校的研究机构，北京大学研究院、清华大学研究院，以及南开大学的研究机构正式开展学术活动和高层次人才的培养。

西南联大三校研究机构共设立 8 个研究所，先后设过 28 部。其中，北京大学有 3 所：文科研究所（设中国文学部、语言学部、哲学部、史学部、人类

---

① 黄延复、王小宁整理：《梅贻琦日记（1941—1946）》，北京：清华大学出版社，2001，第260页。

② 蔡仲德：《冯友兰先生年谱初编》，郑州：河南人民出版社，1994，第230页。

学部）、理科研究所（设物理学部、化学部、地质学部、生物学部）、法科研究所（设法律学部、经济学部）。清华大学有 4 个研究所：文科研究所（设中国文学部、外国语文学部、哲学部、历史学部）、理科研究所（设算学部、物理学部、生物学部、地学部、化学部、心理学部）、法科研究所（设政治学部、经济学部、社会学部）、工科研究所（设土木工程部、机械及航空工程部、电机工程部）。南开大学有 1 所：商科研究所（设经济学部）。

此外，清华大学还有 5 个特种研究所：农业研究所（下设植物病害学组、昆虫学组、植物生理学组）、航空工程研究所、无线电研究所、金属学研究所、国情普查研究所。南开大学有边疆人文研究室（设边疆语言组、人类学组、人文地理组、边疆教育组）。

西南联大上述 14 个研究所（室），实力之雄厚，在当时中国高校中首屈一指。这也是西南联大"内树学术自由之规模"的必要条件。

梅贻琦曾说："办学校，特别是办大学，应有两个目的，一是研究学术，二是造就人才。"西南联大本科教育培养的人才之众，水平之高，过去多有论述，在此不赘言。恢复三校研究机构的一个任务就是培养高层次的人才——硕士研究生。据统计，西南联大共招收培养硕士研究生 222 人，其中毕业 83 人。他们后来大多成为大师级的人才，如杨振宁、任继愈、黄昆、何炳林、王瑶、李赋宁、阴法鲁、李埏、方龄贵等。

上述研究机构还与西南联大各院系相互依托、配合，在极其困难的条件下，取得了举世瞩目的丰硕成果。其中，相关研究机构对我国西部地区，主要是云南的各个方面展开了前所未有的调查研究，有力地推动了云南等中国西部地区的开发。

在理工科方面，突出的是北京大学地质系与理科研究所地质学部因地制宜地对西南各省的地质、地层、矿产等方面进行了调研。其中，对云南矿产的调查，如铝、锡、铁、铜、铅、磷、汞等资源都有新的发现。袁复礼和冯景兰等到西康做矿产调查，发现麻哈金矿、蒙经铜矿，冯景兰还撰写了《云南地质矿产》《川、康、滇铜矿纪要》等 5 篇有经济价值的论文。在地层及构造研究方面，孙云铸撰写了《云南西部之奥陶纪海林禽动物群》《滇西中志留纪地层》，与张席禔合作《滇西上寒武纪之发现》等；张席禔等到贵州考察，进行"云南三叠纪地层之比较及分层研究"。地质地理气象学系李宪之的"西南高层气流与天气研究"也取得了成果。

生物系吴韫珍等带领年轻教师及学生广泛采取云南植物标本，绘制标本图，与吴征镒发现了植物新种"金铁锁"，考证了《滇南本草》和《植物名实图考》中的植物学名。清华农业研究所植物病害组对云南稻、麦、棉、豆和水果及三七、菌类等经济作物、植物病害等进行了广泛调查研究，在抗病育种方面取得了突出成果，发表调查报告 34 篇；虫害组为防治虫害做了大量调研工作，发表了《云南虫害调查简报》等成果，还对紫胶、白蜡两种特别虫产做了系统研究；植物生理学组在理论研究上成绩卓著，先后在国内外学术杂志上发表论文 80 余篇。

针对云南极为丰富的水力资源，1938 年，西南联大土木工程系与资源委员会合作，组成"云南省水力发电勘测队"，由工学院院长施嘉炀主持，经过两年工作，初步提出开发计划，其中一些被资源委员会采纳并动工实施。

人文科学方面成绩亦十分显著。北京大学文科研究所两组外出调查成绩比较突出。一是向达等人参加中央研究院组织的西北史地考察，还参与敦煌、张掖、武威等地古墓发掘，有许多新的发现。二是调查西南少数民族语言取得丰硕成果。主持者罗常培先后撰写出《云南之语言》《从语言上论云南民族之分类》《贡山俅语初探》《昆明话与国语的异同》等专著和论文。袁家骅写出《峨山窝尼语初探》《阿细情歌及其语言》等论文，郑天挺写出论文《发羌之地望与对音》，吴泽霖进行黔滇苗族调查，还写出论文《么些人之社会组织及宗教》，等等。这些成果均属开创性的，直到今天仍有不小的影响。另外，罗庸研究滇中文化艺术，发掘出不少抗清志士的诗文。

文科研究所在致力于学术研究的同时，还培养出一批研究生，这些研究生也有一些成就：胡庆钧《叙永苗族调查报告》、马学良《撒尼倮语语法》、高华年《昆明核桃箐村土语研究》《墨夷语中汉语借词研究》《墨夷语法》等。其中高华年的导师、著名语言学家罗常培对其关于彝语的研究评价很高，认为其

"借字之分析及语法之结构，均为前此中外学者所未道及"。

地学系张印堂写成的论文《云南边疆种族地理》《云南经济地理》，特别是关于"中英滇缅北段未定界江心坡地理考察"，明确了江心坡的现状及其与中、英两国政治、经济之关系。罗常培、郑天挺、张印堂、潘光旦等还应邀参加了《大理县志》的资料收集工作。陈达领导的清华国情普查所对呈贡县进行了人口普查和农业普查。

值得一提的是南开大学边疆人文研究室在玉溪、峨山、新平、元江等县与思普地区，以及石屏至佛海（勐海）等地，对当地少数民族的语言、民俗、社会经济、地理环境等方面进行系统调查研究，形成了一批很有价值的成果，比如《纳苏宗教与巫术的调查》《红河上游摆夷地理环境的调查》《车里（景洪）、佛海茶叶与各部族经济关系的调查》《扬武坝街子汉夷互市的调查》等。这些调查集人类学、社会学、语言学、历史学与经济地理学等多种学科，是我国对西南边疆民族地区进行的首次系统调查，也是民国学术界的一次创举，因此得到了学术界的积极评价和高度重视。

西南联大教师将教学与学科研究紧密结合起来，许多教师都有丰硕的研究成果，不少研究成果进入世界前列。1941 年至 1946 年间，教育部共进行六届学术奖励，其中西南联大教师获奖者有 33 人次，占全国奖励总数（314 人次）的10.5%。

其中，获国家一等奖的有 7 人，占一等奖得主总数的 43%，他们是：冯友兰《新理学》（1941）、华罗庚《堆垒素数论》（1941）、周培源《湍流论》（1942）、吴大猷《多元分子振动光谱与结构》（1942）、汤用彤《汉魏两晋南北朝佛教史》（1943）、陈寅恪《唐代政治史述论稿》（1943）、杨钟健《许氏禄丰龙》（1943）。

获得国家二等奖的有 14 人：金岳霖《论道》（1941）、许宝騄《数理统计论文》（1941）、钟开莱《对于机率论与数论之贡献》（1942）、马士俊《原子核及宇宙射线之向学理论》（1942）、孙云铸《中国古生代地层之划分》（1942）、李谟炽《公路研究》（1942）、朱光潜《诗论》（1943）、闻一多《楚辞校补》（1943）、王竹溪《热学问题之研究》（1943）、张青莲《重水之研究》（1943）、赵九章

《大气之涡旋运动》（1943）、李嘉言《贾岛年谱》（1944）、樊弘《资本积蓄论》
（1945）、吴大猷《建筑中声音之涨落现象》（1945）。

获得国家三等奖的有 12 人次：陈铨《野玫瑰》（1941）、王力《中国语法理论》（1942）、张印堂《滇缅铁路沿线经济地理》（1942）、费孝通《禄村农田》（1942）、朱汝华《关于分子重排及有机综合论》（1942）、冯景兰《川滇康铜纪要》（1942）、高华年《昆明核桃箐村土语研究》（1943）、郑天挺《发羌之地望与对音》等三篇论文（1943）、罗廷光《教育行政》（1943）、张清常《中国上古音乐论丛》（1943）、阴法鲁《先汉乐律初探》（1945）、阴法鲁《唐宋大曲之来源及其组织》（1945）。

综上所述，可以说西南联大"内树学术自由之规模"所言不虚，而且规模十分壮观，在抗战时期的中国高校中是名列首位的。

第二节　西南联大的"百家讲坛"

西南联大汇集北京大学、清华大学、南开大学三校师资力量，可谓名家荟萃，大师云集。八年间，不仅开设课程盛况空前，开展了前所未有的科学研究，还举办了大量的宣传科学的演讲和学术报告，形成了极其浓厚的学术风气。冯友兰说："联合大学的兼容并包之精神，转移社会一时之风气，内树学术自由之规模，外来民主堡垒之称号。"①

这些数量可观的演讲、学术报告被称为西南联大的"百家讲坛"②。演讲者、报告人以西南联大教授为主，也有不少军政要员、国内外专家学者；演讲和报告内容，既有与战争形势、时事密切相关的，也有学术研究和科学普及方面的。

---

① 冯友兰：《国立西南联合大学纪念碑》碑文。
② 和丽琨：《西南联大的"百家讲坛"》，见云南省档案馆编：《档案中的西南联大》，昆明：云南民族出版社，2016，第184页。

一时间，成为抗战时期云南重要的文化景观。

一、军政要员、外国嘉宾的演讲

（一）国民月会

西南联大"每月有一次学生集会，大抵在月初，叫'国民月会'。会场就在新校舍图书馆前的空地上。月会由学校负责人主持，主要是邀请名人演讲。宾主都站在升旗坛上，学生站在坛前和两侧，由于大家都站着，没有扩音设备，每次演讲时间不超过 1 小时"[①]。国民月会重要的演讲有：

1941 年 11 月 1 日，既是国民月会，也是西南联大四周年庆祝纪念会，邀请云南省经济委员会主任缪云台演讲，之后黄子坚（钰生）作《联大四年的回忆》报告。

1941 年 12 月 1 日，曾万钟[②]将军讲演《国民精神总动员》。邀请函以蒋梦麟和梅贻琦两位常委的名义发出。

1943 年 3 月 1 日上午 10 时，邀请英国剑桥大学李约瑟博士讲《科学在大战中之地位》，梅贻琦主持。

1943 年 4 月 1 日，请国民参政会参政员褚辅成讲演，教务长杨石先主持。褚为老同盟会会员，积极抗战，1944 年 5 月与许德珩发起成立九三学社，1945 年 7 月 18 日与黄炎培等一行 6 人访问延安。

（二）名人演讲

名人经过昆明，不一定在月底或月初，国民月会也不完全在 1 日举行。有时一个月里举行两次，那第二回只好叫"名人讲演"了。[③]这类演讲比较多，择要介绍如下：

1942 年 2 月 11 日，教育部次长顾毓琇来校演讲。顾毓琇在长沙临时大学

---

① 张源潜：《大一（1942~1943）生活杂忆》，见《云南文史资料选辑》第三十四辑，第155~169页。
② 曾万钟，字鼎铭，是第五集团军总司令兼第三军军长。
③ 张源潜：《大一（1942~1943）生活杂忆》，见《云南文史资料选辑》第三十四辑，第155~169页。

时曾任电机工程系教授会主席（系主任），1938 年初赴重庆任教育部次长。

4 月 7 日，第四十九师梁化中将军来校演讲《国军入缅作战经过》。

11 月 6 日，远征军第十一集团军总司令宋希濂来校演讲。

12 月 7 日，英国议会访华团 Gapt Wedderburn 来校演讲《英人三年来抗战情形》，中国驻英大使顾维钧陪同，学生听众 2000 多人。

1943 年 4 月 26 日，滇西远征军司令长官陈诚演讲《民生主义与民生问题》。

1944 年 4 月 4 日，昆明防守司令杜聿明演讲《总反攻滇缅路问题》。

11 月 13 日下午，英国驻华大使薛穆讲演。

11 月 22 日下午，远征军新一军高级参谋蒋镇澜从缅甸回来，讲演前方情形。讲毕，梅贻琦动员学生从军。

11 月 27 日，滇西远征军第二十集团军总司令霍揆彰演讲。

11 月下旬讲演频繁，29 日下午，在新校舍北区东食堂举行知识青年从军演讲会，梅贻琦、冯友兰、闻一多、钱端升等教授发言，勉励学生从军。

二、教授、专家学者演讲

这类演讲很多，偶尔邀请校外专家来校演讲，多数为本校教授。

（一）校外专家来校的演讲

1940 年 8 月 22 日，中央大学教授王季高在新校舍第二食堂讲《世界政治之趋势》。

8 月 23 日，浙江大学教授郭任远在新校舍第二食堂讲《世界学术之趋势》。

1941 年 9 月 8 日起，老舍（舒舍予）讲《抗战以来文艺发展之情形》，分四次演讲，时间为每天下午 3~5 时。在蒋梦麟签章的邀请函中说："本校学生久仰渊博，冀聆谠论。"第一次由闻一多主持，中文系的教授全部出席，讲堂"爆满"。

1942 年 12 月 8 日下午，时任资源委员会副主任的钱昌照在工学院讲演《中国工业发展之问题及资源委员会十年推进之情况》，时间为一个半小时。

1943 年 2 月 26 日，牛津大学陶斯参观学校并作演讲。

12 月 22 日上午 10 时，林语堂在图书馆前演讲《物质文明与精神文明》。西南联大物质上"不得了"、精神上"了不得"之说即出自这次演讲。

1944 年 6 月 2 日，美国机电专家麦弥兰演讲。

此外，还有云南大学教授来校演讲。如潘大逵《世界和平之途径》、赵雁来《煤炭应用合理化的检讨》、林同济《士气与吏治》。

（二）本校教授演讲

又分为系列讲演和非系列演讲。

系列演讲，比如 1942 年 4 月 16 日开始，举办国际形势系列演讲（共 11 讲）：钱端升《国际关系之思想背景》、周炳琳《战后经济秩序》、伍启元《国际关系之经济背景》、邵循恪《第二次世界大战与国际法》、王赣愚《印度政治与中国前途》、何保仁《南洋之国际关系》、潘大逵《南洋华侨与中国》、崔书琴《美国与大战前途》、蔡维藩《欧洲与世界大战》、皮名举《大英帝国与世界大战》、王信忠《世界大战与远东》。

从 1943 年 3 月 19 日起，中国国际同志会云南分会举办现代问题讲座，每周三、四、五晚举行（共 10 讲）：蔡维藩《盟国胜利与德日挣扎》、王信忠《远东战局之展望》、王赣愚《自由主义之危机》、邵循恪《国际和平组织的过去与未来》、杨西孟《当前的物价问题》、滕茂桐《国际计划经济与国家计划经济》、伍启元《经济战争与现代战争》、鲍觉民《中国地大物博之真相》、张印堂《缅甸地理与滇西战场》、戴世光《中国与印度》。

非系列讲座，较有代表性的有 1944 年 11 月 15 日陈福田讲《美国战时之青年》，11 月 20 日，叶公超讲《战时之英国》等。其余重要的有：贺麟《唯物史观与精神史观》、费孝通《中国乡村工业之性质及前途》、朱自清《应用文之体制》、赵逎抟《通货膨胀的影响》、郑天挺《明清两代滇黔之开拓》、吴泽霖《种族与历史》、潘光旦《抗战后的民族健康》、周先庚《心理学与人事管理》、汤用彤《中国之佛教》等。

三、西南联大教授应邀外出讲学

（一）赴大理滇西干训团 ① 讲学

据《国立西南联合大学校史》大事记，1942 年 12 月，大理滇西干训团请冯友兰、曾昭抡、潘光旦、燕树棠、陈雪屏、陶云逵、费孝通等寒假赴大理讲学。据档案记载，赴大理讲学的还有游国恩、罗常培、郑天挺、蔡维藩、孙云铸、张印堂、吴乾就以及云南大学的田汝康、陈复光、徐嘉瑞等。

西南联大教授于 1943 年 1 月 26 日从昆明出发，30 日开始讲学，2 月 13 日结束。讲课的讲稿编成专辑，作为培训教材。1943 年 7 月又办了第二期训练班，约 600 人。这些学员后来在滇西反攻战中做地方工作，或组织发动民众，或深入敌后，为反攻战的胜利做出了贡献。

（二）教育部委托举办史地系列讲座

1943 年 5 月 17 日，教育部委托西南联大举办史地公开学术讲座，主讲教授有鲍觉民、郑天挺、王信忠、邵循正、姚从吾、蔡维藩等，分别讲《中国文化史》《中日战史》《新疆史地》《西藏史地》《蒙古史地》《中国与日本》《中国与世界》。

1944 年 2 月 7 日，西南联大主办昆明地区史地教育周，共 14 个专题，其中有 14 篇讲稿发表在《云南日报》上。

（三）到省外演讲

1944 年 12 月 15 日，中英文化协会在重庆举办"英国文化专题讲座"，请伍启元讲《英国社会制度》、费孝通讲《英国现代经济思想与制度》、钱端升讲

---

① 滇西干训团，全称为"滇西战时干部训练团"。1942 年 5 月，缅甸和我国滇西边境地区沦陷，许多从缅甸回国的华侨青年和从腾冲、龙陵等沦陷区逃出来的学生无家可归，也无钱到昆明等地求学，遂流落在保山一带，衣食无着。第十一集团军总司令宋希濂派员将他们收容起来，先解决住宿，继而报上级批准，为他们举办训练班，并扩大招收滇西青年，进行政治教育和军事训练；训练结束后派到各地从事组织民众、运济粮秣、侦察敌情等工作，配合远征军作战。干训团 1942 年 8 月下旬成立，由蒋介石兼任团长，龙云、李根源为副团长，宋希濂为教育长。训练班设在第十一集团军总部所在地。以大理三塔寺营房为校舍，招收学生 1100 多人，训练期为 1 年。

《英国政治》、吴宓讲《英国文学》。

冯友兰、贺麟等教授也先后到四川讲学。

（四）到国外讲学

金岳霖、费孝通二人第一批赴美讲学，后来赴美讲学的还有陈序经、杨振声、周培源、饶毓泰、罗常培、刘仙洲、芮沐等。

此外，沈有鼎、邵循正、洪谦、孙毓棠四人，应牛津大学之聘到美国讲学；伍启元则应英国皇家学院之聘，赴印度讲学。

第三节　昆明地区的百场演讲

1942年1月8日，云南省政府主席龙云鉴于"现在学有专长之名人到滇者颇多"，主张"组织一科学演讲会，聘请名人轮流演讲，其应聘之人每人配送车马费，讲堂借教育会地点"。

次日，云南省政府第798次会议决定以云南省地方行政干部训练团名义，聘请在昆明的学术名流若干人组织临时学术演讲会。云南省教育厅长龚自知接到省政府指令后，与西南联大梅贻琦、云南大学熊庆来几度洽商，并于2月7日拟定了演讲题目和聘请主讲人名单。这些演讲精神通过省行政干部们的吸收领会和融会贯通，深刻地影响了云南各项事业的发展。[①]

与此同时，昆明地区根据云南省政府精神，举办了各种类型的演讲。2015年，昆明市社科联和昆明市档案馆联合编印了《抗战时期西南联大教授演讲录》，其中收入西南联大教授演讲大事记和西南联大教授演讲录（26讲）。据该书统计，从1942年至1946年，西南联大（包括云南大学等校）教授演讲达百余场，听众有军政人员、职员、教师、学生、工人、农民、商人等，人数有数十万人

---

① 云南省档案馆编：《档案中的西南联大》，第190页。

次，形成了昆明地区重要的文化景观。

昆明市档案馆整理了西南联大十大系列演讲，具体如下：

（一）科学与建设系列演讲（1942）

从 1942 年 2 月开始，在昆明的景东、东升、圆通、华山、大观、崇仁、桃园、青年会等处演讲。

3 月 1 日，许浈阳教授演讲《X 光概说》。

3 月 8 日，许浈阳教授演讲《X 光在工业上的应用》。

3 月 15 日，许浈阳教授演讲《X 光与物质秘密》。

4 月 5 日，陆近仁教授演讲《昆虫学与中国建设》。

4 月 8 日，秦仁昌教授演讲《云南植物资源》。

4 月 13 日，胡志彬教授演讲《中国建设的基本认识》。

4 月 19 日，宁榥教授演讲《我国空军建设》。

5 月 10 日，马大猷教授演讲《电子显微镜》。

5 月 17 日，戴文赛教授演讲《原子力》。

（二）国际局势与列国概况系列演讲（1942）

从 1942 年 2 月开始，每星期三下午 7 时举行一次，3、4、5 月每星期三、五下午 7 时举行一次，地点：昆明各演讲会所。

3 月 7 日，曾昭抡教授在敬节堂巷 7 号演讲《世界战局》。

3 月 14 日，蔡维藩教授在潘家湾中央广播电台演讲《释"四强"兼论强权政治》。

3 月 21 日，刘崇铉教授在西站翻译员训练班演讲《美国历史背景》。

4 月 4 日，王赣愚教授在玉龙堆 3 号演讲《美国政治制度》。

4 月 6 日，杨西孟教授在北门街 93 号演讲《美国经济状况》。

4 月 11 日，雷海宗教授在北门街 93 号演讲《美国历史背景》。

4 月 13 日，蔡维藩教授在潘家湾中央广播电台演讲《英帝国及英国国会》。

4 月 18 日，伍启元教授在大观路广州医院舍演讲《英国经济概况》。

4 月 20 日，陈定民教授在青云街云南大学演讲《法国历史背景》。

5月2日，冯至教授在敬节堂巷20号演讲《德国历史背景》。

5月4日，王赣愚教授在玉龙堆3号演讲《法德政治制度》。

5月9日，伍启元教授在大观路广州医院舍演讲《西欧经济概况》。

5月11日，曾昭抡教授在敬节堂巷7号演讲《苏联战时概况》。

5月16日，孙毓棠教授在师范学院宿舍演讲《日本历史背景》。

（三）科学系列演讲（1942）

5月12日，袁复礼教授在青年路金鸡巷1号演讲《战时地理》。

5月19日，刘崇铉教授在西南联大新校舍南院演讲《昆虫与战争》。

5月21日，吴有训教授在东城脚20号天文研究所演讲《战时物理学》。

6月2日，曾昭抡教授在敬节堂巷7号演讲《战时化学》。

6月16日，陆近仁教授在西南联大新校舍南院演讲《战时医用昆虫学》。

7月7日，宁榥教授在拓东路270正楼演讲《战时飞机与防空》。

7月28日，许浈阳教授在拓东路270正楼演讲《战时科学研究》。

（四）宗教与哲学系列演讲（1942）

8月3日，冯友兰教授演讲《我国古代之人生哲学》。

8月10日，潘光旦教授演讲《儒教之形成及其演进》。

8月17日，王维诚教授演讲《道教源流》。

8月24日，汤用彤教授演讲《佛教之原始及其演变》。

8月31日，冯友兰教授演讲《宋元明哲学之演变》。

9月7日，冯文潜教授演讲《西洋古代哲学》。

9月14日，雷海宗教授演讲《基督教的由来及发展》。

9月21日，雷海宗教授演讲《基督教的演变及将来》。

（五）文学系列演讲（1942）

5月31日，游国恩教授演讲《屈原》。

6月8日，罗庸教授演讲《陶渊明》。

6月14日，闻一多教授演讲《楚辞的时代》。

6月21日，李广田教授演讲《杜甫的创作态度》。

6月28日，李何林教授演讲《中西社会及其文学》。

7月5日，夏康农教授演讲《文学所受科学的影响》。

7月12日，楚图南教授演讲《抗战时期中国的诗歌运动》。

7月19日，姜亮夫教授演讲《诗经》。

7月29日，徐梦麟教授演讲《元曲之文章与方言》。

8月2日，孟超教授演讲《三国演义》。

8月2日，孟超教授演讲《水浒传》。

（六）时事问题系列演讲（1945）

9月13日，蔡维藩教授在青年会小礼堂演讲《德日失败的途径》。

9月27日，王赣愚教授在青年会小礼堂演讲《战后国际和平机构》。

10月4日，伍启元教授在青年会小礼堂演讲《中国与列强经济合作》。

10月10日，张印堂教授在青年会小礼堂演讲《大战中的地理条件》。

10月11日，李树青教授在青年会小礼堂演讲《战后社会建设的趋势》。

11月1日，刘崇铉教授在青年会小礼堂演讲《战后中国国际地位》。

11月1日，蔡维藩教授在青年会小礼堂演讲《战后中英美苏的关系》。

11月8日，伍启元教授在青年会小礼堂演讲《战后国际经济合作》。

11月9日，罗庸教授在兴华街28号演讲《骈文与散文》。

10月11日，马奉琛教授在兴华街28号演讲《中国近代所受的西方文化影响》。

10月18日，白寿彝教授在庆云街1174号演讲《杜佑通典》《司马光通鉴》《郑樵通志》。

10月25日，胡毅教授在西南联大教职员宿舍演讲《外国文学之欣赏》。

11月1日，方国瑜教授演讲《明代云南之中原移民》。

11月10日，刘文典教授演讲《红楼梦》。

（七）中国建设系列演讲（1945~1946）

1945年11月23日，蔡维藩教授在潘家湾中央广播电台演讲《世界和平》。

12月9日，伍启元教授在大观路广州医院舍演讲《战后货币调整问题》。

12 月 14 日，张印堂教授在西南联大教职员宿舍 23 号演讲《中国资源与战后经济建设区域分配》。

12 月 21 日，赵乃抟教授在才盛巷北京大学办事处演讲《战后资源问题》。

1946 年 1 月 4 日，费孝通教授在云南大学演讲《战后农业建设》。

1 月 11 日，鲍觉民教授在西站翻译员训练班演讲《中国交通建设与新途径》。

1 月 18 日，胡毅教授在敬节堂巷 18 号演讲《战后教育建设》。

1 月 20 日，秦瓒教授在文化巷 1 号演讲《战后财政建设》。

1 月 21 日，戴世光教授演讲《国民所得与战后经济建设》。

1 月 25 日，冯友兰教授演讲《战后文化建设》。

2 月 8 日，潘光旦教授演讲《战后社会建设》。

2 月 15 日，雷宗海教授演讲《战后中国之国际地位》。

（八）社会与教育问题系列演讲（1945）

9 月 1 日，陈友松教授在青年会小礼堂演讲《战后国际合作》。

9 月 8 日，胡毅教授在青年会小礼堂演讲《战后中国教育之改进》。

9 月 15 日，孙毓棠教授在青年会小礼堂演讲《中国社会的形成》。

9 月 20 日，倪中方教授在青年会小礼堂演讲《迷信的心理解释》。

9 月 29 日，戴世光教授在青年会小礼堂演讲《国情普查》。

10 月 3 日，李树青教授在青年会小礼堂演讲《士大夫的生活与妓女》。

10 月 13 日，黄子坚教授在青年会小礼堂演讲《战后教育问题》。

10 月 20 日，陈雪屏教授在青年会小礼堂演讲《美满婚姻之条件》。

10 月 24 日，陈达教授在青年会小礼堂演讲《我国战后劳工问题》。

10 月 27 日，樊际昌教授在青年会小礼堂演讲《日常生活中之变态行为》。

11 月 2 日，孙超孟教授在青年会小礼堂演讲《职业教育的今天与明天》。

11 月 10 日，鲍觉民教授在青年会小礼堂演讲《社会的地理基础》。

11 月 20 日，潘光旦教授在青年会小礼堂演讲《中国家庭问题》。

11 月 24 日，曾昭抡教授在青年会小礼堂演讲《科学教育与工业社会》。

（九）各国风俗系列演讲（1945~1946）

1945 年 11 月 15 日，费孝通教授在鼎新街 13 号青年会二楼会堂演讲《美国人的性格》。

11 月 20 日，王了一教授在鼎新街 13 号青年会二楼会堂演讲《法国人的情与理》。

12 月 6 日，潘光旦教授在鼎新街 13 号青年会二楼会堂演讲《中国的民族性》。

12 月 20 日，孙毓棠教授在鼎新街 13 号青年会二楼会堂演讲《日本人民风俗》。

12 月 27 日，冯至教授在鼎新街 13 号青年会二楼会堂演讲《德国人民风俗》。

1946 年 1 月 3 日，袁家骅教授演讲《英国人民风俗》。

8 月 1 日，马坚教授在鼎新街 13 号青年会二楼会堂演讲《回教之教义及现状》。

8 月 8 日，吴宓教授在鼎新街 13 号青年会二楼会堂演讲《人本主义》。

8 月 15 日，贺麟教授在鼎新街 13 号青年会二楼会堂演讲《西洋近代人生哲学之趋势》。

（十）生物学与人类生活系列演讲（1944~1945）

1944 年 12 月 8 日，陈桢教授在鼎新街 13 号青年会二楼会堂演讲《生物学与理论》。

12 月 15 日，樊庆笙教授在鼎新街 13 号青年会二楼会堂演讲《生物学与国防》。

12 月 18 日，潘光旦教授在鼎新街 13 号青年会二楼会堂演讲《生物学与社会问题》。

1945 年 1 月 5 日，刘崇铉教授在鼎新街 13 号青年会二楼会堂演讲《生物学与历史》。

1 月 12 日，刘士林先生在鼎新街 13 号青年会二楼会堂演讲《云南之经济植物》。

1 月 19 日，张景钺先生在鼎新街 13 号青年会二楼会堂演讲《植物与工业》。

1 月 26 日，经利彬先生在鼎新街 13 号青年会二楼会堂演讲《云南植物之初步研究》。

2 月 2 日，曾勉之先生在鼎新街 13 号青年会二楼会堂演讲《园艺与人生》。

2月16日，王世中先生在鼎新街13号青年会二楼会堂演讲《增进云南农业问题》。

3月2日，张尔玉先生在鼎新街13号青年会二楼会堂演讲《人类的畸形与怪胎之成因》。

3月9日，沈同先生在鼎新街13号青年会二楼会堂演讲《营养与寿命》。

第九章

全面抗战时期的广电和出版

 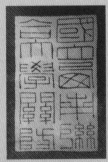

第一节　昆明广播电台：抗战救亡的时代强音 [①]

一、筹备与开播

1940 年 8 月 1 日，昆明广播电台正式播音。电台功率为 50 千瓦，是抗战时期中国功率最大的广播电台。昆明广播电台全称"中央广播事业管理处昆明广播电台"，是国家广播电台。

早在 1938 年 12 月，随着平津沦陷，京沪失守，国民政府就决定筹设渝、滇强力广播电台，但是进展缓慢，直到 1940 年才加快筹设步伐。

1940 年是世界反法西斯极其艰难的一年。在欧洲，德国不断进攻各国，并连连得手。5 月下旬，德军围困英法联军 30 万人，英军丢盔弃甲，组织了"敦刻尔克大撤退"。6 月德军占领巴黎，法国贝当政府投降。在亚洲，与德国结盟的日本加紧推行"南进政策"，趁机向法英施压，以图阻断援华通道。6 月日本迫使法国停止了滇越铁路的运输；9 月日军在海防登陆，滇越铁路中断。7 月 17日，日本迫使英国签订《封锁滇缅公路的协定》，关闭滇缅公路 3 个月。10 月 8日，日军占领河内，调集 100 架飞机，组成滇缅路封锁委员会，对滇缅公路进行轰炸。

在上述形势下，国民政府加快筹设昆明广播电台的步伐，首先决定将广州装置未竣的英国产 50 千瓦中波发射机移交昆明。1940 年 2 月发射机主要机件经海路转滇越铁路运抵昆明。接着，中央广播事业管理处处长吴保丰和总工程师

---

① 本节主要参考戴美政：《抗战救亡的时代强音：昆明电台与西南联大对抗战广播的重大贡献》，见哈艳秋主编：《"勿忘历史：抗战新闻史"学术研讨会文集》，北京：中国广播影视出版社，2016。

刘振清率相关工作人员到昆明，夜以继日，于 4 月底装置完工，5 月开始试播。电台呼号 XPRA，波长 435 米，频率 692 千赫。

昆明广播电台分为播音台（发音室）和发射台两个部分。播音台设在昆明潘家湾（今云南音像出版社），发射台设于普坪村后山山谷中。

1940 年 8 月 1 日，昆明广播电台正式播音，举行了隆重的开播仪式，云南省政府主席龙云、西南联大常委蒋梦麟应邀出席，并在开播中致辞。

昆明电台一经开播，轰动昆明，其电波可达整个东半球，新加坡和美国纽约均能收到它的节目，迅速改变了中国抗战对外宣传的战略态势。

昆明广播电台主要面向海外播音，也兼及国内听众；主要宣传中国抗日战场的情况，也报道美、英、苏等盟国的军事局势情况，还与盟国电台进行节目交流，转播盟国电台的节目；主要争取国际力量对中国抗战的支持，也努力动员海外爱国侨胞支援抗战，或回国参战。

昆明电台播音的语言共 12 种，其中有汉语及粤语、潮汕语、闽南语、沪语等方言，外语有英、法、越、日、缅、泰、马来语等 7 种。

电台开播后，每天播音 6 小时，一次是凌晨 2：30~4：00，一次是 18：30~23：00。后来根据需要，延至 7 小时。

节目类型有新闻、战局消息、要人讲话、名家演讲、时事评论、防卫知识、学术讲座、音乐、戏剧曲艺、教育专题等。

节目内容涉及政治、经济、军事、文化教育等各个方面，其中以军事、文化方面的最多，围绕抗日战争以及世界反法西斯战争进行。在抗敌宣传方面，注意与盟国合作，其中与美国的合作时间最长、形式多样、内容广泛，战局消息报道最受关注。

二、为中美空军对日作战导航

1938 年 9 月 28 日，日本飞机首次轰炸昆明，之后频繁对昆明进行空袭。昆明民众在日机的空袭中"跑警报"，伤亡不断，苦不堪言。

1941 年 5 月，中国空军在昆明设立第五路司令部。8 月 1 日，中国空军美国志愿队（俗称"飞虎队"）成立，下辖三个中队，一、二中队驻昆明巫家坝，三中队驻仰光。4 个多月后，12 月 20 日当日本飞机来轰炸昆明，飞虎队在昆明首次空战，并取得 9 : 0 的战绩。

由于强大的播出功率和地处世界反法西斯战争中缅印战场接合部的战略地位，昆明广播电台接受了为中美飞机对日作战的导航任务。

1941 年 12 月 22 日，也就是飞虎队与日机首战昆明上空后两天，中国空军第五路司令部商请昆明广播电台为中美战机导航。1942 年 8 月，中国空军还制订《使用广播电台暂行办法》10 条，由空军总指挥毛邦初签发，明确规定电台为空军导航要给予津贴。

按中国空军总指挥部要求，昆明广播电台适时打开广播发射机播送该台呼号，为空军作战导航。播音员除正常节目播音外，还要每天轮流值班，以备军事导航，后来空军方面也派员在播音室值守。播送昆明电台呼号时，每分钟播 3 次，一般播几十分钟或一个多小时，直到我方飞机返回为止。

应该说，昆明电台广播导航在中美空军对日作战中发挥了重要作用。

三、西南联大与昆明电台

西南联大培养的各个专业的学生素质也很高，为昆明电台的筹建、开播及正常工作，在专业技术、管理、编播及播音等各个方面都提供了优秀的人才。可以说，西南联大与昆明电台关系密切，为昆明电台做出了巨大的贡献。

（一）电台的技术骨干

电台筹建时期需招聘技术人员，1939 年 7 月，电台致函西南联大请求帮助。经西南联大理学院、工学院院长吴有训、施嘉炀的推荐，物理系、电机系 8 名学生前往应聘，经面试录取 4 人。8 月，贾士吉、陈希尧和林为平 3 人报到入职。贾士吉一直在增音室工作，后来综管该室技术，直到抗战胜利。

1940 年 5 月电台试播，西南联大电机系和电讯专修科的周崇经、胡永春、陆志新、刘植荃等 4 人被录取入职，之后又有齐植梁、何文蛟、雷琼芳、张允林等一批联大学生被录用。这些学生专业对口，素质高，经录取后，长期在增音室、机房等重要部门值班。

（二）电台编播的主力

电台试播成功之后，开始招聘包括编辑、播音、管理等在内的专业人员。

1940 年 7 月，西南联大政治系学生高葆光进入电台，负责英语编播，同时录用联大物理系学生何克淑、法律系学生贺祖斌等到征集（编辑）组工作。之后，招聘国语播音员和编辑，最后录取并报到的有 11 人，其中西南联大学生 7 人：陆智常、温瑜、王勉、齐潞生、吴讷孙、王乃樑、丁则良。接着西南联大学生郑韵琴、孙蕙君、王逊等也到电台就职。被录用的学生很快进入工作状态，成为电台编播工作的生力军。

根据资料，从 1941 年开始，各个年度进入电台工作的西南联大学生有：

1941 年：刘沁业、齐植樑、章琴、陶维大、范宁生等。

1942 年：陈忠经、李宗渠、虞佩曹、马芳若、佟德馨、富琼芳、何文蛟、黄曾赐、黄克峰、刘祚昌、何儒、张承基、黄秀雅等。

1943 年：钱达民、陈逸华、王瑛兰、倪仲昌、郑敏、张允林、傅愫斐、董杰、官知节、高小文、罗翠玉、沈自敏等。

1944 年：周文砚、马芳若、黄宗英、陆钦原、张乃映、朱汝琦等。

1945 年：王会华、梁齐生、冯钟潜、李和清、许四福、俞维德、刘君蕙、肖志坚、简焯坡、王玖兴、宁世铨、金安涛、朱和等。

1946 年：温伯英、王光诚等。

上述学生中，大多为当时青年中的佼佼者，不少人后来考上研究生，如贺祖斌、王勉、虞佩曹、王玖兴等；有的入职时就是西南联大的研究生（或助教），比如丁则良、王乃樑、吴讷孙、简焯坡、马芳若、沈自敏等。

据统计，从 1940 年 8 月至 1945 年 9 月抗战胜利，先后在昆明广播电台编播部门工作的专、兼职人员共 186 人次，其中西南联大师生共 133 人次，约占 71.5%。其中有的还在电台担任要职，比如王勉任负责编播业务的代理传音科科长，倪仲昌担任编审（征集）组组长，沈自敏担任外语组组长。丁则良、王乃樑等不仅担任编播工作，还承担《古今谈荟》等节目的播讲。

（三）多语播音担重任

西南联大师生不仅主持或参与英语、法语和日语等外语节目的播音，汉语方言节目中的粤语、潮汕语、闽南语，则几乎全由联大师生主持播讲。

英语广播方面，政治系同学高葆光担任播音，外语系教员王佐良则每周日晚要播出其撰写的英文时事评论一篇。

法语节目的播音，长期由西南联大法语教授陈定民、吴达元担任。陈定民还引荐在昆明的"自由法国"成员 Dr. May、Leonrd 到法语节目中播讲评论，宣传戴高乐将军领导的抵抗运动的主张。节目产生了不小的影响，滇越铁路法籍员工曾主动询问收听昆明电台法语广播的办法。

日语节目广播方面，曾由西南联大学生刘祚昌协助播音。1945 年初，生物系助教简焯坡带领哲学心理学系学生金安涛、机械系学生宁世铨承担了日语节目的收听、编译和播音任务。

汉语方言播音方面，西南联大学生贡献突出。其中，法律系学生佟德馨担任粤语节目的播音。潮汕语节目播音先后由教育系学生郑韵琴、生物系学生黄曾赐、土木系学生许四福等担任；黄曾赐还担任闽南语节目的播音。

（四）名人演讲和学术讲座

昆明广播电台从 1940 年 8 月 1 日正式开播，就将名人演讲和学术讲座作为重点节目。在开播式上，西南联大常委、北京大学校长蒋梦麟应邀演讲。后来他多次在电台演讲，内容有纪念五四、战时公债劝募、动员知识青年从军抗战等。这个节目安排在每天晚间 18：00~20：00 的黄金时段，每次 20 分钟。

为了保证此类节目不断坚持下去，经云南省教育厅长龚自知推荐，昆明电台礼聘西南联大教授蔡维藩 ① 担任特约专员。蔡维藩 1941 年 5 月 1 日到任，一直到抗战胜利，在他的主持下，电台组成"时评"委员会，负责讨论时事评论

---

① 蔡维藩曾留学美国伊利诺斯大学，获硕士学位，时任西南联大历史系教授和师范学院历史系主任。

和学术讲座的选题、演讲者的选聘。委员会由特邀著名教授六七人组成，每周开会一次。演讲者主要依托西南联大教授，每月到电台演讲者少则七八人次，多则二三十人次，俨然形成了一个学科齐全、阵容齐整的广播演讲群体。

据昆明广播电台档案资料不完全统计，从 1940 年 7 月至抗战胜利，先后应邀到电台演讲的西南联大教授有：蒋梦麟、查良钊、曾昭抡、黄钰生、陶葆楷、陈岱孙、马约翰、张大煜、贺麟、钱端升、蔡维藩、汤佩松、林良桐、施嘉炀、朱汝华、张泽熙、任之恭、傅锡永、王信忠、张印堂、罗常培、罗庸、陈铨、梅贻琦、陈友松、李景汉、唐兰、庄前鼎、伍启元、潘光旦、王赣愚、汤用彤、吴宓、雷海宗、邵循正、邵循恪、陈省身、鲍觉民、闻一多、沈同、杨业治、戴世光、冯友兰、费孝通等。

在这些教授中，到电台演讲次数较多的有曾昭抡、黄钰生、马约翰、陈友松等。曾昭抡，作为化学家，他关注研究战争态势和进展，其讲题有《抗战以来中国工业的进展》《化学战争》等抗战军事时局评论，其广播稿还在《云南日报》上刊出，影响不小。黄钰生作为教育家、西南联大师范学院院长，在"四四"儿童节、"八二七"教师节均要进行教育与抗战方面的演讲。马约翰是体育教育专家，演讲的内容主要涉及体育与抗战、体育与国防、青年运动等。罗常培、曾昭抡、王赣愚等还在电台做文哲、科学、国防关系等内容的系列讲座。陈友松作为教育家，在电台开播《空中学校》，内容涉及各个学科知识、社会生活、家庭婚姻，节目深受听众喜爱。

（五）文艺广播的台柱子

昆明广播电台作为传音媒体，播出时间最多的、最受听众喜爱的当数文艺类节目，包括歌咏、戏剧等几个方面。而在这几个方面，西南联大师生堪称昆明广播电台的台柱子。

就歌咏而言，有西南联大歌咏团①、师范学院回声歌咏队、工学院蓝鹰歌咏队等。

---

① 歌咏团前身是1939年成立的群声歌咏队，不少成员是群社社员；而群社是中共西南联大地下组织建立的公开的学生社团，其歌咏运动开展得有声有色。

1940 年 7 月，电台试播，西南联大歌咏团曾两次应邀演播抗战歌曲。8 月 31 日为抗日将士募集寒衣，歌咏团再度到电台演播。为了此次演播，同学们精心准备，认真排练。演播的曲目有《黄河大合唱》《游击队歌》《抗敌歌》《旗正飘飘》《太行山上》等。其中，《黄河大合唱》是首次在云南演出。关于这次演出，当年参加演出的历史系同学施载宣（萧荻）记忆很深："演出是在昆明广播电台的播音厅举行的，几十个人的合唱队，把播音厅的小舞台占得满满的……经过数人数，女声部是女高音和女中音各 7 人，男声部是男高音、男低音各 14 人，连同指挥、钢琴伴奏一共 44 人，这就是全部联大歌咏团相对固定的演出阵容了。"①

1941 年 3 月 8 日，西南联大歌咏团又应邀到电台演播。此次演唱了 13 首抗战歌曲。

西南联大师范学院的回声歌咏队有 20 余人，男女四部合唱，于 1941 年秋季开学组成，在张清常②指挥下排练过许多抗战歌曲和外国歌曲。回声歌咏队成立不久，11 月 15 日，即应邀到昆明电台演播。西南联大工学院蓝鹰歌咏队则是在 1943 年 3 月 9 日、5 月 29 日到昆明电台演播的。此外西南联大附中也在电台演播过。一些有文艺才华的教师家属，也曾在昆明电台邀请之列，如西南联大外文系教授袁家骅的夫人等。

昆明广播电台开播之初，西南联大历史系毕业生孙蕙君曾被聘为乐剧组助理。西南联大师范学院音乐教员刘振汉为特约音乐指导，在"歌咏教授"节目中教唱歌曲。1943 年初，先后任电台乐剧助理或特约干事的，还有西南联大电机系高小文、物理系官知节、中文系郑敏、历史系罗翠玉等同学。西南联大哲学心理学系陈斐昂则受聘为电台口琴演奏员且演播次数最多。

就戏剧而言，西南联大突出的是话剧演出。组成联大的北大、清华、南开本来就有演剧传统，到昆明后由于政治环境相对宽松，戏剧活动逐渐地活跃起

---

① 萧荻：《从群声歌咏团到联大歌咏团》，见西南联大校友会编：《笳吹弦诵在春城——回忆西南联大》，第335页。

② 张清常是西南联大师范学院教授，西南联大校歌的曲作者。

来。先是西南联大话剧团成立，之后西南联大戏剧研究社、青年剧社、山海云剧社、怒潮剧社、青春服务社、联艺剧社等先后成立，一时间，西南联大学生剧社成为昆明抗战戏剧的主力军，也成为昆明广播电台戏剧演播的主要团体之一。

1940 年底至 1941 年 1 月，西南联大戏剧研究社应邀到昆明电台演播夏衍的话剧《上海屋檐下》。1941 年 3 月至 4 月间，该社又两次到电台演播《夜光杯》等剧目。

在昆明电台演播次数最多的是成立于 1938 年 12 月的西南联大话剧团。1939 年，在陈铨、孙毓棠、闻一多等教师的指导下，话剧团排演陈铨的剧本《祖国》。该剧反映东北地区爱国者与敌伪斗争，1939 年 2 月在新滇大舞台连演 8 场，好评不断。1940 年 10 月至 11 月，即公演已结束 20 个月，又应邀到昆明广播电台演播，又一次受到好评，可谓此剧演出余波中的高潮。1940 年 10 月至 1942 年 1 月，西南联大话剧团在昆明电台演播的剧目还有《雾重庆》《锁着的箱子》《怒海余生》《人约黄昏》《未婚夫妻》等，使西南联大文艺抗战的声名远播海内外。

除了话剧之外，西南联大平剧（即京剧）团在 1940 年至 1942 年也多次到昆明广播电台演播过。

第二节　电影放映业的大发展

日本发动全面侵华战争，华北、江南、华南，大片国土沦丧，机关、学校、企业、工厂，大批迁到西南。昆明作为后方重镇，人口骤增，由十多万人增加到二三十万。人口增加，对文化娱乐生活提出了更多更高的要求，在这种情况下，"昆明电影放映业进入了一个新的时期"。[①]

---

① 龙显球：《抗战时期昆明的电影放映业》，见《昆明文史资料选辑》第7辑，1985。

卢沟桥事变前，昆明只有大逸乐、大众家影院，内容多为国产的故事片。抗战全面爆发后，尤其是二战爆发后，外产片大量涌入，国产片退居第二位。看电影的人数多了，电影院数量也增加了，并各显特色。昆明电影放映业进入一个大发展时期。

抗战时期，昆明的主要影院有 9 家，大致情况如下：

大中华逸乐影院　1934 年成立，是昆明成立较早的影院，全面抗战初期，是昆明最大的影院。赚钱之后，在宝善街南校场（后来的星火剧院）建新式影院，亦可演戏，可容千人，生意可观。但是 1941 年 2 月 27 日放映影片《少奶奶的扇子》时，屋顶和后墙倒塌，死 53 人，伤 170 余人，轰动一时，时称"少奶奶的扇子扇倒大逸乐"。究其原因，因日机轰炸，影院墙壁受损开裂，而老板不加重视，只讲赚钱，终酿灾难。

大光明戏院　大逸乐倒塌后，大光明戏院迁其废墟上重建新的戏院。建筑亦算一流，但经营上比南屏大戏院（后面专门讲）略逊一筹。话剧《孔雀胆》曾在此上演。

大众电影院　址在劝业场（后来的五一电影院），为城隍庙改建，1934 年开业。场内柱子多，容量不大，设备较差，经营无方，但却是云南最先采用对号入座的影院。后来在南屏大戏院和大光明戏院的夹击中，沦为二轮片影院。

昆明戏院　址在南屏街（后来的新昆明电影院），主要上映国产片，其中多为古装片和市民生活片，生意亦还可观。还有一个子戏院名叫"社会剧场"（址在后来的劳动剧院），专映昆明戏院放过的影片。

长城戏院　址在正义路（后来的人民电影院），设备较旧，经营保守，主要上映二轮片。曾因在放映影片《孟姜女》时失火而停业，时称"孟姜女哭丈夫哭倒了'长城'"。

祥云戏院　址在祥云街（后来的红旗电影院）。初为京剧院，后改放电影，以国产片为主，属于维持局面。

新滇戏院　址在武成路。上演话剧、滇剧，是二轮影片影院，有时还放映三轮片。

西南戏院　址在东寺街（后来的省滇剧院），演唱京剧的戏院，抗战时亦放映电影。

南屏大戏院　抗战时期昆明最著名的电影院，创办者刘淑清①。

南屏电影院，当时叫大戏院，选址在宝善街与南屏街相通的晓东街，场地狭小。然而，刘淑清请来了著名的上海建筑师赵琛进行设计，上海迁滇的陆根记②负责施工。

赵琛（1898~1978）的设计大胆而新颖，十分出彩。突出的特点有四：一是外立面采用不对称手法，正面采用大面积弧形玻璃窗，与侧面竖立墙体巧妙结合。二是影院设两层，共 1400 座，有较大的容量；楼梯设计采用悬挑式进入楼厅，不占有限的门厅面积。三是一楼采用倒仰式座位，舒服且便于观影。四是采用橡皮银幕，画面清晰，色调柔和。

南屏大戏院 1938 年底开工，1940 年 3 月竣工。3 月 31 日举行开幕典礼。大戏院的电影放映机、银幕、帘幔、音响等均为进口一流设备，可谓声、光俱佳。

刘淑清十分注重片源选择。"她首先和八大公司租订较好影片，抢映一切有号召力的影星扮演的影片。""八大公司"指的是"当时美国好莱坞八大影片公司——米高梅、20 世纪福克斯、华纳、环球、雷电华、派拉蒙、哥伦比亚、联美，英国的鹰狮及苏联影片公司都有代表派驻昆明；'中制''中电'也有代表在昆明负责办理租片业务""四十年代是好莱坞的全盛时代，如珍妮·麦唐纳、梅儿·奥勃朗……英格丽·褒曼……卓别林……所主演的一些有时代意义

---

① 刘淑清（1904~1968），四川简阳人，幼年家贫，勤奋好学，成都华美女校（美国教会学校）毕业。1924 年与云南盐津人刘柏君结婚。刘柏君为滇军少将旅长，1927 年弃甲归田，民推为县长，1930 年惨遭杀害。刘淑清携三个女儿到昆明谋生，站稳脚跟后，先后开办大华交谊社、西南大旅社。面对当时的电影放映业，她思想敏锐，有胆有识，看到商机，决心创办一座一流的电影院。为筹集巨额资金，她采用合股集资的办法，首先争取到龙云的夫人顾映秋、卢汉的夫人龙泽清、朱晓东的夫人的投资，接着许多官绅的夫人纷纷入股，"可以说是当时夫人集团经营的一座戏院，刘淑清是颇有眼光和管理才干的铁腕人物"。（龙显球：《抗战时期昆明的电影放映业》，见《昆明文史资料选辑》第 7 辑。）

② 陆根泉，生于 1893 年，是民国时期四大建筑商之一。其著名的建筑工程有上海百乐门、南京国民大会堂等。该营造厂最重要的就是施工质量高、品牌信誉好。

和文学价值的如《月亮下落》《大独裁者》《左拉传》《魂归离恨天》《翠堤春晓》《铸情》……影片，以及'中制''中电'的国产片如《白云故乡》《日本间谍》……都获得首映权。"①

南屏电影院放映过的进步和优秀的影片很多，如《八百壮士》《一江春水向东流》《八千里路云和月》《丽人行》《万家灯火》《青年林肯》《白雪公主》《欧陆血战》《魂断蓝桥》等。

南屏电影院的"观众多属一般知识分子和上层人士，她（刘淑清）能注意经济效益与文化教育、陶冶情感相结合，不失为有才能的管理人才"②。西南联大的师生是南屏电影院的重要观众，在他们的记忆中，南屏电影院的地位非同一般。联大同学严宝瑜回忆说："当时昆明市中心有个'南屏大戏院'，老板是位有进步思想的女士，戏院专门放映当时从英美进口的反法西斯斗争的影片和有思想的文艺片及历史题材的故事片。那时，一有好电影，联大同学便奔走相告，我看《一曲难忘》就是跟同学们一起去的。不少同学口袋里没有钱，有钱的同学就'请客'。在我印象里，联大同学很少没有看过这部影片的。"③《一曲难忘》的内容是讲述波兰爱国音乐家肖邦的一生。

闻一多平常不大看电影，然而《一曲难忘》他看过三次。王瑶在《回忆闻一多师》中写道："今年（1946）四月底，在昆明晓东街碰着闻先生从南屏电影院看戏出来，他一见面就说：'这部片子非常好，你可以看看，我已经看了三次了。'"④

汪曾祺《泡茶馆》描写了凤翥街一家绍兴老板开的茶馆，有位姓王的同学善吹口琴，与老板很熟，不仅喝茶"可以欠账"，"我们有时想看电影而没有钱，就由这位口琴专家出面向绍兴老板借一点"，我们拿到钱，"欢欣鼓舞，兴高采

---

① 龙显球：《抗战时期昆明的电影放映业》，见《昆明文史资料选辑》第7辑。
② 龙显球：《抗战时期昆明的电影放映业》，见《昆明文史资料选辑》第7辑。
③ 严宝瑜：《电影〈一曲难忘〉对我的影响》，见西南联大校友会编：《难忘的岁月》，昆明：云南教育出版社，1998，第184~185页。
④ 闻黎明、侯菊坤编著：《闻一多年谱长编》下卷，上海：上海交大出版社，2014，第877页。

图 9-1：南屏大戏院

烈，迈开大步，直奔南屏电影院"。

"南屏影院自成立起就采用字幕。对由译文用幻灯打映在银幕两侧的小屏幕上。影院生意一直'兴隆'。"[1] 这段话出自刘淑清的长女，西南联大外语系毕业生刘自强。可以说，外片打字幕是南屏电影院的创新发明（也有人说柏希文翻译时就有字幕）。

"三十年代中，昆明的几家旧式影院的确不用字幕，而是由一位口译的人（大家称之为演讲），坐在他特有的小楼上，对着观众即兴发挥。这位可怜的'演讲'不谙外文，只根据别人事先译出的故事情节，跟着影片画面进展，随机应变，进行'演讲'。"[2] 南屏电影院的中文字幕出现以后，这种现象就改变了。

南屏电影院的"中文字幕的翻译人是由稚吾先生。他是云南姚安人，毕业

① 刘自强：《西南联大与昆明的情缘》，见《西南联大北京校友会简讯》第36期，2004。
② 刘自强：《西南联大与昆明的情缘》，见《西南联大北京校友会简讯》第36期，2004。

于南京中央大学外文系，英语及汉语的修养均不一般"[1]。刘淑清"重金聘用英语秘书由稚吾为翻译（当时外片多系原声，翻译为中文字幕于银幕侧），贴切不失原意，文字感染性强，词藻优美"[2]。

有文章说："南屏电影院的老板聘请联大吴宓教授作翻译，遂有《魂断蓝桥》《翠堤春晓》《出水芙蓉》等美译问世，于是生意兴隆，一时轰动国内。吴宓用这样一些精深美喻的译名，使异国电影与昆明的景物相通。"[3] 对此，刘自强指出："所有影片的片名并不是由稚吾所译，也不是吴宓教授所译。而是沿用影片原先在上海放映时的译名。"[4]

此外，值得一提的是昆明电影院传播日本投降消息的事。

> 一九四五年八月十日，下午八点多钟，天已经黑了。宝善街、晓东街、南屏街上的三家电影院（大光明、南屏、昆明）依然宣告客满……七至九时场的电影早就开映了。
>
> 电影放映了一半的时候，幻灯字幕突然映出"日寇已无条件投降"几个醒目大字。一霎时，全场欢声雷动。邻座互不相识的观众彼此握手道贺，有的甚至兴奋得把头上的帽子扔得老高。人们推搡着，拥挤着，争先恐后地向场外奔去……接着，报纸的"号外"出来了……
>
> 这一夜，昆明街头，人们自发游行庆祝，鞭炮声不绝于耳，成为空前的狂欢之夜。[5]

关于日本投降的"官方"消息，重庆国际广播电台当夜2时（11日凌晨2时）曾发表"军委会"声明，公布日本于8月10日下午8时向中、美、英、苏

---

[1] 刘自强：《西南联大与昆明的情缘》，见《西南联大北京校友会简讯》第36期，2004。

[2] 龙显球：《抗战时期昆明的电影放映业》，见《昆明文史资料选辑》第7辑。

[3] 张曼菱编撰：《西南联大启示录》暨《照片里讲述的西南联大故事》，北京：人民文学出版社，2003，第50页。

[4] 刘自强：《西南联大与昆明的情缘》，见《西南联大北京校友会简讯》第36期，2004。

[5] 万揆一：《空前的"狂欢之夜"》，见《昆明文史资料选辑》第7辑。

投降。当时收音机在昆明并不普及，故知者不多。可以说，昆明电影院是最早向大众传播日本投降消息的。

第三节　全面抗战时期的报刊

近代以来，云南报刊事业虽不断发展，但与内地相比，仍显落后和缓慢。

1937 年初，昆明原有 11 家报纸仅剩下 2 家：云南省政府主办的《云南日报》和国民党云南省党部主办的《云南民国日报》。

抗战全面爆发，沿海内地沦陷区学校、机关、厂矿等单位大批迁滇，云南人口大增，昆明工商业、金融业都得到了长足发展。与此同时，内地许多报刊纷纷迁到昆明，昆明本地也新增加了不少报刊。

据统计，从 1937 年 7 月到 1945 年 8 月，云南先后出现的各种报刊达 68 种之多。其中报纸存在时间较长、影响较大的有 10 家。[1] 它们是：云南本地的《云南民国日报》《云南日报》，外地迁来的《朝报》《益世报》《中央日报》《暹华报》《中正日报》，云南新创办的《正义报》《扫荡报》《观察报》。

1943 年 8 月 22 日《云南日报》报道：省城"文化事业颇为发达，出版刊物如雨后春笋"，"本市现有刊物 49 种"。[2] 这些刊物有周报、周刊、旬刊、季刊及不定期刊等。其中，以时政评论为主的综合性刊物有《民主周刊》《今日评论》《当代评论》《自由评论》《自由论坛》《新动向》《战时知识》《真报评论周刊》《战国策》等；学术类的刊物有《国文月刊》《西南边疆》《社会科学学报》《学术季刊》等；文艺类的刊物有《文聚》《文艺季刊》《文化岗位》《微波》等。值得强调的是，这些刊物大多为西南联大、云南大学等高校教授，以及来滇的文艺界人士，或以其为中坚力量创办的。

---

① 王作舟：《抗战时期进步繁荣的云南报业》，载《新闻大学》，1994（4）。
② 据《云南日报》1943 年 8 月 22 日消息。

一、主要报纸

（一）《云南日报》

创办于1935年5月4日，是以龙云为主席的云南省政府的机关报。该报实行董事会制，龙云担任董事长，实际事务由龚自知常务董事负责。1947年10月更名为《平民日报》。报纸创办后，"一批共产党员通过各种渠道先后进入报社。最早的是刘惠之、唐登岷、欧根、何宏年、蒋南生等，李立贤（陈方）被特邀为体育记者。以后还有马若璞（仲明）、刘若坚（刘浩）、姚黎明、严达夫等，也先后进入报社，或任编辑，或任采访。张子斋不任专职，而是以特约撰述的名义为《南风》和其他周刊写稿"①。当然，报社内部斗争比较激烈，国民党反共势力的主要代表陈玉科，是云南省党部委员兼宣传部长。但总的来说，抗战时期，该报表现出明显的进步倾向，对云南军民的抗战事业作出了积极的报道。

1937年8月8日，龙云到南京参加最高国防会议，专机途经西安加油，周恩来、朱德、叶剑英搭乘专机一同到南京出席会议。9月6日，《云南日报》（画刊）刊登了周恩来、朱德、叶剑英与龙云等在西安机场的合影，引起了强烈的社会反响。②

1938年8月21日，李根源从新疆经西安返回云南，八路军总司令朱德专程到西安看望，并托李根源捎信给龙云。信中说："近年来，云南在吾兄领导下，已有不少进步。抗战军兴，滇省输送二十万军队于前线，输助物资，贡献于国家民族者尤多……在将来抗战中，在争取最后的搏斗中，云南将肩负更大责任，成为抗战的一个重要根据地。"9月4日，《云南日报》刊登了这封信的全文，影响远播全省，有力地推动了抗日民族统一战线在云南的形成与巩固。③

---

① 李济五：《我与旧〈云南日报〉》，载《云南文史丛刊》，1990（3）（总第22期）。

② 中共云南省委党史研究室：《中国共产党云南历史》第一卷（1926—1950），昆明：云南人民出版社，2016，第193页。

③ 中共云南省委党史研究室：《中国共产党云南历史》第一卷（1926—1950），第194~195页。

　　1939 年 1 月 2 日、3 日，针对汪精卫叛国投敌，《云南日报》进行报道揭露并发表社论。

　　《云南日报》还先后四次刊载毛泽东的言论和文章。[1] 第一次，1937 年 12 月 25 日在头版位置刊登《大公报》记者陆诒写的《毛泽东谈抗战前途》。第二次，1938 年 7 月 12 日在第三版显著位置刊登毛泽东《致参政会电》及其照片。第三次，1938 年 12 月 26 日起，在专载栏内刊登毛泽东《论新阶段》，连载了 10 次后，省党部通知停登，至此已刊全文十分之七。该文系毛泽东 1938 年 10 月在中共六届六中全会报告，后来收入《毛泽东选集》第二卷，名称为《中共在民族战争中的地位》。第四次，1945 年 9 月 2 日，第二版刊登毛泽东给美共福斯特的电文，后收入《毛泽东选集》第三卷。

图 9-2：闻一多读《新华日报》

（二）《新华日报》

　　1938 年 1 月 11 日创刊于武汉，是中国共产党在国民党统治区公开出版发行的唯一的大型日报。1938 年 10 月 25 日武汉沦陷，报社迁往重庆。1947 年 2 月 28 日，国民党当局封闭该报。至此，一共连续出版 9 年 1 个月。

　　该报创刊后，中共昆明地下组织通过邮寄、传递等方式获取一定数量的报纸。1944 年 3 月，经过云南省主席龙云同意，中共中央南方局和该报领导派彭少彭到昆明建立《新华日报》营业分处，5 月开始工作。分处所发行的《新华日报》不是在昆明印刷，而是在营业处公开发

售，同时采取征订、邮寄等各种方式，使报纸在昆明扩大公开发行量，每天最少 1000 份，最多达 3000 份。这个数量很小，但经过借阅传看，发挥的作用就远超这个数量。

西南联大三个地方有《新华日报》：新校舍（校本部）图书馆、师院阅览室、工学院图书室。[①]西南联大教授中，闻一多、吴晗、王了一（王力）、费孝通等是最热心的读者。闻一多生活困难，但长期破费订阅此报。[②]1944 年 1 月 18 日，《新华日报》刊登吴青所写的短讯《昆明二三事》报道了"闻一多教授订润例作金石"。[③]

总的来说，《新华日报》对昆明的民主运动，尤其是"一二·一"运动关系密切，影响重大。

（三）其他报纸

《云南民国日报》　按国民党中央《设置党报条例》要求，一般省会所在地以及重要城市都要有国民党党报，这些报纸采用"民国日报"的统一名称，前面加省名。1930 年 5 月，国民党云南省党部创办了《云南民国日报》，负责人为陈廷璧、聂克雷、陆崇仁。1946 年 4 月，该报更名为《民意日报》。

《朝报》　该报原在南京，创刊于 1934 年 3 月 23 日，1938 年 10 月 10 日迁到昆明复刊，负责人为王公韬。该报以出报早、消息灵见长，发行量逐渐扩大，读者以市民和商人为主。1949 年 9 月停刊。

《益世报》　由天津迁来。1915 年 10 月 10 日创刊，主办人为比利时籍传教士雷鸣华。该报一贯主张抗日，1937 年 9 月 5 日日军占领天津后被迫停刊。1938 年 12 月 8 日，在昆明复刊。1940 年 3 月 24 日，迁重庆出版。抗战胜利后，1945 年 12 月 1 日在天津复刊。1949 年 1 月天津解放后停刊。

《中央日报》　1928 年 2 月创刊于上海，1929 年 2 月迁南京出版。1937 年 6

---

① 西南联大党史编写组：《中共西南联大地下组织和群众革命活动简史》，昆明：云南人民出版社，1994，第46页。

② 段一芳：《在〈新华日报〉昆明营业分处工作的日子里》，见《云南现代史研究资料》第四辑，第60页。

③ 闻黎明、侯菊坤主编：《闻一多年谱长编》（下卷），上海：上海交大出版社，2014，第608页。

月开始设地方版庐山版。1939 年 5 月 18 日，昆明版创设，负责人为袁业裕、钱沧硕。

《扫荡报》 国民党军队系统报纸，1932 年 6 月创刊于江西南昌，1935 年 5 月迁汉口出版，1938 年 10 月创重庆版。昆明版创于 1943 年 11 月，主办单位为昆明防守司令部总司令杜聿明属下第五军，社长李毅诚，总编辑高天。一部分进步新闻工作者参与办报，因此该报表现出进步色彩。1945 年底更名为《和平日报》。1949 年 5 月终刊。

《正义报》 1943 年 10 月 1 日，以民办姿态创刊于昆明。负责人为陆崇仁（云南地方财团负责人，历任省财政厅、民政厅厅长）。主持人为方国定、李其诚。报纸为商业性质，发行量大，影响也大，有一定进步性。1949 年"九九"整肃停刊 3 个月，12 月 9 日云南起义复刊。1953 年终刊。

《观察报》 龙云长子龙绳武 1944 年 12 月创办，周钢鸣任总编辑，系云南民革机关报，发表过郭沫若、茅盾等人的文章，销量达 8000 份。

二、主要刊物

在抗战时期众多的刊物中，《今日评论》《当代评论》《自由论坛》被称为西南联大三大政论刊物。还有一个引人关注的《战国策》。

"从 1938 年春天开始，随着北平知名学者的到来，昆明的思想地图为之一变。联大教授从不满足在特定的报纸杂志上发表见解，同时他们创办了一系列严肃的刊物，吸引知识圈外的人士——包括他们自己的学生和同事。"① 在这一系列的刊物中，《今日评论》《当代评论》《自由论坛》被称为联大三大政论刊物，充分体现"教授论政"的特点。

（一）《今日评论》

"抗战初期，最突出的刊物要数钱端升主编的《今日评论》，它使新一代学

---

① ［美］易社强著，饶佳荣译：《战争与革命中的西南联大》，北京：九州出版社，2012，第236页。

者登上舞台，领袖群伦……编委成员包括钱端升在联大政治系的年轻同事——王赣愚。"①

《今日评论》是周刊，创刊于 1939 年 1 月，1941 年 4 月停刊。据统计，《评论》在 2 年 4 个月中，共出版 5 卷 114 期，发表文章 561 篇，作者共 167 位，超过 60% 的作者是任职或就读于西南联大的师生。其中，钱端升撰写的文章有 43 篇，此外还有 56 篇时评；其次是王赣愚，发文 33 篇。潘光旦、王迅中、伍启元、费孝通、张德昌、罗隆基 6 人发文在 10 篇以上。发文在 2 篇以上的共有 79 人。它是一份由教授为代表的知识分子主导，宣扬实行民主政治和言论自由的进步刊物。②

《今日评论》的中心论题是抗日，突出讨论的问题是民主宪政，还有妇女问题、农村问题等。"《今日评论》的撰稿人既有拒绝成为道德模范的自由主义者，也有蔑视本党领袖的国民党员，作为一个公共论坛，接纳各种观点，包括编者所厌恶的言论，《今日评论》成为思想独立、自由表达、忍容异议的显著典范，而这些原则正是联大的精神基础。"③

（二）《当代评论》

半月刊，1941 年 7 月 7 日创刊，1944 年 3 月停刊，共出版 4 卷 64 期。《今日评论》停刊 3 个月之后，《当代评论》创刊。学术界经常把它们并提，认为二者之间有明显的延续性：编委会成员大多相同；前者确实有 50 名余名作者继续为后者写稿，王赣愚接着谈政治制度，王迅中继续他的对日观察，伍启元继续思考如何发展经济，邵循恪的关注点仍是外交，费孝通还是搞他的社会学；另外，二者的编辑风格也十分相似。

但是，后者相对于前者，变化也是明显的：首先，钱端升不再任主编，也不再撰稿；其次，罗隆基、陈之迈、张佛泉等写政论很积极的作者也不再参与，

---

①［美］易社强著，饶佳荣译：《战争与革命中的西南联大》，第236~237页。

② 柳盈莹、余明霞：《西南联大报刊〈今日评论〉的作者群像及意见表达探析》，载《西部广播电视》，2015（19）。

③［美］易社强著，饶佳荣译：《战争与革命中的西南联大》，第246页。

多了朱家骅等国民党官员；再次，《当代评论》是西南联大国民党区党部的机关报，因此，它对宪政几乎绝口不谈，更没有批评国民党政府的言论。①

（三）《自由论坛》

1943年2月15日创刊，1945年3月停办，为时2年7个月。月刊，前后共3卷17期，发表文章130篇。据统计，发表文章在2篇以上的有19人，共65篇，多为西南联大师生，还有云南大学的师生。

《自由论坛》与前两种刊物相比，因为创刊于抗战后期，以"民主运动尽言责"为创刊宗旨，关注"抗战建国"，宣传呼吁民主政治和言论自由。撰稿人讨论得比较多的是民主宪政、中国未来出路、中国邦交等"抗战建国"问题。

《自由论坛》的发起人叫郭相卿，云南大学政治经济系毕业。因出身地主家庭，郭相卿常以"开明""有为"的年轻政治家自居，刚毕业就上任"云南省参议员"。为了捞取政治资本，他找到云南大学另外两个很快就要毕业的学生周维讯、杜迈之商量办此刊物。周维讯、杜迈之系爱国进步学生，周维讯曾常到西南联大旁听潘光旦、闻一多的课，杜迈之则应邀参加西南联大学术讨论会而结识了罗隆基。于是郭相卿出资并办理刊物登记手续，周维讯、杜迈之负责向联大的教授约稿。刊物由王赣愚命名，指导者是潘光旦、王赣愚、费孝通、王康等，西南联大知识分子群体是主要的撰稿者。

事实证明，郭相卿是一个"投机政客"②，后来受到国民党反动势力威胁利诱时，他就对刊物进行破坏，甚至对潘光旦进行人身攻击和污蔑。

值得一提的是，《自由论坛》1944年9月还创刊发行了《自由论坛周刊》，原为《自由论坛》的星期增刊，1945年9月17日停刊，前后发行28期，编辑为王康、杜迈之、周维讯、袁方等人。该周刊创办发行的原因有二：一是《自由论坛》已办出名气，但月刊的信息量和速度不能适应读者的需要；二是民盟地方组织决定筹备《民主周刊》，但申请时受到刁难和拖延，于是潘光旦、杜迈

---

① 谢慧：《〈今日评论〉与抗战时期第一次宪政运动》，载《抗日战争研究》，2009（1）。
② 潘乃穆等编：《中和位育——潘光旦百年诞辰纪念》，北京：中国人民大学出版社，1999，第211页。

之、王康等就洽商使用"自由论坛"这一名称，发行星期增刊，以暂代难产的《民主周刊》，因此它的创办发行得到了民盟的协助。

（四）《战国策》

半月刊，1940 年 4 月创办，1941 年 7 月停刊。之后，1941 年 12 月至 1942 年 7 月，又在重庆《大公报》开辟《战国》副刊。《战国策》由"云南大学教授林同济担任主编，得到两位联大学者——历史学家雷海宗和尼采研究专家陈铨的大力支持，'战国策派'建议用强硬的右翼社会达尔文主义，放弃对英法派的幻想……人们不难觉察这一群体对希特勒和墨索里尼的欣赏"[①]。

著名记者范长江说："《战国策》半月刊在国内文化思想界已经是一个被人重视的刊物，这个刊物里常常有很多奇特的思想，而参加这个刊物的又是学术界或者教育界比较有名的人物……"1940 年 11 月 20 日，范长江访问昆明，出席了《战国策》诸先生为其举行的晚餐会。其间，范长江问到他们特别称赞德国的原因，林同济说："我们认为欧洲文化，日耳曼文化才是主流。过去我们介绍西方文化，多偏于英、美文化，所以我们用介绍德国文化来补救这缺点。"[②]对此，人们注意到林同济、雷海宗、陈铨都是留德出身的。

（五）《民主周刊》

1944 年 12 月 9 日创刊，明确宣告"继承'一二·九'光荣传统"。1946 年 8 月 2 日被迫终刊。在不到 2 年的时间里，该刊出版发行 3 卷（每年 1 卷）71 期。除昆明之外，先后在重庆、贵阳、南充、成都和西安等地设立代销发行点。

该刊是中国民主同盟第一个地方组织民盟昆明支部（后改为云南省支部）的机关刊物，是抗战后期和抗战胜利之初大后方最重要最有影响的民主刊物之一。刊物以宣传民盟的政治纲领、民主思想，推动民主运动为宗旨。罗隆基任主编，潘光旦任社长。抗战胜利后，吴晗、闻一多先后任社长，杜迈之、张子斋、赵沨、唐登岷先后任主编。抗战胜利前，刊物的经费和出版曾得到龙云的

---

① ［美］易社强著，饶佳荣译：《战争与革命中的西南联大》，第238~239页。
② 范长江：《昆明教授群中的一支"战国策派"之思想》，见《云南文史资料选辑》第二十一辑。

帮助和保护，中共云南地下组织也给予支持。

据统计，罗隆基发文 56 篇，曾昭抡发文 35 篇，费孝通发文 15 篇，吴晗发文 13 篇，潘光旦发文 12 篇，闻一多发文 8 篇，胡毅发文 6 篇；闻家驷、钱端升、张奚若、王赣愚等发文都在 2 篇以上。曾昭抡担任编委及"一周时事析要"专栏的主要撰稿人，几乎每期 1 篇，多为军事评论和时事评论，其 1944 年除夕撰写的一篇军事评论中的一段话成为著名的论断："畹町一下，云南省境，即可全无敌踪，失地收复，实滇省最早。"[1]

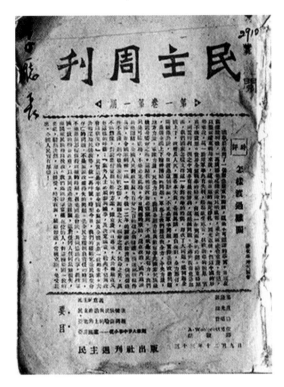

图 9-3：《民主周刊》封面

《民主周刊》的停刊与重大的历史事件"李闻血案"密切相关。1946 年 7 月 11 日、15 日，反动派相继杀害了民盟中央委员、云南民盟领导人李公朴、闻一多。民盟云南支部机关和民主周刊社社址（昆明府甬道 14 号）随即被查抄。8 月 2 日周刊出版最后一期，揭露反动派杀害李公朴的罪行，刊登了闻一多的《最后一次的演讲》。

（六）《国文月刊》[2]

该刊是西南联大师范学院编辑出版的，是当时国内唯一的指导国文教学和研究的刊物。1940 年 6 月 16 日创刊。编委会成员先后有浦江清、朱自清、罗

---

① 曾昭抡：《盟军在印缅战场上的成就》，载《民主周刊》第1卷第5期，1945年1月13日。

② 参考张映庚：《为了提高语文教学水平》，见《云南文史资料选辑》第三十四辑，第126~133页。

庸、魏建功、余冠英、郑婴、彭仲铎、罗常培、王力、萧涤非、张清常、李广田等。浦江清任主编，后由余冠英担任。

图 9-4 :《国文月刊》封面

该刊每月 1 期（约 5 万字），每年 8 期（假期停刊），后来增为每年 10 期，至 1946 年 1 月，共出版 40 期。

刊物宗旨是"促进国文教学以及补充青年学生自修国文"；读者对象是中等学校国文教师、普通大学和师范院校国文系学生，以及自修国文者。刊物由桂林开明书店印刷发行，开明书店在昆明、成都、重庆、贵阳、衡阳、金华等地都有发行所。

刊物创办过程中，遇到经费等方面的不少困难，师范学院院长黄钰生从师院划拨一些经费给予支持帮助。由于编辑专家阵容强大，刊物质量高，深受广大读者欢迎，发行量不断扩大。西南联大结束后，三校北返，刊物从第 41 期开始转由上海国文刊社出版，夏丏尊、叶圣陶等编辑，办刊宗旨等一仍其旧，直至 1949 年。

第四节　李公朴与北门书屋和北门出版社

北门书屋和北门出版社是抗战时期云南著名的书店和出版社，创建者是著名出版家、社会教育家和抗日"七君子"李公朴。

李公朴（1902~1946），江苏武进人，出身贫寒家庭，念过私塾。17 岁时，五四运动爆发，参加抵制日货的爱国运动，1920 年进入镇江润州中学，后入武昌文华大学附中、上海沪江大学附中读高中，1924 年升入沪江大学。

1926 年弃学参加北伐战争，1927 年初回到上海。不久，蒋介石发动"四一二"反革命政变。李公朴目睹共产党人和革命群众惨遭杀害，遂"愤然离开国民党部队"①。

1928 年，经沪江大学校长推荐，获美国雷德大学（Read College）奖学金，赴美学习。1930 年夏毕业回国。

1932 年，在上海《申报》总经理史量才的资助下，李公朴创办了《申报》流通图书馆，创设"读书指导部"，在《申报》开辟"读书问答栏"来指导读者。指导部由艾思奇、柳湜、夏征农、周巍峙等人组成。此外，还创办《申报》业余补习学校。

因为支持抗日和抨击国民党政府的内外政策，1934 年 11 月，史量才被蒋介石派特务暗杀。李公朴不仅没有退缩，反而将流通图书馆和业余补习学校继续办下去，并得到很大发展。

1934 年 11 月，李公朴和艾思奇等转而创办《读书生活》半月刊。1936 年，《读书生活》半月刊扩充成立读书生活出版社。李公朴任社长，艾思奇、柳湜等为编辑，周巍峙负责出版部。出版社出版的图书主要有艾思奇的《哲学讲话》，艾思奇、郑易里合译的苏联米汀等著的《新哲学大纲》。

艾思奇《哲学讲话》从第四版开始更名为《大众哲学》，两年间就印行了 10 版。不少青年人由于读了这本书而走革命道路。②

毛泽东对读书生活出版社出版的书，尤其是《大众哲学》等高度重视，曾专门写信让叶剑英购买《大众哲学》50 部，作为延安干部学习之用。③ 毛岸英赴苏学习时，毛泽东也给他寄了一本《大众哲学》。④

1936 年 1 月 28 日，上海各界举行了"一·二八"4 周年纪念大会，李公朴

---

① 方仲伯主编：《李公朴文集》，昆明：云南人民出版社，1987，第10页。
② 康振海：《艾思奇——让哲学走出神圣殿堂的首创者》，见李振霞：《当代中国十哲》，北京：华夏出版社，1991，第115页。
③ 《毛泽东书信选集》，北京：人民出版社，1983，第80页。
④ 杨苏著：《艾思奇传》，昆明：云南教育出版社，1994，第178页。

为主席团成员并发表演说。大会一致通过成立上海各界救国联合会，李公朴、沈钧儒等当选执行委员。

1936年11月23日，国民党反动当局下令逮捕李公朴和沈钧儒、章乃器、邹韬奋、王造时、史良、沙千里七名"全国各界救国会"领导人。

卢沟桥事变发生后，中共与国民党合作抗日，国民党当局释放政治犯，"七君子"得以具保释放。出狱后，李公朴到华北抗战中心的山西、山东进行考察。根据周恩来的决定，担任山西民族革命战争战地总动员委员会委员和宣传部长。1938年10月25日，经成都转赴延安。

1939年5月，李公朴再次到延安，建议组织抗战建国教学团。毛泽东对他的建议十分支持并大力赞助，指示从中国人民抗日军政大学（简称"抗大"）、陕北公学、鲁迅艺术学院等学校抽调十几名青年组成教学团。教学团在华北跑了151个县，500多个村庄。所到之处，受到群众热烈欢迎。

1940年，李公朴以亲身经历写成《华北敌后——晋察冀》一书，如实地反映了根据地的情况，戳穿了国民党当局对边区的造谣和污蔑。[①]

1940年冬，李公朴由解放区回到重庆，决定到缅甸举办"中国抗日战争现状"展览会，但是，当他到达昆明后，国民党当局不给办理手续，于是就留居昆明。

1941年6月，李公朴来到了云南。中国共产党也及时派人来云南对地方实力派和民盟等各种进步势力进行统战工作，华岗、周新民、李文宜就是这时被派到云南的。

在昆明，李公朴不仅拜访了云南实力派人物龙云和李根源、张冲，还结识了教育、工商等各界人士，与郑一斋、楚图南、孙起孟、周新民、杨春洲、冯素陶等来往频繁。最初的聚会只有九个人参加，李公朴便把这个聚会戏称为"九老会"。

---

① 若海：《民主斗士李公朴》，载徐继涛主编：《云南近现代风云人物录》，昆明：云南美术出版社，1994。

　　在与青年的交往过程中，李公朴深感他们要求阅读进步书刊的迫切性。但是，由于国民党当局在国统区实行文化专制，进步书店、报刊被查禁、关闭。他说："这是出版战线上的一场生死斗争，我们要斗下去，就要自己开书店，自己办出版社，开辟自己的阵地。"①

一、北门书屋

　　1942 年 12 月，李公朴一家搬到北门街 68~70 号，房屋主人是昆明商会会长李琢庵。李公朴在楼下开办了北门书屋。北门街北端有中法大学和南菁中学，唐家花园的戏院包厢被联大教授租住。李琢庵听说李公朴要开书店，就将房屋借给他使用，不收一文租金。开办书店的资金是郑一斋资助的，日常工作由夫人张曼筠操持。北门书屋一经开张即得到了社会各界的支持，很快就站稳了脚跟。

　　据当时李公朴的助手、后来的女婿王健回忆，北门书屋的货源主要是由"上海图书杂志公司、华侨书店、进修出版社、康宁书店等同行，供给我们大量书刊"②。这些公司、出版社和书店都是当时的进步团体和企业，有的与中共地下组织有密切关系。其中，康宁书店是在中共云南省工委的部署下，在华岗、朱家璧等的大力支持下创立的，秘密销售《新华日报》以及毛泽东《目前的形势和我们的任务》《毛泽东的青年时代》等书刊。康宁书店还是云南省工委的秘密联络站，省工委经费短缺时也到书店支取。③

　　北门书屋经营的图书大致有几个方面：一是专门的职业书籍，二是思想心理方面的书籍，三是革命进步的书籍。这里要特别强调的是，1935 年李公朴的读书生活出版社出版艾思奇《大众哲学》，该书一直在国统区青年中畅销不衰，

①　王健：《李公朴与北门书屋及北门出版社》，见《云南文史资料选辑》第五十辑，昆明：云南人民出版社，1997，第69页。

②　王健：《李公朴与北门书屋及北门出版社》，见《云南文史资料选辑》第五十辑，第69页。

③　孙晓芬、孙晓芸、孙晓静：《唐宁书店》，见《云南文史资料选辑》第二十四辑，昆明：云南人民出版社，1985，第147~148页。

国民党当局查禁不了。1935 年，李公朴曾说："《大众哲学》是可以普遍地做全国大众读者的指针，拿它去认识世界和改造世界。"[1] 因此，《大众哲学》不仅在 30 年代产生了巨大影响，在 40 年代，这种影响也在进一步扩大。到 1948 年，《大众哲学》共出 32 版。

由于李公朴的知名度，书店的生意也就逐渐好起来了。冯素陶回忆说："北门书屋远离闹市，但卖的是进步书刊，又距离大学不远，所以营业还不算太清淡。"[2]

二、北门出版社

1943 年，世界反法西斯战争发生重大转折，由战略防御转入战略反攻。苏、美、英先后在欧洲、北非、太平洋战场上发起反攻，中、美、英也于 10 月在中缅印战场上发起缅北反攻。这一年 3 月，国民党以蒋介石名义出版《中国之命运》，伪造、篡改中国历史，歌颂封建主义，鼓吹法西斯主义，公开提出既反对共产主义又反对自由主义（即资产阶级民主主义）的主张。之后，国民党当局大量出版反共、反民主的书籍和刊物，压制和扼杀进步文化。为此，中共中央机关报《解放日报》发表《评中国之命运》等一系列文章，揭露蒋介石集团利用封建文化糟粕来推行法西斯独裁统治。

1943 年 12 月，为了适应形势发展和斗争的需要，李公朴又创办了北门出版社（社址在书屋对面的北门街 10、11 号）。

创办出版社，首先是成立编委会。"在中共云南地下组织的支持下，由共

---

[1] 刘惠之：《忆思齐同志》，见《一个哲学家的道路》，昆明：云南人民出版社，1985，第81页。

[2] 中国人民政治协商会议云南省委员会、文史资料研究委员会编：《黎明前后——冯素陶回忆录》（见《云南文史资料选辑》第三十一辑），昆明：云南人民出版社，1988，第74页。

产党员组成编委会，张光年[①]是主要负责人，楚图南[②]、闻一多、赵沨[③]、曾昭抡、潘光旦等参与了编辑部工作。"[④]

上述人员中，张光年、楚图南、赵沨是中共党员，闻一多、曾昭抡、潘光旦是民盟骨干和领导，又是西南联大的著名教授。

可以说，北门出版社编辑部人员构成是一流的，同时具有鲜明的"无产阶级性"。因此，李公朴及其北门出版社宣传中国共产党的主张、路线、方针是很自然的，也是必然的。

北门出版社从成立到李公朴遇难停办，一共 2 年 7 个月，共出版文艺作品、翻译小说、诗集歌曲、文艺理论、少数民族民间文学作品，以及青年读物等 70 余种。[⑤]其中，突出的有以下作品：

诗集《枫叶集》和《雷》《枫叶集》是楚图南的翻译作品，包括德国现代派诗人陀劳尔的《铁窗双燕》，俄国诗人莱蒙托夫的《帆》等 14 首诗。《雷》是光未然的诗集，收录了《午夜雷声》《野性的呐喊》《颂歌》《镇魂曲》《月夜竞赛曲》等。

《阿细的先鸡》 光未然搜集整理的彝族阿细支系的民间叙事长诗。"先鸡"（基）是阿细人的民间曲调名称。光未然是把云南少数民族的史诗译成汉文并出版的第一人。

期刊《孩子们》 儿童读物，昆明畅销刊物之一，共出版 8 期。第 1 期中有

---

① 张光年（1913~2002），湖北光化人，笔名光未然，诗人、文学评论家、文艺活动家、编辑家，著名歌曲《黄河大合唱》《五月的鲜花》的词作者。他 1927 年入共青团，1929 年转为中共正式党员。抗战全面爆发后，1938 年，党组织派他到国民政府军委会政治部第三厅任中共特支干部会干事，由周恩来、郭沫若直接领导。在昆明，他是党的地下文化工作负责人。他主持北门出版社编辑部工作，既是受到李公朴的邀请，也是党组织的安排。当然，这也体现了李公朴与中共的亲密关系。

② 楚图南，云南大学教授，文学家和革命家。1922 年加入共青团，1926 年转为中共正式党员；1943 年加入民盟。

③ 赵沨，河南开封人，音乐教育家、音乐评论家、文学活动家。1941 年加入中国共产党，曾在云南大学附中任教。

④ 谢本书等：《抗战时期的西南大后方》，北京：北京出版社，1997，第 278 页。

⑤ 王健：《李公朴与北门书屋及北门出版社》，见《云南文史资料选辑》第五十辑，第 69 页。

李公朴的《写给贤明的家长和教师》，谈出版动机和目的。第 1 期印数 3000 份，后来每期 6000 份。

《文艺的民主问题》 叶以群、光未然编，这是该出版社出版的民主文艺丛刊第 1 辑。当时，楚图南、李公朴等就民主运动与文艺运动的问题在昆明召开座谈会，之后座谈会纪录结集为本书出版，收录了茅盾、何其芳、楚图南、闻一多、曹靖华、姚雪垠、徐迟等 20 多人的作品。这些作品对当时的文艺民主问题提出了尖锐的意见，体现了毛泽东《在延安文艺座谈会上的讲话》精神。

《保卫察里津》 曹靖华翻译的苏联阿·托尔斯泰长篇小说。1944 年日本发动豫湘桂战役，一直打到贵州独山，西南大后方受到严重威胁。该书的出版，对保卫大西南起到了鼓舞和动员的作用。

《青年丛书》 李公朴以"继承五四传统，提倡民主科学，指引青年走上一条正确的道路"的方针，为青年出版的丛书。第 1 辑是李公朴、曾昭抡合著的《青年之路》，第 2 辑是曾昭抡著的《火箭炮与飞炸弹》，第 3 辑是曹伯韩著的《民主浅说》。

《民主周刊》增刊 《民主周刊》是民盟云南省支部机关刊物，是抗战后期和抗战胜利后在昆明影响比较大的刊物之一。《民主周刊》除了按期出版之外，还连续出有增刊，由闻一多、李公朴主编，由北门出版社出版。

与此同时，北门出版社还翻印毛泽东《论联合政府》等中共中央文件。

这是北门出版社很重要的大事。1944 年，世界反法西斯战争逐步胜利。4 月，日军在中国发动豫湘桂战役，国民党军队却一溃千里。8 月，毛泽东第一次提出"联合政府"的主张。9 月第三届三次国民参政会上，林伯渠代表中共正式提出废除一党专政，建立民主联合政府的主张，在国内引起强烈反响。各民主党派、各界人士纷纷表示赞同和支持，使国民党蒋介石集团继抗战军事上的失败之后，在政治上陷入更加孤立和被动的地步。1945 年 4 月 24 日，毛泽东在中共七大上的政治报告即以"论联合政府"为题。毛泽东说："联合政府是具体纲领，它是统一战线政权的具体形式。这个口号好久没有想出来，可见找一个好口号、一个形式之不易"；"这个口号一提出，重庆的同志如获至宝，人民如此广泛拥护，我是没有料到的。"①

中共七大后，《论联合政府》和朱德《论解放区战场》等文件在《新华日报》上刊载。中共西南联大地下组织为了组织党员、民主青年同盟成员和有关人士学习，与北门出版社联系翻印。北门出版社立即协助翻印了数千册，在各阶层中广泛传播。②

而关于这次翻印还有一段闻一多误会李公朴的故事。冯素陶回忆说，当时北门出版社翻印了毛泽东《论联合政府》等文件之后，"不想此事被人搬弄是非，说北门书屋翻印别人东西，窃取别人版权，自己赚钱，一多信以为真，责备公朴的书店不应有这种书商行为。两人竟大吵一场。后来我知道此事，觉得两位战友为此伤了感情很不安。我约了楚图南同志去看一多，对他说明此事的真相"，一多听后，"一把拉着我和图南去找李公朴道歉"，"两个战友闹架之后互相拥抱的动人情景给我留下了深刻的印象"。③

此外，北门出版社还翻印过毛泽东《新民主主义论》等书籍。

出版社还出版了苏联名著《新时代的黎明》《高尔基》的翻译本，艾青的诗作《献给乡村的诗》和政治讽刺诗集《人民之歌》，赵沨的《名曲解说》《海之歌》，赵沨和白澄主编的艺术综合性丛刊《五月之歌》，等等。

① 中共中央文献研究室编：《毛泽东在七大的报告和讲话集》，北京：中央文献出版社，1995，第101页。
② 宗志文：《李公朴》，见《民国人物传》第二卷，北京：中华书局，1980，第340页。
③ 中国人民政治协商会议云南省委员会、文史资料研究委员会编：《黎明前后——冯素陶回忆录》（《云南文史资料选辑》第三十一辑），第74页。

第十章　抗战时期的文化名人

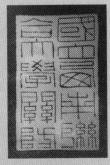

20世纪三四十年代，中华民族处在日本帝国主义侵略的危急关头，云南涌现了一批著名的文化人，他们是云南各族人民中的精英；他们以笔为武器，创作了大量的文化艺术精品，宣传民众、鼓舞民众。

当时，在中国人民尤其是青年中影响最大的有一首歌和一本书。一首歌是聂耳的《义勇军进行曲》，曾激起千百万人民群众的抗日热情，投身抗日战争；一本书即艾思奇的著作《大众哲学》，当时就有此书动员了10万青年参加革命的说法。[①]

这里，分三节择要介绍抗战时期云南文化名人中的10位。

第一节　音乐家

一、聂耳

聂耳（1912~1935），祖籍玉溪，生于昆明。1927年入云南省立第一师范读书，1928年加入共青团。1930年因叛徒出卖而避走上海，次年考入联华歌舞学校（明月歌剧社），由此走上音乐艺术专业道路。不久开始尝试作曲。1932年加入中国共产党领导的中国左翼戏剧联盟，次年加入中国共产党，从此以无产阶级革命战士的姿态，创作出大量具有强烈艺术感染力和广泛社会影响的进步歌曲，集中表现了工农大众的苦难和反抗，以及中国人民抗日救亡的坚强意志，成为中国新音乐的开创者和伟大的人民音乐家。1935年，因为敌人要来逮捕，

---

① 刘大年、白介夫主编：《中国复兴枢纽——抗日战争的八年》，北京：北京出版社，1997，第505页。

聂耳取道日本赴苏联，当年 7 月 17 日在藤泽市游泳时不幸溺水身亡。

聂耳在短暂生命的最后 3 年创作了《毕业歌》《卖报歌》《大路歌》《告别南洋》《梅娘曲》等 40 首歌曲，脍炙人口，为人们所喜爱。尤其是田汉作词、聂耳谱曲的《义勇军进行曲》，鼓舞着中国人民为抗击日本侵略者而浴血奋斗。

图 10-1：聂耳创作的《义勇军进行曲》手稿

聂耳的战友任光还把《义勇军进行曲》带到东南亚一带和法国。不仅是华人华侨，一切受日本侵略、受法西斯侵略的国家和民族都喜爱并高唱这支歌。马来西亚抗日游击队将歌词中的"中华民族"改为"马来亚民族"，作为他们的游击队队歌。

刘良模把《义勇军进行曲》带到美国。美国黑人保罗·罗伯特学会了这支歌，还译成英文，用中、英文在全美巡回演唱。这首歌很快在美国广泛传播。1945 年 8 月 15 日日本投降，美国广播电台播放各盟国代表歌曲，中国的代表歌曲就是《义勇军进行曲》。

就在聂耳去世的夏天，30 多岁的冼星海从法国学成归来，接过聂耳的接力棒，成为继聂耳之后的中国又一个伟大人民音乐家。他说："国际上都公认《义勇军进行曲》是中国最雄伟的一首歌曲。"

正是在这首歌的雄壮乐曲声中，中华民族赢得了反抗日本帝国主义的伟大胜利。因此，郭沫若在聂耳墓的碑文中写道："聂耳同志，中国革命之号角，人民解放之鼙鼓也。"

中华人民共和国成立后，《义勇军进行曲》被定为中华人民共和国国歌。

二、桂涛声

红日照遍了东方，

自由之神在纵情歌唱。

看吧！

千山万壑，

铁壁铜墙，

抗日的烽火燃烧在太行山上，

气焰千万丈；

听吧！

母亲叫儿打东洋，

妻子送郎上战场；

我们在太行山上，

山高林又密，

兵强马又壮。

敌人从哪里进攻，

我们就要他在哪里灭亡。

这是抗日战争时期曾经响彻中华大地并传唱至今的经典歌曲——《在太行山上》，它曾经鼓舞着广大抗日军民英勇杀敌，消灭日本侵略者。它的词作者是桂涛声，曲作者是冼星海。

桂涛声（1906~1982），云南沾益人，回族。1923年以优异成绩考入云南省立第三师范学校读书。1928年到广东韶关第十六军（军长范石生）参谋处任上尉书记。不久，在郴州加入中国共产党。抗战全面爆发后，他与刘湜、周巍峙等一起，在著名爱国民主人士李公朴带领下，到山西进行抗日宣传。在此期间，他与冼星海、夏之秋等人配合，创作了《歌八百壮士》《点兵曲》《送棉衣》《在太行山上》等具有很强战斗性的抗日歌曲。其中，最受广大群众欢迎、影响最大的就是《在太行山上》。

中华人民共和国成立后，他长期担任上海音乐家协会副主席。

第二节　哲学家与文学家

一、艾思奇

艾思奇（1910~1966），云南腾冲人。1925年入云南省立一中读书，后赴日本求学。1931年回国，1934年主持《申报》"读书问答"专栏，1935年加入中国共产党，还出版《哲学与生活》等著作，1936年出版《大众哲学》，对广大群众和青年起过启蒙作用。1937年到延安，先后任抗大主任教员、中央研究院文化思想研究室主任、中宣部文委秘书长等职。中华人民共和国成立后，任中共中央高级党校哲学教研室主任、副校长等职。

关于《大众哲学》一书，起初是为"读书问答"专栏撰写的《哲学讲话》文章，共24篇，连载了1年。1936年1月汇集成册出版。李公朴在序言中说，它是用"最通俗的笔法，日常谈话的体裁，溶化专门的理论，使大众的读者不必费很大气力就能够接受，这种写法在目前出版界还是仅有的贡献"。正因为如此，该书一出版就极为畅销，又连出两版，也很快售罄。实际上，读书生活出版社也就是在这本书的基础上发展起来的。[1]

图10-2：艾思奇

---

① 谢本书：《战士学者——艾思奇》，贵阳：贵州人民出版社，2000，第101页。

第 3 版时，国民党对它进行了查禁，于是从第 4 版开始改名为《大众哲学》。到 1938 年，该书短短两年就印行了 10 版。不少青年人由于读了这本书，对马克思主义产生了兴趣，从而走上革命道路。①

1936 年 10 月 22 日，毛泽东写信给在西安八路军办事处工作的叶剑英和刘鼎，指示"要买一批通俗的社会科学、自然科学及哲学书"，"要经过选择真正是通俗而又有价值的（例如艾思奇的《大众哲学》、刘湜的《街头讲话》之类），每种买 50 部"，"作为学校与部队提高干部政治及文化水平之用"。②

有学者认为，"《大众哲学》与三十年代毛泽东同志的《实践论》《矛盾论》和李达同志的《社会学大纲》一起，标志着中国马克思主义哲学已经形成"③。

国民党的查禁，反而成了最好的广告，使《大众哲学》更为广泛地传播开来。到 1948 年 12 月，该书共印行 32 版。

曾经是蒋介石高级顾问，后来在台湾任教的马璧教授曾经说过："蒋介石溃退到台湾后，曾不止一次在高层人士会议上总结过去的经验教训，蒋说：'我们和共产党的较量，不仅是军事力量的失败，也是人心上的失败。比如共产党有艾思奇的《大众哲学》，你们怎么就拿不出来。'蒋介石不仅自己看这本书，还要求他的部下也读这本书。我看到蒋先生和蒋经国都把这本书放在案头。"④

二、柯仲平

柯仲平（1902~1964），云南广南人。北京政法大学肄业，后留学日本。大革命时就任上海工人纠察队总部秘书。1930 年加入中国共产党。1937 年赴延安，任陕甘宁边区文化协会主任、民众剧团团长，曾发起街头诗及朗诵运动，有

① 康振海：《艾思奇——让哲学走出神圣殿堂的首创者》，载李振霞：《当代中国十哲》，北京：华夏出版社，1991，第115页。
② 中共中央文献研究室编：《毛泽东书信选集》，第80页。
③ 吕希晨、王育民：《中国现代哲学史》（1919~1949），长春：吉林人民出版社，1984，第304页。
④ 王丹一：《难忘的岁月——纪念艾思奇逝世30周年》，见《人民的哲学家——艾思奇纪念文集》，昆明：云南人民出版社，1987，第124页。

"狂飙诗人"之称。

初到延安时，他写了两部叙事长诗《边区近卫军》《平汉路工人破坏大队》。前者被誉为是"陕甘宁边区最早出现的用诗的语言歌颂工农的长篇杰作"，后者是"中国现代诗歌史上第一部用长诗来表现工人集团行动的作品"。后来，这两首诗发表在中共中央理论刊物《解放》上。

中华人民共和国成立后，柯仲平任中国文联主席团委员、中国作家协会副主席、西北文联主席、西北文教委员会副主席、西北艺术学院院长等职，主要诗作还有《从延安到北京》《刘志丹》等，作品辑为《柯仲平文集》。

三、张天虚

张天虚（1911~1941），原名张鹤，昆明呈贡人。1923年考入云南省立一中，深受教师楚图南、罗稷南的影响；之后加入共青团，并与聂耳（省立一师）相识，结为挚友。1927年"四一二"反革命政变，组织决定让其回乡隐蔽。1928年考入东陆大学预科班。1930年，中共云南地下组织遭到破坏，他离家到上海，致力于文学创作，历时2年，完成47万字的长篇小说《铁轮》。小说揭露军阀

图10-3：张天虚与他的《铁轮》

统治下云南农村的黑暗、农民的悲苦和怒吼。该书经郭沫若为之作长序并帮助出版后，在文坛上引起强烈反响。1932 年，张天虚加入中国左翼作家联盟，次年加入中国共产党。

1935 年春，为避反动派追捕，张天虚东渡日本，任《东流》编辑兼撰稿人。好友聂耳罹难后，云南旅日学生会推选他和郑子平负责料理后事，他主编了《聂耳纪念集》。1936 年，送聂耳骨灰回国，之后在上海参加了鲁迅的葬礼，结识了茅盾，深受其器重。

1937 年七七事变后，张天虚奔赴延安。同年 8 月参加第十八集团军西北战地服务团（简称"西战团"），丁玲任主任，他任通讯股长。在西战团成立大会上，他创作宣传全民抗战的独幕话剧《王老爷》首次公演，受到欢迎。之后，"西战团"到太原前线，他发表了一系列战地报道。其中 2.5 万字的长篇报告文学《两个俘虏》出版，受到茅盾的高度评价："抗战已经一年，但是我们对敌的研究工作实在太少"，"张天虚这篇报告文学，展开了敌军士兵的心理，指出了他们曾经怎样被欺骗与麻醉，但也指出了欺骗与麻醉终于经不起正义真理的照射……两个俘虏终于感悟调转枪口了"。

1938 年初，滇军六十军驻武汉。一百八十四师师长张冲和政治部主任张永和（中共党员）通过罗炳辉（八路军副参谋长，时调八路军驻武汉办事处协助周恩来、叶剑英工作）与周恩来、叶剑英多次晤谈。张冲提出，请延安方面派人（云南籍）到一百八十四师，以加强政治宣传工作。后来，中共中央领导任弼时等抽调周时英（罗平人）、张天虚、张子斋等到一百八十四师。后来，一百八十四师建立了中共党支部，周时英任书记，张天虚担任宣传工作，负责编辑油印小报《抗日军人》，李乔负责刻印。4 月 16 日，六十军奉调参加台儿庄战役（第二阶段）。在战场上，张常常冒着炮火到前沿阵地采访，发表了一系列战地纪实作品：《运河的血流》《血肉筑成的长城》《活捉铁乌龟》《指挥所里》《火网里》《杀过单城集》等；还帮助审讯日军俘虏，将其口供进行发表，极大地鼓舞了抗日军民的斗争意志和信心。张冲很喜欢他，两人"谈锋很健"。后来，滇军又扩编组建新三军，张冲任军长。张天虚又随新三军转战湘鄂赣，参加了武汉保卫战。

1939 年，武汉沦陷，张天虚离开前线，返回云南，在昆华师范学校任教，从事"中华文艺界抗敌协会云南分会"工作。1940 年，根据组织安排，他到缅甸仰光担任《中国新报》编辑。此时，他身已染疾，但仍努力工作，发动侨胞投身抗日，写下了文艺作品 40 余篇、报纸社评文章近百篇，以及 10 余万字的中篇小说《五月的麦浪》。

后来，由于病情恶化，他返回昆明养病，1941 年 8 月 10 日病逝于昆明车家壁惠滇医院，葬于西山聂耳墓旁。郭沫若为其撰写了墓志铭。铭文最后写道：

> 西南二士，聂耳天虚，金碧增辉，滇洱不孤。
>
> 义军有曲，铁轮有书，弦歌百代，永示壮图。

四、罗稷南

罗稷南（1898~1971），原名陈强华，号小航，云南凤庆人。自幼聪颖，15 岁考入大理第二中学。1919 年，以优异成绩选送北京大学哲学系。之后参加五四运动，接受马列主义。1923 年毕业回云南，在云南省立第一中学教国文。同事中有也从北京回滇的楚图南，教历史。他们在学校中传播革命思想，给同学以极大影响。他们对校图书馆管理员李国柱秘密组织的"青年努力会"给予支持，后来云南省立一中建立了云南第一个共青团支部；他们又特别关注培养学生中要求上进者，如李生萱（艾思奇）、张鹤（天虚）等。

大革命时期，罗稷南参加国民革命军，历任第十师政治部宣传科长、第三军三十八师秘书。九一八事变后，任第十九路军总指挥部秘书。1933 年 11 月，参加十九路军等组织的福建人民政府工作。曾作为福建人民政府代表到江西苏区，与红军签订"抗日反蒋协定"。1934 年，第十九军失败，他回到上海，从事文化工作。

其笔名罗稷南源于西班牙作家塞万提斯作品《唐·吉诃德》坐骑"罗稷南

提"，去掉尾音，意为愿做世人的一匹马。自 1936 年后开始翻译苏联文学作品，此后，又翻译了大量世界名著，已出版的有 20 多种，800 多万字。其中，有俄国作家列夫·托尔斯泰的《安娜·卡列尼娜》，苏联作家高尔基的《克里木·萨姆金的一生》《和列宁相处的日子》，英国作家狄更斯的《双城记》，德国作家梅林的《马克思传》，此外还有《近代美国短篇小说选集》《苏联短篇小说选集》，以及戏剧、文学评论等。

五、楚图南

楚图南（1899~1994），云南文山人。1919 年考入北京高等师范（今北京师范大学）官费生。1922 年加入社会主义青年团，1926 年转为共产党员。在李大钊、蔡和森领导下，组织工学会，编辑《劳动文化》，从事马克思主义的宣传活动。从 1923 年起，先后在安徽、云南、东北、山东、河南等地以中学和大学教师身份为掩护，从事党的工作，影响和引导青年追求进步，走向革命。1928 年6、7 月间，中共六大在莫斯科召开。当时他在哈尔滨工作，根据组织的安排，六大代表、中共云南省临时工委书记王德三往返都住在他的家中。

1930 年他被捕，在吉林监狱中翻译了德国哲学家尼采的自传体著作《看哪这人》，以及反映尼采哲学思想的格言体著作《查拉斯图如是说》，还写了小说集《没有仇恨和虚伪的国度》。

1935 年，他到上海暨南大学史地系任教，写了不少散文，其论文《人文地理学的发达及其流派》《中国历史地理学的发凡》是当时的影响之作。1936 年翻译了涅克拉索夫的万行长诗《在俄罗斯谁能快乐而自由》、美国诗人惠特曼的诗《大路之歌》和《草叶集选》《苏俄的诗歌》《德米尔诗钞》，以及《地理学发达史》。作为翻译家，1944 年，以高寒署名出版译诗集《欧美人的诗歌》《枫叶集》。

1937 年抗战全面爆发，他回到昆明。1938 年 2 月，先在云南大学附中任教，同时在云南大学授课。一学期后调云南大学文史系任教授，后又任系主任。1943 年 10 月中共中央南方局派华岗到昆明，他推荐华岗到云南大学文史系任教授，在云南上层人士、高校和文化界开展统一战线工作。1938年5月中华全国文艺抗敌协会云南分会（后改名昆明分会）成立时，他是主要负责人。此间，他写了大量文章，如《聂耳何以是伟大的》《云南文化的新阶段与对人的尊重和学术的宽容》等。在团结云南本地和外来文化人士方面，他积极开展抗日救亡文化工作和群众运动，做了大量卓有成效的工作。1943年，他加入"民盟"，曾任民盟中央执委、民盟云南支部主委，和闻一多、吴晗等并肩战斗。抗战胜利后，在沪港等地进行盟务活动。中华人民共和国成立后，他曾任西南军政委员会委员、文教委员会主任；1953年，调北京工作，历任中国人民对外文协会长、民盟中央主席、全国政协委员、常委，1986年当选为第六届全国人大副委员长。

六、徐嘉瑞

徐嘉瑞（1895~1977），字梦麟，云南大理人，曾就读省立师范学校，后自学文学和外语而走上文学家的道路。1919年参与创办求实小学（聂耳曾读此校）、求实中学，兼任教员。后在昆华女中、法国人柏西文办的达文学校任教，翻译《恺撒大将》等名著。五四运动前后，积极参加新文化运动，带头用白话文教学，是云南第一个发表白话诗的人。

1923年他的专著《中古文学概论》在上海出版。1927年加入中国共产党，主办地下刊物《压榨》《南焰》。1928年任《民众日报》社长兼编辑，约请艾思奇、刘尧民等人在该报副刊《杂货店》《象牙塔里》撰文，宣传进步文艺，抨击社会黑暗。一年后到上海暨南大学、复旦大学和中国公学讲授中国文学史，也曾东渡日本学习。1936年在上海出版《近古文学概论》。此著与他先前的《中古文学概论》在当时学术界影响甚大，声誉颇高，胡适主动为《中古文学概论》作序，认为此书"是一部开先路的书"，"一部提纲挈领，指出大趋势和大运动的书"。毛泽东在延安时曾阅读《近古文学概论》，写了许多批语，后将该书送给鲁迅艺术学院。[①]

抗战全面爆发后，他积极投入抗战。1938 年任云南大学文史系教授，兼系主任。1939 年 1 月起任中国文艺界抗敌协会云南分会（后改称昆明分会）理事，后为理事长；领导分会开展各项活动，组织文艺家到保山前线战地考察，为流亡西南的贫困作家、教授发动募捐。1938 年 8 月，他和诗人罗铁鹰、雷溅波创办诗刊《战歌》。这是当时全国唯一的专业诗歌刊物，以其鲜明的战斗性，受到广大读者的热烈欢迎。茅盾高度赞赏，称它是"闪耀在西南天角的诗星"。其间，他写下了大量抗战诗歌，结集为《无声的炸弹》出版。

抗战期间，他在话剧、翻译、文艺理论等方面多有建树。其中突出的是两部学术专著，一是《云南农村戏曲史》，出版后大获好评。游国恩为之作序，称"其考据之详，议论之审，见解之卓越，又为今日治民族文学者不可少之书也"。李何林则指出，在该书未出版之前，"中国的地方戏曲也是没有'史'的"，"这是一部开始的著作"。二是《大理古代文化史》，罗庸为之作序，称"得君书而读之，则昭然若发蒙焉。体大思精，三百年来所未有也"[②]。

抗战胜利后，他在武昌华中大学和昆明师范学院任教。中华人民共和国成立后，曾任云南省文联主席等职。他作为"最早研究和整理云南民族民间文学的先驱，是云南文坛无可替代的一面旗帜，为云南民族文化艺术做出了不可磨灭的贡献"[③]。

第三节　传播马克思主义的"盗火者"

在古希腊神话中，普罗米修斯从太阳神阿波罗那里盗得火种，给人类带来

---

① 徐演：《徐嘉瑞小传》，徐嘉瑞著：《大理古代文化史》，昆明：云南人民出版社，2005，第379页。
② 徐嘉瑞著：《大理古代文化史》，第1页。
③ 马曜主编：《徐嘉瑞全集（序言）》，昆明：云南人民出版社，2008。

了光明。有两位云南人，为传播马克思主义"一不怕掉脑袋，二不怕瘪钱袋"，被称为为中华民族带来光明的"盗火者"。①

一、郑一斋

郑一斋（1891~1942），名重毅，字一斋，云南玉溪人。1913年以第一名成绩考入云南省立师范学校，毕业后教小学，薪薄难以养家，遂弃教经商。1920年在昆明三市街开小商店景明号，重信誉，善经营，由零售而发展为批发，进而成为纸烟、颜料类大公司在昆明的总经销商，还在上海设办事处。

郑一斋仗义疏财，支持文化事业，资助革命事业，并和中共建立了密切关系：如1931年参与援救中共中央派赴云南恢复党的工作而被捕的李鼎；资助1万元给云南大学附中购买图书；为了让云南大学附中图书管理员李淑媛到延安参加革命，他帮助介绍关系，并资助路费；全面抗战之初，购买云南白药两万瓶送给八路军办事处，朱德给他写信感谢；云南大学至公堂被日本飞机轰炸，捐款5万元以资修缮；法籍教育家柏希文贫困，他常常资助，柏希文重病后，他送至医院并护理，最后为其送终……

1936年，李公朴、艾思奇在上海创办生活书社，经销出版进步书刊。救国会"七君子"案发后，李公朴等七人被捕入狱，书社被迫停止经营。为能继续革命出版事业，书社决定改组为"读书生活出版社"，但缺乏资金，郑一斋汇3000大洋以成此事。其七弟郑易里在出版社负责财务，艾思奇任编辑，聘请中共党员黄洛峰担任经理。出版社出版了艾思奇的《大众哲学》、马克思的《资本论》和大量进步书刊，为宣传革命思想发挥了重要作用。为此，他先后资助了7万余元。因为传播革命思想和马克思主义，他和郑易里被誉为"为中华民族

---

① 参考崎松主编：《郑一斋　郑易里纪念文集》，昆明：云南科技出版社，2016。

'盗火'的玉溪人"①。黄洛峰②则成为党的出版家，中华人民共和国成立后任首任出版局局长，后曾任新华书店总经理。

1941年，李公朴一家五口定居昆明，生活艰难。他按月资助生活费用，李公朴心不安，提出开设小书店，他大力支持，提供经费万余元，开办了北门书屋出售进步书刊。

皖南事变后，中共党员光未然疏散到缅甸，在华侨中开展抗日宣传工作。1942年，仰光沦陷，侨居缅甸的革命人士滞留腊戌。他通过李公朴汇款5万元，并由其女婿聂叙伦（聂耳的三哥）想办法，让光未然带着滞留的革命人士回到昆明，住在他家，并发给生活费。

抗战期间，他家住北门街北仓坡1号，这里成为中共党员和进步人士的避难场所。后来，由他和孙起孟发起，一些人常聚于此商议抗日民主运动的事情，由他做东聚餐，两周一次。经常参加的人有楚图南、李公朴、孙起孟、冯素陶、唐用九、黄洛峰、张天放、艾志诚、杨春洲、周新民、赵沨，还有杨一波、徐梦麟等。李公朴戏称为"九老会"。实际上，参加者不老，也不止九人。

1942年7月31日，郑一斋乘人力车外出在篆塘被美军吉普车猛烈冲撞，伤重不治，于次日逝世，终年51岁。

二、郑易里

郑易里（1906~2002），原名雨笙，云南玉溪人，郑一斋的七弟。1919年到昆明入明德中学，1924年考入北京农业大学，曾参加中共地下党领导的新滇社。1927年赴日，在东京工业大学纺织系学习。1928年声援"济南惨案"归国，同年加入中国共产党，后担任中国共产党云南省委书记王德三的秘书。1930年，王德三被捕牺牲，中共云南地下党组织遭到破坏，郑易里辗转到了上海。

---

① 崎松主编：《郑一斋　郑易里纪念文集》，第4页。
② 黄洛峰（1909~1980），云南鹤庆人。1927年加入中国共产党，1928年曾任中共易门、安宁、禄丰三县特委书记，1930年留学日本，九一八事变后回国参加抗日救亡运动。

在上海，他与李公朴、艾思奇创办生活书店（社），出版进步书刊，与艾思奇共同从苏联大百科全书选译辩证唯物论的内容（约 20 万字），以《新哲学大纲》之名于 1936 年出版，该书先后印刷 14 版，成为中国传播马列主义的先声。

在上海期间，郑易里曾资助过浦琼英和聂耳。浦琼英即卓琳，后来成为邓小平的夫人。浦琼英的女儿毛毛说：母亲 15 岁离开云南，坐船到了上海，找到郑易里。郑易里是她哥哥的留日同学、入党介绍人，又和浦家有生意往来；后来，在郑易里的安排下，浦琼英到了北平。"郑易里……每月给浦琼英寄生活费用。"1936 年浦琼英从北平第一女子中学毕业，"以优异成绩考上了北京大学物理系"。①

聂耳 1930 年到上海，视比自己年长 6 岁的玉溪老乡郑易里为兄长。郑易里曾给他关照和帮助，还介绍他加入反帝大同盟。后来聂耳离开明月剧社打算到北平去，郑易里表示支持，希望他能报考大学或艺术院校，还为他提供赴北平的路费。②

1936 年，李公朴等救国会"七君子"遭逮捕，生活书店难以为继，被迫改名为"读书生活出版社"。在郑一斋的资助下，郑易里和黄洛峰商议决定翻译出版《资本论》。郑易里找到一直想翻译出版《资本论》的郭大力③。郭大力等人都想在中国传播马克思主义火种，于是一拍即合。郭大力后来又邀王亚南参与翻译。在非常艰苦的条件下，直至 1938 年 4 月，三卷本《资本论》才出版问世。郭大力在"译后跋"中写道："我们应当感谢郑易里先生，他不仅是这译本出版的促成者和执行者，而且曾细密地为这个译本担任了校正工作。"宋庆龄、周建人等许多人士都购买了此书。当该书送到延安，毛泽东第一次读到中文全译本《资本论》，很高兴地在第一卷扉页上写道："1938~1867，在 71 年之后，中国才

---

① 毛毛：《我的父亲邓小平》，北京：中央文献出版社，1993，第436~439页。

② 吴宝璋：《人民音乐家——聂耳》，第94页。

③ 郭大力（1905~1976），江西南康人。1923年考入厦门大学，后转入上海大夏大学（今华东师范大学），1931年曾翻译出版英国大卫·李嘉图的《政治经济学及赋税原理》、亚当·斯密的《国富论》等著作。1950年调中共中央党校，任政治经济学教研室主任、中国科学院哲学社会科学部委员，1957年加入中国共产党。

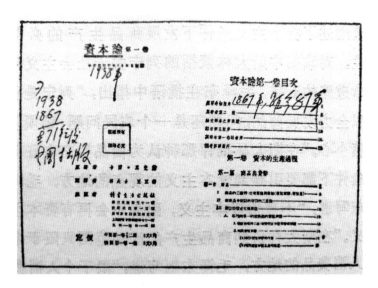

图 10-4：毛泽东阅读《资本论》的批语

出版。"1954 年，毛泽东又一次阅读《资本论》，并在第一卷目次（录）页上写道："1867 年，距今 87 年。"①

1942 年，郑易里又编纂出版了《英华大词典》。这部著名工具书先后共印几十次，发行量 100 多万册。

中华人民共和国成立后，郑易里在农业部农科院任研究员。从 70 年代开始从事汉字电脑编码研究，创造了"郑码"。1991 年，"郑码"字根编码输入法通过国家相关部门鉴定，1994 年第 22 届日内瓦国际发明展览会授予"郑码"金奖。

---

① 龚育之等：《毛泽东的读书生活》，北京：生活·读书·新知三联书店，1986，第29页。

第十一章

抗战后的云南文化

第一节　"一二·一"运动诗歌与话剧

一、"一二·一"运动概述

抗日战争胜利后，饱经战乱、付出巨大代价和牺牲的中国各族人民渴望和平安定，重建家园。而蒋介石却一意孤行，依靠美国的支持发动内战，妄图建立独裁专制统治。1945 年 10 月 3 日，蒋介石以武力改组云南省政府，迫使龙云到重庆就任军事参议院院长，为进一步镇压爱国民主运动做准备。

11 月 5 日，中共中央发出"用一切方法制止内战"的号召。11 月 25 日晚，西南联大、云南大学、中法大学和省立英专四校学生自治会响应中共中央号召，昆明大中学生、市民和工人 6000 余人在西南联大大草坪召开反内战时事晚会。西南联大教授钱端升、伍启元、费孝通和云南大学教授潘大逵先后发表《对目前中国政治应有的认识》《财政经济与内战关系》《美国与中国内战之关系》《如何制止内战》的演讲，呼吁迅速制止内战，成立联合政府。反动当局派军警包围会场，开枪打炮，对师生进行恫吓。次日，国民党中央社反而造谣"西郊匪警，黑夜枪声"，对广大师生进行诬蔑。全市大中学校学生从 26 日起相继罢课，抗议并揭露反动派的罪行。

12 月 1 日，反动当局出动大批军警特务到各校殴打罢课师生，并掷手榴弹，炸死了南菁中学教师于再，西南联大学生潘琰、李鲁连，昆华工校学生张华昌 4 人，重伤 10 多人，制造了震惊中外的"一二·一"惨案。

惨案发生后，昆明大中学生为四烈士举行入殓仪式和灵堂公祭，与反动派进一步展开了英勇斗争。在广大人民的支持下，一个以学生为主体，社会各阶层参加的反内战、争民主的爱国运动席卷了整个国民党统治区。在运动的压力下，蒋介石不得不将制造"一二·一"惨案的罪魁祸首李宗黄调离云南。1946年3月17日，昆明大中学校3万学生举行隆重的四烈士出殡仪式，在西南联大新校舍东北角安葬了四烈士。至此，运动结束。"一二·一"运动揭开了解放战争时期第二战线斗争的序幕，在中国青年学生运动史上继五四运动、"一二·九"运动之后树起了又一个里程碑。①

"一二·一"运动是伟大的运动，伟大的运动产生了伟大的文化，"一二·一"运动最重要的文化就是诗歌和话剧。

二、空前活跃的"诗的风暴"

"一二·一运动是政治风暴，也是诗的风暴，正像四五运动那样。"② 这个论断的作者是西南联大学生、"一二·一"运动的参与者、诗人、资深的文学评论家、人民文学出版社编审王笠耘。

"'愤怒出诗人。'愤怒使昆明的学生、市民、工人，喷射出成千上万首燃烧着的诗篇。满城是诗的控诉、诗的呼唤、诗的咆哮。诗，走向了斗争的第一线：走向烈士灵堂，走向大街小巷，走向人民广场，走向群众心里。"一二·一运动的诗，也不是发表在刊物上，而主要发表在烈士灵堂的墙上，发表在路祭的喇叭筒上，发表在广场的追悼会上，发表在十字街头的壁报上：整个昆明就是它的发表园地，昆明成为一个巨大的诗刊。"③

在"一二·一"运动中，从11月25日时事晚会后的罢课开始，昆明大中学生组成宣传队走上街头，出墙报，用喇叭筒宣传，以诗歌作为战斗的武器。

① 周恩来在延安纪念"一二·九"运动10周年的讲话中指出："昆明惨案是新的'一二·九'运动。""'五四'青年运动未完成的任务，由'一二·九'青年运动继承起来，'一二·九'未完成的任务，由今天的青年运动继承起来。青年是争取和平民主的先锋队，谁有青年谁就有将来。"载《新华日报》，1945年12月13日。
② 王笠耘：《诗的花环》（代跋），见《一二·一诗选》，北京：人民文学出版社，1983。
③ 王笠耘：《诗的花环》（代跋），见《一二·一诗选》。

图 11-1 :《"一二·一"惨案死难四烈士荣
哀录》封面

图 11-2 :《一二·一诗选》

乃至灵堂公祭、四烈士大出殡，悼诗、挽联更是大量地集中出现。整个运动产生的诗歌、挽联数量，是难以统计的。1945 年 12 月 4 日开始举行灵堂公祭，灵堂设在西南联大图书馆，四烈士画像前挂着"党国所赐"四个斗大的黑字。在一个半月中，参加灵堂公祭的团体单位近 700 个，人数达 15 万人次（当时昆明人口约 30 万），收到的挽联、悼诗悬挂在灵堂中，张贴在墙壁上，据统计共1000 多件。①

　　在公祭过程中，昆明市大中学校罢课联合会收集了灵堂中的挽联和悼诗，铅印了一本《"一二·一"惨案死难四烈士荣哀录》，"而且一版再版，成了当时的畅销书"②。

　　那么，为什么会出现这种现象？应该说，这与闻一多和新诗社的倡导是分不开的。李广田曾说："诗歌方面由于一二·一运动的鼓舞，也空前活跃，以反

---

① "一二·一运动史"编写组编：《一二·一运动史》，昆明：云南大学出版社，1989，第92页。

② "一二·一运动史"编写组编：《一二·一运动史》，第94页。

内战争民主为内容的朗诵诗从教室走向街头，悼诗、挽联、祭文都诗歌化了。这种新的形式感动了无数群众，给诗歌开辟了一条新路，闻一多教授便是当时的领导者。"①

"一二·一的确是朗诵诗的催生素"，"前人说'国家不幸诗家幸'。这话虽不是真理，却有符合实际的因素，新诗社此时大显身手，创作了数量众多的朗诵诗"②。由于岁月流逝，"今天能见到的新诗社的诗只有200多首，此外还有3部叙事长诗"③。

1981年，王笠耘又一次回到当年读书和参加"一二·一"运动的西南联大校园（当时的昆明师范学院），收集"一二·一"运动的诗歌。两年后，人民文学出版社出版了《一二·一诗选》，书中收录诗歌119首，附挽联一束（这是很大的一束，包含了93副挽联④）。《一二·一诗选》以《诗的花环》作为代跋，文章写得深邃而充满感情，足令读者动容："昆明，这当年的民主堡垒，这缀满了花朵和悲壮记忆的山城，从来没有忘记一二·一"；"谁说四烈士死了？他们躺在昆明的怀里，活在昆明的心上"；"昆明像母亲一样帮助了我们"。

《一二·一诗选》是迄今最重要的"一二·一"诗歌选集。有文章从诗选所收的诗歌的"战斗性、民众性和艺术性三个方面进行论述"⑤。应该说，关于"一二·一"的诗歌还有待进一步研究。这里，仅从《一二·一诗选》的几个有关方面进行阐述。

《一二·一诗选》以《一二·一运动始末记》为代序，这篇文章是闻一多为四烈士墓写的墓文。文章的结尾，其实也是一首诗：

---

① 转引自闻黎明、侯菊坤编著：《闻一多年谱长编》下卷，上海：上海交通大学出版社，2014，第865页。

② 李光荣、宣淑君：《季节燃起的花朵——西南联大文学社团研究》，第339页。

③ 李光荣、宣淑君：《季节燃起的花朵——西南联大文学社团研究》，第352页。

④ 一二·一运动史编写小组编辑的《一二·一运动史料汇编》（内部发行）第三辑（1979）收录挽联217副，新诗和旧诗词39首，多选自《"一二·一"惨案死难四烈士荣哀录》。"一二·一"运动中，对联数量之所以那么多，主要是对烈士进行哀悼，挽联是最适合的特定形式。同时，这也反映了"滇人善联"的传统，尤其值得一提的是唐志辉仿孙髯翁旧句挽联（180字）。

⑤ 李宏：《简论一二·一运动中诗歌的特点》，见吴宝璋、杨立德主编：《一二·一运动与西南联大》（论文集），昆明：云南大学出版社，1996。

愿四烈士的血是给中华人民共和国的历史写下了最初的一页，愿它已经给民主的中国奠定了永久的基石！

如果这愿望不能立即实现的话，那么，就让未死的战士们踏着四烈士的血迹，再继续前进，并且不惜汇成更巨大的血流，直至在它面前，每一个糊涂的人都清醒起来，每一个怯懦的人都勇敢起来，每一个疲乏的人都振作起来，而每一个反动者都战栗地倒下去！

四烈士的血不会是白流的。

《一二·一诗选》收录有当年全国文化名人郭沫若、许广平、柳亚子、马叙伦、沈钧儒、田汉、田间、艾芜、陶行知、安娥等，以及西南联大教师冯至、萧涤非、李广田、卞之琳、陈友松等的诗。

郭沫若在《进步赞》中讽刺反动统治者："谁能说咱们中国没有进步呢？谁能说咱们中国进步得很慢？'一二·九'已经进步成为'一二·一'了。不信，你请看，请鼓起眼睛看看……"

与聂耳合作过《义勇军进行曲》的剧作家田汉当时在云南，他"从安宁赶回昆明，闻联大惨遭攻击，李潘张于诸君遇难，痛愤无已，写此致悼：素车百里吊来迟，且向刀丛觅小诗。冷雨萧街天亦泪，秋风碧波海频嘶。十年蛮触争无已，三次龙蛇劫有时。大难已临人尽醉，谁教忧国血成池"。

安娥曾经与聂耳合作《卖报歌》，又和冼星海合作《六十军军歌》，她在《罪恶的"手榴弹"》诗中赞颂："潘琰——我们仰望的姊妹。"

李广田的悼诗《我听见有人控告我》，以切身感受，要人们从被反动派"屠杀了善良的学生"这里，懂得爱和恨，学会这"最新的最初的一课"。

从《一二·一诗选》中可以看出，西南联大新诗社成员的诗的确占了不小的比例，如何达、沈叔平、萧荻、缪祥烈、彭允中、许明、因陈、严宝瑜、杨明等。

新诗社何达写的《图书馆》颇受关注："图书馆做了灵堂，灵堂也就是图书馆。收起'历史家'的谎话。学者的空谈——没有人看。千万人来阅读，来抄写；千万人在挽联的阵营里进行。"

缪祥烈在"一二·一"惨案中失去了一条腿，被称作"活着的烈士"，也是新诗社的骨干。王笠耘说："他把多年积累的一座资料宝库交给我们，又向我们指引了许多追踪的线索。"《一二·一诗选》收了他的 4 首诗。其中，《党国所赐》是一首长诗，在当年就颇受关注，全诗写了灵堂公祭和四烈士出殡的过程，具有很强的感染力。

集体创作的《一天》也是一部长诗，原稿是《一二·一诗选》的编者从云南省档案馆中找到的，从未发表过。"可是，它给一二·一描绘下多么逼真的一幅图画啊！它把我们重新带进那火焰般的战斗日子。"

严宝瑜曾是西南联大高声唱歌咏队的负责人。他写的《送葬歌》是"一二·一"运动中人们最熟悉的一首诗歌。因为作者又为它谱了曲，在为四烈士送葬时歌唱，如泣如诉，声声进入昆明人的心里，是控诉，是誓词，也是声讨反动派的檄文：

> 天在哭，
> 地在号，
> 风唱着摧心的悲歌。
> 英勇的烈士呵，
> 你们被谁陷害了？
> 你们被谁残杀了？
> 那是中国的法西斯，
> 那是中国的反动者，
> 是中国人民的仇敌。
> 今天，
> 送你们到那永久的安息地，
> 明天，
> 让我们踏着你们的血迹，
> 誓把那反动的势力消灭！

《一二·一诗选》还收录了镌刻在四烈士墓地石屏风基座上的四首诗。

冯至《招魂——呈于"一二·一"死难者的灵前》：

　　"死者，你们什么时候回来？"

　　我们从来没有离开这里。

　　"死者，你们怎么走不出来？"

　　我们在这里，你们不要悲哀，

　　我们在这里，你们抬起头来——

　　哪一个爱正义者的心上没有我们？

　　哪一个爱自由者的脑里忘却我们？

　　哪一个爱光明者的眼前看不见我们？

　　你们不要呼唤我们回来，

　　我们从来没有离开你们，

　　咱们合在一起呼唤吧——

　　"正义，快快地到来！

　　自由，快快地到来！

　　光明，快快地到来！"

沙珍《血的种子是不死亡的》，刻在石基上的是其中的一段：

　　在悠久的痛苦的岁月之后，

　　你们的亲人也或者已忘了你们，

　　但人民却永远也忘不了你们，

　　自由的人却永远忘不了你们。

　　我们如果还活着，

我们就讲述你们的故事，给孩子们听：

你们失去了自由，牺牲了生命，

把自由留给我们。

萧荻《不仅是为了哀悼》，刻在石基上的是其中的一段：

全世界

都将接受

我们的控诉

为着争取

"人"的自由

千万个同胞

将因为你们的死

而更整齐步伐

因蕻《我们还要赶路》，刻在石基上的是其中的一段：

你们已成历史人，安息啊！

我们还要赶路。

饥饿，牢狱，极刑：

我们还要闯。

我们会在历史上

去比赛苦劳！

三、西南联大剧艺社 ①

抗战胜利后，云南文艺工作者联合会成立，徐嘉瑞任主席，范启新任副主席；同时，新的戏剧工作者协会也成立。解放战争期间，云南戏剧演出单位不少，重要的有云南省教育厅剧教队、西南联大剧艺社、中华人民共和国剧社、正风剧社等。

（一）西南联大剧艺社的成立

抗战胜利不久，昆明发生了"一二·一"惨案。在斗争中，西南联大剧艺社的演出最具战斗性，在解放战争期间的云南戏剧史上写下了光彩的一页。

西南联大剧艺社由剧艺壁报社发展而来，成立于1944年秋，负责人萧荻 ②。1945年9月，剧艺社发展壮大，由十几个人增加到50余人，选举萧荻为社长，王松声为副社长，程法级、温功智等为干事，成员有张源潜、丛硕文、裴毓荪、李凌、马如瑛、聂运华、彭珮云、郭良夫、汪仁霖、闻立鹤、吴征镒、沈叔平、钱惠濂、周锦荪等。"剧艺社不仅有相当强的演员队伍，而且有一支可以自己进行制作的专职舞台工作队伍。" ③

剧艺社在西南联大虽然是成立较晚的学生社团，但由于它的几个突出特点而在联大社团史上写下了光彩的篇章。其一，它是西南联大戏剧团体中唯一一个能自编、自导、自演的剧团。其二，它在"一二·一"运动中演出多部戏剧，为解放战争期间的第二条战线反内战、争民主的斗争做出了重要贡献。其三，它的剧作《凯旋》演出于大江南北，产生了广泛的影响。其四，它前期演出的《风雪夜归人》和后期演出的《芳草天涯》说明它有很高的专业演出水平。

（二）西南联大剧艺社的创作演出

剧艺社共创作了十个剧本，留存至今的只有四部：《凯旋》《告地状》《审判前夕》和《民主使徒》。其最重要的演出是前后期的两部大戏及"一二·一"运

---

① 李光荣：《西南联大与中国校园文学》，北京：人民出版社，2014，第241页。

② 原名施载宣，因在联大剧团期间演出《阿Q正传》中的小D而改名。

③ 萧荻：《承先启后的战斗集体——忆联大剧艺社》，见《笳吹弦诵在春城——回忆西南联大》，第397页。

动中的五个具有强烈战斗性的活报剧、广场剧等。下面，将这些演出作一简单介绍：

剧艺社成立不久，为西南联大校庆8周年演出《风雪夜归人》。该剧是吴祖光编剧的三幕话剧，剧名出自唐诗刘长卿的"柴门闻犬吠，风雪夜归人"。演出时间是1945年11月3日至5日，连演3场，为校庆的压轴戏，地点在新校舍东食堂。剧情表现京剧名伶魏莲生与法院院长苏弘基的宠妾玉春的爱情悲剧，故事传奇、情节动人，演出受到普遍赞扬。

1945年"一二·一"惨案发生前后，剧艺社迅即全力投入战斗。

剧艺社在斗争中第一个演出的是活报剧《匪警》。剧本是根据《中央日报》造谣诬蔑"11·25"时事晚会是"西郊匪警，昨夜枪声"的报道而创作的。经过紧张排练，29日就在联大大草坪演出，具有很强的针对性和战斗性。

"一二·一"惨案发生后，剧艺社立即演出广场剧《凯旋》。作者王松声，他在"11·25"时事晚会后就开始创作，"一二·一"惨案发生当晚就写出剧本初稿，接着边排边改，第二天就在大草坪的舞台上正式演出。该剧讲述了抗战胜利后以"中央军"一班长张德福（河南人）为代表的国民党"中央军"和以自卫队长张小福为代表的反抗者之间的故事。该剧生动揭露抗战胜利，国民党"凯旋"给老百姓带来内战的罪恶。演出效果极好，被称为昆明最为成功和最有影响的演出之一。"其效果和影响大约只有《放下你的鞭子》可以相比。"①首演后又在联大演出多场。之后，到学校、工厂和农村演出，深受欢迎。西南联大结束，三校北返。北京大学剧艺社将《凯旋》带到北平，成为保留节目，还到清华和燕京大学演出。《凯旋》是全国反内战中演出场次最多、影响最大的戏剧，仅在昆明、北平就演出40多场，武汉、重庆、天津、南京都演过此剧。②

剧艺社的又一个活报剧演出是《审判前夕》。12月4日，反动派迫于学生罢课的压力，以偷梁换柱的手段，让两名死刑犯冒充"一二·一"惨案的凶手，

① 李光荣：《西南联大与中国校园文学》，第282页。
② 李光荣：《西南联大与中国校园文学》，第286页。

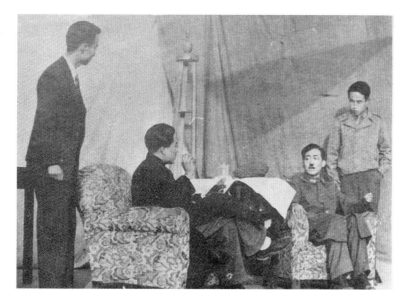

图 11-3：西南联大剧艺社演出《审判前夕》剧照

搞所谓公审。郭良夫根据这一黑幕丑剧，连夜创作。他一边写，同学一边抄，演员一边排，完全是流水作业。第二天就在西南联大大草坪上演出。闻一多为剧本亲题篆书"审判前夕"。

与《审判前夕》同时排练的还有剧艺社王松声创作的街头剧《告地状》。该剧表现姐弟寻父和母亲寻子的悲惨故事，控诉内战给人民带来的巨大苦难，强烈呼吁反对内战。衣服褴褛的姐弟俩在昆明云瑞公园门前用粉笔书写地状，原来两人到昆明来寻找参加远征军胜利回国的父亲，但是父亲又奉调东北打内战去了。姐姐遂写地状，自卖助弟赴东北寻父。这时，一个五十多岁的老太太上场，她携女来找在西南联大读书的儿子。可是，她到昆明的头一天，儿子因反对内战罢课而被反动派手榴弹炸死。于是老太太气疯了，每天抱着装有儿子骨灰的罐子满街乱跑，口中喊道："连儿！连儿！"演出第二天昆明就传说李鲁连的母亲到昆明来了。可见，演出成功，收到了很好效果。[1]

剧艺社的又一个经典剧作是《民主使徒》（演出时改名《潘琰传》）。它是郭

---

① "一二·一运动史"编写组编：《一二·一运动史》，第105页。

良夫创作的三幕话剧。在"一二·一"惨案发生后，作者出于对烈士和同学的深切怀念，抑制悲愤，历时1个多月认真搜集潘琰的生平资料，经过痛苦的煎熬和构思，用了三天三夜写出该剧本，生动而感人地展现了潘琰走出封建家庭，追求真理，投身革命，在反内战的斗争中英勇牺牲的过程。"应该说，剧本并不在意于戏剧结构与戏剧冲突的组织与编织，而在于缅怀、悼念与赞美。这样的剧本无法用'艺术的眼光'去衡量，而应该用炽热的情怀去拥抱与接受。"[1]"由于描写真实，现实性强，效果较好，在中国戏剧史上属于影响较大的戏剧之一。"[2]

1946年五四纪念周，4日至6日，连续三天，每晚一场，剧艺社举行了它们在昆明的最后演出，也是告别演出。剧目是夏衍创作的四幕话剧《芳草天涯》。剧名取自苏轼《蝶恋花》"枝上柳绵吹又少，天涯何处无芳草"的诗句，意在表达依依不舍，萋萋满别情。戏剧展现尚志恢、尚太太、石咏芬、孟小云三角恋爱，最后各自走向火热的斗争和自己的生活位置。剧情隐晦，心态复杂，感情细腻，表演难度很大，但剧艺社的演出十分成功。

剧艺社在"一二·一"运动中的战斗演出时效性极强，感染力巨大，为反内战、争民主发出了强声呐喊，做出了重要贡献。它演出的《芳草天涯》和《风雪夜归人》，则表明"联大剧艺社不仅能演活报剧，演出艺术质量较高的大戏，也是很有水平的"[3]。

第二节　李闻血案与《最后一次的演讲》

1946年6月，蒋介石悍然发动全面内战，对国统区的爱国民主运动进一步血腥镇压。面对白色恐怖，同为著名的民主战士、民盟中央执委的社会教育家、

---

[1] 吴戈：《云南现代话剧运动史论稿》，北京：中国文联出版社，2001，第167页。
[2] 李光荣：《西南联大与中国校园文学》，第291页。
[3] 萧荻：《承先启后的战斗集体——忆联大剧艺社》，见《笳吹弦诵在春城——回忆西南联大》，第410页。

出版家李公朴和西南联大教授闻一多不顾个人安危，更加积极地参加争民主、反内战的斗争。反动派将他们列入黑名单中，进行监视和威胁。然而，这一切都不能动摇他们的斗争决心。

图 11-4：李公朴先生之墓

7月11日晚，特务在昆明大兴街学院坡暗杀了李公朴。闻一多怒不可遏，义无反顾，7月15日到云南大学至公堂参加李公朴死难报告会，横眉怒对特务和手枪，拍案而起，发表了著名的《最后一次的演讲》。会后，在归家途中的西仓坡宿舍门前被特务枪杀。

继"一二·一"惨案之后，一城之内，五日之间，反动派杀害了两位著名民主战士。李闻血案又一次震惊中外。

一、"天洗兵"与"作狮子吼"

闻一多是诗人、学者、民主战士。[1]1923年第一部诗集《红烛》出版，奠定了他作为中国新诗著名诗人的地位。在西南联大期间，尤其是1943年蒋介石发表《中国之命运》，1944年国民党当局将五四青年节改到农历三月二十九日后，闻一多的思想发生了巨大变化，逐渐从学者研究的书斋中走出来，参加民主运动集会，发表了一系列演讲。

他的演讲，具有诗人的气质和激情、学者的思辨和智慧、战士的勇敢和拼杀。1945年纪念五四的演讲是闻一多一系列演讲中颇具代表性的演讲。

---

① 吴宝璋：《诗人、学者、民主斗士——从云南师大校园中的两座闻一多雕像谈起》，见陈国恩等主编：《2016年闻一多国际学术研讨会论文集》，北京：中国社会科学出版社，2018。

图 11-5：闻一多像

　　1945 年 5 月 4 日下午 1 时，西南联大、云南大学、中法大学、英专四校学生自治会在云南大学操场上召开五四纪念大会。到会者有学生和各界人士近万人。当吴晗、潘大逵演讲之际，骤然下起雨来。很多人跑到屋檐和树下躲雨，会场乱了起来。闻一多走到主席台话筒前，"严肃而又热情地说'同学们，我讲一个故事，两千多年以前，周武王誓师伐纣的那天，天下大雨，有人认为不吉利，建议武王改期出兵。这时，管占卜的臣子站出来说，这是天洗兵，洗掉兵器上的灰尘，打击敌人更有力。今天我们也碰上下雨，这也是天洗兵。不怯懦的回来，勇敢的人站过来！'同学们听闻先生这样一说，很快就回到自己的位置上来了"[1]。大会照常进行下去。

　　对此，吴晗也有记述："正当开始的时候，天不作美，在下雨了，参加的男女青年在移动，在找一个荫蔽，会场在动乱了。你，掀髯作狮子吼，'这是天洗

---

[1] "一二·一运动史"编写组：《一二·一运动史》，第44页。

兵！不怯懦的人上来，走近来，勇敢的人走拢来！'在你的召唤之下，群众稳住了，大家都红着脸走近讲台，冒着雨，开成了这个会。"[①]

西南联大学生诗人杜运燮对闻一多这次演讲印象深刻，曾回忆说："这是我第一次看见他在群众大会上演说。他具有诗人的表现情感与思想的适当美丽辞句，革命家的热情，演讲家所需要的宏亮的好嗓子，而且他对群众心理亦有深切的认识，了解他的听众，所以他的有力的警句便不断地自他那围有山羊胡须的嘴里流出来，群众不断地报以最热烈的掌声。那是非常动人的场面，所有听众莫不以能参加那感情泛滥的狂潮为光荣。"[②]

二、拍案而起：《最后一次的演讲》

1946年7月15日上午10时，李公朴夫人张曼筠在云南大学至公堂报告李公朴殉难经过。闻一多不顾危险毅然出席会议。报告中，李夫人泣不成声。而进入会场的特务却说笑取闹，气焰嚣张，与会群众极为愤怒。本来不准备讲话的闻一多看到特务如此猖狂，再也抑制不住心中的怒心，拍案而起，横眉怒对，即席发表演讲。

闻一多怒斥敌人的演讲，时而激昂时而深沉，有抨击也有说理，是掷敌投枪，令敌鼠窜；也是激励人民的战鼓，令闻者振奋，鼓舞千千万万的民众对反动派进行斗争。《最后一次的演讲》是诗人、学者，尤其是民主斗士的闻一多作为杰出的天才演说家的才华的充分展现，堪称古今中外演讲的经典佳作。

当年8月2日《民主周刊》刊登这次演讲的记录稿时，题为《闻一多同志不朽的遗言》，后改为《最后一次的演讲》。记录稿全文约1800字，国内外不少著名演讲集都有收录。中华人民共和国成立后，中学语文课本也将其收录在内。限于篇幅，这里仅就演讲内容强调几个方面。

---

① 吴晗：《哭一多父子》，转引自闻黎明、侯菊坤编著：《闻一多年谱长编》下卷，上海：上海交通大学出版社，2014，第747页。
② 杜运燮：《时代的创伤》，载《萌芽》第1卷第2期，1946年8月15日。

首先，演讲似火山喷发，像投枪掷敌，更像正义的审判，令敌胆寒。

　　今天，这里有没有特务？你站出来，是好汉你站出来！你出来讲！凭什么要杀死李先生？杀死了人，又不敢承认，还要诬蔑人，说什么"桃色案件"，说什么共产党杀共产党。无耻啊！无耻啊！

　　……

　　特务们，你们想想，你们还有几天，你们完了，快完了！你们以为打伤几个，杀死几个，就可以了事，就可以把人民吓倒了吗？其实广大的人民是打不尽的，杀不完的……你们杀死了一个李公朴，会有千百万个李公朴站起来！你们将失去千百万的人民！……人民的力量是要胜利的，真理是永远存在的。历史上没有一个反人民的势力不被人民毁灭的！希特勒、墨索里尼不都在人民之前倒下去了吗？翻开历史看看，你还站得住几天！你们完了，快完了，我们的光明就要出现了。

其次，"我们要发扬云南光荣的历史"。

　　李先生在昆明被暗杀，是李先生留给昆明的光荣！也是昆明人的光荣！

　　去年"一二·一"昆明青年学生为了反对内战，遭受屠杀，那算是年青的一代，献出了他们的血，献出了他们最宝贵的生命！现在李先生为了争取民主和平，而遭受了反动派的暗杀，我们骄傲一点说，这算是像我们这样大年纪的一代，我们的老战友，献出了最宝贵的生命。这两桩事发生在昆明，这算是昆明无限的光荣！

　　……

　　"一二·一"是昆明的光荣，是云南人民的光荣，云南有光荣的历史，远的如护国，这不用说了。近的如"一二·一"，都属于云南人民的，我们要发扬云南光荣的历史！

再次，展现了不怕死的大无畏英雄气概。

李公朴、闻一多都是不怕死的民主战士。在《最后一次的演讲》结束时，闻一多说："我们不怕死，我们有牺牲精神，我们随时像李先生一样，前脚跨出大门，后脚就不准备再跨进大门！"

"前脚跨出大门，后脚就不准备再跨进大门"，这句李公朴说过的话，经过闻一多的重申，已成为对民主事业视死如归的千古名言，它深深镌刻在了中国革命史册上。①

第三节　云南教育的变化

一、高等教育

解放战争时期，云南有四所高等院校：国立云南大学、国立昆明师范学院、省立英语专科学校、私立五华文理学院。

（一）国立云南大学②

解放战争时期的云南大学有不小变化。总的来看，师生们的生活更加艰难，学校办学也有许多困难，但在设备和师资方面仍有不少发展。

（1）经济陷入困境，师生生活更艰难

国民党发动内战后，全国教育经费大受影响，大中城市爆发了"反饥饿、反内战"的集会和游行，许多大学掀起了支援贫病同学的助学运动。1948 年 8 月，国民党在经济崩溃的情况下，搞所谓币值改革，企图以发行金圆券来欺骗人民。

这一年，拨给云南大学的建筑设备及扩充改良费为金圆券 2.78 万元，达法

① 闻黎明：《闻一多传》（增订本），北京：人民出版社，2016，第601页。
② 主要参考《云南大学志》（总述），昆明：云南大学出版社，1993。

币票面值 843 亿元（金圆券与法币比值为 1 : 300 万），还未全部拨下来，金圆券在市面已丧失信用。教育部又借口用金圆券将教职工工资压低，只发八成。教职工因生活困窘而停教停工。1949 年，学校经济陷入困境。5 月，学校先后两次向财政厅借钱维持教职工生活。

解放战争时期，云南大学学生和教职工一样，生活十分艰苦。更重要的是，随着国统区经济危机加重，失业现象比较普遍，大学生毕业即失业。

（2）接收北返单位留赠，学校设备、校舍增加

抗战胜利后，西南联大及中央研究机构等北返复员，留下不少教学科研机构和设备，还有联总、美军拨赠的战余物资，使云南大学增加了不少设备和校舍：

西南联大复员，云南大学奉命增设机械工程系；西南联大电讯专修科，划拨云南大学接办，云南大学附带获得一批工具、发电机等机件及各类设备；清华大学航空研究所在白龙潭的五英尺风洞及全部附带设备，也交付云南大学航空工程系使用。

云南大学航空系还获得航空委员会及空军第五路司令部拨赠的教练机 2 架、驱逐机 1 架，以及一批航空器材。

静生植物研究所与云南省教育厅合办的云南农林植物研究所，改由教育厅与云南大学农学院合办。1948 年，云南大学农学院在北门外购地 50 亩建作物实验场（水田，今东二院），还建工作用房 5 间。

中央研究院凤凰山天文台改与云南大学合办，由云南大学数学系主持。

云南大学医院收到联合国善后救济总署捐赠的病床 100 张及一批相应物资（内有牙科器材及 30 毫安 X 光机一台）。1946 年获教育部卫生署拨 4000 万元为医院建两幢楼房，作为产科及隔离病室。1947 年，在各方支持下，于云瑞西路增设云南大学医院分院一所（今省中医院）。

与 1946 年的云南大学学校规模相比，1947 年共有 5 个学院 18 个学系 6 门学科（类），3 个专修科，1 个先修科，1 所附中，2 个研究所，3 个研究室，1 个天文台，2 个附属医院，1 家疗养院。

教学方面，教师开设课程，基础必修课尚能保证，但专业必选课和专业选

图 11-6：云南大学会泽楼

修课开出门数都不多。

（3）师资方面仍有进步

抗战期间，云南大学从西南联大聘请的知名专家在 50 人以上；云南大学也有一些知名学者被联大聘请，比如陶云逵、费孝通等。

抗战胜利后，熊庆来校长对师资问题抓得更紧。在教育部和省教育厅的同意和支持下，以提高留滇外省学者待遇为条件，通过几条途径，吸引优良教师到云南大学：一是争取西南联大教师、研究生、本科毕业生到云南大学工作。二是聘请抗战时期迁西南的学校、科研所、工厂、企事业中学中不能或不愿回乡的外省籍专家、不愿再外出的滇籍专家到云南大学任教。三是争取学成回国的青年专家到云南大学。四是通过各种渠道向省外聘请。五是聘请本省机关、单位有专长的学者专家来校任教或兼职。六是力争本校成绩优秀的本科毕业生留校做助教，培养或争取国家资助一批青年教师出国进修后返校服务。

上述途径，经过具体措施的落实，成效显著：

从西南联大留昆教师、毕业生中聘请的副教授以上的有：刘文典、秦瓒、钱穆、吴薇生、张燮、谭寿田、周荫阿等；新进的讲师等有：鲍志一、傅懋勉、王仲永、王森堂、陈赟谷、王光诚、袁建坤、李家宝等。

从抗战迁西南的学校、单位中不愿北返的学者、专家中聘任副教授以上的有：宋玉生、冯浩、梅远谋、赵公望、李秉瑶、韩及宇、王景贤、赵重哲、林炳钟、郭佩珊、唐永权、贾荣轩、陈乃隆、董公勋等；任讲师的有：屈维德、陈东凯、吴持恭、凌云沛等。

从留学归国专家中聘请任教授的有：留法归国的赵崇汉、朱锡候、王绍曾、王志民、刘崇智、蓝瑚、李念秀、石毓澍、魏劼沉、朱彦丞、李丹、萧子风、张经、卫念祖、黄佑文等。其中，留法回来的医学专家大都汇集云南大学，因此云南大学医学院具有法国医学教学的特点。留美归国聘为教授的有王明贞，聘为副教授的有李光溥、萧承宪、张正林等。

从省外大学、单位聘来任教授的有：靳树渠、王源璋、金琼英、张永立、诸祖耿、纳忠、李源澄、徐知良、汤鹤逸、徐靖、原颂周、王仲彦、咎维廉、李德家、杨堃、张若茗等；任讲师的有：傅平骧、江汉章、邱道生、徐天祥、张德光、李慰祖等。

从省内机关单位聘来学有专长者的任教授的有：杨克成、陈复光、袁丕佑等。从云南大学本科毕业的优秀生中留校任助教的有：马开梁、马忠民、吴进仁、杨邦顺、魏兆南、刘尧汉、陈年榜、李楷、徐绍龄、杨貌仙、徐文宣、杨朝梁、黄础平、田颋、李秉权等。

在熊庆来校长和广大师生的共同努力下，至20世纪40年代后期，云南大学学科门类齐全，规模在西南地区名列前茅，其地位在全国明显上升。1949年，在巴黎举行联合国组织的国际教育会议，中国参加的代表为北京大学校长蒋梦麟、清华大学校长梅贻琦、云南大学校长熊庆来。当时云南大学被英国出版的《大百科全书》收入中国大学条目，美国国务院还把云南大学指定为中美交流学生的五所大学之一。

（二）国立昆明师范学院

抗战胜利了，西南联大之战时使命既成，奉命于 1946 年 5 月 4 日结束，原有三校即将返故居、复旧业。云南人民怀着依依不舍的心情，地方当局及社会各界人士从发展桑梓文化教育的愿望出发，都希望西南联大师范学院能留下来。三校领导亦感滇八年，深得地方当局和云南人民的支持帮助，愿将师范学院留下来以为纪念并借作报答。对此，教育部予以批准，并于 1946 年 6 月中旬颁发命令：原西南联大师范学院在昆明独立设置，定名为"国立昆明师范学院"，是当时全国 15 所高校师范学院之一。

西南联大正式结束（7 月 31 日）前的 7 月 10 日，常委会议第 387 次会议讨论通过了《国立昆明师范学院与北京、清华、南开三大学合作办法》。该办法共 8 项条款，包括昆明师范学院与三校相互交流教师的规定，师范学院选送高年级学生到三校肄业，三校高年级学生及研究生按研究学科需要来昆明研究，以及三校得在昆明师范学院内设研究工作站等内容。三校北返后，由于国内战火连绵、交通阻隔，此办法未能实行。

接着，师范学院向社会发出启事，宣告昆明师范学院于 8 月 1 日正式成立，院址设于国立西南联大原址。昆明师范院设国文、英语、史地、数学、理化、博物、教育等七个系，以及附属中、小学。根据教育部聘任，师范学院院长为查良钊。查原为西南联大师范学院主任导师，亦曾任西南联大训导长。此外由胡毅任教育长，许渊阳任训导长，周荫阿任总务长。

师范学院延聘西南联大著名教授担任七个系的主任，他们分别是罗庸、胡毅、蔡维藩、杨武之、许渊阳、陈桢、徐继祖。附中、附小主任均由查良钊兼任。师范学院聘请了凌达扬、徐嘉瑞、邓孝慈、吴乾就、蒋硕民、周荫阿、马名海、盛希音、杜增瑞、倪中方、黄锦均、姜亮夫、密喜森（德籍）等为专任教授；诸宝楚、朱彦臣等为兼任教授。动员了卢浚、朱德祥、郭海峰、方龄贵、赵毓英、陈熙昌等西南联大教师留昆明师范学院任教。还聘请了一些西南联大毕业生当教师。据统计，昆明师范学院始业时，共有教师 90 人，其中教授 23 人、副教授 13 人、讲师 33 人、助教 21 人。

　　刚成立的昆明师范学院学生来源有几个方面：一是西南联大师范学院留下的专修科学生。西南联大结束，师范学院在校本科生随三校北上转入相关系科续读。余下专修科两个班学生 60 余人，其中 41 人经甄别试验合格，转入昆明师范学院相应专业本科（仍为五年制）一年级，20 余人继续在专修科肄业至毕业。二是考试招生。经初、复两试，录取一年级新生 219 人、先修班学生 71 人。三是各地保送生。昆明师范学院面向全国，主要是西南特别是云南接收保送生。1946 年接收了滇、黔、桂、川、康（西康）西南五省及其他省保送的高中及中师毕业生 92 人（含从军复员学生 5 人）。各地保送生限额，西南五省各 10 人，其余各省 5 人。加上旁听生、试读生等，1946 年全院共计有学生 458 人。10 月 17 日，师范学院举行开学典礼，18 日正式上课。为了表示继承西南联大光荣传统，也为了表明与西南联大师范学院不可分割的历史联系，昆明师范学院以 11 月 1 日为校庆日，同时，也以 12 月 12 日为始业纪念日。

　　由于昆明师范学院、系负责人基本上是由西南联大的名教授担任，又延揽了一批基干师资，所以西南联大重科学、讲民主，严谨治学、注重教学质量，艰苦朴素、奋发图强的传统以及若干规章制度在昆明师范学院得到继承和发扬。

　　师范学院招收学生时，每年录取人数与报考人数比例大致都为 1∶10。各地保送生也多遴选优秀者入学。学生出身贫寒者居多，加之学院管理制度比较严格，因此，多数学生学习勤奋，刻苦努力。

　　像西南联大时一样，昆明师范学院仍实行学分制和选课制。本科生五年须修满 170 个学分方得毕业。每学期开学，教务处注册组即将各系、各组设置的科目、任课教师姓名、学分数、上课时间及地点公布出来，供学生选修。

　　昆明师范学院也重视"师范性"：首先是招生时除笔试外还进行口试，把口语表达清楚，把有一定的逻辑思维能力作为对学生的起码要求。入学后，学院注重培养学生的"师范意识"，经常向学生讲师范生的光荣使命；特别是要求学生遵守纪律、爱护公物，以"为人师表"律己。按当时政府规定，学院每年都认真组织"师范教育运动周"（3 月 29 日至 4 月 4 日）活动，使学生从中受到教育。

在推动云南教育发展方面，昆明师范学院继承了西南联大师范学院曾实行过的一些行之有效的做法。从 1947 年 6 月起，师范学院与省教育学会和科学研究社合办昆明中学各科教师座谈会，杨武之、许浈阳、罗庸、蔡维藩等著名教授分别在数学、理化、国文、史地等座谈会上解答中学教师所提出的疑问，帮助他们解决教学中遇到的难题。师范学院还与教育厅合作，定期为国民教育实验区举办教师进修班：1948 年暑假举办路南县圭山区教师讲习会、宜良县教师讲习会；1949 年寒假举办晋宁县教师进修班。先后培训教师 200 多人。此外，师范学院还派出各科教师为教育厅举办的小学教员讲习会讲课。

值得一提的是，昆明师范学院从 1946 年到 1947 年实行了不到一年的学季制，即把一学年分为 4 个学季：10~12 月为第一学季，1~9 月分别为第二、三、四学季，每学季结束放假 1~2 周。其特点是别校放假，师范学院上课。这样，有可能在别的学校放假期间邀请其教授来师范学院上课、讲学，以补师范学院师资之不足；其次，12 个学季（3 学）学完 8 学期（4 学）课程，可缩短学生肄业时间，早出师资以应社会急需。因为抗战胜利后，外省迁滇的学校和教师离开云南，一时间云南中学师资缺乏情况较为突出。但是，教育部以统一全国高校招生、放假、开学、上课时间为名，下令这一制度缓行，实际上也就停止了。

国立昆明师范学院从 1946 年 8 月 1 日成立至 1950 年 2 月云南解放，存在了 3 年多（4 个学年度），其间进入学院的学生有 964 人，西南联大师范学院留下来的专修科学生 60 余人，总数超过 1000 人。

师范学院本科学制五年，因此到云南解放时，还没有本科生毕业。

（三）云南省立英语专科学校（简称"英专"）[1]

抗战胜利不久，蒋介石用武力改组云南省政府，云南抗战时期比较宽松的政治环境完全改变。接着，昆明发生了"一二·一"惨案、李闻血案。这些都

---

[1] 主要参考周崇德：《云南省立英专与水天同、吴富恒先生》，见中国人民政治协商会议云南省委员会、文史资料委员会编：《内迁院校在云南》，昆明：云南人民出版社，1998。

严重影响了英专的发展。一是李闻血案后，民盟成员大都不得不转移。1947年2月，与水天同一起创办英专的吴富恒（教务长）被迫离开昆明，辗转到了山东的解放区。之后，学校的中共地下党员何志远被捕，水天同以校长名誉进行保释。二是省教育厅由王政取代龚自知任厅长。王政是蒋经国智囊团成员，兼三青团云南省头目。因其对国立云南大学、国立昆明师范学院权力不及，水天同与其又道不相同，遂对英专下手，企图将英专改为私立，大肆刁难。1947年4月，云南省教育厅下令：英专办到1946年7月已终止，以后可以改办私立。之后，英专师生展开了护校运动。在中共云南省工委的部署支持下，斗争取得了胜利，英专最终维持省立。

解放战争期间，和其他高校一样，英专办学条件十分艰苦，校址在兴隆街商校，地方狭小。1948年3月的一天，英国驻华大使史蒂文森到昆明访问。第一项活动即参观英专。汽车只能停在如安街市场空地上，步行到英专。在水天同校长的陪同下，史蒂文森几分钟就把学校参观遍了，之后对师生讲演。面对狭小的校舍、简陋的设备，大使鼓励师生说，中国有句古话，"茅屋出公卿"，英专校舍虽小，还是可以出人才的。

条件虽然艰苦，但英专从不放松教学质量。其学生毕业前的总考口试是别的学校所没有的。1946级总考时，三名主考一是英国驻昆明总领事，一是美国驻昆明总领事，第三位是"中国正字学会"代表赵诏熊。英美总领事提问很随意，漫无边际。一名从小生长在香港的女生，英语口语之流利全班第一，然而普通知识较差，结果总考落第。由此可见，英专教学质量是较高的。

1949年9月，英专并入云南大学外语系。至此，从1940年秋季首次招生开始，英专办学10年，招生10届，共培养毕业生490人。毕业生除一部分继续深造，或进入其他行业外，大多在中学任教，也有一些进入高校的。应该说，英专在云南高等教育史上书写了重要的一页。

（四）私立五华学院 ①

私立五华学院 1946 年成立，1951 年结束，共存在 6 年，是云南历史上第二所私立大学（第一所为东陆大学），解放战争时期云南四所高校之一。

抗战胜利后，西南联大等迁滇高校先后复员，云南仅存国立云南大学、国立昆明师范学院和省立英语专科学校。昆明抗战时期浓厚的文化、教育、艺术氛围骤然淡退。周钟岳、秦光玉、由云龙、于乃仁、于乃义等教育、文化、学术界有识之士，深感长期以来云南资源丰富而经济落后，原因在于教育落后，抗战时期随着名校迁滇，形势一度改观，现在问题又严峻起来，遂决定筹办一所大学。于乃仁、于乃义兄弟俩 ② 是此事的积极行动者和关键人物。

1945 年来，于氏兄弟邀请周钟岳、卢汉、秦光玉、张学智、李根源、梅贻琦、熊庆来、罗庸、钱穆等云南耆绅硕儒，西南联大、云南大学教授等著名人士 175 人 ③，共同发起成立五华学院。所以命名"五华"，因清代有五华书院，培育"五华五子"，人才盛极一时。

于氏兄弟捐出家产及在香港国际贸易机构大部分资金作办学基金，后又捐出家传图书 3 万册，设立"怀清图书馆"。1946 年 5 月，成立学院筹委会，推周钟岳为主任，后又成立以周钟岳负责的劝募基金委员会。同年 8 月，五华文史研究会（周钟岳任理事长）和植物研究所（后以秦仁昌为所长）成立，标志私立五华学院正式成立。校址设于大西门外龙翔街昆华工校，原西南联大师范学院，后来，五华学院又在翠湖省议会旧址设南院，龙翔为北院。不久，徐嘉

① 主要参考云南省档案馆编：《私立五华文理学院档案资料汇编》，昆明：云南大学出版社，2009。

② 于乃仁（1913~1975）、于乃义（1915~1980），出身昆明书香门第，祖父怀清、父亲少怀，均为饱学之士，于氏"双水精舍"藏书丰富，系昆明主要藏书楼之一。（张一鸣：《于乃义先生传略》，见《昆明文史资料选辑》第29辑，1997。）后来于乃仁入陈荣昌办的国学专修馆学习，1930年就读于云南法政专门学校，"抗战时从事滇缅公路之运输，获有盈裕"。（钱穆著：《八十忆双亲·师友杂忆》，北京：生活·读书·新知三联书店，2005，第248页。）又投资香港国际贸易机构。于乃义1930年也考入云南法政学校，17岁入昆华图书馆（云南省图书馆前身）为馆员，师从秦光玉、袁嘉谷等从事文献研究和编纂工作，打下坚实国学基础，参加《新纂云南通志》编纂等工作。兄弟二人与云南老一辈宿儒有师承关系，又都有志于中国学术思想之研究和云南高等教育之发展。

③ 云南省档案馆编：《私立五华文理学院档案资料汇编》，昆明：云南大学出版社，2009，第2~3页。

瑞任五华文史研究会会长，李埏、李希泌任副会长。后又设立了学院文科研究所，钱穆任所长。学院经常开展学术活动，组织学术演讲。

学院1945年6月办有《五华学报》半月刊，1947年1月改为《五华》学术月刊。主编兼发行人是于乃义，编辑为罗庸、方国瑜、周均、李希泌等，共出版6期。

1947年4月5日，五华学院成立董事会，以周钟岳为董事长，秦光玉为副董事长，于乃仁为院长。后来，又以李根源为名誉董事长，由云龙为副董事长。6月学院董事会决定学院名称为"私立五华文理学院"。同年秋，学院开办人文科学研究班，招收高中毕业生或大学本科肄业者，正式录取30名，还有旁听生38人。研究生由文科研究所所长钱穆任导师。其余导师还有刘文典、白寿彝、罗庸、姜亮夫、由云龙、秦仁昌、俞德浚、蔡希陶、王灿、陈一得、方国瑜等。接着，学院设立先修班，招收3个班。先修班收费甚低，清寒生还减免学费。

除董事长、副董事、院长之外，学院常务董事还有于乃仁、于乃义、曹钟瑜、李国清、李东平、李埏、张凤岐、周润苍，董事有阮肇昌、秦瓒、缪尔纾、李希泌。学院教务长为于乃义，总务长为余百川，训导长为曹钟瑜，秘书为张在川。

1948年5月，教育部批准五华文理学院设立中文、外语、历史、物理、数学、地质及生物七个系。接着，中文、外语、历史、物理、地质五个系开始招收四年制本科生，在翠湖南院上课。研究班及先修班仍在北院。该五系分别以李东平、陈宗仁、孙海波、顾建中、谭锡畴为系主任。

学院专任教授有：钱穆、缪尔纾、诸祖耿、孙海波、李东平、张凤岐、冯翰高、李源澄、王恩治、曹钟瑜、于乃义、余百川。[①]

兼任教授和讲师有：刘文典、方国瑜、何衍璿、凌达扬、缪鸾和、李国清、李埏、马子华、李为衡、毕茲、王立本、李耀清、周均、杨堃、张燮、张文渊、李楷、饶婉宜、安海潮、杨遵道、杨镜清、郭海峰、徐绍龄、简恩泽、方楷、

---

① 张人刚等：《云南私立五华文理学院回忆录》，见《昆明文史资料选辑》第11辑，1988，第107~108页。

袁继耕、袁继奇、邓玉书、张怀德、郭景纯、刘天行、邵子博、周太玄、刘铁庵、马白言、耕陶、李荣清。①

到 1951 年，五华文理学院在校学生共计 2321 人。1951 年，全国高等院校调整，学院大部并入云南大学，一部并入昆明师范学院。

二、中等教育

抗战胜利，内战又起。云南经济不断恶化，教育受到严重影响，中等教育总体呈倒退趋势，从中学、中等师范教育和职业教育具体情况来看，均呈下降态势。②

中等学校方面，1945 年全省省立中学有 21 所，1949 年下降至 16 所。与此同时，县级中学有所上升，由 1944 年的 107 所增加至 124 所。私立中学，1945年全省共有 33 所（60% 分布在昆明），1949 年下降至 25 所。

师范学校方面，1945 年全省有省立师范 14 所，1949 年初只有 13 所；此外还有丽江、龙陵联合国立师范 1 所。到了当年 10 月，省立师范大幅下降，只有3 所，此外有国立师范 2 所。

职业学校，1945 年全省共有 7 所，1949 年下降至 6 所。

三、初中教育

解放战争时期，由于通货膨胀，省级教育经费无法维持最低开支，县级教育经费更是没有保障。教育厅只得靠削减开支，并校裁人以应付时局。受物价的影响，政府给教师所发之生活补助费已占全年经费的 73.8%。换言之，全省近四分之三的教育经费用于弥补通货膨胀给教师造成的损失。1947 年，甚至还出现了学荒。为拯救学荒，云南省按教育部的要求在小学采取二部价的办法，

---

① 张人刚等：《云南私立五华文理学院回忆录》，见《昆明文史资料选辑》第11辑，1988，第108页。
② 蔡寿福主编：《云南教育史》，第464、473、483~484页。

每年要为教育调整四五次生活补助标准。1947年，给教职工的生活标准公式为：原薪 ×1300+ 基本数（240000 新币）（元）。至 1948 年，昆明市公教人员的薪俸标准竟照原薪的 5.5 倍发给。

到 1949 年，云南省的小学由 1940 年的 11069 所下降为 5320 所，仅相当于民国初期的水平；在校生由 77.48 万人降至 16.8 万人。[1]

① 蔡寿福主编：《云南教育史》，第450页。

第十一章

民国时期的自然科学与医药学

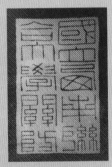

第一节　植物学

云南植物资源极其丰富，有"植物王国"之称。近代以来，欧美许多国家垂涎云南的植物资源，美国的阿诺德、威尔逊，英国的傅礼士等不少"学者"先后到云南广大地区采集窃取大量的植物标本。而中国植物学界直到 1919 年和 1936 年才先后派出北京大学教授钟观光、中央研究院教授蒋英到云南局部地区采集植物标本。

一、北平静生生物调查所与云南农林植物研究所

1932 年，中国最早的生物学研究机构北平静生生物调查所派蔡希陶、俞德浚等人到云南开展较大范围的调查、采集植物标本。

蔡希陶（1911~1981），浙江东阳人。17 岁进上海光华大学物理系学习，此前已和在大学教英文的姐姐翻译出版美国韦尔斯著的《世界文化史》。他喜好文学，写过小说，也受姐夫陈望道的影响，积极参加革命活动，因此一年后被学校开除并遭当局通缉，遂离沪赴北平。

1930 年，蔡希陶入北平静生生物（包括动、植物）调查所，受到调查所创办者胡先骕的青睐。胡先骕称他是"不可多得的人才"，亲自指导他学习植物分类学，并带他合著《四川省唇形花科植物之研究》。他还与俞德浚联合用英文发表论文。[①]

---

① 姚冷：《绿色王冠上的一颗巨星——记蔡希陶》，见徐继涛主编：《云南近代风云人物录》，昆明：云南美术出版社，1994。

1932年，有感于西方人对云南植物资源的掠夺，蔡希陶向胡先骕请命到云南。此后三年，蔡希陶在云南翻山越岭，风餐露宿，犯难冒险，入烟瘴之地，进原始森林，经盗匪横行之域，从滇西北的高寒山区，到亚热带、热带的滇南，足迹几乎遍及三迤大地，先后采集了珍贵植物标本12000多号、共计几十万份（其中有上百个植物新种），初步揭开云南这个"植物王国"的神秘面纱。

抗战全面爆发后，蔡希陶再到云南，受命筹设静生生物调查所昆明站，参与创建云南农林植物研究所。此后，蔡希陶一直留在云南从事植物学的调查和研究，抗战后任该所副所长。中华人民共和国成立后，曾任中国科学院昆明植物研究所副所长、云南热带植物研究所所长、中国植物学会名誉理事长，被誉为"云南植物学界奠基人"。

1938年，胡先骕又派俞德浚到昆明，会同蔡希陶创建云南农林植物研究所。云南农林植物研究所由静生生物调查所和云南省教育厅合办，由胡先骕任所长，俞德浚任副所长，成员有蔡希陶、王启元、秦仁昌等，基本上是静生所的成员。所址设在昆明黑龙潭公园，建有植物试验场（昆明植物园的前身）。

俞德浚（1908~1986），北京人，1931年毕业于北京师范大学生物系，1931~1937年在静生生物调查所工作，抗战期间，曾在云南大学生物系任教，任云南农林植物研究所研究员、副所长。

1941年，俞德浚将他和蔡希陶、王启元的调查资料汇集起来，进行综合研究，撰写出版《云南经济植物概论》，价值颇高。

二、《滇南本草图谱》

《滇南本草》为云南杨林人兰茂所著，完成于明代正统元年（1436），比李时珍《本草纲目》早140年，记载滇产药物278种，其中草药266种，鸟兽虫12种。

《滇南本草图谱》为经利彬、吴征镒、匡可任、蔡德惠编著，历时3年，1945年出版（石印），由中国药物研究所、云南药物改进所发行。

经利彬（1895~1958），浙江上虞人，早年留学法国，获博士学位，归国后任北平大学农学院教授、中国医药研究所所长、云南大学生物系教授。吴征镒（1916~2013），江苏扬州人，1937 年毕业于清华大学，编此书时为西南联大（北京大学生物系）研究生；中华人民共和国成立后，为中国科学院院士、中科院昆明植物研究所所长，2007 年获中国最高科学技术奖。匡可任（1914~1977），江苏宜兴人，留学日本，1937 年归国，曾任云南农林植物研究所研究员、中国医药研究所副研究员等。蔡德惠，浙江人，1944 年毕业于西南联大生物系，留校任助教。

《滇南本草图谱》选取《滇南本草》中的金铁锁、木瓜、南瓜（花）、南瓜（果）、羊耳朵、白芷、五味草等药物 26 种，绘出原植物线条图 26 幅。每幅图包括该植物的全形状及花果各部解剖图。图版之后是对该药物的说明，包括释名、《滇南本草》原文、形态、考证、分布、药理、文献、图版说明八项。

该书开中国植物考据学的先河，对药物进行科学绘图和科学考察，不仅记述了每种药物在其他书中所载的不同中文名称、国内外的分布情况、中西书籍所载的药理等，还对其学名、中文名进行考订，同时也提出自己的论断。比如金铁锁，在吴其濬《植物名实图考》中记为"昆明沙参"，《丽江府志》中记为"土人参"，主要分布在丽江、永宁、永北、昆明、东川等地区。通过对其学名、中文名称的考订，作者提出"'金铁锁'可定为本新属之华名"。

该书前有龙云题词"金碧之光"和 1943 年陈立夫所写的序。弁言部分对《滇南本草》的著者和年代进行了考证。

该书还有相关西文文献，以供检查。这种方法有助于更好地研究云南地方药材，学术价值颇高。书中凡例说：此书还有西文版，体例与中文版大致相同。

第二节　气象、地震、天文学

一、云南近代气象科学先驱陈一得[1]

陈一得（1886~1958），云南盐津人，原名陈秉仁。清末考入云南高等学堂。后以第一名考取留学比利时公费生。然而，由于参加维护云南路矿权利的反帝爱国示威游行，被云南当局取消留学资格，并"遣返回籍"。

1910年，他到上海寻求发展机会，后投笔从戎，参加了辛亥革命光复南京的战斗。不久，回到昆明，考入云南优级师范。毕业后到省立中学教数理化。在教学中，他立下科学研究的志向，在学校开设天文学课程，指导学生观测天象，并在昆华民众教育馆开设科普讲座，常常坚持天文观察。

1920年，他以历来观察研究所得，绘出《昆明恒星图》，并由夫人刘德芳用丝线绣制。这是近代云南历史上首幅天体图。在此基础上，他又制成测算天体星宿运动的仪器：步天规。这是他天文学研究的一项代表性成果。

1921年，他购买了大量器材，在自己家里（昆明钱局街83号）创建了"一得测候所"。此前，他将名字改为"一得"，取自司马迁《史记·淮阴侯列传》"愚者千虑必有一得"。

"一得测候所"是云南第一个私人气象观测站，在全国堪称第二[2]。"一得测候所"测报数据准确，无偿提供相关单位使用，引起了国内外的关注和重视，他的声誉也与日俱增。

1937年4月，根据云南省政府要求，"一得测候所"迁到昆明太华山上，成立省立气象观测所，陈一得担任所长。到1946年，他在太华山观测了10年。其间，他为建立全省气象观测网而努力，也为抗战时期中央航空学校等军事气象需要做出了贡献。其精确的观测记录令欧美同行惊叹。

---

① 参见耿金著：《气象先驱陈一得》，昆明：云南人民出版社，2015。
② 中国第一个私人气象测候所是清末状元、著名实业家张謇建立的，址在江苏南通军山。

中国早在康熙五十八年（1719）就完成了大地天文测量工作，这在世界上是空前的。当时全国实际测量天文点有 56 个，其中云南有 1 个，在云南大学校园内。200 多年过去，许多天文点已有名无实，需要重测。1934 年冬，云南省教育厅、云南大学、昆明市"一得测候所"等单位发起复测，陈一得参加了复测。复测数值与康熙年间一致，"结果较前精密"，即东经 102.41'58.88"，北纬 25.03'21.29"，云南大学的复测处定为"云南第一天文点"，并立石标为志。

1930 年，应云南通志馆之邀，陈一得参加编撰《新纂云南通志》的《天文考》和《气象考》，其科学性之强，历代云南方志无出其右。他还参与《续云南通志长编》的编写，在科学性、规范性和系统性方面，都有所突破。

在地震学方面，陈一得也有所建树。陈一得自 1917 年开始关注家乡邻县大关地震，著有《云南地震史之考察》《道光十三年云南大地震之研究》《滇西地震带》《滇西丽江永仁地震调查研究》等。在对云南历史上大地震研究的基础上，他提出月球与地球间的引力对地震有触发作用、地震与月球和流星群的运动有密切关系等观点。

此外，他的著作和论文丰硕，比如《云南气象》《云南的云》《云南气流之运行》《云南雨量之分布》《昆明水位之变迁》《航空气象学》《云南地震史之考察》《三十年来昆明气象观测记录》《盐津县志》等。去世后，他的墓碑上镌刻着"云南近代气象、天文、地震科学先驱工作者"。

二、童振藻与《云南地震考》

童振藻（1871~1939），江苏淮安人。清末举人，以候补知县分发云南。辛亥革命后曾任昆明市政府秘书长、云南省政府秘书处长、东陆大学筹备组成员、云南学会会长等职，著述颇丰。主编过《昆明市志》（中国第一部城市志）、《云南方志考》（云南第一部地方志目录）等。作为地震学家，其著作有《云南地震考》《大理等属地震区域图说》《洱海附近地震述要》等。

《云南地震考》是一部大部头著作，也是云南历史上第一部地震研究专著。

1926 年出版，书中记载了自西汉河平二年（前 27）至 1925 年近两千年间，云南发生过地震年份共 230 年，30039 次。文献资料丰富而珍贵，具有很高的学术价值。

三、中央研究院天文研究所

1938 年，中央研究院天文研究所由南京迁到昆明，并在东郊凤凰山建立天文台。该所中许多研究人员都是留学归来的博士，可谓人才济济。在艰苦的条件下，大家努力工作，取得了不小的成绩。

1941 年，张钰哲[①]接任所长。就在这一年，他领导了中国第一次有组织的日食观测。早在 1937 年 8 月张钰哲就率先预报：1941 年 9 月 21 日将有日全食带进入我国新疆，日食带将经甘、陕、鄂、赣等省，最后从闽北入海。这一预报经英国格林尼治天文台证实是准确的，也为后来的事实所证明。张钰哲还指出，这次日全食是全球 400 年来罕见的天文奇观，其学术价值和观赏价值都是空前的。为此，中国天文学界十分重视，1940 年就成立了中国日食观测委员会。张钰哲领导了这次观测重任，并由八九个研究员组成观测团，陈一得也参加了观测团。

当时，由于日食带覆盖地区大多为日军所占领，观测点最终选在甘肃临洮。观测团远征临洮观测时，为测定观测方位和角度，需要预先寻找一星座作为标准参照。但是，观测团成员连续观察三夜都未找到，结果是陈一得经过仔细观察和精心推算，找到参照星座。为此，这位自学成才的天文学家赢得了科班博士们的尊重。[②]

抗战胜利后，1946 年天文研究所迁回南京，凤凰山天文台改与云南大学合办，由数学系主持。该所重要设备有太阳分光仪、变星赤道仪各一台。

---

① 张钰哲留学美国，获芝加哥大学天文学博士学位。
② 耿金：《气象先驱陈一得》，昆明：云南人民出版社，2015，第 90 页。

第三节 医药学

一、著名中医家

近代以来，云南广大地区仍沿用中医药治病，少数民族地区则靠民族医药（如彝医、藏医、苗医、傣医等）治病。全省各地有不少医术高明的中医名家，其中昆明居多，他们不少人兼开药店，医药兼行。1913 年，民国政府开始对中医实行考试制度，合格者发营业执照合法行医。至 1932 年，全省合格中医有1151 人。1941~1945 年 6 月，全省有登记合格的中医师 307 人。[①]

近代云南有"四大名医"之说，但名医的名字，说法不一。[②]实际上，可以说"五大名医"，且都有家传，按年序排，他们是李继昌、吴佩衡、康诚之、戴丽三、姚贞白。

（一）李继昌

李继昌（1879~1982），祖籍江苏南汇（今属上海市），1879 年生于昆明。18 岁独立行医。"1907 年入法国医院附属医学专科学校学习西医，五年如一日"，"成为云南中西医结合之典范"[③]。著名妇产科医生于兰馥称他为其"学习中医的启蒙导师"[④]。

李继昌最擅长妇科和儿科，医术精到。其主妇科注重调理气血；独创的"鸡肝散"专治小儿疳积虫症；"英雄独一丹"用于跌打损伤、止血化瘀等症。

李继昌注重医理探讨，成果"最卓著者为《伤寒衣钵》，集《伤寒论》历代数十种注释、著名温病学典籍"及他自己的心得为一体。其医著还有《李继

---

① 参见《续云南通志长编》中册，第179、226页。
② 吴荣祖《名实相符吴附子》说云南四大名医是吴佩衡、戴丽三、姚贞白、康诚之（《昆明文史资料选辑》第28辑）。马曜主编《云南简史》（新增订本，云南人民出版社，2009）说四大名医是李继昌、姚荫轩、吴佩衡、戴丽三。
③ 李幼昌：《李继昌传略》，见《昆明文史资料选辑》第17辑。
④ 骆毅：《坚定地走中西医结合的道路——记妇产科医生于兰馥》，见《昆明文史资料选辑》第22辑。

昌医案》。

李继昌忧国忧民，医德高尚，求无不诊，赤贫送诊；昆明"重九"起义，他救治革命军伤员；抗战中捐款支援滇军出征、抗美援朝。中华人民共和国成立后，为云南省第一至四届政协委员。其子李幼昌为昆明医学院教授、国家中医学传承大师。

（二）吴佩衡

吴佩衡（1888~1971），四川会理人。18岁学医，实践中医术精进，渐有声名。21岁到昆明，深研张仲景学说，不断创新，渐获回春绝技，在伤寒坏症、阴胆症、肝水肿等危症险疾上，颇有疗效，名扬昆明。

吴佩衡擅长内、妇、儿、外科，博采众家之长，形成独特的温补学派。尤"善用中药附子，灵活组方，剂量之大，可谓艺高胆大"，"且疗效显著而获得了一个流传甚广的雅号——吴附子"。[1] 其著有《医药简述》《麻疹发微》《吴佩衡医案》等，1945年与同人创《国医周刊》。

1929年4月，国民党政府提出"废止中医案"。吴佩衡召集昆明中医界商议对策，尔后作为全国中医界代表之一赴南京请愿，最后政府做出妥协。1939年、1942年先后被推为昆明市和云南省中医师公会理事长，后又兼任云南省中医考试委员会主试委员等职。

中华人民共和国成立后，吴佩衡先后任云南中医学校校长、云南中医学院院长、中华医学会云南中医分会副会长、《云南医药杂志》编委会副主任、云南省政协常委等职。吴佩衡十分重视培养中医中药人才，其一家三代从医者20余人。

（三）康诚之

康诚之（1899~1970），昆明人。父祖均为儿科名医，至其为第五代。自幼随父习医，18岁自开医业。继承家学，精研医典，取前人之优长，创自己之独特。尤擅儿科，诊治小儿痘、疹、惊、疳均有一套经验和方法。

---

[1]　吴荣祖：《名实相符吴附子》，见《昆明文史资料选辑》第28辑。

主张中西医结合，在诊治白血病、再生障碍性贫血、肾病综合征、败血症、新生儿肝炎综合征等疑难病也有显著疗效。曾与吴佩衡、戴丽三等名医组织"云南国医研究社"；编辑发行《国医研究》，任主编。主要著作有《康诚之儿科医案》《康诚之医案选》《小儿百日咳中医法》《顽固性小儿腹泻验方介绍》《中医儿科协定处方》《云南中医经验方》《中医常用方药手册》等。

抗日战争期间，积极支援前线，与同人捐款制成止血消炎药"伤特灵"，献给前方将士。中华人民共和国成立后，曾任云南中医学院附属医院副院长、儿科主任、中华医学会儿科学会会员，省政协委员、常委。弟子有廖浚泉、康若虞、康若梅等。

（四）戴丽三

戴丽三（1901~1968），昆明人。中学毕业后，随父学医，继承家学，18岁独立行医。擅长内、妇、儿、外科，攻克多种疑难杂症，遂名传遐迩。

行医实践中，他注重理论与临床的结合，博览医典，尤尊张仲景，研攻《伤寒论》《金匮》；博采众长，而独树一帜。著有《戴丽三医疗经验选》《中医学辨证原理》《阴阳互引之研究》《伤寒论的科学性》《诊断篇》等。

他医德高尚，诊治不问贫富。中华人民共和国成立后，毅然放弃私人诊所，1950年8月任省卫生厅总门诊部主任，为中医学校、中医学院及各种进修班、师资班授课。1955年起任省卫生厅副厅长、全国血防科研委员会委员，省人大一、二、三届代表，省政协一、二、三届委员。传世弟子有载慧芬、戴若碧、梁学仁等。

（五）姚贞白

姚贞白（1911~1979），昆明人。姚家行医200多年，其为第五代传人。

姚氏第四代传人有姚敬轩（擅治伤寒和温病，著有《寒温条辨眉批》等）、姚荫轩（1884~1954，以治元气病和妇科病著名，曾主持昆明中医学会，任国民政府中医师滇黔考评处主任委员，中华人民共和国成立后任省政府文教委员、省政协委员）。

姚贞白为姚荫轩之子。既承家传，又苦读医学经典，博采众长，集姚氏医学流派之大成。1930年开业行医，与弟姚济创建姚济药号，创制姚氏神散丸和资生丸，深受患者欢迎，抗战中大量捐赠前线将士。晚年尤精内、妇科，儿科也颇有成效。著作有《姚贞白医案》《巽园医话》《肝病治要》。

姚贞白1940~1948年任昆明市中医师公会负责人、滇黔医师考评处处长。中华人民共和国成立后，任昆明市卫生局副局长，创昆明市中医院并任首任院长，云南中医学院兼职教授，市、省人大代表，第三届全国人大代表。其传世弟子有姚克敏、姚承济、刘彬、朱光海、赵伯伦等40余人。

二、中医药名家

除了名中医外，近代云南还有不少医药名家，他们主要以中医名药而著称。其中，最著名者当数曲焕章。

（一）曲焕章

曲焕章（1880~1938），云南江川人。少时失去父母，流浪到个旧。一次重病濒危，幸得中医姚连钧救治痊愈，遂拜姚为师。姚连钧馨其学以传之。十余年后，曲焕章尽得其学，后辞师行医。跋山涉险，遍采中草药，历十年艰辛，发明了中医名药百宝丹，还有虎力散、撑骨散。

百宝丹，以医治刀枪疮伤最有疗效，"穿胸洞腹，任何重伤，身软不死，虽人事不省，先入百宝丹，再服虎力散，气将绝者渐苏，血流注者渐止"，"内部有子弹者，改用撑骨散，各二次，子弹自能撑出。如伤轻者半月收功；伤重月余复原！"[1]

1923年，曲焕章治好绿林出身的吴学显被枪击重伤的腿骨，不仅救了他一命，还使其免遭截肢，遂名传遐迩。1925年，唐继尧委任曲焕章为东陆医院滇医部主任兼教导团一等军医正，并亲赠"药冠南滇"匾。1928年，云南省政府化验百宝丹、虎力散、撑骨散，发给证书、转详国府化验立案，以防假冒。之

---

① 方树梅：《曲焕章传》，见《续滇南碑传集校补》，第531页。

图 12-1：曲氏大药房

后，曲将百宝丹改进为"一药化三丹一子"，即普通百宝丹、重升百宝丹、三升百宝丹和保险子。伤重者，先服保险子，可增强疗效。

　　1933 年，曲焕章将其南强街诊所迁至金碧路，扩大为"曲焕章大药房"。龙云赠"针膏起疾"匾。同年 11 月，曲焕章被推选为云南中医师公会主席。1935 年 5 月，蒋介石来滇，接见曲焕章，为其题词："功效十全。"

　　抗战全面爆发后，滇军出征，曲焕章捐赠百宝丹 30000 瓶，治疗战伤，大显奇效，被誉为"伤科圣药"。此后，百宝丹行销海内外。

　　1938 年 6 月，国民党中央委员、高等法院院长兼中央国医馆馆长焦易堂致电曲焕章，要其到国医馆任职，企图借抗战之名骗取百宝丹配方。曲焕章断然拒绝，焦易堂遂将曲焕章骗到重庆加以软禁。8 月，曲焕章忧愤而死。中华人民共和国成立后，曲焕章之妻缪兰英将百宝丹药方献给国家。1955 年"百宝丹"正式定名"云南白药"，被列为国家中药一级保护品种，建云南白药厂，得到了大发展。

（二）其他名家

当时，云南比较有名的中医药名家还有曾泽生、苏采臣、黄良臣等。

曾泽生（1893~1974），云南会泽人，因生于会泽而得名，与六十军将领曾泽生同姓同名，为此还闹出不少误会。1931年，他与合伙人黄公度在昆明开设"公生大药房"，销售"白药精"，生意红火。白药精疗效堪比百宝丹。两者相比，百宝丹止血更佳，白药精镇痛稍优。因为白药精和百宝丹都是白色粉状，老百姓都称其为"白药"。为此，两家还起了诉讼，后来龙云要人调解才停止了官司。[①] 官司虽未分输赢，却为两家做了广告。

苏采臣（1886~1973），云南建水人，中医世家。1912年在曲溪南街开设"半济堂"行医，擅长骨伤科。抗战期间到昆明开设"云南日月大药房"，销售自己研制的"白仙丹"、红药、黑药膏等。苏采臣曾向八路军赠送这些药物，朱德亲自致函感谢，称赞"确是伤科特效药品"。中华人民共和国成立后任昆明市中医院副院长。

黄良臣（1892~1960），昆明人，家传中医，擅外科。曾为护国军军医，获护国勋章。1938年任云南中医师考核鉴定委员、贫病救济医院院长。抗战中曾捐大量药品给前线将士。中华人民共和国成立后，组建珠玑诊所。

其余以中药名家的还有许多，如通海沈氏老拨云堂、昆明王运通拔毒膏药铺、昆明聂鸿仪成春堂的截症丹和戒烟丸等。

三、西医的发展及主要医院

西医1910年进入云南，其标志是法国人在昆明开设"大法医院"，这是云南第一家西医医院。此后，云南的西医医院逐渐多了起来，越来越受到人们的重视和欢迎。西医院有外国人开办的，也有省市公立的，还有私人开设的。

---

① 曾祥华：《云南白药史》，见《云南文史资料选辑》第35辑。

（一）外国人设立的医院

1. 大法医院

光绪二十七年（1901）设立，地址在昆明华山西路（今昆明妇幼保健院）。由法国领事馆直接管辖，当时的院长是法国人穆礼雅，其副手为裴文贵（越南人）。医院共有医护人员 10 余人。

2. 惠滇医院

创建于 1915 年，创办者为英国圣公会。起初，英国基督教香港中华圣公会在昆明万钟街设立圣约翰堂，教堂内设诊所。负责人为李惠来。诊所边为患者诊治，边向他们布道，并邀其做礼拜，月诊千余人。

1920 年，圣公会在金碧路购地建起了医院，名为"惠滇"，意即施恩惠于云南。医院设内、外、妇等科，以及化验、产科、手术、X 光等室。有医护人员 50 余人，病床 87 张，医疗设备较好。住院部分特等、头等和普通三等，收费不菲，即使是普通病房，贫苦市民亦难承受。但医院年门诊量仍有 50000 多人次，居昆明大医院之首；年收治住院患者 2000 多人，仅次于昆华医院。医院主持者先后有李惠来、谭辛、华德生等（均为英国人）。

中华人民共和国成立后，该院发展演变为"昆明市儿童医院"（1958）。

3. 甘美医院

1910 年，滇越铁路通车。1912 年，法国人在火车站附近开设了一所铁路医院，为员工看病，规模不大，设备也较简陋。随着就医人员的增加，在法国外交部驻云南交涉员公署和滇越铁路公司的支持下，医院租用了巡津街 35 号，扩大规模，增添设备，正式取名"甘美医院"（CALMETTE）。"甘美"一词取自 20 世纪初发明卡介苗的两个法国人卡默德、介兰的名字译音。1931 年，甘美医院建盖了一幢具有法式建筑风格的门诊大楼。之后，法国人将"大法医院"的主要部分（医护人员和设备）转并到甘美医院。"大法医院"名称仍然保留，由法国天主教会派几名学过护理的修女为信众看病，施送一些廉价的退烧药等。

甘美医院负责人叫郎嘉纳维。医院设内、外、眼耳鼻喉、皮肤、花柳、妇产等科，条件大为改观，有 16 名医护人员，50 张病床。医院主要面对外国人、云南当局上层官僚、巨商大贾等，被称为"贵族医院"。医院由法国外交部和殖民部共同经营管理，院长由法国驻滇领事馆函请法国政府委派，前后共有五任院长。

医院还曾是云南大学医学院的实习医院，见证过一些重大历史事件：1940年4月30日，日本飞机轰炸，年仅4岁的辛惠仙受重伤在该院做截肢手术保住了生命；医院还救治过不少受伤民众、飞虎队和中国远征军伤员；1945年12月1日惨案四烈士之一的张华昌送到该院不治身亡。

中华人民共和国成立后，1950年8月，甘美医院由云南大学医学院接管。1958年，昆明市人民医院迁址甘美医院，两家医院合并，更名为"昆明市第一人民医院"。

（二）公立医院

1. 警察医院与昆明市立医院

民国初年，昆明医院的管理和城市环境卫生管理归省会警察厅负责，警察厅设有卫生科。1914年，警察厅将昆明南城脚（今东风西路中段）关帝庙改建成警察医院，以解决警察和清道夫的看病问题。

1922年，朱德担任云南警务处长兼省会警察厅长。为解决贫民无钱看病的问题，朱德提高电影院、戏园缴纳的捐费，专门抽出一部分用于为穷人治病的公益事业。同时他还将警察医院改名为"宏济医院"。后来，宏济医院划归市政公所管理，改为市立医院。至1941年，昆明市立医院有医护人员20多人，设内、外、产妇科等，有病床60张；年诊治患者6千余人。

云南解放后，市立医院由军管会接管，1951年更名为"昆明市人民医院"。1958年迁址甘美医院，并与之合并，更名为"昆明市第一人民医院"。

2. 昆华医院

1932年，龙云夫人李培莲因难产病故。临终前，请求龙云建一座好医院，请一批医术高明的医生，能够救治像她这样的病人。根据这一遗嘱，经龙云提议，省务会议决定筹建一座新的医院，院址选在大西门外胜因寺。

1934年，医院建成，命名昆华医院。共用旧滇币138万多元，龙云夫人捐国币 5 万元（变卖首饰等遗物所得，折合旧滇币 50 万元），其余由民政厅长募集和富滇银行补足。后来，"因医院地址在计划中的学校区范围内，故经省务会议决议，将医院所属建筑物原价让给教育厅作学校用。至于昆华医院则以金碧公园作为新院址，另行建盖医院用房"①。胜因寺建好的建筑遂成为昆华师范学校（后来的昆明师专）校舍。

金碧公园新建昆华医院，1936 年开工，1939 年初竣工，4 月 1 日正式开诊。医院由省民政厅领导，秦光弘为院长，缪安成、徐彪南为副院长，有病房 41 间，病床 128 张，医护工 280 多人。昆华医院的成立，结束了云南无省立医院的历史。

中华人民共和国成立后，昆华医院改归卫生厅领导，改名为"云南省第一人民医院"。

3. 仁民医院

院址在原大法医院。1935 年甘美医院成立，大法医院大部分并入甘美，仍保留大法医院之名，只有几名修女护士为患者治疗小伤小病，作用不大。

1941 年，经龙云提议，省务会议决定在大法医院院址建一免费医院。龙云亲自出面，几经交涉，法国领事让出大法医院院址。之后，设立仁民医院。仁民医院隶属省民政厅，经费由财政厅和富滇银行负责，院长由缪云台推荐云南大学医学院教授杜棻兼任。

医院仅有 12 名医护人员，只有门诊部，不收住院病人，每天只诊治 100 人。在杜棻兼院长期间，医院兼作云南大学医学院临床教学实习医院。

1945 年 10 月 3 日，龙云被蒋介石解除在云南的本兼各职，仁民医院由省卫生处接管，停止免费治疗。卫生处原附属医院（址在鼎新街）停办，其设备并入仁民医院，附属医院兼任院长梅朝忠改兼仁民医院院长。仁民医院增设住院部。

中华人民共和国成立后，原省卫生处妇幼保健站（址在东寺街西寺巷）与仁民医院合并，改为昆明妇幼保健院，划归昆明市卫生局领导。

---

① 陈世光、周庆来：《民国时期云南卫生史话》，见《云南文史资料选辑》第35辑。

4.云南大学医院

1937 年，云南大学成立医学院，留法的范秉哲教授任院长，秋季招生。抗战期间医学院先后邀聘到李枢、杜棻、朱肇熙、姚碧澄、赵明德等来院任教。

他们中有的也在外面开设医院（诊所）或兼任其他医院的工作。同时，学院也聘请一些校外医务人员来兼课。抗战胜利后，一批留法的医师先后到云南大学医学院任教，如兰瑚、李念秀、刘崇智、刘学敏、张蓬羽、魏劼沉等，医学院师资紧缺问题逐渐缓解。

1942 年以前，医学院学生临床教学、实习是到甘美医院和仁民医院。1942 年，云南大学医学院设立附属医院，院长赵明德，地点在北门外，有 16 间土基房作为医院用房。这原是熊庆来校长为云南大学工学院建盖的校舍工棚。1944 年，医院有 31 名医护人员，病床 40 张。

抗战胜利后，云南大学医院实力有所增强。1947 年，医院新盖了一些房舍，扩大了住院部；省卫生处将从国联救济署得到的免费药械中拨给云南大学医院 100 张病床；杜棻以低微的租金在云瑞西路租得一幢三层楼房作为附属医院分院；医学院还聘到 10 多名留学归来的教授。

中华人民共和国成立前的云南大学医学院附属医院，被称为云南大学医院。1956 年，云南大学医学院从云南大学独立出来，称为昆明医学院，迁到人民路新址。但是，人们一直将昆医第一附属医院称为云南大学医院。

5. 三所军事性质的医院

抗战期间，昆明曾设立三所军事性质的医院，主要收治军队伤病员，也兼治平民。它们是：

军政部军医学校西南教育班附属医院，1942 年成立，址在事平政街，负责人李宣果，有医护人员 59 名，病床 50 张，年诊病人 9000 多人次。

云南陆军医院平民住院部，1944 年成立，址在东寺街，负责人李丕章，有医护人员 23 名，病床 30 张。

昆明市第一临时救济医院，1945 年成立，址在东寺街，负责人缪安成，有医护人员 13 人，病床 50 张。时值抗战后期，主要收治伤病军人、乞丐和流浪儿童。

（三）私立医院和私立诊所

民国时期，昆明地区有 7 所私立医院：

同仁医院　1919 年成立，址在华山南路马市口，主管人为吴鸿格。

妇孺医院　1933 年成立，址在篆塘新村，专职妇产科，主管人为区韶音。

慈群医院（疗养院）　1936 年成立，址在东寺街西寺巷，范秉哲开设，合伙人为建设厅长张邦翰，其胞妹张邦珍留法学医归来。

袖东医院　1939 年成立，址在新仁街。

碧澄医院　1942 年成立，址在华山东路，姚碧澄开设。1947 年后杜菜接着开设。1 年多后，为李发宽夫妇开设，更名为宽文医院。

颐养医院　1943 年成立，址在弥勒寺，邓尊六开设。

妇人医院　1944 年建立，址在弥勒寺，专职妇产科，主管人许少芳。

除了私立医院，抗战前昆明地区有不少西医私人诊所，比如周晋熙、李丕章、秦光弘、许少芳等开设的诊所。抗战以后，昆明人口大增，医师开业收入颇丰，私人诊所如雨后春笋般地出现，著名的有甘烈明、梁家椿、姚碧澄、李枢、赵明德、刘学敏、秦作梁、姚蓬心、徐彪南等开设的诊所。其中，不少人也同时在公立单位工作。

参考文献

一、图书

黄勋:《中国矿产》,上海:商务印书馆,1930。

《云南辞典》编辑委员会:《云南辞典》,昆明:云南人民出版社,1993。

邓小平:《邓小平文选》第一卷,北京:人民出版社,1994。

黄光学、施联朱主编:《中国的民族识别——56 个民族的来历》,北京:民族出版社,2005。

匡亚明:《孔子评传》,济南:齐鲁书社,1985。

马曜、缪鸾和:《西双版纳份地制与西周井田制比较研究》,昆明:云南人民出版社,2001。

方树梅纂辑,李春龙、刘景毛等点校:《滇南碑传集》,昆明:云南民族出版社,2003。

方树梅纂辑,云南省社会科学院文献研究所、云南省地方志编纂委员会办公室校补:《续滇南碑传集校补》,昆明:云南民族出版社,1993。

李根源:《曲石文续录》,1 版卷一,1940 年昆明铅印。

李根源著,李希泌编校:《新编曲石文录》,昆明:云南人民出版社,1988。

杨毅廷:《滇事危言初集》,北京:毓华印书局,宣统三年(1911)版。

段锡编著:《滇越铁路——跨越百年的小火车》,昆明:云南美术出版社,2007。

王耕捷主编:《滇越铁路百年史(1910—2010)》,昆明:云南美术出版社,2010。

田云翔主编:《百年军校 将帅摇篮》,昆明:云南人民出版社,2010。

李开义、殷晓俊:《彼岸的目光——晚清法国外交官方苏雅在云南》,昆明:云南教育出版社,2002。

张佐:《两江总督何桂清》,昆明:云南人民出版社,2015。

杨晓林主编:《云南百年故事》,昆明:云南人民出版社,2001。

云南省交通厅云南公路交通史志编写委员会、云南公路史编写组编：《云南公路史》第一册，北京：国际文化出版公司，1989。

谢本书主编：《清代云南稿本史料》（上），上海：上海辞书出版社，2011。

昆明市政协文史委、昆明市旅游局：《昆明旅游文史》，昆明：云南人民出版社，2004。

林泉、丁学仁：《重返老昆明》，昆明：云南美术出版社，2002。

孙立峰：《电影史话》，北京：北京科学文献出版社，2000。

昆明日报编：《老昆明》，昆明：云南人民出版社，1997。

蔡寿福主编：《云南教育史》，昆明：云南教育出版社，2001。

龙东林主编：《昆明历史文化寻踪》，昆明：云南科技出版社，2008。

周道祥主编：《江南贡院》，北京：中国物资出版社，1999。

（清）倪蜕辑，李埏校点：《滇云历年传》，昆明：云南大学出版社，1992。

（明）徐弘祖著，朱惠荣校注：《徐霞客游记校注》，昆明：云南人民出版社，1985。

张维：《袁嘉谷传》，昆明：云南教育出版社，2001。

谢本书：《战士学者——艾思奇》，贵阳：贵州人民出版社，2000。

张力、刘鉴唐：《中国教案史》，成都：四川省社会科学院出版社，1987。

毛泽东：《毛泽东选集》第 4 卷，北京：人民出版社，1991。

［美］费正清、刘文京编：《剑桥中国晚清史（1800—1911 年）》下卷，北京：中国社会科学出版社，1985。

云南日报社编：《敢为天下先的云南人》，昆明：云南人民出版社，2002。

云南省历史学会、云南省中国近代史研究会编：《云南辛亥革命史》，昆明：云南大学出版社，1991。

云南教育志编纂委员会办公室编：《云南教育大事记》（公元前 121 年—公元 1988 年），昆明：云南大学出版社，1989。

周立英：《晚清留日学生与近代云南社会》，昆明：云南大学出版社，2011。

云南省留学人员联谊会编：《云南百年留学简史（1896—2013）》，北京：中国社会科学出版社，2016。

谢本书、李成森：《民国元老李根源》，昆明：云南教育出版社，1999。

周钟岳总纂，蔡锷审订：《云南光复纪要》，昆明：云南人民出版社，2011。

欧美同学会·中国留学人员联谊会编：《留学人员与辛亥革命》，北京：华文出版社，2012。

东南编译社编述：《唐继尧》，上海：震亚图书局，1925年。

张朋园访问，郑丽榕纪录：《"云南王"龙云之子口述历史》，北京：九州出版社，2011。

［美］艾格妮丝·史沫特莱：《伟大的道路——朱德的生平和时代》，北京：生活·读书·新知三联书店，1979。

李根源：《雪生年录》卷一，上海铅印，1930年。

［美］江南：《龙云传》，北京：中国友谊出版公司，1989。

李明：《黄埔军校》，广州：广东人民出版社，2005。

李仲明：《何应钦大传》，北京：团结出版社，2008。

［美］齐锡生：《中国的军阀政治（1916—1928）》，北京：中国人民大学出版社，2010。

蔡锷辑录，蒋中正增补：《曾胡治兵语录》（增补本），桂林：广西师范大学出版社，2007。

陈予欢编著：《云南讲武堂将帅录》，广州：广州出版社，2011。

中共中央文献研究室编：《毛泽东读文史古籍批语集》，北京：中央文献出版社，1993。

王明达：《剑湖风流：文化奇才赵藩传》，昆明：云南民族出版社，2003。

梁羽生：《古今名联趣谈》，北京：作家出版社，1986。

李友仁主编：《百年变迁：云南省图书馆1909—2009纪实》，昆明：云南人民出版社，2009。

张诚：《书法散论》，昆明：云南人民出版社，1993。

朱桂昌：《瘦马御史钱南园》，昆明：云南人民出版社，2014。

中共呈贡县委宣传部编：《滇池东岸群星荟萃——呈贡与名人》，2009。

石玉顺、冯子云、谢长勇编著：《大观楼》，北京：文物出版社，2012。

吴宝璋、何昌邑主编：《云南导游必备手册》，昆明：云南大学出版社，1999。

龙东林、金塔明、孙琦主编：《筇竹寺五百罗汉》，昆明：云南人民出版社，2008。

于坚：《老昆明》，南京：江苏美术出版社，2000。

王子云：《中国雕塑艺术史》，北京：人民美术出版社，1988。

孙振华：《中国雕塑史》，北京：中国美术学院出版社，1994。

吴宝璋：《人民音乐家——聂耳》，昆明：云南人民出版社，2014。

艾思奇文稿整理小组编辑：《一个哲学家的道路——回忆艾思奇同志》，昆明：云南人民出版社，1981。

杨学政主编：《云南宗教史》，昆明：云南人民出版社，1999。

黄泽：《西南民族节日文化》，昆明：云南教育出版社，1995。

范建华主编：《中华节庆辞典》，昆明：云南美术出版社，2012。

杨福泉：《多元文化与纳西社会》，昆明：云南人民出版社，1998。

章开沅、林增平：《辛亥革命史》下册，北京：人民出版社，1981。

中国第二历史档案馆、云南省档案馆编：《护国运动》（中华民国史档案资料丛刊），南京：江苏古籍出版社，1988。

西南联合大学北京校友会编：《国立西南联合大学校史：一九三七至一九四六年的北大、清华、南开》（增订版），北京：北京大学出版社，2006。

西南联合大学《除夕副刊》主编：《联大八年》，1946 年。

吴宝璋：《西南联大二十五讲》，昆明：云南人民出版社，2016。

中共云南省委党史资料征集委员会、中共云南师范大学委员会：《中国共产党历史资料丛书·一二一运动》，北京：中共党史资料出版社，1988。

清华大学校史编写组编著：《清华大学校史稿》，北京：中华书局，1981。

西南联合大学校友会编：《笳吹弦诵在春城——回忆西南联大》，昆明：云南人民出版社、北京：北京大学出版社，1986。

北京大学校友联络处编：《笳吹弦诵情弥切——国立西南联合大学五十周年纪念文集》，北京：中国文史出版社，1988。

许渊冲：《续忆逝水年华》，武汉：湖北人民出版社，2008。

杨东平编：《大学精神》，沈阳：辽海出版社，2000。

李子迟编著：《晚清民国大学之旅》，北京：中国致公出版社，2010。

马勇：《蒋梦麟传》，北京：红旗出版社，2009。

宁平治、唐贤民、张庆华：《杨振宁演讲集》，天津：南开大学出版社，1989。

顾迈南：《华罗庚传》，上海：复旦大学出版社，1997。

王元：《华罗庚》，北京：开明出版社，1994。

韦英（闻立雕）、张同霞编：《闻一多印选》，北京：文物出版社，1990。

汪曾祺：《汪曾祺文集·散文卷》，南京：江苏文艺出版社，1993。

王奇生：《留学与救国——抗战时期海外学人群像》，桂林：广西师范大学出版社，1995。

张维：《熊庆来传》，昆明：云南教育出版社，1992。

清华大学校史研究室编：《清华大学人物志（二）》，北京：清华大学出版社，1992。

缪云台：《缪云台回忆录》，北京：中国文史出版社，1991。

云南省档案局编：《档案中的西南联大》，昆明：云南民族出版社，2016。

［美］史黛西·比勒著，张艳译，张猛校订：《中国留美学生史》，北京：三联书店，2010。

蒙树宏：《云南抗战时期文学史》，昆明：云南人民出版社、云南大学出版社，2013。

西南联大党史编写组：《中共西南联大地下组织和群众革命活动简史》，昆明：云南人民出版社，1994。

李光荣、宣淑君：《季节燃起的花朵——西南联大文学社团研究》，北京：中华书局，2011。

李光荣：《西南联大与中国校园文学》，北京：人民出版社，2014。

余斌：《西南联大的背影》，北京：生活·读书·新知三联书店，2017。

杜运燮、张同道：《西南联大现代诗钞》，北京：中国文学出版社，1997。

赵瑞蕻：《离乱弦歌忆旧游——从西南联大到金色的晚秋》，上海：文汇出版社，2000。

杜运燮、袁可嘉、周与良等：《一个民族已经起来》，南京：江苏人民出版社，1987。

蒙自师范高等专科学校等编：《西南联大在蒙自》，昆明：云南民族出版社，1994。

中国人民政治协商会议、西南地区文史资料协作会议编：《抗战时期西南的文化事业》，成都：成都出版社，1990。

廖全京：《大后方戏剧论稿》，成都：四川教育出版社，1988。

吴戈：《云南现代话剧运动史论稿》，北京：中国文联出版社，2001。

中国人民政治协商会议、西南地区文史资料协作会议编：《抗战时期内迁西南的高等院校》，贵阳：贵州民族出版社，1988。

蔡仲德：《冯友兰先生年谱初编》，郑州：河南人民出版社，1994。

西南联大校友会编:《难忘联大岁月》,昆明:云南教育出版社,1998。

闻黎明、侯菊坤编著:《闻一多年谱长编》,上海:上海交通大学出版社,2014。

中共云南省委党史研究室著:《中国共产党云南历史》第一卷(1926—1950),昆明:云南人民出版社,2016。

[美]易社强著,饶佳荣译:《战争与革命中的西南联大》,北京:九州出版社,2012。

潘乃穆等编:《中和位育——潘光旦百年诞辰纪念》,北京:中国人民大学出版社,1999。

方仲伯编:《李公朴文集》,昆明:云南人民出版社,1987。

李振霞主编:《当代中国十哲》,北京:华夏出版社,1991。

中共中央文献研究室编:《毛泽东书信选集》,北京:人民出版社,1983。

杨苏:《艾思奇传》,昆明:云南教育出版社,1994。

徐继涛主编:《云南近现代风云人物录》,昆明:云南美术出版社,1994。

谢本书、温贤美主编:《抗战时期的西南大后方》,北京:北京出版社,1997。

中共中央文献研究室:《毛泽东在七大的报告和讲话集》,北京:中央文献出版社,1995。

李新、孙思白主编:《民国人物传》第二卷,北京:中华书局,1980。

刘大年、白介夫:《中国复兴枢纽——抗日战争的八年》,北京:北京出版社,1997。

吕希晨、王育民:《中国现代哲学史》,长春:吉林人民出版社,1984。

艾思奇纪念文集编辑组:《人民的哲学家——艾思奇纪念文集》,昆明:云南人民出版社,1987。

徐嘉瑞:《大理古代文化史》,昆明:云南人民出版社,2005。

崎松主编:《郑一斋　郑易里纪念文集》,昆明:云南科技出版社,2016。

毛毛:《我的父亲邓小平》,北京:中央文献出版社,1993。

龚育之等著:《毛泽东的读书生活》,北京:生活・读书・新知三联书店,1986。

龚纪一编:《一二・一诗选》,北京:人民文学出版社,1983。

"一二・一运动史"编写组编:《一二・一运动史》,昆明:云南大学出版社,1989。

闻黎明:《闻一多传》(增订本),北京:人民出版社,2016。

《云南大学志》编审委员会编:《云南大学志》,昆明:云南大学出版社,1993。

中国人民政治协商会议云南省委员会、文史资料委员会编：《内迁院校在云南》，昆明：云南人民出版社，1998。

钱穆：《八十忆双亲·师友杂忆》，北京：生活·读书·新知三联书店，2005。

耿金：《气象先驱陈一得》，昆明：云南人民出版社，2015。

马曜：《云南简史》（新增订本），昆明：云南人民出版社，2009。

李春龙、牛鸿斌点校：《新纂云南通志》，昆明：云南人民出版社，2007。

云南省志编纂委员会办公室：《续云南通志长编》中册、下册，1986。

云南省地方志编纂委员会总纂，云南省社会科学院宗教研究所编撰：《云南省志·宗教志》，昆明：云南人民出版社，1995。

云南省地方志编纂委员会总纂，云南省文化厅编撰：《云南省志·文化艺术志》，昆明：云南人民出版社，2002。

中国科学院历史研究所第三所编：《云南杂志选辑》，北京：科学出版社，1958。

云南省政协文史资料研究委员会，西南联合大学北京、昆明校友会，云南师范大学合编：《云南文史资料选辑》，第七、十五、十八、二十一、二十四、三十一、三十四、三十五、三十六、四十、五十辑，昆明：云南人民出版社。

中国人民政治协商会议昆明市委员会、文史资料研究委员会编：《昆明文史资料选辑》，第七、十一、十七、十九、二十二、二十八、二十九、五十一辑，昆明：云南人民出版社。

中国人民政治协商会议师宗县委员会、曲靖市老年书画诗词协会编：《窦垿纪念集·师宗县文史资料第3辑》，1999。

腾冲县志编纂委员会编：《腾冲县志》，北京：中华书局，1995。

云南社会科学院历史研究所编：《云南现代史料丛刊》第五辑，1985年7月，内部发行。

中国科学院历史研究所第三所编辑：《云南、贵州辛亥革命资料》，北京：科学出版社，1959。

西南联合大学北京校友会、校史编辑委员会编：《国立西南联合大学校史资料》，北京：北京大学出版社、昆明：云南人民出版社，1986。

北京大学、清华大学、南开大学、云南师范大学编：《国立西南联合大学史料》（三），昆明：云南教育出版社，1998。

清华大学校史室编：《清华大学史料汇编》三（上），北京：清华大学出版社，1994。

中国社会科学院近代史研究所、近代史资料编辑室编：《近代史资料》（总七十号），北京：中国社会科学出版社，1988。

"一二·一运动史"编写小组编：《一二·一运动史料汇编》，第3、4辑。

西南联大北京校友会编：《西南联大北京校友会简讯》，第36、51期。

云南省档案馆编：《私立五华文理学院档案资料汇编》，昆明：云南大学出版社，2009。

刘光顺主编：《唐继尧研究文集》，昆明：云南民族出版社，1996。

云南文史研究馆编：《赵藩纪念文集》，昆明：云南美术出版社，2004。

云南省社会科学联合会编：《2014云南大讲堂演讲集萃》，昆明：云南科技出版社，2015。

"滇越铁路通车百年论坛"论文集（2010蒙自）。

昆明市社会科学联合会、昆明市档案馆编：《抗战时期西南联大教授演讲录》，2015。

哈艳秋主编：《"勿忘历史：抗战新闻史"学术研讨会文集》，北京：中国广播影视出版社，2016。

吴宝璋、杨立德主编：《"一二·一"运动与西南联大——纪念"一二·一"运动50周年暨西南联大建校57周年理论讨论会论文集》，昆明：云南大学出版社，1996。

陈国恩、万长安、张园主编：《2016年闻一多国际学术研讨会论文集》，北京：中国社会科学出版社，2018。

二、期刊

谢本书：《片马问题研究》，《研究集刊》，1985（2）。

谢本书：《以一隅而荷全国之重任——抗日战争中的"云南战场"》，《云南文史》，2015（3）。

《中国文化遗产》，2008（6）（云南专辑）。

朱德：《辛亥回忆》，《解放日报》，1942年10月10日。

徐平、张志军：《名将辈出的云南陆军讲武堂》，《炎黄春秋》，2003（6）。

谢本书：《云南陆军讲武堂——昆明的历史文化名片》，《昆明社会科学》，2007（4）。

王光闾：《清末白话文运动的先驱赵式铭》，《云南文史丛刊》，1990（1）。

张丽辉：《周钟岳》，《云南文史丛刊》，1992（2）。

李济五：《我与旧〈云南日报〉》，《云南文史丛刊》，1990（3）。

陆蔚：《近代云南的海外留学教育》，《昆明史志》，2012（2）。

［美］易社强：《西南联大五十周年纪念》，《云南师范大学学报》（校庆五十周年增刊），1988。

黄志洵：《西南联大与中国自然科学家》，《百科知识》，1986（7）。

杨振宁：《读书教学四十年》，《物理教学》，1986（5）。

萧荻：《南清北合，联大花开》，《人民日报》（海外版），1987年10月30日。

周发勤等：《西南联合大学的历史贡献》，《科学研究》第8卷第2期。

王志珍：《光荣传统生生不息，优良之风代代相传》，《创造》，2008（11）。

《和志强省长在纪念西南联大暨云南师大建校五十周年大会上的讲话》，《云南师范大学学报》，1988年校庆50周年增刊。

云南师范大学校史编写组：《云南师范大学校史稿（1938—1949）》，《云南师范大学学报（哲学社会科学版）》，1988年校庆增刊。

闻一多：《昆明的文艺青年与民主运动》，《今日文艺》，1946年创刊号。

余斌：《西南联大诗歌小说散论》，《边疆文学·文艺评论》，2016（3）。

张颖：《雾重庆的文艺斗争——怀念敬爱的周恩来同志》，《人民文学》，1977（1）。

朱自清：《〈原野〉与〈黑字二十八〉的演出》，《今日评论》，1939（12—14）。

王作舟：《抗战时期进步繁荣的云南报业》，《新闻大学》，1994（4）。

段一芳：《在〈新华日报〉昆明营业分处工作的日子里》，《云南现代史研究资料》第四辑。

谢慧：《〈今日评论〉与抗战时期第一次宪政运动》，《抗日战争研究》，2009（1）。

曾昭抢：《盟军在印缅战场上的成就》，《民主周刊》第1卷第5期，1945年1月13日。

杜运燮：《时代的创伤》，《萌芽》第1卷第2期，1946年8月15日。

《云南大学校史概略》，《国立云南大学一览表》，民国三十六年十二月。

云南省教育厅：《云南教育公报》，1922（9），云南省教育厅公报处发行。

后　记

几年前，云南省社科联主席范建华策划了几项大的文化工程。其中之一是组织编撰云南文化史，这是一项填补空白的工程；著作按历史时期分为几册。建华邀我承担其中的近代部分，即《近代云南文化史》。我欣然应允，当时考虑，首先这项工作的开创性和重要性是不言而喻的；其次我和他作为77级的同窗，曾一起创办刊物，并共同开始了学术的研究。

我虽已退休，但各种学术活动不少，讲课、讲座、报告、评审会等，还有其他写作任务，尤其2015年是纪念世界反法西斯战争暨中国人民抗日战争胜利70周年，事情更多一些，特别是撰写《云南抗日战争史话》《龙云与云南抗日战争》。因此，要拿出充分时间来做这件事是有些问题的。

应允的事情就要办，我先拿出了书稿提纲。起初，提纲偏重我比较熟悉的政治、军事方面的内容。建华说作为文化史，文化分量很不够。于是又看了不少书，几经修订，才确定了本书的大致框架。之后着手收集资料，并开始了写作。

及至2017年夏，鉴于全书各卷进度都不快，建华召开会议，要求加快进度，明确在年底前交出书稿。

随着写作的提速和深入，我才逐渐感到云南文化史原创性的要求。近代历史虽仅109年，然而这100多年社会变化之大，前所未有；其文化包罗宏富，既有时代的跨越，还有外来文化和侵凌的影响；加之涉及面太广，包括教育、艺术、文学、史志、图书等方方面面。仅教育方面就有旧式学堂、新式学校，新式学校又有大、中、小学之分，还有教会学校和边疆民族教育；艺术方面有电影、戏剧、绘画、雕塑、书法，戏剧中又有京剧、话剧、曲艺和若干民族的戏曲等；文学方面包括诗歌、楹联、小说，等等。因此，不下功夫认真学习、研究是不行的。于是拒绝了不少邀请，集中精力，早起晚睡。即使这样，写作还是延至 2018 年。

2018 年写作真正开始提速。然而这一年是西南联大在昆明建校暨云南师大建校 80 周年，纪念活动及校园文化建设的一些事情义不能辞，还有《昆明读本》的编撰又分了一些时间。但无论如何，计划 7 月底交出书稿。7 月 11 日，家母突发重症，住进医院，计划又被打乱。起初一段时间，天天跑医院，情况稍微稳定，家人知道我这项任务的紧迫性，我到病房看望后，让我到医院餐厅或昆明市图书馆进行写作。因此，本书最后两章是在医院守护期间抽空完成的。如此，交稿又推迟了一个月。过去一年中，老母亲知道我在写这本书，每次我回去时，她都嘱咐"赶快回去写吧"。应该说，本书的完成，离不开老人家的理解和家人的支持帮助。遗憾的是 10 月中旬老人家驾鹤西去，再也看不到此书的面世了。在此，谨将此书作为一瓣心香祭献老人吧。

本书在写作过程中，还得到不少人的关心帮助，谢本书教授提供过一些相关资料，老同学田文桢提供《云南省志·文化艺术志》等。在此，一并致谢。

本书写作跨了三四年，但真正研究撰写时间有限，加之文化涉及广泛，遗漏和舛误是难免的，敬请读者指正。

吴宝璋

2018 年 11 月